清华
开发者书库

Smart Car DIY

Components, Electromechanical System, Control Algorithms and the Overall Design Approaches

智能车制作

从元器件、机电系统、控制算法
到完整的智能车设计

王盼宝◎主编
Wang PanBao

樊越骁　曹楠　单超群　朱葛峻　渠占广　佟超　萧英喆◎参编
Fan Yuexiao　Cao Nan　Shan Chaoqun　Zhu Gejun　Qu Zhanguang　Tong Chao　Xiao Yingzhe

清华大学出版社

北京

内 容 简 介

本书尝试全方位、多角度地介绍智能车制作方面的知识。本书编写成员来自智能车论坛管理团队，他们都亲自参加过智能车竞赛并对每年的新赛事持续关注，所负责章节皆是各自擅长的部分。本书首先深入浅出地介绍了组成智能车的硬件元素，例如基本电气元件、电源、控制器和传感器等，然后介绍了智能车制作所需的嵌入式 C 语言编程知识。当读者掌握了智能车基本的软硬件知识后，本书从智能车电机驱动与调速技术、自动巡线技术和两轮直立技术三个重要方面展开，介绍实现智能车基本功能的知识和经验。作为进阶内容，从提高整车性能和调试效率的目的出发，本书进一步介绍了与智能车相关的 PCB 设计、机械调校和软件调试等内容。最后在附录中将智能车论坛中出现的常见技术问题进行了总结。各章内容不仅涉及智能车相关知识，还凝聚了作者们的参赛经验、点滴体会以及科研工作和团队管理过程中的认识，不仅有助于智能车新手入门，也适合作为智能车制作过程中的进阶用书。同时，也可作为对轮式机器人和无人驾驶技术感兴趣的爱好者和创客的参考用书。

图书在版编目（CIP）数据

智能车制作：从元器件、机电系统、控制算法到完整的智能车设计/王盼宝主编.—北京：清华大学出版社，2018（2025.7重印）
（清华开发者书库）
ISBN 978-7-302-48218-5

Ⅰ．①智…　Ⅱ．①王…　Ⅲ．①智能控制－汽车－设计　Ⅳ．①U46

中国版本图书馆 CIP 数据核字（2017）第 209679 号

责任编辑：盛东亮
封面设计：李召霞
责任校对：李建庄
责任印制：沈　露

出版发行：清华大学出版社
　　　　网　　　址：https://www.tup.com.cn，https://www.wqxuetang.com
　　　　地　　　址：北京清华大学学研大厦 A 座　　　　邮　　编：100084
　　　　社 总 机：010-83470000　　　　　　　　　　　邮　　购：010-62786544
　　　　投稿与读者服务：010-62776969，c-service@tup.tsinghua.edu.cn
　　　　质量反馈：010-62772015，zhiliang@tup.tsinghua.edu.cn
　　　　课件下载：https://www.tup.com.cn，010-83470236
印 装 者：三河市铭诚印务有限公司
经　　销：全国新华书店
开　　本：186mm×240mm　　　印　张：22.5　　　字　数：503 千字
版　　次：2018 年 1 月第 1 版　　　　　　　印　次：2025 年 7 月第 10 次印刷
定　　价：79.00 元

产品编号：070446-01

　　参加智能车竞赛的队员,无不知道一个藏龙卧虎的智能车竞赛网站。在那里,有很多出入智能车竞赛的懵懂少年,采撷相关的点滴知识,交换着制作经验,也结交了一些未曾谋面的朋友。他们也注意到了那些神奇的版主,资历高远,言语不凡。见惯了来往的初学少年,常常充满情怀,解忧疏难。最近,这帮版主在搞一个大动作,就是在编写一本充满了最实用的智能车制作相关干货的一本书。书的总策划,智能车网站站长王盼宝很早就邀请我为他们充满着实用技法,又满含情怀的这本书写序。我一直比较懒,未曾动笔。这不,今晚我的学生来了,借助他的采访,这个序终于形成了,希望能够配得上这本书。

　　2005年,针对工科学生实践环节短缺的问题,教育部提出了"如何加强工程专业的教学实验环节"这一课题。对此,教育部高等学校自动化专业教学指导分委员会探讨了很多办法,终于在2006年,与飞思卡尔公司合作举办了第一届全国大学生智能汽车竞赛。竞赛以"立足培养,重在参与,鼓励探索,追求卓越"为指导思想,在内容和模式上具有综合实践性、趣味性和观赏性,受到了高校学生和社会各界的一致好评。

　　十二年来,智能汽车竞赛稳中求变,各方面都取得了很好的发展。从最初的四轮车,到电磁车,再到直立车;从开始的单车比赛,到现在的双车追逐,竞赛组别和形式不断丰富。另外,赛道的内容也是更为丰富,逐渐添加坡道、路障等元素,增添了竞赛的趣味性。为了紧跟时代发展,竞赛也逐步提升其技术层面的要求。如今年竞赛新添的四旋翼导航组,便融入了动态感知、通信、与地面运动的协调配合等多方面的技术要求。

　　虽然竞赛的技术不断发展,但其基本的要求还都在本科生能够掌握的知识范围内。竞赛的核心部分,包括基础组别的要求,基本上还保持着第一届的形式。之所以要保持,是为了维持学生能够参与的门槛,让学生容易上手。这也体现了竞赛的普适性,鼓励学生参与其中,享受乐趣。

　　但是,随着时间的推移和竞赛资料的积累,社会中逐渐出现了一些商家售卖竞赛使用的定制车甚至程序。不少学生也因此想走捷径,为了获奖而购买现成车模进行比赛。当然,这并不是学生偷懒的根本原因,教育资源的缺乏确实让很多学生无可奈何。智能车竞赛涵盖了计算机、电子、通信、机械、自动化等多方面的专业知识,对软硬件制作能力的要求都很高,但是并没有相应的书籍为学生指点迷津。

　　这也是这本书的价值和意义所在。它涵盖了多方面的知识,学生可以借此摸清智能车背后的原理;同时它通篇都包含着实用技法,可以帮助解决实际遇到的问题。可以说,这本书为那些感兴趣却不敢去尝试的同学消除了顾虑,完全可以借助本书的帮助来完成自己的目标,收获成功的喜悦。也期待着更多的学生能够通过此书,提高自己的能力,证明自己的实力,在竞赛中展现属于当代大学生的智慧和风采!

清华大学

卓　晴

2017 年 7 月

推荐序(二)

　　全国大学生智能汽车竞赛历经十一个赛季,每年都有数万师生参与其中,在他们当中,有一群小朋友,令我以结识他们为荣。他们全部都是比赛的亲历者,而在完成比赛后,有人以一己之力收集资料、建立论坛;有人热衷服务、担当版主;有人毕业后仍于每年赛季重返赛场热心参与。在每年的比赛筹备过程中,组委会时时收到来自他们的建议。而所有这些都是义务付出的,是源自他们对比赛的热爱和可贵的情怀。他们是我知道的最酷的大赛参与者,他们就是本书的作者们。

　　我于去年得知该书的编写计划,就很期待。现在看到了目录和样章,果然别具心思。从元器件基础到 C 语言,从智能车的组成到各赛题组的基本技术实现,从电路方案、机械调校到软件调试等,本书都一一介绍,并且根据多年管理维护论坛的经验,对于常见问题作者也进行了汇总和解答。在众多的智能车制作相关的书籍中,这本出自一线参赛者和论坛组织者的作品,显得极为务实、接地气。相信对于参加比赛的同学们会有很大的参考价值。

　　感谢几位作者长期对大赛的关注和付出。

马　莉

2017 年 7 月

前言
PREFACE

　　将人类的经验、知识、语言甚至心理赋予机器,我们称为人工智能。与之类似,智能车的研究主要是希望通过计算机技术取代人,实现自动驾驶。本书所涉及智能车知识基于全国大学生智能车竞赛,它要求小型车模能够在规定的赛道上实现路径识别、自主寻迹,并快速行驶。麻雀虽小,五脏俱全,虽然竞赛智能车没有现实生活中的无人驾驶技术那么复杂,但是也需要相应的传感器、执行器、控制器以及硬件电路并进行控制算法的设计与调试等。一般需要数月才能较为系统地掌握上述知识,而能熟练应用并进行系统化调试以及创新往往需要更长时间。因此,该项赛事为大学生将理论知识转化为实践技术提供了良好的平台。同时,智能车竞赛组委会每年都会对竞赛规则、赛道元素等进行非常用心的调整,竞赛的新颖性与公平性得到了保证,因此每年都会吸引大量相关学科背景的学生积极参与。而出版本书的主要目的就是能够为这些参赛队员提供参考和指导。

　　国内的智能车竞赛是在韩国智能车大赛基础上发展而来的,并于 2006 年举办了第一届全国大学生智能车邀请赛。笔者有幸于 2007 年参与了第二届赛事,那时参赛规模较小,手中可供参考的资料也很少。基于共享资料与交流的目的,笔者于 2007 年创办了智能车制作网站 www.znczz.com,为参赛同学提供了一个线上交流平台。时光匆匆,一晃十年已经过去,智能车制作网站积累了大量智能车竞赛的技术、经验分享以及赛事影像等资料。更宝贵的是,笔者通过网站认识了众多志同道合的朋友,也因此持续关注智能车赛事。在这个过程中,笔者也从当年的参赛学生变成学长,再到博士毕业,如今作为指导老师开始指导学生参赛。

　　值得一提的是,每年的比赛过程中,智能车制作网站都会涌现出一批热心回答网友问题并乐于分享的会员,他们热衷于智能车竞赛和相关技术,并积极参与论坛的管理工作。所形成的论坛管理团队不仅规范论坛运行,还会针对智能车中的热点问题展开激烈讨论,当然过程中也少不了调侃与嘻哈。除了网上聊天,我们还经常利用智能车竞赛寻找线下聚会的可能。前不久,一个偶然的机会让我们产生了写书的想法,这次几个老友又一次一拍即合,虽然大家都已工作,但是仍然纷纷表示会抽出时间完成这件富有情怀的事情,书名也因此确定为《智能车制作》。

　　本书的作者不仅都来自智能车制作网站管理团队,他们还是当年叱咤智能车赛场的佼佼者,工作后的他们继续从事所热爱的技术工程行业,有的积累了丰富的硬件经验,有的成为了优秀的嵌入式开发者,有的在高校指导学生参赛屡获殊荣。本书的具体编写情况为:

第 1 章由樊越骁完成，他就是当年的论坛名人凤姐，在硬件设计、开关电源方面极富工程经验，现任职于江苏某科技公司；第 2 章由佟超完成，他是北京科技大学智能车领队之一，硬件功底深厚，常年活跃在论坛帮助大家解决问题；第 3 章由单超群完成，他是最早加入智能车论坛管理团队的成员之一，现任职于深圳某科技公司，在程序设计开发方面积累了丰富经验；第 4 章由王盼宝完成，目前为哈尔滨工业大学智能车俱乐部的指导老师；第 5 章由朱葛峻完成，他毕业于中南大学，曾是学校智能车协会副会长，现就职于国核电力规划设计研究院有限公司；第 6 章由曹楠完成，他历任第七届至第九届南京师范大学平衡团队队员及领队，现任职于恩智浦半导体；第 7 章由樊越骁和渠占广共同完成，渠占广毕业于厦门大学，现任职于华为公司，曾获智能车竞赛国家一等奖；第 8 章由萧英喆完成，他是太原理工大学晋豹智能车队的指导老师，带领学生屡获智能车相关国家奖项。在此，也非常感谢清华大学卓晴老师以及组委会马莉老师在此书出版过程中给予的大力支持和帮助。

实际上，本书的读者并不局限于智能车竞赛参赛队员，对智能车制作有兴趣的大中小学生以及相关的科技竞赛爱好者都可以从中找到需要的软硬件知识、电路方案等。本书的作者始终相信兴趣引导才是做好事情的最佳途径，但由于编写时间仓促、水平有限，书中不足与错误难免，欢迎读者将发现的问题反馈给我们，问题反馈邮箱是 wangpanbao@126.com。

编　者

2017 年 6 月

目录
CONTENTS

## 第 1 章

电子元件与电源

1.1　概述

　　阅读本章之前,希望读者提前了解以下知识:电路图上各类符号的名称和基本概念;晶体管的工作原理;常用逻辑门的符号与功能;集成运放的基本概念;万用表和示波器的使用等。以上基础知识都是相关专业必修课程,如果读者还没学过上面的知识,可以向图书馆或者学长借阅相关书籍。以上知识对学习本章有很大帮助。

1.1.1　电子元件不是纸上的一个符号

　　一件伟大的作品不能永远停留在纸张和屏幕上,终究要变成一个看得见、摸得到的实物。随着设计工作的进展,电路图中的一个个符号变成一堆五颜六色的电子元件,一条条线段变成长短粗细不一的导线。你怀着紧张的心情将它们接入电源,它们以你的预想开始工作了。设想就变成了现实。

　　在很多初学者的印象中,电子元件就是电路图上的一个个奇怪的符号,例如电阻是一个矩形或者一段折线,电容是一对平行线,运放是一个三角形和一对加减号,等等。实际上,电子元件作为看得见、摸得着的实物,同样是一套既繁多又复杂的知识。而电路图上的符号,只是一个个数学模型,例如电阻表示对电流的阻碍作用,电容是基于理想的平板电容的几个公式,运放则是“虚短”“虚断”,等等。这些用于分析理想情况下的电路足够了。

　　当然,电子元件的数学模型也有简单和复杂之分。以二极管为例,我们对它的初步印象是正向导通、反向截止。随着了解的深入,我们发现,它有一个固定的正向压降,例如硅管的正向压降是 0.7V,二极管流过正向电流时,会将电压钳位在该值,如图 1.1 所示。进一步了解,我们发现二极管的正向压降并不是一个固定值,体现在坐标上是近似于图 1.2 所示的曲线,同时还有反向漏电流和反向击穿电压。

　　随着学习的深入,读者会发现藏在一个电子元件后面的知识越来越复杂,许多相互制约的因素需要思考与权衡。当读者对电子元件的各种参数和特性了解越多,做出的产品就越出色。

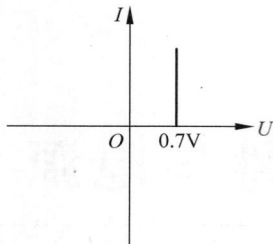

图 1.1　理想的二极管特性曲线　　　　图 1.2　实际的二极管特性曲线

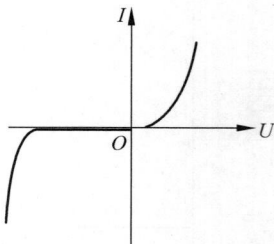

1.1.2　知其然知其所以然

如果读者熟悉智能车竞赛规则的话,经常会看到一句话"除……外,禁止使用成品模块",作为综合性的竞赛,买来一堆模块像搭积木一样去拼凑出一个产品,虽然看起来简便高效,也顺利实现了相关功能,但失去了掌握丰富知识和经验的机会,一旦需要修改参数或者排除故障,经常无从下手。好比把各种板卡插入机箱组装出一台性能优异的计算机,但这对了解计算机工作原理的帮助十分有限。

在此建议,作为初学者,可以使用成品模块验证基本功能,可暂时排除无关因素提高学习效率。对相关功能有了一定的认识后,一定要亲自动手做出自己的模块,在一次次的尝试和失败中发现自己的不足,学会举一反三,以不变应万变,避免带有功利、急于求成的心态,这是宝贵的精神财富。纸上得来终觉浅,绝知此事要躬行。

1.1.3　选择元器件型号

电子元件作为市场经济下的一类普通商品,和超市货架上摆的泡面没有什么区别,总有一款口味适合你。它们并不神秘,只不过元器件的种类比泡面多那么几个数量级,技术要求也更专业。

一般商品有的属性,电子元件都有。

它们有自己的生产商,有国产品牌也有国外品牌,有些产品是只此一家别无分店,有些通用产品很多厂家都可以生产,有些产品却找不到是谁生产的。

它们有自己的流通渠道,可以去实体店购买,可以网购,还可以从厂家申请样品。

它们有自己的价值和价格,差别可能非常大,从不到一分钱到上百上千元。就算是同一种产品,不同的情形下,也会有差别。

它们有真货有假货也有山寨货,往往从外观上难辨真伪。有些坑你没商量,有些可以降低标准用在要求不高的地方。门道多多,水深不见底。

它们有全新件和拆机件(二手货),所谓拆机件就是从废弃的设备上拆下来的经过简单测试的基本功能正常的元件,和全新件相比沧桑感十足,卖相很差,但价钱便宜,资金紧张的情况下,拆机件是个不错的选择,"我很丑但我很温柔"。

面对五花八门的型号,如何选择自己想要的呢?

对于通用产品,熟悉一些常用的型号或者规格,需要的时候能信手拈来。比如小信号开关二极管,常用型号是 1N4148。1A 的肖特基二极管,直插是 1N5819,贴片是 SS14。常用的小功率三极管,NPN 型是 S8050,PNP 型是 S8550,常用的 3.3V 稳压芯片是 1117,等等。记住型号的同时也要了解常用参数。显然,这些字母数字毫无规律可循,只能靠平时的应用与积累,设计需要时,能第一时间想到。

对于电阻、电容、电感等器件,要学会根据字符或者色环读出主要参数,并了解常用规格。

下面介绍如何根据设计好的参数选择一个未知的元件。在互联网时代,各大半导体厂商都有自己的网站,为我们提供了非常专业的筛选工具。

首先要了解所需的元件主要有哪些生产商,例如,需要选择一款满足一定设计要求的MOSFET。通过查询得知,该类产品比较著名的生产厂家有 Fairchild、IR、Vishay 等。可进入其中一家的官网。因为是外国厂家,网页一般是英文的,有些网页也有中文,但是汉化不会很彻底。

在网页中找到产品选项,在里面寻找自己需要的产品的分类。经过一层层的分类,最后会进入一个筛选表格,在这里,该类产品的所有型号和参数被全部排列出来,每列参数顶部有按钮、复选框或者滑块,可以根据要求对参数进行筛选与排序,最终确定几个符合要求的型号。

确定几个型号后,还要排除冷门型号,所谓冷门型号就是指市面上不常见的产品。淘宝网给了我们很好的参考平台,进入淘宝网,依次输入型号查询。冷门产品一般有以下特征:

(1) 卖家很少,而且销量也非常少。

(2) 产品和图片不符,例如柜台照片、一堆不知道型号的元件照片、名片照片以及各种商标等。

(3) 产品描述没有实质内容,要求先询价再拍,买得不多就漫天要价。

满足以上条件的基本就是冷门型号了,坏处是难买、价格很贵、交期长。设计时应尽量避免。因此,尽量选择常见的型号,好处是资料丰富、价格合理、货源稳定。

对于技术比较成熟的部分,建议选择大家都在使用的方案。这些方案经过时间的考验不会有太大问题。而另辟蹊径往往绕弯路,需要承担未知风险。

关于样品,一般去厂商官网申请,在选型列表中就可以申请。按照步骤注册和填写相关信息,没有特别复杂的地方。如果申请成功,过一段时间样品就会邮寄过来。有些厂商对申请的电子邮箱和收货地址有严格要求。例如,有些厂商要求必须使用学校邮箱或者企业邮箱申请,普通邮箱是不可以的。

一般来讲,申请到的数量不会很多,价格也不会很高,有些还需要自付邮费。

最后,请珍惜厂商的申请样品机会,不要抱着贪小便宜的心态随意申请。曾经有一段时间,一家芯片厂商收到了来自某一地区大量的恶意申请,从而取消了该地区所有样品的申请资格。

1.1.4 从数据手册中筛选重要信息

有一种现象很常见,经常有新人问某某芯片怎么用,外围电路怎么接,有没有电路图,等等。生活中,你新买的一部电子产品不会用,你会去翻阅产品说明书。电子元件作为商品,一样有自己的说明书,只是现在不随产品附赠,这种说明书叫 Data Sheet 或者 Reference Manual 等,中文一般叫作数据手册、参考手册、数据表、规格书等。因为这类文件一般都是PDF 格式的,所以在口头上也被称为"某某器件的 PDF"。

数据手册一般包括如下内容:产品介绍、引脚功能、电学参数、特性曲线、寄存器描述、典型应用、封装信息、厂商信息等。

所以,要养成自己看数据手册去学习一款产品的习惯。找数据手册,一般都是在某某文库中搜索、下载。当然,有一个很麻烦的问题,就是这些手册很多都是英文的,毕竟大部分厂家是都是国外的,翻译专业词汇很耗费精力。因此很多人喜欢找数据手册的中文版,中文版有两种,一种是厂商翻译的,另一种是其他组织或个人翻译的,建议以英文原版为主,这个是最权威的资料。厂商翻译的中文版本也可以参考,如果有疑问以英文原版为主,其他翻译资料大部分都不完整,可供一般参考。

本节开头提到的基础问题,在手册中都能找到。

随着产品的更新换代,数据手册也会升级为不同的版本,同时更正之前版本的错误。因此,建议去芯片厂商的官方网站下载最新版本。在介绍产品的页面上可以找到下载链接。对于其他渠道的数据手册,十年前的、二十年前的版本都能找到。

数据手册的版本一般在页眉、页脚或者第一页的某处标明。

有些新人经常被成百上千页的数据手册吓到,感觉无从下手,翻了几页就看不下去了。这里要说明一点,找需要的看。页数较多的手册都有目录,就像一本书,根据目录信息去查询,简单高效。

除了 Data Sheet,还有一种常见的参考资料叫作 Application Note,中文一般叫作"应用笔记",这类文档中会介绍产品的实用电路、扩展应用、操作技巧等。一般和数据手册在一个页面中下载,用于加深学习。

1.2 电子元件基础知识

1.2.1 常用电子元件介绍

本节介绍的都是分立元件,这些元件基本都是通用产品。不像一些元件(尤其是集成电路)可以一对一地去找数据手册。有时按照书本去理解,这些东西就是几个物理量和公式而已。但实际上很多概念却容易被忽视,所以下面介绍一些常用的元件和特性。

1. 电阻

电阻作为物理量表示电压与电流的比例。作为电子元件时,就不仅仅只有单位是欧姆的那一个参数了。下面对常见的参数和特性做一些简单介绍。

1) 电阻值

这是中学物理中学到的知识,接触比较早。这里不考虑敏感电阻器,例如热敏电阻、光敏电阻、压敏电阻(注意,压敏电阻的"压"一般指电压而不是压力)等。

其他常规电阻的电阻值就不会改变了吗?不是的,只是改变不明显而已。电阻值的影响因素包括温度、时间等。相关参数用百分之几(%)或者百万分之几(PPM)表示。对于对稳定性要求高的场合,是需要考虑的。

然而,为了参加竞赛而买的那些电阻,连厂家和型号都不知道,有些参数更无从查找,问卖家也不一定懂。所以说,这方面知识大家了解一下就好。

2) 额定功率

电阻通电必定会产生功率,$P = I^2R$。那么保证电阻正常工作的前提就是发热不能影响性能甚至烧毁电阻。额定功率与环境温度密切相关,如果环境温度超限,则需降额使用。图 1.3 为某种电阻的功率降额曲线。

对于瞬时脉冲大电流,瞬时功率可以超过额定功率。例如,某种型号的电阻,在 2.5 倍额定电压下,导通 1 秒,关断 25 秒,重复 1 万次,仍然能保证无损坏,精度满足要求。合理利用该特性可避免设计上的浪费。额定功率大小和耐瞬时脉冲的能力没有关系,额定功率大不代表耐瞬时冲击能力强。

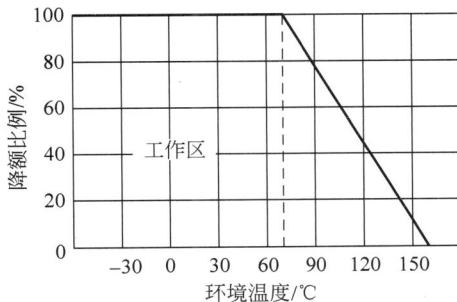

图 1.3 某种型号的电阻的功率
降额曲线(额定温度为 70℃)

额定功率与器件的封装、材质等有很大关系。设计时,还要考虑环境温度和散热条件。

3) 精度

世界上没有绝对精确的东西,在不同的场合中,可根据需要选择不同精度的电阻,常用的精度有 5%、1%、0.5% 等。该参数一般用色环或者字符表示,例如,J 代表 5%,F 代表 1%,最后一环是金色表示 5%,棕色表示 1%,等等。

当然,阻值不以万用表测量的结果为最准,因为万用表也是有精度等级的,例如,使用 1% 精度的万用表去测 0.5% 精度的电阻,不一定是准确的。

4) 最大工作电压

这里读者会有疑问,最大工作电压不就是额定电压吗?根据 $P = I^2R$ 推导出 $U = \sqrt{PR}$,因此最大工作电压就代表额定功率下的电压。例如,某种规格的贴片电阻,阻值为 4.7MΩ,最高工作电压为 150V,额定功率为 0.125W,现在在两端施加 200V 电压,产生的功率为 0.0085W,显然远没有达到额定功率,是不是就代表该电阻可以用在 200V 的电压下了呢?

非也,就算当前电压下的功率没超过额定功率,电阻两端的电压也不能无限制地提高,会有一个上限,这个上限就是最大工作电压。

电阻的最大工作电压与材质和封装有关，一般和电阻值关系不大。哪怕是用于市电环境，很多规格的电阻也是不适用的。因为竞赛中不涉及高电压电路，所以该知识点简单了解即可。

最后请大家想想为什么电阻要有最大工作电压限制呢？

5）常用材质与封装

电阻的种类非常多，这里仅介绍智能车竞赛中常用的类型。所谓材质就是指元件内部作为电阻导体的那部分材料。不同材质的性能有很大不同，会影响到上述特性的好坏。常用的有碳、金属、金属氧化物等。图 1.4 所示为色环电阻，从左到右，额定功率依次为 0.125W、0.25W、0.5W、1W、2W。图 1.5 所示为常见的贴片电阻，从左到右，封装（英制单位）分别为 0402、0603、0805、1206、1210、2010、2512。

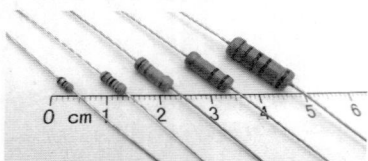

图 1.4　色环电阻

图 1.5　贴片电阻

电阻封装种类较多，竞赛中常用的是直插色环电阻和贴片电阻。一般体积越大，额定功率越大。关于色环电阻和贴片电阻的封装和读数方法，这方面资料不难获得，请自行查找，这里不再介绍。

对于色环电阻，一般可根据表面颜色区分碳膜和金属膜，例如，碳膜是黄色，金属膜是蓝色。也可以根据色环数量来区分，例如，碳膜有四环，金属膜有五环，等等。实际上，披着金属膜外衣伪装的碳膜电阻并不少见。金属膜电阻的性能优于碳膜电阻。

6）0 欧电阻

0 欧电阻的用处非常广泛，可用于调试、跳线、分割地平面等。这也表明，0 欧电阻并不等于导线，那么它有哪些特性值得注意呢？

0 欧电阻元件依然存在小于数十毫欧的电阻。因此电流也不能无限制增大，例如，0805 封装的 0 欧电阻额定电流为 2A。如果用作大功率负载的连接，需要当心该器件无法承受大电流（例如发生电机堵转时）而损坏。此外，0 欧电阻还存在一定的感抗和容抗，对高频信号有一定的作用，可用于电磁兼容方面的设计，这里不再介绍。图 1.6 为两种常见的 0 欧电阻，分别为封装（英制单位）为 1206 和额定功率为 0.25W 的 0 欧电阻。

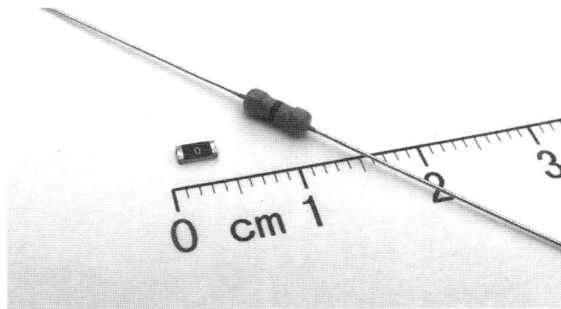

图 1.6 两种常见的 0 欧电阻

2. 电容

电容的理想模型为平板电容。电容值与介电常数、距离、面积相关。电容是电容器的主要参数。多数情况下,以电容的材质或结构进行分类,常用的有塑料薄膜、陶瓷、金属、云母、空气、双层电容等,如图 1.7 所示。

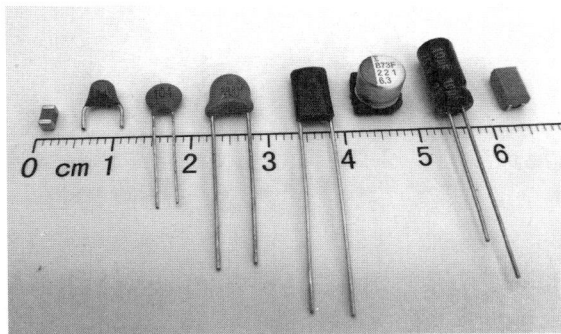

图 1.7 几种常见的电容器

图 1.7 所示的常见的电容,从左到右依次为多层陶瓷电容(MLCC)、直插封装的多层陶瓷电容(俗称独石电容)、瓷片电容、高压瓷片电容、薄膜电容、贴片电解电容、直插电解电容、钽电容。下面介绍其他常用参数和特性。

1) 电容值

电容值作为电容器的主要参数,是首要考虑的指标,这里不考虑使用各类原理制作的可变电容。

和之前的问题类似,电容器的容量会改变吗?会的,不但会变,而且有些产品还变得挺多。影响因素有频率、温度、电压和时间等。

关于时间对容量的影响,主要是由于电容内部材料的老化与失效导致的容量减少。以电解电容为例,高温是影响寿命的主要原因,过高的温度会导致内部电解液的失效,最终导致性能变差。一般来讲,温度降低 10℃,寿命增加一倍。

电压也会影响容量。以 X7R/X7S 类型多层陶瓷电容(MLCC)为例,其电压与容量变化曲线如图 1.8 所示,在直流电压与交流电压下的表现都不相同。因此,用不同的设备(例如不同品牌、型号的万用表)测量 MLCC 的容量,结果不同也很正常,当然,前提是被测电容没有问题。

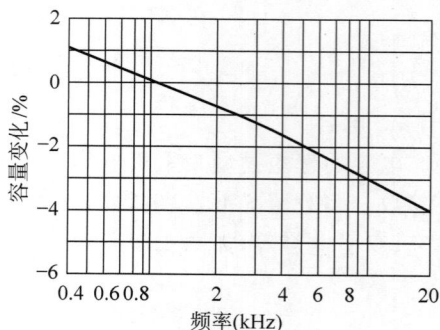

电解电容的容量与测试频率的特性曲线如图 1.9 所示。

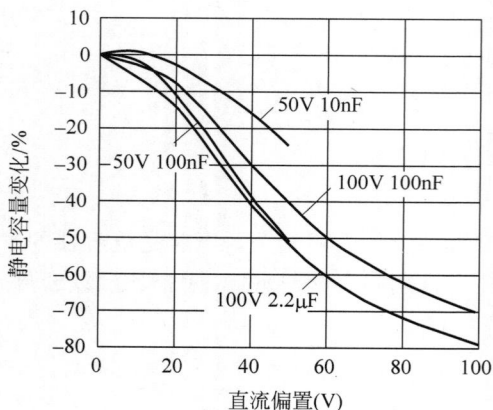

图 1.8　多层陶瓷电容电压与容量变化曲线　　　图 1.9　电解电容容量与频率的特性

下面介绍温度对容量的影响。温度对某些材质的电容影响非常大。这里要重点介绍多层陶瓷电容。将不同温度特性的电容分门别类,常用的是 EIA-198-D 标准,如表 1.1 所示。一般用三个字符表示,例如,C0G 表示温度系数有效数字为 0,温度系数的乘数为 -1,温度系数误差为 30ppm;X7R 表示温度范围为 $-55\sim125℃$,温度范围内最大容量变化为 $\pm15\%$。

表 1.1 为 CLASS I 类电容(温度补偿)温度特性表示方法(部分),第一码表示温度系数的有效数字,第二码表示温度系数的乘数,第三码表示温度系数误差。

表 1.1　多层陶瓷电容型号的表示方法(部分)

第一码	C	M	P	R	S	T	U	
	0.0	1.0	1.5	2.2	3.3	4.7	7.5	
第二码	0	1	2	3	4	5	6	7
	-1	-10	-100	-1000	-10000	$+1$	$+10$	$+100$
第三码	G	H	J	K	L	M	N	
	±30	±60	±120	±250	±500	±1000	±2500	

表 1.2 为 CLASS II 类瓷片电容(高介电常数)温度特性表示方法(部分),第一码表示规定的最低温度,第二码表示规定的最高温度,第三码表示温度范围内最大容量变化率。

表 1.2 多层陶瓷电容规格的表示方法(部分)

第一码	X	Y	Z			
	-55	-30	$+10$			
第二码	5	6	7	8		
	$+85$	$+105$	$+125$	$+150$		
第三码	P	R	S	T	U	V
	± 10	± 15	± 22	$-33 \sim +22$	$-56 \sim +22$	$-82 \sim +22$

实际中根据电路对电容容量变化的适应能力来选择合适的材质。既然这样,那为什么不都用稳定性好的呢? 一般来讲有这样一个规律,温度稳定性差的电容,可以在相同的体积下获得更高的容量与耐压。以 0805 封装为例,厚度相同,额定电压均为 6.3V 时,某厂家 X7R 的最大容量为 $4.7\mu F$,Y5V 最大容量为 $10\mu F$,而 C0G 最大只有 33nF。随着技术的发展还会出现容量更大的型号。

大容量电容一般用于电源滤波等功能,对容量的变化并不敏感,可根据实际需要进行选择。而有些场合对电容的精度和稳定性要求很高,比如定时、传感器等,可选择稳定性高的 C0G 系列产品。

其他类型的电容器,例如电解电容以及各种材质的薄膜电容,都会受到温度的影响,因竞赛中较少涉及,不多作介绍。图 1.10 为 MLCC 的温度特性曲线,图 1.11 为电解电容的温度特性曲线,图 1.12 为几种薄膜电容的温度特性曲线。

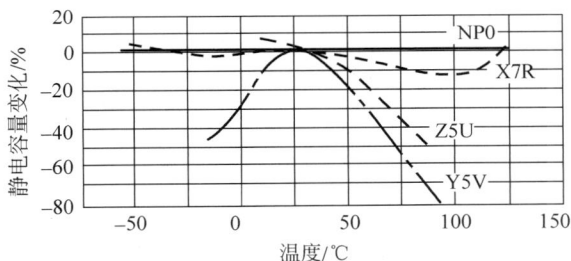

图 1.10 多层陶瓷电容容量对温度的变化曲线

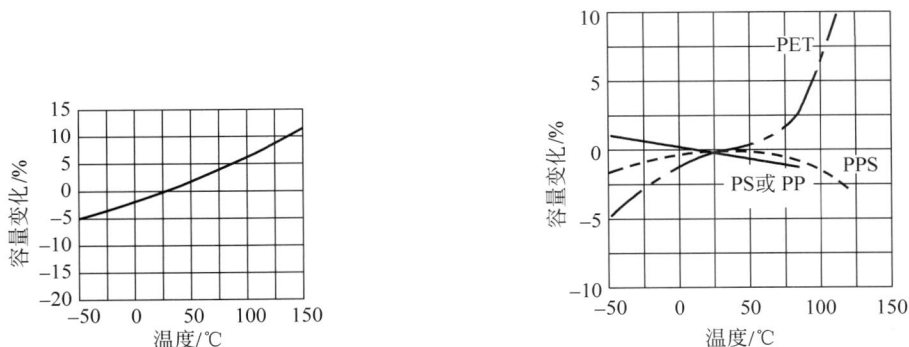

图 1.11 电解电容容量对温度的变化曲线

图 1.12 几种薄膜电容容量相对温度的变化曲线

2) 等效串联电阻(ESR)

这个参数很重要但是经常被忽视。有人会问,电容不是隔直通交吗,为什么会有电阻? 这就是"等效"的含义了。实际情况下,由于电容内部材料的电阻、绝缘介质的损耗等原因,在外部表现为一个和理想电容串联的电阻,这个电阻就是 ESR。图 1.13 为一种简化的等效模型。

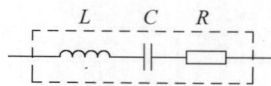
图 1.13 电容的实际等效模型

与此相对应的还有等效串联电感(ESL),一般非常小,只有在频率很高时才有所体现,这里要注意"等效"的概念,也就是说图示并不代表实际结构。不同的电容 ESR 差别较大,需根据具体情况分析。同样,一个电容的 ESR 不是固定值,会受频率、温度等条件的影响产生明显变化。

图 1.14 为某种规格的 MLCC 电容的阻抗曲线(包括等效串联电阻、容抗、感抗),拐点之前,和容抗相比,ESR 比较小,曲线基本符合理想电容的特性,拐点处由于产生谐振而出现低谷,拐点之后则是 ESL 起主要作用。图 1.15 为两种常见材质的电容阻抗特性曲线。

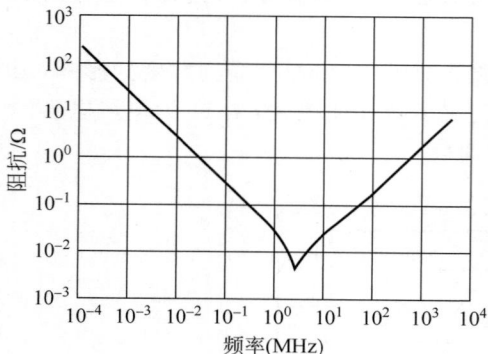

图 1.14 电容的阻抗特性

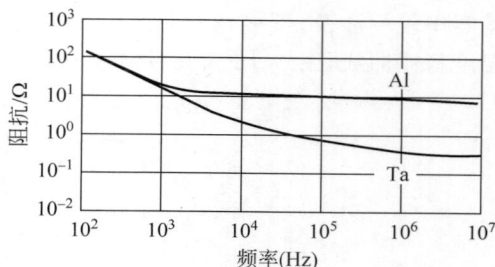

图 1.15 不同材质电容的阻抗特性对比

因为有 ESR 的存在,那么理想电容的某些特性将改变。例如,理想情况下,电容两端的电压不能突变,如果存在 ESR,那么突变电流流经 ESR 将产生一些电压变化,降低电容的滤波性能。再比如,理想情况下,电容不会产生有功功率,如果存在 ESR,那么电流流经后就会产生热能,消耗功率,导致电容发热。然而,ESR 并不是有百害无一利,具体应用将在设计电源的部分作介绍。

关于电容的损耗,有一个参数叫损耗角正切:$\tan\delta = P/Q$,其中 P 为以发热形式产生的有功功率(W),Q 为无功功率(Var)。

3) 精度

电容的精度一般指工作温度范围内的精度,可参考前面关于温度稳定性的描述。不同的电容有不同的精度要求,可以很高也可以很低。这里以电解电容为例,对于其精度的标称值,一般是指在设定温度(20℃)和频率(100Hz 或 120Hz)下的精度,大部分产品都是 ±20%。一个容量为 C 的电解电容,实测容量在 $0.8C$ 到 $1.2C$ 之间都是合格的。一般情况下,厂商为了节省成本,会取负公差。换句话说,你买的 $100\mu F$ 的电解电容,实测发现只有 $80\mu F$,它也是合格的,这种情况在高耐压的电解电容中较为常见。

4)耐压

使用 MLCC 时,根据前面的介绍,保证容量的前提下尽量选择耐压高的型号,以降低容量的损失。

电解电容抗过压能力很强,但设计时也要考虑留足够的余量。当然,前提是正负极不能接反。

5)电解电容的寿命与纹波电流

纹波电流表示电容器所能承受的最大的交流电流有效值。需要根据实际情况来选择,尤其是开关电源的输出滤波部分,看似平静的电容中承受着很大的充放电电流。

电解电容内部含有易挥发或者变质的电解液,所以它的寿命是电子设备寿命的短板之一,其寿命与温度、纹波电流和电压呈负相关。

例如,某系列电容产品标称最高工作温度105℃、寿命2000小时,真的只有2000小时?也就是说不到3个月它就坏了?这里需要说明,电解电容的寿命是在额定电压、最高工作温度、额定纹波电流等极限条件下得到的数据。在实际应用中,如果工作环境远低于上述极限,电解电容的寿命将翻倍地增长,可达到数万小时。

6)其他

多层陶瓷电容(MLCC)质地脆弱,不要用力弯折贴有电容的线路板,也不要敲击或者使其受热不均匀,尤其是对于体积很大的封装。

用仪器对电容进行测量前,必须把电容里的电放干净,以免损坏仪器。

电容不能直接串联使用,因为每个电容的特性有差异,可能导致分压不均匀,哪怕相同的型号也不可以串联使用。串联使用要有均压措施。

关于电解电容的使用寿命,某厂家给出的要求是:容量变化小于±25%,损失角正切变化不超过200%,漏电流不超过额定值。三个条件须全部满足。

简单说一下钽电容,钽电容以其小体积、高容量得到了广泛应用,主要缺点是抗大电流纹波能力差、抗过压能力差。可用于单片机、逻辑芯片、信号处理电路的滤波,不适用于电机驱动电源等大功率场合。

常见电容优劣对比如表1.3所示。

表 1.3 电容特性对比

	陶 瓷 电 容	钽 电 容	铝电解电容
价格	一般	一般	低
阻抗-频率特性	好	差	差
容量-温度特性	一般	好	一般
极性	无	有	有
允许纹波电流	好	差	一般
可靠性	高	一般	一般
直流偏压特性	差	好	好

3. 电感

电阻、电容、电感是电学中三个比较基础的物理量。电感器的具体形式很多,任何一种物质都有一定的磁导率,那么导线在上面环绕,就形成了电感器。这种物质可能是空气、金属氧化物、合金等。

图 1.16 为几种常见的电感,从左到右依次为积层电感(一种常见的贴片电感)、三种功率电感(磁性材料一般是铁氧体)、可调电感、工字电感、色环电感、空心电感、磁环电感(磁芯材料多种多样)。下面先介绍一些常用的参数。

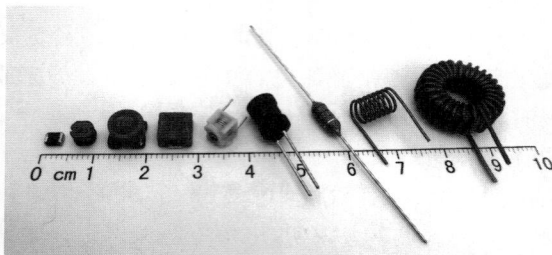

图 1.16　几种常见的电感

1) 电感量

电感量是电感的主要参数。决定电感量的条件有很多,例如磁芯材料、磁芯的形状、绕组的匝数等。同样地,电感量也会变化,主要影响因素有电流、频率、温度等。

2) 电流

确定电感的工作电流出于两点来考虑。一是基于电感量的变化,随着电流的增加,电感量会降低,例如不超过 30%;二是基于发热产生的温升,由导线电阻和散热能力等决定,例如不超过 40℃。注意,30% 和 40℃ 这两个数据仅供参考,实际上不同产品的要求可能是不同的。

图 1.17 以某种 $10\mu H$ 的电感为例,给出了电流的增加对电感量的影响曲线,注意纵坐标为对数坐标。

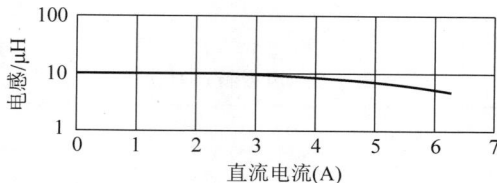

图 1.17　直流电流对电感量的影响

实际设计中二者都要满足。如果仅仅因为发热不明显就放任电流继续增加,那么磁芯最终会饱和,失去电感的作用。这时候这个电感和一段导线没有区别。尤其在设计功率电路时,例如开关电源,要慎用积层电感和色环电感,这两种电感的饱和电流很小。

3）直流电阻（DCR）

按字面理解即可,一般要求直流电阻越小越好。磁芯相同的前提下,电感值越大,匝数就越多,导线的长度就要增加,如果用于绕线的空间不足,直径还要减小。无论是长度增加还是直径减小,都会导致直流电阻变大,那么基于温升的额定电流就会变小。

4）品质因数 Q

品质因数表示一个储能器件或者谐振电路中储存的能量和每周期损耗的能量的比例关系。在这里相当于串联谐振电路,也可以表示为扣除分布电容影响的感抗与其等效损耗的电阻之比。Q 值越高,选频性能越好,但带宽越窄。反之亦然。如图 1.18 所示,Q 值越大,曲线越尖锐,选频性能越好。同样,电容也有品质因数。对于单个的电容或者电感,该参数需要在非常高的频率下才能体现其价值,因此不多作介绍。

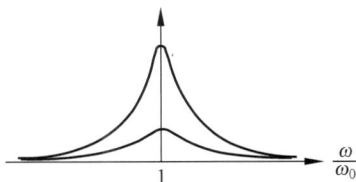

图 1.18　品质因数对比曲线

后面章节在介绍电磁传感器和电轨传感器时,会继续了解品质因数相关的应用。

5）智能车竞赛中常用的电感

工字电感,顾名思义,因为磁芯的轴向截面为工字型,一般用于电磁信号的检测,常用规格为 10mH。

铁氧体等材料制成的功率电感可用作开关电源的储能电感。因为是磁路封闭的电感,所以损耗低,防电磁干扰效果较好。

积层电感有几种不同的类型,常见的小封装贴片电感都是此类。在智能车的电路中一般用于电源线或者信号线滤波。不管是从磁饱和方面还是从温升方面考虑,它允许通过的电流都不算大,因此不宜用于大电流场合,例如电机的电源线、开关电源的储能电感等。需要注意的是,它和贴片磁珠不是同一个东西,虽然外表看起来很像。

色环电感的表面一般是绿色的,读数方法和色环电阻类似,单位是 μH,外形和色环电阻也有明显的区别,一般用于滤波。

另外,电轨组使用的用于检测铝箔的空心漆包线绕组也是一种电感。当电感附近出现导体时,电感的特性将发生变化,从而被系统检测到,用于路径识别。电感器除了以上描述的几种外,还有很多类型,因竞赛中很少用到,不再一一介绍。

4．二极管

作为大家学习过程中接触的第一种半导体器件,二极管有着比阻容感器件复杂得多的特性。大家对二极管的第一印象就是正向导通,反向截止。随着学习的深入发现二极管有着复杂的伏安特性曲线,正如本章开篇所说的那样。下面先介绍一些常用参数,最后将提供一些常用型号。

1）正向电流

二极管的正向电流分为连续电流、可重复峰值电流、不可重复峰值电流。长期工作在连续电流,二极管不会因为过热而损坏。后面两种情况表示二极管可以多次承受或者单次承受高于连续电流的瞬时脉冲。三个值依次增加。与此同时,脉冲时间越短,可承受的峰值电流越大。

2）最高反向工作电压

加在二极管两端的反向电压超过一定值时,二极管将失去截止能力,变成导通状态,因此,对于普通二极管,工作中不得超过该极限。该参数包括最大可重复反向峰值电压 V_{RRM}、最大反向电压有效值 $V_{R(RMS)}$ 等。

稳压二极管则是利用了这方面特性,将反向击穿电压设计成一定的值。在规定的电流范围内,稳压二极管两端的电压钳位在该电压值上。

3）正向压降

现在我们已经知道,二极管的正向压降不是一个固定值。根据伏安特性曲线来看,电流越大,压降越高。图 1.19 列举了额定电流均为 1A 的整流二极管、肖特基二极管和快恢复二极管的正向特性曲线（25℃）。在相同电流情况下,三者的压降有着明显的不同。

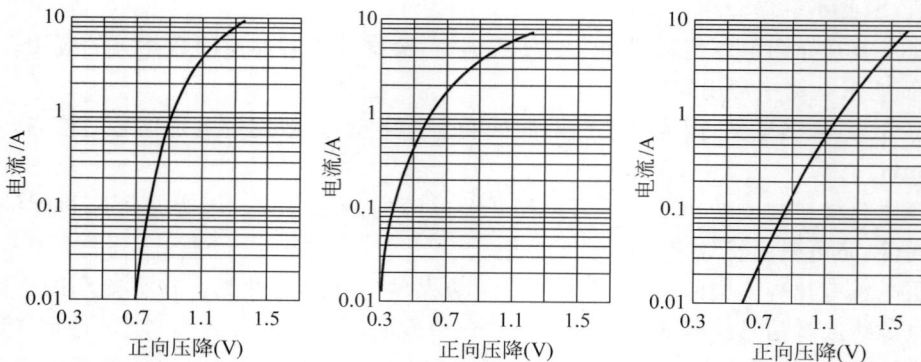

图 1.19　整流二极管、肖特基二极管和快恢复二极管的正向特性曲线

影响正向压降的另一个重要因素是温度,温度越高,二极管的压降越低。图 1.20 所示为不同温度下的压降曲线,三条曲线从左到右依次为 175℃、100℃、25℃。这里涉及二极管的并联使用。并联的前提是保证二极管的一致性较好,并且温度相近。例如,使用封装在一个管芯里的两个共阴极二极管,将阳极引脚接在一起并联使用。如果二者差异较大,带来的结果就是压降稍低的二极管电流大,电流大温度就越高,温度越高压降越低,从而产生恶性循环。最终这个二极管超负荷工作,而另一个二极管电流很小。因此,二极管并联需要加入均流措施。当然,最简单有效的办法是换一个功率更大的二极管。

4）反向恢复时间

反向恢复时间是二极管中很重要的参数。图 1.21 为二极管反向恢复特性曲线。当二极管中电压由正向变为反向时,正向电流开始下降,到达 t_0 时刻并未停止,而是在一段时间内,存在反向电流,二极管并未关断。反向电流经过 t_1 时刻后,才逐渐变小,再经过一段时间到达 t_2,二极管的电流才接近 0。t_s 称为储存时间,t_f 称为下降时间。$t_{rr}=t_s+t_f$ 即反向恢复时间,以上过程称为反向恢复过程。

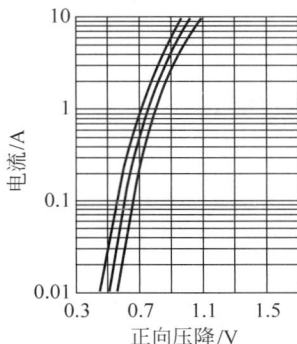

图 1.20　某型号二极管的温度与正向特性之间的关系

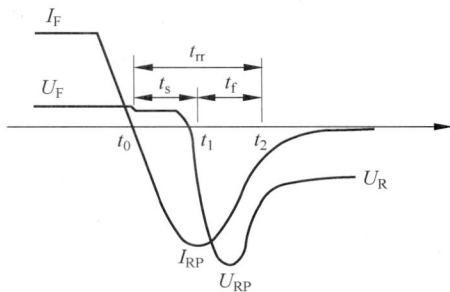

图 1.21　二极管反向恢复特性曲线

该参数对器件的工作频率与效率有较大影响。整流二极管的反向恢复时间较长(几微秒),因此工作频率不能太高。但优点是压降较低,效率高。而且较长的反向恢复时间不容易产生电磁兼容问题。快恢复二极管的反向恢复时间很短(几百纳秒),可用于高频整流,广泛用于各类开关电源。其优点是耐压很高,缺点是压降较大。此外还有超快恢复二极管,反向恢复时间不超过 100ns。

肖特基二极管的反向恢复原理与上述有所不同,基本可以短到忽略不计,缺点是耐压不高,反向漏电流大,另外还有正向压降非常低的特点,可广泛用于输出电压较低的开关电源中。

小功率开关二极管的反向恢复时间也极短,可广泛用于各类模拟电路和数字电路中。

5) 常用产品举例

下面列举的常用产品属于通用型号,市面上比较常见:

(1) 1A 整流二极管:直插 1N4007,贴片 M7;

(2) 1A 快恢复二极管:直插 FR107,贴片 RS1M;

(3) 1A 肖特基二极管:直插 1N5819,贴片 SS14;

(4) 小功率开关二极管:直插 1N4148,贴片 LL4148;

(5) 3A 整流二极管:直插 1N5408,贴片 S3M;

(6) 3A 快恢复二极管:直插 FR307,贴片 RS3M;

(7) 3A 肖特基二极管:直插 IN5822,贴片 SS34。

图 1.22 列举了几种常见的二极管封装,二极管的类型和参数还有很多,由于智能车竞赛中很少涉及,不再过多介绍。

5. 发光二极管

发光二极管(LED)也是二极管的一种,之所以单独拿出来介绍,主要是因为使用目的不同。发光二极管在比赛中一般用于指示功能,某些种类的传感器中会用到红外二极管、激光二极管等。因此,本节讨论的都是小功率的 LED。

图 1.23 所示为几种常见的发光二极管封装,从左到右依次为 0603、0805、2×3、Φ3、

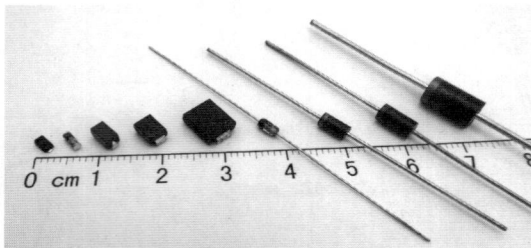

图 1.22　常见的二极管封装

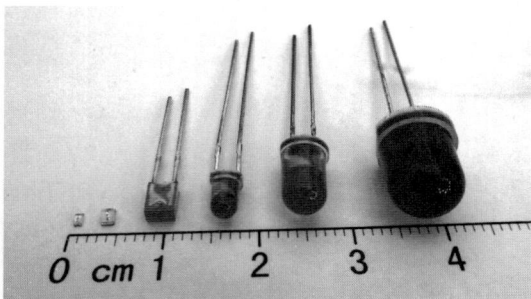

图 1.23　常见的发光二极管封装

Φ5、Φ10。

1）压降

普通二极管的压降受电流和温度影响，LED 中也有类似现象。不同颜色的 LED 差别也较大。一般来讲，红色、黄色、黄绿色压降较低，蓝色、翠绿色、白光压降较高。严格来讲，最好用发光的波长来区分 LED 的颜色，因为用颜色描述并不准确，例如，绿色发光二极管就包括黄绿色、翠绿色、蓝绿色。甚至不同厂家、不同批次的产品，颜色也有细微差别。LED是电流型工作器件，不同于传统的白炽灯，不允许直接接在电压源上或者推挽输出模式的 I/O 口上，否则很容易因为电流过大而烧毁，因此要用电阻限制电流或者使用合适的电流源。如果采用电阻限流，则工作电流＝（电源电压－LED 压降）/限流电阻阻值。图 1.24 为某型号红色 LED的特性曲线，假设电源电压是 3.3V，要求 LED 的工作电流约为 5mA，求限流电阻阻值。查看曲线得知，该型号 LED在 5mA 时，压降约为 1.7V，代入上述公式，得出限流电阻阻值为 320Ω，该阻值不常见，实际应用中可选用 330Ω。图 1.25 为某种型号蓝色 LED 的特性曲线。

LED 最好不要直接并联，哪怕是相同颜色相同规格的

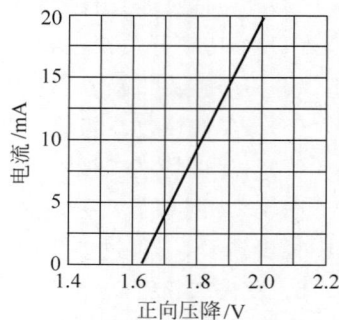

图 1.24　某型号红色 LED
特性曲线

LED 也会因为特性的细微差别,导致电流分配不均匀,最终结果是亮度不一致,有些稍亮有些稍暗,除非这种差异不影响使用效果。例如,使用大量 LED 的照明灯具,就是串并联混用的。如果是不同规格的 LED 并联,压降高的可能完全不亮。因此最好在每一个 LED 上单独做限流措施,才能保证每一个 LED 的亮度可控,例如数码管的驱动电路。LED 串联使用则无须担心该问题,因为串联电路电流处处相等。图 1.26 为两种并联结构的对比,右边的电路更合理。

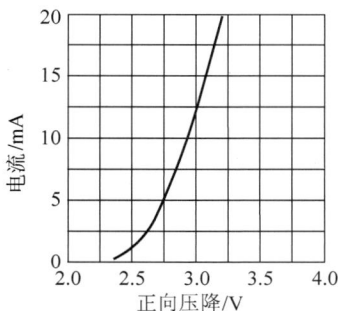

图 1.25　某型号蓝色 LED 特性曲线　　　　图 1.26　多个 LED 并联的方式对比

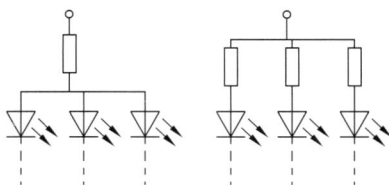

2)电流

和普通二极管类似,LED 也有工作电流限制,包括连续电流和峰值电流。峰值电流可以高很多,例如用于数码管或者点阵的动态扫描。

减小 LED 工作电流,降低环境温度,有助于延长寿命。LED 寿命的测试标准是:在常温和额定工作电流情况下,发光强度衰减 20% 或者 30% 所用的时间。

3)其他

制作 LED 的半导体材料种类较多,有些材料对静电十分敏感,焊接时请做好静电防护措施。

雾状的 LED 灯壳内含有散射材料,从外观看呈现不同颜色或者不透明的乳白色,发光比较均匀。透明的 LED 的灯壳完全透明,因此只在特定方向上的亮度较高,可根据需要进行选择。图 1.27 所示为两种 LED 的光强分布图。

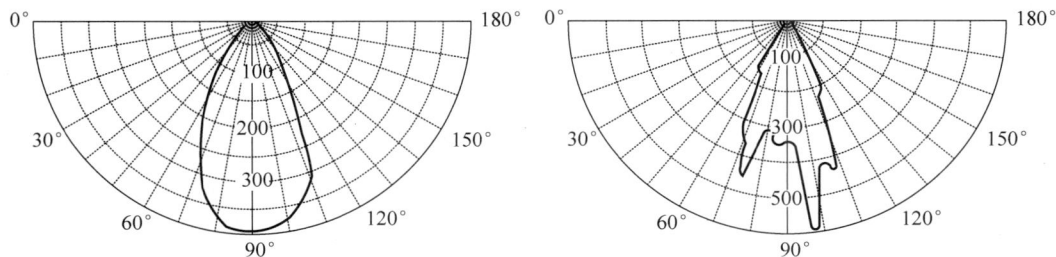

图 1.27　相同功率的雾状 LED 与透明 LED 的光强分布图

6. 时钟的产生

在单片机或者其他数字电路中,振荡器为电路提供一定频率的时钟信号,用于完成各类时序逻辑处理。在模拟电路中也有广泛的应用,例如用于产生无线电通信的载波。

常用的振荡器由石英晶体制成,石英晶体的特性受外界影响较小,而且自身的品质因数(Q 值)极高,因此频率非常稳定,应用十分广泛。生活中随处可见的电子表,就是利用石英晶体来精确计时的。图 1.28 所示为几种常见的晶振封装。

图 1.28 常见的晶振封装

晶体在电能和机械能的相互转化下工作。等效电路如图 1.29 所示。C_0 一般是几皮法,R 在数十欧到一百多欧左右,L 可高达数十毫亨。

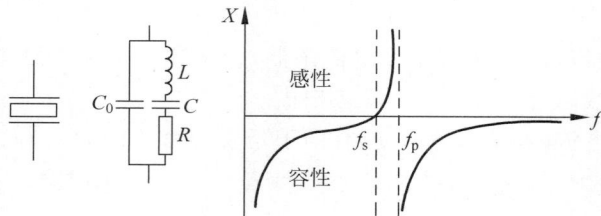

图 1.29 晶体的符号、等效电路和频率特性

根据等效电路可知,在低频时,由 L、C、R 组成的串联谐振 f_s;在高频时,由 L、R、C_0 组成并联谐振。这里的高低是相对而言的,实际应用中,两个频率是十分接近的。在这个极窄的频率范围内,晶体等效为一个电感。在晶体的两端并联合适的电容,加入反相放大器的负反馈电路中,就形成了振荡电路,可输出时钟信号。单片机或其他包含时钟的器件外接晶振的典型电路如图 1.30 所示。

其中,C_1 和 C_2 是比较重要的元件,与相关元件构成皮尔斯振荡器。C_1 与 C_2 的串联值加上回路杂散电容为晶体的负载电

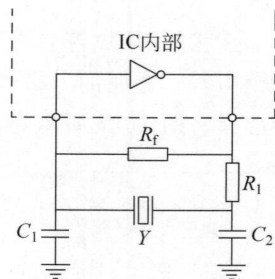

图 1.30 晶体的工作电路

容,其值一般在十几皮法到数十皮法之间,均能获得准确且稳定的工作频率。如果是用于精度要求较高的场合,例如 32.768kHz 的时钟晶振,电容值需要根据晶体自身的特性做严格匹配。优质的电子表连续工作一年误差也不会超过十几秒。并联电阻 R_f 用于降低谐振阻

抗,易于成反馈回路。限流电阻 R_1 用于限制震荡幅度,以免过驱动而损坏晶体,或者产生不必要的波形。

注意,具体电路需参考芯片数据手册进行设计,R_f 和 R_1 并不是所有的场合都需要。

同样,晶体的精度也受温度和老化影响。工作温度范围内一般只有 10ppm 左右,每年的变化小于 5ppm,可见稳定性非常高。

关于泛音晶体,晶体的振荡频率不是单一的,由基频和多种泛音组成。晶体的振荡频率由物理结构决定,一般频率越高,晶体越薄,但是太薄会导致加工困难且容易损坏。因此可以利用晶体的泛音频率,例如三次、五次等,来产生更高的时钟频率。但需要特殊的匹配电路才能让晶振工作在泛音频率上。例如,48MHz 的泛音晶体接在某些单片机上,它就变成了 16MHz 的晶体,因为它振在基频上。

有源晶振是一个完整的振荡器,接通电源就会输出波形,省去了外围复杂的匹配电路,可靠性较高,但成本和功耗也高一些。实际使用时可根据芯片数据手册进行连接与配置。有源晶振一般有四个引脚:一对电源脚,一个输出脚和一个空引脚。但四个引脚的晶振不一定都是有源晶振,也有可能是无源晶振(也就是上面说的晶体)。

在学习单片机初始化配置时经常提到内部晶振的说法,这个描述并不准确。内部晶振一般指的是内部 RC 振荡器,利用电阻和电容的充放电特性制作的振荡器,集成在芯片内部,结构简单,功耗不高,缺点是精度较差,可用于低功耗或者精度要求不高的场合。

除了上述几种常用的振荡器之外,还有陶瓷谐振器等,不再一一介绍。

大家在研究单片机时钟系统的时候经常能听到锁相环(PLL)这个词,为什么有了它就能把系统时钟频率设定得可高可低,而不是只能限制在晶振的频率呢?还有许多倍频分频参数是做什么用的呢?这里简单介绍一下。

锁相环由三部分组成,压控振荡器、滤波器、鉴相器组成环路。最终结果是使输入和输出两个频率同步(实际略有相位差,但也是稳定的)。

压控振荡器,顾名思义,就是用电压变化来控制输出的振荡器,例如输入电压越高,输出频率越高。具体原理较复杂,不作过多介绍。

鉴相器用于鉴定两个输入波形的相位。在平衡组的电机测速模块中,根据编码器的 A、B 相输出的相位关系判断正反转,这里可以用到鉴相器,例如 A 比 B 相位超前,鉴相器输出高;A 比 B 相位滞后,鉴相器输出低。锁相环中利用鉴相器也是这个原理。

鉴相器输出的或高或低的方波电压,经过滤波器变成平稳的直流电压。这个直流电压输入压控振荡器,控制其输出。

我们再分析锁相环环路,通过闭环调节,最终使得输入和输出频率相同,并带有稳定的相位差。因为稳定的相位差,鉴相器输出占空比稳定的波形。波形经过滤波器后形成稳定的直流。因为稳定的直流输入,压控振荡器产生稳定的波形输出。这就是锁相环的工作流程。图 1.31 所示为锁相环的基本结构。

通过前面的知识得知,晶振是稳定性很好的时钟源,那么可将压控振荡器的输出频率和外部晶振的输入频率通过锁相环进行处理,让压控振荡器工作在稳定状态,为系统提供可靠

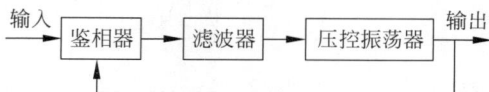

图 1.31　锁相环基本结构

的时钟源。

　　这里就有个疑问,直接使用晶振的频率可以吗? 答案是可以的,无须倍频的单片机都没有锁相环模块。如果想让其输出时钟频率高于晶振频率呢? 可以把压控振荡器的输出分频,再和晶振的输入进行比较。例如,将压控振荡器的输出频率二分频,分频后的频率与晶振相同,再进入鉴相器和滤波器。但其工作频率已经是晶振的二倍了,环路仍然可以保持稳定。如果想让其输出时钟频率低于晶振频率呢? 不难理解,将晶振的输入频率进行分频,再参与环路的调节。

　　以上就是锁相环的基本原理,在实际的寄存器配置上要更复杂一些,芯片的数据手册会提供具体公式。

7. 电位器(可调电阻)

　　电位器属于电阻的一种,在中学物理中就有所涉及。印象中是图 1.32 所示的这种“怪物”,而这种“怪物”也只能出现在实验室中,无法走入生产生活。

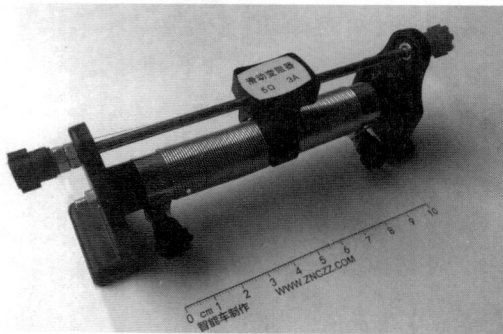

图 1.32　常见的滑动变阻器

　　具有实用价值的电位器,可以固定在线路板或者壳体上,使用起来安全、可靠、方便。而这类电位器和“怪物”的基本原理是相通的,由电阻体和可移动的电刷组成,只不过结构和外形区别较大。图 1.33 和图 1.34 所示为几种常用的电位器。

　　电位器的电阻体按材料区分,常见的有绕线、碳膜和玻璃釉等。绕线电位器精度高、稳定性好、功率大,缺点是阻值不能做得太高、高频性能差、分辨率不高、体积大。

　　碳膜电位器阻值范围宽,分辨率高,结构简单。缺点是滑动噪声大、功率小。滑动噪声是指触点在电阻体表面滑动时产生的额外噪声。在智能车竞赛中,大部分使用的都是碳膜电位器。

　　电位器一般用于分压或者可调电阻,因此两个固定端之间的电阻精度不高,一般是

图 1.33 几种常见的电位器

图 1.34 一种适用于频繁操作的电位器

10%。电位器可调的圈数越多,调节分辨率越高。例如 3296 型电位器,大约是 20～30 圈;RM065 等型号,俗称"蓝白可调",大约是 200°。3362 型电位器,大约是 200°。也就是说,后两种可调圈数不到一圈。当然,并不是分辨率越高越好,须根据实际的调节需求进行选择。图 1.33 所示的电阻器从左到右类型依次为 3296W、RM065、3362P。

不要过分依赖电位器的微调能力。电位器中的电阻,同样有稳定性问题,这个时候调好了,可能过一段时间又变了。因此,需要在设计周边电路时对电位器的阻值变化保留一定的宽容度。可选择玻璃釉材质的电位器,稳定性比常用的碳膜材质好很多。

最后,有一个不能忽略的问题,上述类型的电位器的旋转寿命很短,一般只有数十次到二百次左右,也就是说,超过这个限制,稳定性将变差。所以,使用它的初衷就是调好后就尽量不要再动了。需要经常调节的场合,可使用专门为多次使用而设计的产品,如图 1.34 所示,旋转寿命可达数十万次。

最后简单了解一下数字电位器。它是一种集成电路,由数字输入控制,产生模拟量输出。可由各种处理器直接控制,无须机械调节,具有精度高、无触点、抗振动、寿命长等显著优点。

电子元件的种类还有很多,无法全部列出,以上介绍的几类供大家作为参考。每一种电子元件背后都有丰富的知识和使用经验,需要摆脱符号化的认知。希望大家在使用它们之前要认真思考,多查资料,不要想当然、凭感觉。

1.2.2 MOSFET

MOSFET(以下简称 MOS 管)是智能车竞赛中电机驱动部分常用的分立元件,集成驱动芯片内部也包含了一定数量的 MOS 管,在模拟电子课程中有比较详细的介绍。在智能车电机驱动中,MOS 管作为开关器件使用,也就是说,大部分时间工作在夹断区(截止)和恒流区(导通),通过调节占空比控制输出功率。在导通和关断的瞬间,要迅速通过可变电阻区。功率 MOS 管的结构与我们在模拟电子和数字电子课程里学到的一些 MOS 管的结构相比,区别十分明显。

同其他器件一样,MOS 管也有多种参数。从需求方面考虑,我们希望选择具有如下特性的元器件:

(1) 耐压要足够高:避免关断情况下 D 和 S 之间被击穿;

(2) 导通电流要足够大:保证功率输出足够;

(3) 体积小发热低:避免过热损坏器件;

(4) 开关速度要快:开关切换瞬间要尽可能快地越过可变电阻区,避免产生过多的发热损耗。

下面以 NMOS 为例,依次进行介绍。

1. 击穿电压

一般用 V_{DSS} 表示,表示关断情况下,DS 之间可承受的最大电压。选择时,请保留一定的余量,用于保证电路的可靠性。这个参数并不是越大越好,耐压高的管子,一般通态电阻比较大。

2. 导通电流

导通电流主要与通态电阻有关,通态电阻一般用 $R_{DS(ON)}$ 表示,表明在指定条件下,器件的导通电阻大小。电流在通态电阻上产生发热功率,因此电流不能超过器件的承受能力。导通电流一般用 I_D 表示,也就是持续漏极电流。同样地,随着环境温度的升高,要降额使用。当然,它也可以承受超过额定电流的短时间脉冲电流。

3. 体积与发热

电流在器件上产生的功耗以发热的形式在器件上耗散掉。这里先介绍一个参数:热阻(Thermal Resistance)。类比于电阻的定义,热阻就是指热量在传导过程中受到的阻碍作用,用 R 表示,常用单位为℃/W。那么我们自然希望热阻越小越好,这样热量传导得快,温升就不会太高。热量从管子内部的热源到外界要经过多层传导,每层的热阻都不相同,在手册中会以多个参数进行体现,一般来讲,相同参数的 MOS 管,封装体积越大,封装上金属体积越大,则热阻会越低。因此,我们可以通过辅助手段,例如增加散热片、线路板大面积铺铜等措施,来增大管子的散热空间,降低热阻,避免温度过高。

4. 开关速度

开关速度是个宽泛的概念,这里涉及的内容非常多。如果处理不好,开关损耗导致的发热比通态电阻产生的发热还要多。

MOS 管和其他元件一样,并不是理想器件。"导通"和"关断"两个过程不会干净利落地瞬间完成,而是需要一定的时间。图 1.35 所示为非理想状态下的开关特性。以导通过程为例,从开始到完全导通,电压逐渐降低,电流逐渐升高。关断过程则相反。在这段时间内,电压和电流都不为 0,那么就会产生一定的发热功率。电压与电流之间的相位关系受到回路阻抗特性影响,如果利用此特性设计一种电路,让电压与电流波形互不交叠,就可以大大降低器件的开关损耗,这就是零电压开关技术(ZVS)/零电流开关技术(ZCS)。

在半桥电路结构中,因为存在开关延迟,在上下桥臂切换的瞬间有同时导通(可能将电源短路)的风险。为了避免这种情况,在二者切换的过程中需要通过额外的措施加入一定的"死区"。如果同时导通带来的功耗可以忽略,可以不加入死区,有助于降低电路复杂度。

在 MOS 管的数据手册中,一般有四个参数:导通延时 $t_{d(on)}$,上升时间 t_r,关断延时 $t_{d(off)}$,下降时间 t_f。图 1.36 所示为开关时序。各参数可以依据相关物理量的 10% 和 90% 标定。

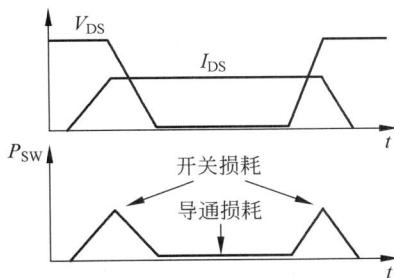

图 1.35 MOS 管的开关损耗与导通损耗

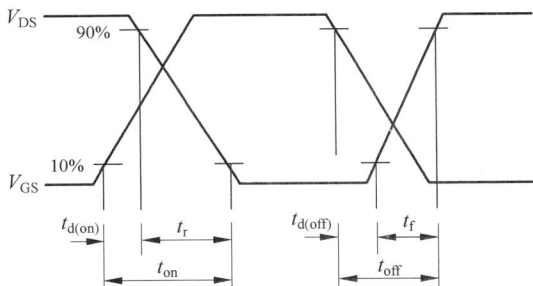

图 1.36 MOS 管的开关时序

因此,MOS 管的工作频率越高,一定时间内经历的开关状态就越多,开关损耗就越大。

我们都知道 MOS 管是用栅极电压控制漏极电流的器件。MOS 管的栅极从外部来看等效为一个电容,控制 MOS 管的开关就是给电容快速充放电,一旦超过开启电压(一般 2~4V),管子从夹断区进入可变电阻区,继续升高最后进入恒流区。电容两端的电压不能突变,电压的上升和下降需要一定的过程。因此希望这个过程越短越好,带来的好处就是开关速度更快,开关损耗更低。一般来讲,其他参数相近的情况下,电流越大的 MOS 管,栅极电容越大,带来的坏处就是降低了开关速度。因此,在参数的选择上,需要权衡利弊。

根据以上描述,我们知道了选择 MOS 管的思路。下面说一说如何有效驱动一个场效应管。我们的需求是导通和关断要彻底,导通与关断的过程要尽可能地短。

5. 驱动电路

功率型 MOS 管的跨导 G 一般不会很大。一般只有数十西门子。那么要想提供足够的输出电流,就要有足够高的栅极电压,而栅极电压也有上限,一般不超过±20V,也有部分产品可达±30V,超过该值,栅极电容有被击穿的风险。根据公式 $I_D = G(V_{GS} - V_{TH})$,已知跨导、输出电流和开启电压,是不是使用计算得到的 V_{GS} 就可以满足使用要求了呢?

如果器件长时间工作在导通状态或关断状态,那么这么用是没问题的,当然也要保留足够的余量。但是工作在高速开关状态下的管子,就有问题了。把栅极充放电回路简化称为 RC 充放电回路,图 1.37 所示为简单的栅极充放电电路,激励源为上升沿或者下降沿,这里以上升沿为例。C 为栅极电容(假设容量不变),R 为充放电回路电阻。

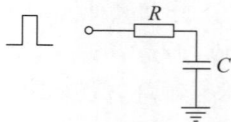

图 1.37 栅极充放电等效电路

前面我们提到,为了尽可能降低开关损耗,电容充放电的时间越短越好。在激励源为 9V 和 12V 两种情况下,观察电容电压的上升趋势。举例来说,同样是将栅极电容充电到 6V 以上,哪种情况用时较少呢? 显然是 12V 的情况,图 1.38 为不同电压下的充电曲线(上升沿作用)。

驱动电路要求提供足够的充放电电流。在高速开关状态下,不能使用上拉电阻或者下拉电阻来提供高电平或低电平,否则将严重降低开关速度,增加经过可变电阻区的时间,降低效率。因此,高低电平都要利用分立或者集成的开关管来驱动。既然希望驱动能力越强越好,栅极电阻的存在必然影响充放电速度。那么为什么需要栅极电阻呢? 它的作用是为充放电回路提供一定的阻尼,阻值一般在数欧到数十欧之间。因为无论是充电还是放电,都是阻抗极低的回路。同时受各种杂散参数的影响,会产生严重的寄生震荡,导致驱动波形畸变,还可能产生电磁干扰。图 1.39 所示为栅极的寄生震荡,无栅极电阻时,波形边沿过冲严重。

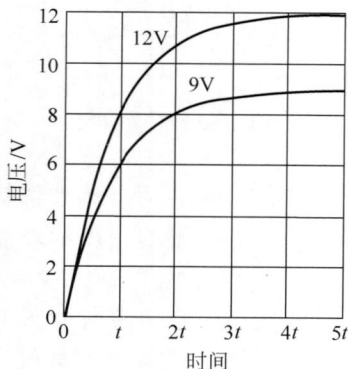

图 1.38 不同电压下的充电曲线

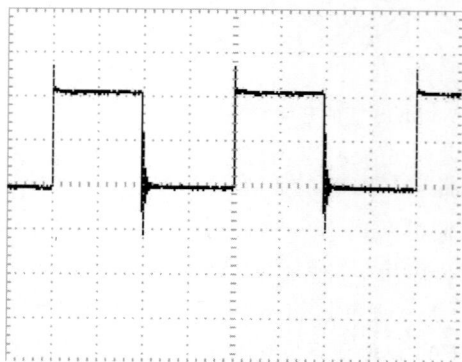

图 1.39 栅极的寄生震荡

在有些场合要求"慢开快关",在避免寄生震荡的前提下,尽可能降低开关损耗,常用办法是在栅极电阻上并联一个二极管。这样,在低电平时,能起到快速截止的效果。图 1.40

所示为简化的慢开快关电路。

关于负压截止,一般驱动电路中,MOS管的截止电压是0V,但在要求更高的场合,要求截止电压小于0V,这么做有两个好处:一是可以保证快速截止,由RC充放电模型可知,在0~5V的参考区间内,0~12V电源的关断速度要慢于−5~12V电源;二是保证可靠截止,因为MOS管的GD之间也有较大的电容存在,因此来自负载的高频干扰可能通过C_{GD}在栅极上产生感应电压,该电压可能导致MOS管的误导通,而负压截止则一定程度上可避免该情况发生,可靠性有所提高。除此之外,负压截止也可以加快栅极电容的放电速度。负压截止虽然效果很好,但驱动电路复杂,需要根据实际情况设计。

在不考虑快关和负压的情况下,驱动电路该如何设计呢?图1.41所示为参考电路。

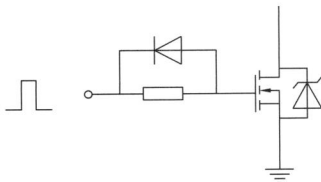

图1.40 简化后慢开快关电路

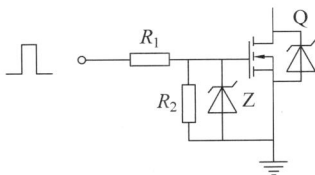

图1.41 MOS管驱动电路参考

这里R_2的作用是什么呢?因为MOS管的栅极输入阻抗高,在没有驱动信号的悬空状态下,外界干扰很容易在栅极形成感应电压导致管子误导通,因此利用该电阻提供可靠的下拉,保证管子截止,典型值为$10k\Omega$。稳压二极管Z的用途是将栅极电压钳位,保证不高于Z的导通电压,避免电压过高击穿栅极,取值要高于驱动电压且低于栅极最高承受电压,典型值为15V。注意这是不考虑负压的情况。

6. 二极管

功率MOS内部存在二极管(Source-Drain Diode),该二极管的参数在数据手册中会单独列出。一般来说,它与快恢复二极管的性能相近,可为驱动电机这类感性负载提供低阻抗的续流通道,避免产生高压。一般情况下外部不必额外并联其他二极管。

最后说一下为什么常用NMOS而不是PMOS,主要是受元器件工艺所限。一般来讲,工艺相同、额定电压电流的绝对值相同的前提下,PMOS在其他方面的性能要差一些,例如导通电阻、开关速度、极间电容等。同时,NMOS的产品型号更丰富,选择余地大。PMOS的价格一般也要高于NMOS。当然,这里指的是通常情况,其他情况,例如BTN系列集成驱动芯片内部的NMOS和PMOS的参数一致性就很好。

1.2.3 运算放大器

在课堂学习中,我们了解到的理想运放模型是:输入阻抗无穷大,输出阻抗为零,放大倍数无穷大,带宽无穷大,没有噪声,输入为零时输出也为零,等等。然后,记住虚短和虚断就可以做题了,通过前面的学习,读者也能猜到,运放的实际情况要复杂得多。

在实际设计中选择一个运放时,主要需要考虑以下几方面:

（1）工作电源电压满足要求；

（2）输入和输出电压范围满足要求；

（3）放大倍数满足要求；

（4）输入阻抗足够高，输出驱动能力强；

（5）输入失调越小越好；

（6）信号上升与下降的速率（摆率）足够快；

（7）振荡与噪声越小越好。

下面以 LM358 和 LMV358 两种运放为例作对比介绍。

1．工作电源电压

因为有些运放可能会标明单电源和双电源两种不同的情况，因此，查阅数据手册时须注意，保证电源电压在上下限范围内即可。例如，LM358 的最大工作电压为 $\pm16V$ 或 32V，最小工作电压为 3V；LMV358 的最大工作电压为 5.5V，最小工作电压为 2.7V。

2．输入和输出电压范围

运放的输入和输出范围都有一定的要求，很多运放无法提供满量程的输入和输出电压范围。

我们在选择运放时经常提到一个词叫"轨到轨"（Rail-to-Rail），意思就是满摆幅，表示电平范围接近电源电压，注意是"接近"，而不是绝对等于。这里既可以指输入引脚也可以指输出引脚。

在 25℃、$V_{CC}=5V$ 的情况下，LM358 的输入范围为 $0\sim3.5V$，LMV358 的输入范围为 $-0.2\sim4.2V$。

在负载电阻 $R_L=2k\Omega$、温度为 25℃ 的情况下，LM358 的输出范围为 $5mV\sim(V_{CC}-1.5V)$，LMV358 的输出范围为 $120mV\sim(V_{CC}-40mV)$，因此，LMV358 是轨到轨输出运放。

当然，外界条件不同，以上参数均会发生变化，以上举例仅代表指定条件。轨到轨运放尤其适用于电源电压较低的场合。

3．运放的放大倍数

在理想情况下，运放的开环倍数是无穷大的，实际中，运放的直流放大倍数也非常大，可能达到 100dB 以上，且受温度影响明显。在直流情况下，对于精度要求极高的放大电路，会带来较大的误差。在交流情况下，情况同样会发生变化。这里介绍一个重要的参数——增益带宽积（Gain Band Width，GBW）。图 1.42 是增益带宽积为 1MHz 的运放理想情况下的频率-增益曲线。也就是说，运放的最大增益和频率的乘积近似于一个常数，随着频率的增加，放大能力就会降低。在放大频率较高时，要特别注意该参数对放大倍数的影响。与此同时，对于非正弦波还要考虑信号中所有的频率分量，避免发生波形细节丢失等情况。

例如，现有峰值为 0.1V，频率为 500kHz 的正弦波信号，使用反相放大电路放大 5 倍，即 $R_2:R_1=5:1$。使用增益带宽积小于 1MHz 的某型号运放。理想情况下，输出波形的峰值应当是 0.5V，然而实测发现，输出波形的峰值远没有达到设计要求，只有 0.15V 左右，此时，想通过改变电阻比例增加放大倍数是徒劳的。图 1.43 所示为上述情况下的电路和波

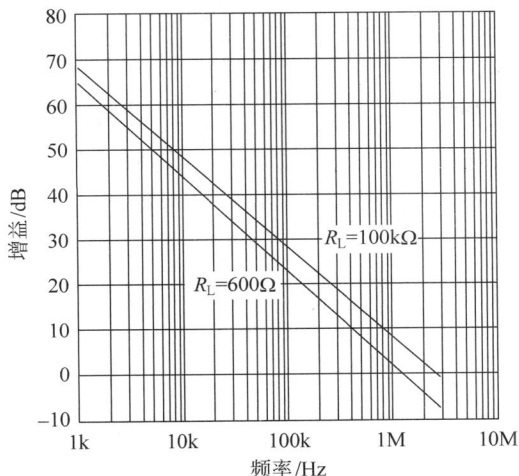

图 1.42 运放的频率-增益曲线

形对比。额外说明一点,因为受运放内部结构影响,所以输出波形与输入波形的相对位置与理论上有所差别。

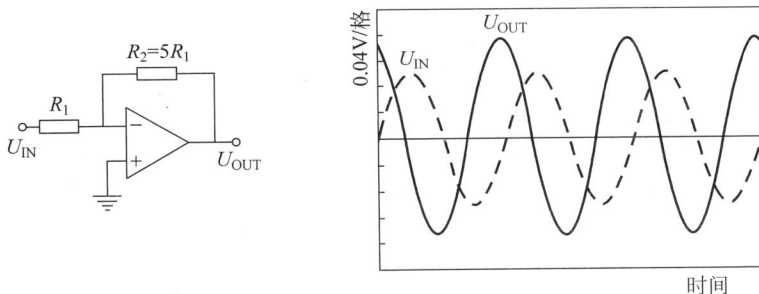

图 1.43 增益带宽积对信号放大的影响

另外,摆率(Slew Rate)也是影响输出结果的重要参数,将在后面进行介绍。

4. 输入偏置电流(Input Bias Current)与输入/输出阻抗

利用双极型晶体管做输入级的运放,输入偏置电流一般在数十纳安,输入阻抗在数十兆欧以上。例如,LM358 和 LMV358 的输入偏置电流典型值是 15nA。利用场效应管做输入级的运放,偏置电流一般只有几皮安,输入阻抗极高。例如,MCP629X 系列,输入偏置电流 1pA,输入阻抗 $10^{13}\Omega$。输入偏置电流越小,从信号源索取的电流越小,放大电路所得到的输入电压就越接近信号源电压,尤其对于微弱信号的放大,需要特别注意。

关于输出驱动能力,常用运放的输出能力一般为数十毫安,因此输出功率不是很高,也不宜直接接入大的容性负载。随着输出引脚电流的增大,输出摆幅也将明显降低。

运放的输出阻抗有两种解释,一种是运放内部的开环输出阻抗,由运放本身特性决定,一般很小。另一种是运放的闭环输出阻抗,是从输出端看进去的阻抗,与具体电路有关。

5. 共模抑制比

理想情况下,运放对共模信号的放大倍数为零(共模电压表示两输入引脚电压的平均值),对差模信号的放大倍数为无穷大。在实际中,前者既不为零,后者也不为无穷大,后者与前者的比值,叫作共模抑制比(CMRR 或 CMR),绘制成曲线如图 1.44 所示。理论上,该值越大越好。运放输入存在共模电压时,就会导致一定的输入失调电压,从而导致输出的误差。随着频率的升高,运放的共模抑制比会降低。对于反相比例放大电路,它的同相端一般是接入固定电平,由于"虚短",不随信号的变化而改变,因此共模信号引起的误差很小。而对于同相比例放大电路,它的同相端接信号,由于"虚短",运放的共模电压就是信号的电压,如果信号频率高,幅值大,那么由这个信号引入的、由共模抑制比产生的失调电压会比较大。

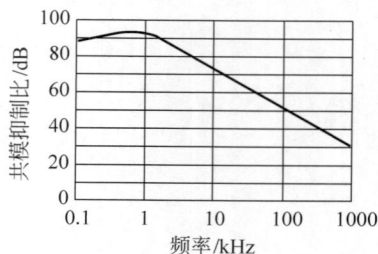

图 1.44 LM358 运放共模抑制比与频率的关系

6. 输入失调电压(Input Offset Voltage)与输入失调电流(Input Offset Current)

当运放的输入电压为零、输出也为零时是理想的情况。实际情况中,输出往往不为零,这个不为零的输出电压折合到输入,或者说为使输出为零,需要在输入额外补偿的电压,叫作输入失调电压。该现象是由于运放差分输入级的细微差异导致的。例如,LMV358 的输入失调电压典型值为 1.7mV。

通过前面的介绍得知,运放的工作需要一定的输入偏置电流,由于细微的差异,偏置电流的大小往往不相同,二者之差的绝对值表示为输入失调电流。例如,LMV358 的输入失调电流典型值为 5nA。

以上两个参数受温度和时间影响较大。例如,LMV358 的输入失调电压受温度影响的特性为 $5\mu V/℃$。

对于直流小信号放大时,如果不对这两个参数加以考虑,输出端往往会产生期望之外的误差。某些运放,例如 OP07,会提供额外的引脚用于输入失调电压的调零功能。

7. 摆率(Slew Rate)

摆率指运放输出电压的转换速率,常用单位为 $V/\mu s$,表明运放对信号变化的适应能力,主要是受运放内部补偿电容的充放电时间影响。比较器工作在开环状态,无须补偿环节,因此转换速率比运放好很多(这里指一般情况,特例除外)。信号的幅度越大,频率越高,对摆率的要求也越大。如果信号的变化斜率超过了摆率,就会产生失真。摆率和增益带宽积是决定运放放大能力的重要参数,有时虽然根据增益带宽积的计算满足了要求,但是实际测试却与计算不符,这可能是摆率不足导致的。根据一般规律,增益带宽积考虑的是幅值很小的信号,对于幅值很大的信号,要充分考虑摆率的影响。

例如,使用反相放大电路,将幅值为 1V 的正弦波信号放大 5 倍,图 1.45 所示为摆率对信号放大的影响,输出结果不但没有放大,反而变成了峰值更低的三角波,这就是摆率不足带来的后果,输出波形的斜率就是输出电压转换速率的极限,无法按时到达预定的幅度,只能最大限度跟着波形的起伏上下徘徊。

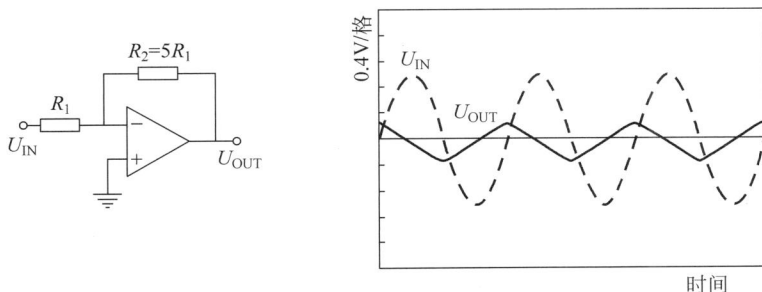

图 1.45 摆率对信号放大的影响

8.振荡与噪声

这里的振荡是指输出中产生预料之外的频率信号。振荡的发生满足两个条件:一是环路增益大于1;二是环路相位相差 $2n\pi$。因此,避免振荡的办法是防止以上条件的生成。消除振荡从以下三个方面来解决:

(1)放大器部分:运放的内部也有补偿环节,再加上放大器的频率特性与放大倍数。

(2)反馈部分和输入输出部分的电容电阻等。

(3)电源旁路等其他部分。

对于复杂的场合,需要找出电路中的零点和极点,绘制伯德图,分析频率特性和相位特性。

噪声的理论知识比较复杂,可根据需要自行了解。这里简要介绍下,要尽量降低放大器内部噪声,主要方法有尽量减小信号源内阻、电路带宽不必过大、使用低噪声的放大器和外围器件等。在研究噪声时,要对整个系统进行综合考虑,同时也要考虑外部传入的噪声。

9.比较器和运放的区别

比较器处于开环工作,无补偿环节,强调响应迅速与比较门限准确,输出工作在饱和与截止状态。常见的比较器输出结构是集电极开路或者漏极开路,需要使用上拉电阻上拉至需要的电平,便于后续电路的处理。运放处于闭环工作,输出一般是推挽结构,工作于放大区,注重线性度与稳定性,以避免失真。运放的设计需要在摆率、带宽、稳定性、功耗等方面进行折中选择。因此,运放和比较器的相互替代有一定的局限性。

运放的种类非常丰富,侧重点各不相同。有些属于通用产品,有些侧重于高频率,有些侧重于音频,有些侧重于精密场合,有些侧重于低功耗场合,等等。除了上述介绍外,运放的参数与特性还有很多,可根据实际需求逐步了解。

1.2.4 芯片封装的选择

芯片的封装可大致分为直插与贴片两类。举例说明,我们打算在墙上挂一个工艺品,无外乎两种方式,一是在墙上打孔固定;二是用胶粘在墙表面。这大概就是"直插"与"贴片"的区别了。贴片引脚贴在线路板表面,直插引脚需要穿过线路板。二者的区别主要在于:

(1)贴片封装的体积小,引脚密度高,以利于减小产品体积;

(2)直插封装因为需要穿过线路板固定,所以牢固性更好。尤其对于重量较大,或者经常被施加外力的元器件。举个开脑洞的例子,如果装修工人把装满水足有 100 千克的电热水器只用胶粘在墙上,我想用户是不会同意的;

(3)贴片封装对焊接工艺要求更高。但对于机器自动加工的大批量产品,其生产工艺容易控制,生产效率优于直插封装。

例如,某款 8 引脚的芯片,有 DIP、SOP、TSSOP、MSOP、QFN、BGA 等封装。芯片体积和引脚密度各不相同,图 1.46(a)为部分封装照片。

在设计中,为了减小成品的体积和重量,在线路板工艺满足要求的前提下,会优先选择封装体积小的产品,带来的好处是显而易见的。

手工制作不同于批量生产。首先,封装体积越小,引脚密度越高,手工焊接与维修更加麻烦,漏焊、虚焊、短路等故障更不易察觉。其次,要考虑调试是否方便,例如 TSSOP 封装,引脚宽度只有 0.3mm,引脚间距只有 0.65mm。因为调试和开发经常用到示波器和万用表,想把表笔精确地对准如此细的引脚非常困难,稍不注意可能还会把相邻的引脚短路,会在一定程度影响调试的效率。如果实在无法避免(例如某型号芯片只有 QFN 封装,引脚很小而且大部分在底部),可在附近设计一些测试点,所谓测试点就是与指定线路连接的空焊盘,放在方便测试的地方。

对于经常承受外力作用的器件,例如各种开关、接插件、接口等,优先使用直插元件,因为贴片焊盘与线路板基板的连接不是很牢固,外力较大时很容易把焊盘从基板上剥离,整块线路板可能也就无法使用了。有些器件会同时使用贴片与直插两种工艺,例如某些 Micro USB 接口,外壳使用直插引脚,数据线和电源线使用贴片引脚,在保证牢固的同时增加了引脚密度。如图 1.45(b)所示为上述既有直插引脚又有贴片引脚的元件。

(a) MSOP8、TSSOP8、SOP8、DIP8封装尺寸对比   (b) 既有直插引脚又有贴片引脚的元件

图 1.46 元件封装

对于功率器件,主要考虑的就是散热问题,这与具体的使用环境有关,不能简单地说谁比谁效果好。如果器件需要做额外的散热措施,就需要考虑制作难度和散热效果。直插器件一般是安装散热片,在一些情况下散热片与芯片之间要有绝缘措施。贴片器件可以在线

路板上做散热措施,例如大面积铺铜,或者用导热胶把散热片粘在芯片上,也可以使用其他更复杂的固定方式。

除了以上特性,不同封装的电学特性也可能不相同。例如,体积小的封装,其引线的寄生参数也小,不容易对信号产生不利影响。再比如,高电压工作的器件,较大的引脚间距可避免引脚间漏电的风险。

我们在选择封装时受限于生产厂商,也就是说只能在厂商提供的类型中选择,并不是想要什么就有什么,而且同一型号中并不是所有的封装都容易购买。因此,考虑问题不要脱离实际情况。

1.3 电源基础知识

电子设备离开电源就完全不能工作。稳定可靠的电源是保证电子设备良好运行的基础。我们需要了解线性电源与开关电源相关方面的知识。

对于线性电源,调整管工作在放大区(三极管)或者可变电阻区(场效应管)。线性电源有时候也包括工频变压器,这里不作介绍。

对于开关电源,调整管工作在导通和截止状态。

表1.4将二者进行了简单对比(仅指通常情况下),相关概念将在后面陆续介绍。

表 1.4 线性电源与开关电源的对比

	线 性 电 源	开 关 电 源
效率	低	高
设计难度	低	高
纹波或噪声	低	高
结构复杂度	低	高
局限	只能降压,不能隔离	无

1.3.1 电池与充电器

智能车竞赛中的车模使用蓄电池作为电源,电池没电了,需要充电器为它补充能量,这时候充电器是电源,电池变成了用电设备。在竞赛中不需要设计电池与充电器,都是买来的成品,主要是希望大家明确一下充电器的概念,不是什么电源都可以给电池充电的。

我们拿到一个电源,看标签上的名称,一般会见到两种,一种是adapter,翻译过来叫适配器,另一种是charger,翻译过来叫充电器。

适配器,严格来讲,是一个恒压输出的电源,在额定功率范围内电压变化不大(量化指标参见"负载调整率"),如果超过额定功率,输出电压将降低或进入过载保护状态。

充电器内部带有充电管理功能,是真正可以直接为电池充电的电源。比较简单的充电器是恒定电流输出,达到最高电压后停止,变成恒压输出。复杂的充电器有多段式充电功能,不但充电效率高,而且有助于延长电池寿命。

通常所说的手机"充电器",严格来讲是适配器(adapter),充电管理功能集成在手机内部。而通常直接给电池充电的万能充、座充,包括给电瓶车充电的设备,是带有充电管理功能的充电器(charger)。

理论上讲,适配器和电池都是电压源。在电路理论中,两个电压源不能并联。实际情况中,如果使用适配器或其他恒压电源,例如可调电源,直接给电池充电,那么电源电压被电池拉低,处于过负荷状态,而电池则承受过大的充电电流导致损伤,对双方都会产生不利影响。而充电器在给电池充电的过程中是恒定(或者分段)电流输出,是电流源,最大功率由充电器自身进行限制,不会发生过负荷运行。

如果在没有充电器的情况下应急,可以使用可调电源,调至电池的满电电压。在电池和充电器之间串入功率较大、阻值较小的电阻,用于限制充电电流。当然,这不是长久之计。

1.3.2 线性电源基础知识

1. 线性电源原理

线性电源的调整管工作在放大区(三极管)或者可变电阻区(场效应管),以工作在放大区的三极管为例,线性电源的结构如图 1.47 所示。

其中,分压电阻用于采集输出电压,与内部基准源进行比较,二者进行比较后,调节三极管的基极电流。例如,输出电压升高,就使得分压电阻分得的电压也升高,经过与基准电压的比较和处理,提供给三极管的基极电流将减少,因此,三极管的发射极电流也会降低,最终导致输出电压降低。反之亦然,最终达到动态平衡状态。这就是线性稳压电源的调节过程。实际上,线性电源的内部还有环路补偿、过热保护、短路保护等功能,比图 1.47 所示的结构复杂得多。

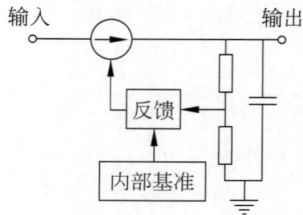

图 1.47　线性电源的基本原理

2. 线性电源的效率

通过原理得知,线性电源的调整管通过限制电流的方式来稳定输出电压,那剩余的电压去哪了？既没有储能元件,也无法送回电源,全部通过发热消耗掉了。也就是说,线性稳压电源相当于串在电源和负载之间,随着负载电流的变化自动调节阻值的可变电阻,为负载提供稳定的电压,多余的能量通过发热消耗掉。线性电源的发热功率为

$$W \approx (U_{\mathrm{I}} - U_{\mathrm{O}}) \times I$$

其中,U_{I} 是电源的输入电压,U_{O} 是电源的输出电压,I 是输出电流。这里为什么是约等于？因为线性电源的接负极引脚也有一定的电流 I_{q},当然,这部分电流很少,对公式的结果没有太大影响,只有在做低功耗设计时,才需要考虑。图 1.48 为线性电源的简化模型。

也就是说,所有的线性稳压电源,在相同的工作条件下(忽略接负极引脚的电流),效率是相同的,不存在某种型号效率更高的说法。而表现在温度上的不同,则是器件的热阻和散

热条件不同导致的。

3. LDO

LDO 全称低压差调节器(Low Dropout Regulator)，究竟什么是压差，压差低了有什么好处呢？

线性稳压器通过调整管限制输出电流，在自身产生一定的压差($U_I - U_O$)，受制于元器件的性能，这个压差

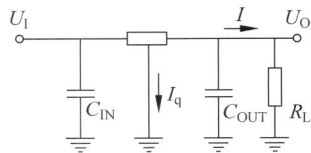

图 1.48 线性电源外围简化模型

不能无限制的小，低于一定的值，器件将无法正常工作，这个值就是 Dropout Voltage。例如，78XX 系列稳压芯片，典型值为 2V，也就是说输出 5V 的型号(7805)，输入电压不能低于 7V，否则可能无法正常工作。例如，1117 系列稳压芯片，典型值为 1V；2940 系列稳压芯片，典型值为 0.5V。显然，随着压差的降低，器件对输入电压的要求更低，应用范围会更广泛。对于压差非常低的线性电源芯片，称之为 LDO。

线性电源的压差并不是固定值，以上参数都是在指定电流和温度下得到的典型值。实际当中，压差随电流和温度的变化曲线如图 1.49 和图 1.50 所示。

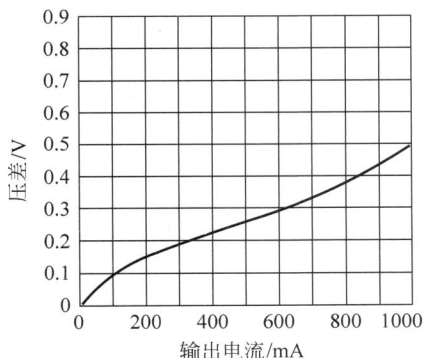

图 1.49 压差与电流的关系(25℃)

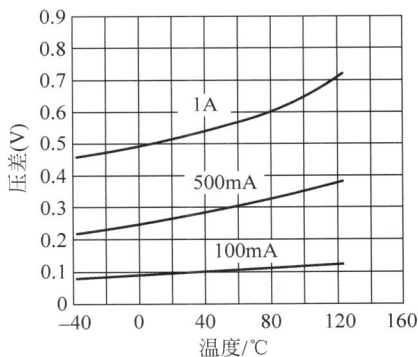

图 1.50 不同电流下压差与温度的关系

以 LM2940 为例，在 1A 电流下，压差为 0.5V，在 0.1A 电流下，压差只需 0.1V。因此，要根据负载的工作电流选择合适的线性稳压芯片。

线性电源的电路结构如此简单，可参考数据手册提供的典型电路，一个芯片加几个电容就可以了。虽然很简单，但是输出电容的选择要注意，电容不只是滤波作用，也是环路补偿中重要的一部分。

首先是容值的大小，一般在数据手册中会标明最低值。实际应用中，大一些更好，更利于输出电压的稳定和良好的瞬态响应。也不要大得离谱，以免影响上电时间和掉电时间。建议在数十到数百微法范围内即可。

其次是电容的材质，这里包含重要的参数 ESR，在某些情况下，ESR 会参与环路的补偿。通过前面的学习我们知道，电流在 ESR 上会产生电压，降低电容的滤波性能，ESR 必然是越低越好了。但在一些情况下，如果电源芯片要求输出电容有一定的 ESR 但实际没有满足，可能会影响芯片工作的稳定性。MLCC 有着小体积、大容量和极低的 ESR，如果查阅

电源芯片的数据手册,发现对输出电容的 ESR 有一定要求,或者没有发现针对 MLCC 的优化措施,那就不要用它作为输出电容,用电解电容或者钽电容都是不错的选择。注意,以上讨论的是 C_{out} 输出电容,不是指用于退耦的小容量瓷片电容。

线性稳压芯片的相关参数还有很多,设计时注意不要超过它的工作极限,部分参数将在开关电源部分进行介绍,原理是相通的。

线性稳压电源结构简单,工作可靠,输出稳定,在智能车设计上是首选方案。如果发现电源芯片发热严重,就需要采取一定措施:一是加强散热,例如使用封装体积更大的芯片,或者加散热措施;二是改进电路降低负载功耗;三是使用效率高的开关电源方案。

1.3.3　开关电源原理与设计

从前面的介绍可知,开关电源的调整管工作在开关状态,也就是说,理想情况下,只有导通和截止两种状态。开关电源有着重量轻、体积小、效率高等特点,开关电源的发展方向是:

(1) 高频化:高频化是减小体积,减小重量的重要途径。提高频率可以降低电容器、电感器、变压器等元器件的部分参数。使体积减小,重量减轻。

(2) 高效率:工作效率是开关电源的重要参数,随着频率的升高,各种元器件的损耗也随之增加,噪声也可能增加。因此要在各种参数之间进行折中。

(3) 高可靠性:开关电源内置过压保护、过流保护、短路保护等功能,确保开关电源的安全运行。

开关电源有多种分类方式,如下:

(1) 按照是否隔离分类。隔离的开关电源中使用高频变压器、光耦等将输入(初级)和输出(次级)做电气隔离,初级与次级之间要保证良好的隔离强度。例如手机电源充电器(严格来讲叫适配器),输入 220VAC,输出 5VDC,我们触摸输出端并不会触电,不是因为 5V 远低于安全电压,而是因为输入和输出之间是电气隔离的。假如没有隔离或者隔离强度不足而被击穿,因为人体通常是接地的,那么市电将通过人体,发生触电危险。此时 5V 的有无对产生的后果无实质性影响。所以,为了人身安全,不要贪便宜使用劣质充电器。非隔离电源,例如在智能车竞赛中常用的,升压或者降压、输入和输出用的是同一个地,是不隔离的。

(2) 按照拓扑分类。非隔离的包括 BUCK、BOOST 等。隔离的包括反激、正激、半桥、全桥、推挽等。不同的拓扑有不同的结构,适用场合也有区别。本书重点讲述 BUCK 与 BOOST 两种拓扑。

(3) 按照能量传递方式分类,分为正激式和反激式。这里指的是工作方式,不表示上述介绍的具体拓扑结构,正激表示开关管导通时同时向负载输出能量,反激表示开关管导通时存储能量,截止时向负载释放能量。

开关电源的种类和分类方式还有很多,不再一一介绍。接下来介绍如何设计开关电源。竞赛中要用到两种非隔离型开关电源,一种是降压型 BUCK,另一种是升压型 BOOST。在设计之前,先介绍一些重要参数(这些参数不限于开关电源,其他类型也适用)。

(1) 输入电压:电源的输入电压并不是固定值,输入范围越宽,电源的适用性越强。

（2）输出电压：一般会提供标称值，并标注精度范围。同时，受负载与输入电压的影响，也会发生变化，希望越稳定越好。

（3）额定输出电流：表示电源可持续工作的最大输出电流。

（4）效率：高效率意味着能量传递多，自身发热损耗少。开关电源效率受多种因素的影响。线性电源的效率相对固定，可参考前面介绍的内容。

（5）线性调整率：输入电压在额定范围内，对输出电压的影响。

（6）负载调整率：输出电流在一定范围内（例如 $10\% \sim 100\%$），对输出电压的影响。线性调整率与负载调整率的值越低越好。

（7）纹波与噪声：附着于直流电平之上的包含周期性与随机性成分的杂波信号，指在额定输出电压、电流的情况下，输出电压中的交流电压的值，是一种有害的成分，越小越好。

（8）空载功耗：电源在输出无负载时，自身消耗的电能，越小越好。

1. BUCK 电路原理

基本原理如图 1.51 所示，它是一种降压型开关电源。

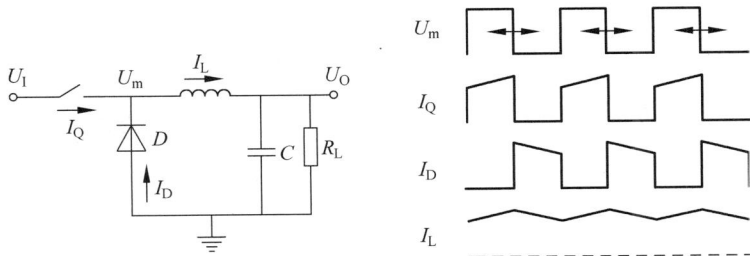

图 1.51 BUCK 拓扑的基本结构与波形（连续模式）

电源、开关管、电感、电容串联。开关管导通时，电感中的电流上升，电容充电；开关管截止时，由于电感电流不能突变，电流经过二极管形成回路，随着电感中能量的消耗，电流逐渐降低，但此时电容依然在充电。如果在电流降低到零之前，开关管再次导通，则是连续模式（CCM），反之叫作断续模式（DCM）。

断续模式下，当电流降低到零时，受回路中杂散参数影响，会产生较大的寄生震荡，使输出纹波增加；连续模式下，虽然纹波降低了，但是电感能量释放不完全，效率也略低。在各类拓扑中，不同模式会对电源性能产生不同的影响。

在 BUCK 拓扑中，连续模式下，$U_O = U_I \times D$，其中 D 表示占空比，理论上，占空比不受输出电流的变化影响，当负载电流变化时仍能保持电压不变。进入不连续模式时，以上公式不再适用，占空比将受输出电流影响。控制方式发生变化，瞬态特性变差。实际设计中，可以要求负载电流大于 10% 时进入连续模式。

BUCK 电路的损耗主要是以下方面：

（1）开关管的导通损耗与开关损耗。开关管导通压降或导通电阻会带来损耗。在开关过程中的损耗可参考 1.2.2 节内容。随着频率的增加，开关损耗也增加，需要在频率与效率之间进行权衡。

（2）二极管的损耗。二极管的导通压降带来的损耗。

（3）电感的损耗包括两部分：一是磁性材料的涡流等原因带来的损耗，二是绕组的导线电阻带来的损耗。

（4）电容的损耗。由电容的 ESR 带来的损耗。

2．BUCK 降压电源设计实例

5V 在智能车系统中比较常用，设计需求如表 1.5 所示。

表 1.5　设计需求

参　　　　数	设 计 需 求
输入电压	(7 ± 1)V
输出电压	5V
输出电流	1A
输出纹波	不大于 50mV
负载调整率	不大于 5%
线性调整率	不大于 5%

首先，需要确定电源管理芯片，这里使用 TPS5430，SOP8 封装。主要特性如下：

（1）输入范围 5.5～36V；

（2）内部集成 MOSFET，最大 3A 持续电流；

（3）宽输出范围，最低可至 1.22V；

（4）开关频率 500kHz，有助于降低滤波元件体积；

（5）丰富的保护功能。

引脚图以及引脚功能如图 1.52 和表 1.6 所示。

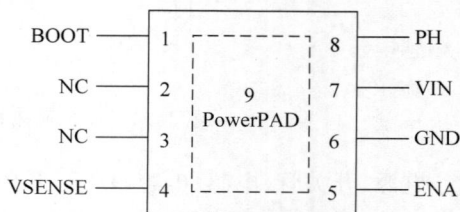

图 1.52　TPS5430 引脚图（俯视图）

表 1.6　引脚描述

引 脚 名 称	编　　　号	功 能 描 述
BOOT	1	自举电容引脚
NC	2,3	空引脚
VSENSE	4	电压反馈
ENA	5	使能控制
GND	6	地
VIN	7	电源输入
PH	8	MOSFET 源极
Power PAD	9	散热焊盘，接地

基本原理图如图 1.53 所示。

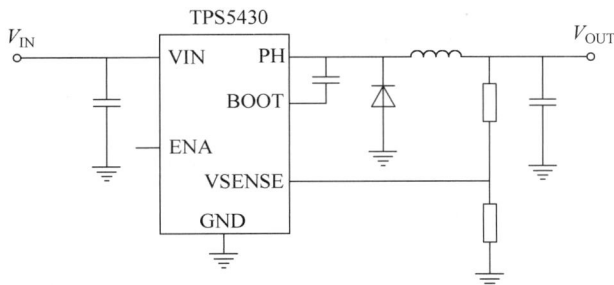

图 1.53　电路基本结构图(引脚位置有所调整)

下一步工作是确定各个元件的参数或型号。

输入电容用于稳定输入电压,尽量降低输入纹波,因此电容的 ESR 越小越好。电容的选择与输入的实际情况有很大关系,如果输入的稳定性很高,可降低电容容量。这里使用 100μF 的电解电容与 0.1μF 的瓷片电容并联。电容耐压不小于 16V。

BOOST 电容用于 MOSFET 的浮地驱动。至于为什么需要浮地驱动,将在后面介绍。数据手册推荐使用 10nF 的瓷片电容。

二极管用于在 MOSFET 关断情况下流过电感电流,因此,首先反向耐压要满足要求。根据工作原理可知,二极管耐压要高于电源电压。二极管的最大工作电流为额定输出电流加电感电流的平均值。电感的电流将在后面进行分析。

为了提高效率,要求二极管的正向导通压降越小越好,反向恢复时间越短越好。肖特基二极管能较好地满足要求。这里选择 SS24。主要参数为:最大重复峰值电压 40V,额定电流 2A,正向压降典型值 0.5V。

对于电压采样电阻的选择,采样电阻用于反馈输出电压,与电源芯片内部的基准电压进行比较与处理,最终改变占空比,保证输出的稳定。通过查询数据手册得知,芯片内部基准电压典型值为 1.22V,因此,经过电阻分压后的电压值也必须是该值。

反馈电阻的计算公式为

$$\frac{R_1}{R_2} = \frac{V_{\text{OUT}} - V_{\text{REF}}}{V_{\text{REF}}}$$

根据公式可知,输出电压与电阻的阻值比例有关,与具体电阻值无关。实际上,电阻值不宜取太小或者太大。电阻值太小,会额外耗费较多能量,不利于提高效率;电阻值太大,内部运放的输入偏置电流会影响分压精度,同时因为反馈回路的阻抗较高,也更容易受到干扰。这里选择 $R_1=6.8$kΩ,$R_2=2.2$kΩ,精度为 5% 或 1% 均可。也可以选择其他阻值,当然阻值要常见,不常见阻值的电阻可能不是很好买。当然,也可以通过电阻的串并联得到需要的阻值。

电感有电流不能突变的特性,用于平滑输出电流,或者说,电感与输出电容组成 LC 滤波电路。因此,电感的选择有如下要求:①可承受额定功率下的电流,减小绕组发热;②磁芯材料损耗低,额定功率下不能饱和;③电感值的选择,10%额定功率下处于临界模式(连续模式与断续模式的分界点)。

在临界模式时,单个周期内的电感电流波形如图 1.54 所示。

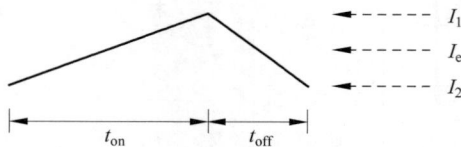

图 1.54　单个周期内电感电流波形

电流斜坡的峰-峰值为

$$dI = I_1 - I_2$$

直流输出电流,也就是电感电流的平均值为 $(I_1 - I_2)/2$。设计要求 10%的额定输出时为临界状态,则

$$(I_1 - I_2)/2 = 0.1 I_e$$

其中,I_e 为额定电流,根据电感的伏安特性可得

$$dI = \frac{V_L \times t_{on}}{L} = \frac{(V_{IN} - V_{OUT}) \times t_{on}}{L} = 0.2 I_e$$

其中,t_{on} 为开关管导通的时间,临界模式下有

$$t_{on} = \left(\frac{V_{OUT}}{V_{IN}}\right) \times T$$

其中,T 为 PWM 的周期。合并、整理可得

$$L = \frac{5 V_{OUT} T (V_{IN} - V_{OUT})}{V_{IN} I_e}$$

以上就是电感值的计算公式。在本实例中,$V_{OUT} = 5V$,$I_e = 1A$。通过查询芯片的数据手册得知,频率的典型值为 500kHz,$T = 2 \times 10^{-6} \text{s}$。但是输入电压并不是固定值,考虑 $V_{IN} = 6V$ 和 $V_{IN} = 8V$ 两种极限情况,代入公式可知,$V_{IN} = 8V$ 时,电感值较大,$V_{IN} = 6V$ 时,电感值较小。这里选择哪种情况呢?如果选择较小的电感值而电源却工作在较高的输入电压下,由公式得知,dI 也将变大,此时的临界状态就不在 $0.1 I_e$,而要更大一些,这并不是我们希望的。因此,选择最高工作电压下计算出的电感值。最终计算得出

$$L = 18.75 \mu H$$

这个数值的电感不常见,因此,要找相近的规格,选择 $22 \mu H$ 的电感。

确定了电感值后,考虑电感的其他特性。首先考虑磁芯的材料,磁芯的材料多种多样,有着不同的特性,这里选择铁氧体,有磁导率高、损耗低等优点。铁粉芯磁环也可以使用。电感要选用功率电感,不能是色环电感、小封装的贴片电感等,封闭式的电感可以避免电磁干扰外泄。电感的厂家与型号众多。我们选择型号为 SLF10145T-220M1R9 的功率电感,如图 1.55 所示。通过查找产品资料,我们选择的电感参数如表 1.7 所示。

图 1.55 所用电感

表 1.7 电感参数

参　数	规　格
电感量	$22\mu H$
长×宽×高	$10.1mm \times 10.1mm \times 4.5mm$
误差	$\pm 20\%$
额定电流(基于电感)	2.1A
额定电流(基于温升)	1.9A
直流电阻	0.06Ω

关于输出电容的选择,电容用于平滑输出电压。导致输出产生纹波的原因是什么呢?一是电感斜坡电流在理想电容中产生的电压波动;二是斜坡电流在 ESR 上产生的电压波动。低频情况下 ESL 可以忽略。对于理想电容产生的纹波,可由 $V = It/C$ 计算,这里不作计算直接给出结论:只要该电容值不是小到离谱,由理想电容部分产生的纹波可以忽略不计。主要说明由 ESR 产生的纹波,根据本节开头的电源设计要求,纹波不大于 $50mV$,斜坡电流的峰-峰值在选择电感时已计算出为 0.2A,根据欧姆定律得出

$$R_{ESR} = \frac{V_r}{dI} = \left(\frac{0.05}{0.2}\right)\Omega = 0.25\Omega$$

电容的厂家与型号同样众多,我们选择的电解电容参数如表 1.8 所示。

表 1.8 电容参数

参　数	规　格
规格	$16V/330\mu F$
直径×高	$8mm \times 11.5mm$
误差	$\pm 20\%$
ESR(20℃,100kHz)	0.25Ω
额定纹波电流	0.4A

这里为什么不使用 ESR 更小的多层陶瓷电容(MLCC)呢?因为在前面提到过,ESR 是开关电源反馈回路重要的环节,除非做额外的补偿措施,否则过低的 ESR 会对整个环路稳定性产生不良的影响。关于开关电源环路稳定性的问题将在后面作简单介绍。

经过以上计算,我们绘制出完整的电路图,如图 1.56 所示,准备元件如图 1.57 所示,并制作电路实物,如图 1.58 所示。

3. 参数测试

完成一个电源后,我们要测试一下,看看它是否达到了设计需求。这里需要以下工具:

(1) 可调电源,用于调节输入电压;

(2) 万用表,测量电压与电流;

(3) 带宽不小于 $20MHz$ 的示波器,用于测量纹波;

(4) 大功率滑动变阻器或者电子负载,作为可调负载。

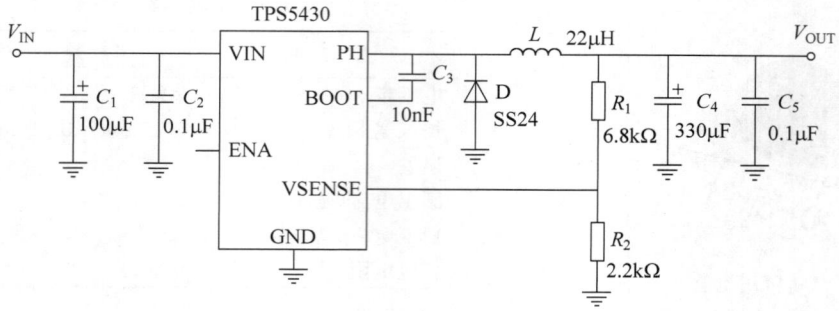

图 1.56　完整电路图

图 1.57　制作电路所用的元器件与线路板

图 1.58　实物图

　　按照图 1.59 布局,如果测试设备带有电压与电流显示功能,则对应部分的测量装置可省去。

图 1.59　电源功能测试

　　负载调整率和线性调整率两个参数可根据实际需要决定是否需要测试,相关资料请自行查找。

　　电源的效率越高,说明能量传递的效果越好,电源自身带来损耗越低,是电源重要的参数,电源的效率不是固定值,而是随着输入输出条件的变化而变化,可以绘制出一条曲线。因此,一般测量额定条件下的效率。我们将输出调节到额定功率,输入调节到额定电压 U_{nor},测得输入电流 I_{in}、输出电压 U_{out} 以及输出电流 I_{out},则电源的效率为

$$\eta = \frac{P_{\text{out}}}{P_{\text{in}}} = \frac{U_{\text{out}} I_{\text{out}}}{U_{\text{nor}} I_{\text{in}}} \times 100\%$$

　　注意,此公式只适用于直流输入的电源。如果是交流输入的电源,因为交流电存在功率因数,P_{in} 要使用有功功率进行计算。

　　电源的纹波小说明电源的输出稳定,对负载电路的干扰也小。测量纹波使用示波器,正确的操作才能得到正确的结果,并不是把示波器探头往电源线上一夹就可以了。

　　纹波是叠加在直流上的交流信号,因此示波器要设置成交流耦合模式,并设定合适的带宽(例如 20MHz)。

　　对于电压、扫描周期与触发功能,可在测量过程中灵活调节,直到观察到清晰稳定的波形。

　　示波器探头的操作,要避免引入外界干扰。因此要保证尽量接近电源输出端口,不能接在负载上。而且,示波器探头的地线夹不能使用,否则会形成很大的一个环路,引入干扰,如图 1.60 所示。应使用接地弹簧套在表笔末端的接地环上作为地线,将探头尽量贴近电源输出端口。接地弹簧可在探头的配件中找到,如图 1.61 所示,找不到的话,就用金属丝自制一个,形状不限,只要保证地线尽可能短就可以。

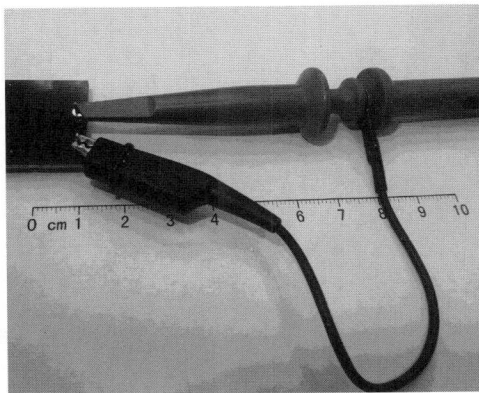

图 1.60　错误的接法

　　使用示波器的测量功能或者通过目测,得到纹波峰峰值。

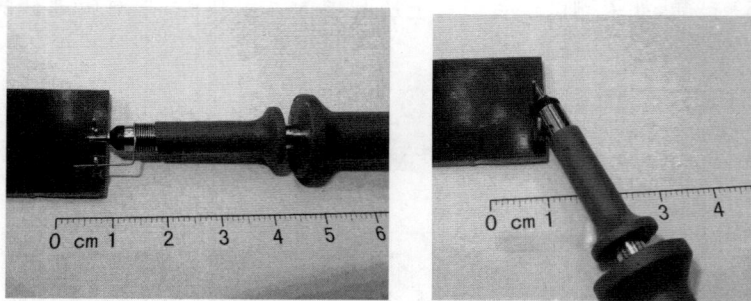

图 1.61　正确的接法：使用接地弹簧(左)或者直接与接地环接触(右)

通过以上测试,得到的参数如表 1.9 所示。

表 1.9　测试结果

参　　　数	实 测 数 据
输出电压	5.0V
效率	约 90%
输出纹波	约 40mV
负载调整率	约 2%
线性调整率	小于 1%

以上就是设计 BUCK 拓扑开关电源的基本思路。开关电源的知识非常庞杂,如果需要设计高效率、大功率的电源,需要学习的知识还有很多。

4. BOOST 电路原理

基本原理如图 1.62 所示,是一种升压型开关电源。

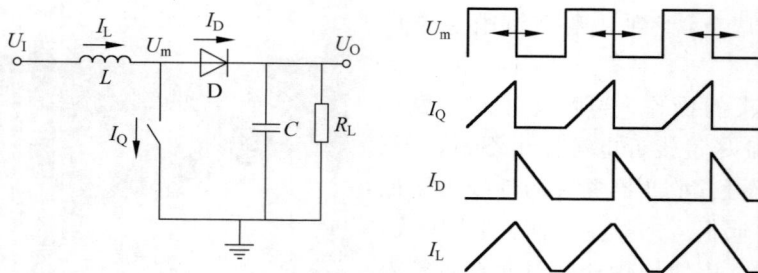

图 1.62　BOOST 拓扑的基本结构与波形(断续模式)

开关管导通时,电流经过电感 L 流经开关管,电感中的电流上升,二极管截止;开关管关断时,由于电感中电流不能突变,电感中的电流通过二极管向输出电容 C 充电,叠加在输入电压上,使电容中的电压高于电源电压。在电感电流降低到零之前,开关管再次导通,叫作连续模式,反之叫作不连续模式。这里的连续与否针对的是电感中的电流,因为电感向负载输出电流一定是不连续的。

BOOST 拓扑(或者原理类似的反激拓扑)下,连续模式下会带来"右半平面零点"问题,该问题并非不可解决,为了方便起见,这里设计成断续模式。

电路的损耗分析与 BUCK 电路基本相同,不再重复介绍。

5. BOOST 升压电源设计实例

在智能车设计中,升压电源用于驱动某些型号的摄像头,或者作为使用分立元件搭建的电机驱动的控制电源。设计需求如表 1.10 所示。

表 1.10 设计需求

参 数	设 计 需 求
输入电压	(7 ± 1)V
输出电压	12V
输出电流	170mA
输出纹波	不大于 100mV
负载调整率	不大于 5%
线性调整率	不大于 5%

首先,需要确定电源管理芯片,这里使用 CS5171,SOP8 封装。主要特性如下:

(1) 输入范围为 2.7~40V;

(2) 最大 1.5A 输出电流;

(3) 外围电路结构简单;

(4) 工作频率约为 280kHz;

(5) 内置过流保护和过热保护。

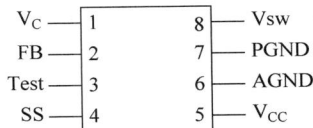

图 1.63 CS5171 引脚图(俯视图)

引脚图以及引脚功能如图 1.63 和表 1.11 所示。

表 1.11 引脚描述

引脚名称	编 号	功 能 描 述
V_C	1	误差放大器的输出端,用于环路补偿
FB	2	电压反馈,基准源为 1.276V
Test	3	测试引脚,一般情况下悬空或接地
SS	4	关断和同步功能
V_{CC}	5	电源输入
AGND	6	模拟地,用于控制回路
PGND	7	功率地,用于功率三极管回路
V_{sw}	8	功率三极管的集电极

基本原理图如图 1.64 所示。

下一步工作就是确定各元件的参数或型号。

输入电容用于稳定输入电压。这里选型与 BUCK 电路相同,不再重复介绍。

在一个周期中,t_{on} 为导通时间,t_{off} 为关断时间,T 为整个周期,$T=t_{on}+t_{off}$。处于临界模

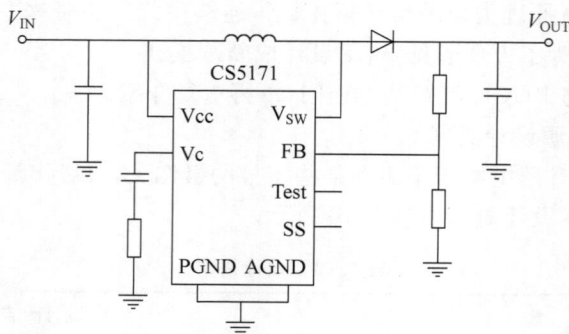

图 1.64　CS5171 用于 BOOST 拓扑基本原理图,引脚排列有所调整

式时,由"伏秒数"相等可得

$$V_{IN} t_{on} = (V_{OUT} - V_{IN}) t_{off}$$

因为 $V_{OUT} > V_{IN}$, V_{OUT} 当中的 V_{IN} 部分可由电源通过二极管直接提供,因此等式右边的电压为输出电压减去电源电压。整理可得

$$\frac{t_{on}}{t_{off}} = \frac{V_{OUT} - V_{IN}}{V_{IN}}$$

这里针对理想情况,实际当中,二极管与开关管存在导通压降,因此上述公式要稍作调整:

$$\frac{t_{on}}{t_{off}} = \frac{V_{OUT} + V_F - V_{IN}}{V_{IN} - V_{sat}}$$

其中,V_F 为二极管的导通压降,这里取 0.3V,V_{sat} 为开关管导通压降,这里取 0.7V。将已知数据代入公式,得

$$\frac{t_{on}}{t_{off}} \approx 1.2$$

根据芯片手册提供的参数,工作频率约为 280kHz,则工作周期 $T \approx 3.6\mu s$,代入公式得 $t_{on} \approx 1.96\mu s$。

对于电感的选择,首先计算峰值电流。先假设电源的效率为 100%,则电感中储存的能量 $E = \frac{1}{2} L I^2$,功率 $P_L = \frac{E}{T} = \frac{L I^2}{2T}$,在关断期间,与电感输出相同的直流电流由电源提供,同时输出给负载。平均电流为峰值电流的一半,则 $P_{DC} = \frac{E}{T} = \frac{1}{2} V_{IN} I \frac{t_{off}}{T}$。二者相加,再将峰值电流 $I = V_{IN} t_{on}/L$ 代入。总功率为

$$P = P_L + P_{DC} = \frac{V_{IN}^2 t_{on}}{2L}$$

转换后得

$$L = \frac{V_{IN}^2 t_{on}}{2P} = 17.64\mu H$$

峰值电流为

$$I = \frac{V_{IN}t_{on}}{L} = 0.67A$$

我们选择型号为 SLF7045T-150M1R1 的功率电感。外形如图 1.65 所示，参数如表 1.12 所示。

关于输出电容的选择，断续模式下，在电感能量已释放完毕，且下一周期未开始时，输出能量全部由电容提供。一部分纹波来源于电容的充放电，另一部分来源于电流在电容 ESR 上产生的电压。纹波计算较为复杂，这里不做深究。我们使用表 1.13 所示的高频电解电容。

图 1.65 所用电感

表 1.12 电感参数

参　　数	规　　格
电感量	$15\mu H$
长×宽×高	$7mm \times 7mm \times 4.5mm$
误差	$\pm 20\%$
额定电流(基于电感)	1.1A
额定电流(基于温升)	1.5A
直流电阻	0.05Ω

表 1.13 电容参数

参　　数	规　　格
规格	$16V/100\mu F$
直径×高	$5mm \times 11mm$
误差	$\pm 20\%$
ESR(20℃,100kHz)	0.22Ω
额定纹波电流	0.34A

对于二极管的选择，要考虑耐压与额定电流，我们选择 SS14，最大反向重复峰值电压为 40V，额定电流为 1A，正向压降典型值为 0.5V。

下面介绍分压电阻的选择。芯片内部的基准电压约为 1.276V，则 $R_1 : R_2 = 8.4 : 1$，计算方法可参考上一节相关内容，原理是相同的。这里可选择 $R_1 = 10k\Omega$，$R_2 = 1.2k\Omega$。

V_C 引脚上的阻容用于环路补偿，为环路添加零点和极点，用于获得良好的瞬态响应和稳定性。这里取典型值 $C_3 = 10nF$，$R_3 = 5.1k\Omega$，这方面知识较复杂，不作过多介绍。

经过以上的计算，可绘制出完整的电路图，如图 1.66 所示，准备元件如图 1.67 所示，并制作电路实物，如图 1.68 所示。

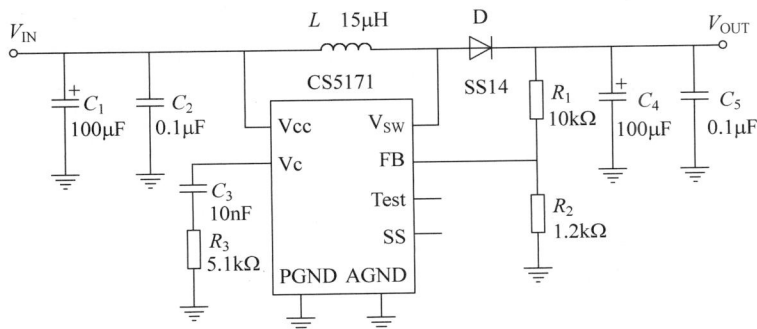

图 1.66 完整电路图

图 1.67 设计电路所用的元件与线路板

图 1.68 实物图

最后,按照和之前相同的方法测量电源的性能,过程不再重复。最终结果如表 1.14 所示。

表 1.14 测量结果

参　　数	测量结果
输出电压	12V
效率	约 80%
输出纹波	约 90mV
负载调整率	小于 1%
线性调整率	小于 1%

6. 电荷泵

下面简单了解一下电荷泵。电荷泵也是一类开关电源,和上面介绍的不同,它不用电感作为储能元件,通过电容的充放电来工作,可实现升压、降压、反转。主要特点是效率高、噪声低、电路结构简单,但是难实现高电压、大电流应用。

单片机初学者在学习串口通信时,一般会接触到 RS232 接口,对于 RxD 和 TxD 两条线,逻辑 1 为 −3～−15V,逻辑 0 为 3～15V。改变电压后,相比于 TTL 电平或 CMOS 电平,抗干扰能力更强,传输距离会显著变长。一般使用 MAX232 等芯片将信号电平进行转换。该芯片外部配数个电容就能工作,电路非常简单,就是利用电荷泵进行升压与极性反转。

其他方面的应用也有很多,例如从电压较低的电池升压驱动 LED、为使用双电源的运放提供负电源等。

以电荷泵 ICL7660 芯片为例,图 1.69 为倍压电路,图 1.70 为极性反转电路。

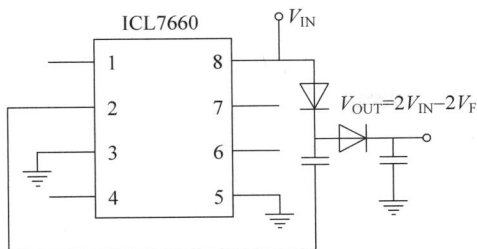

图 1.69 倍压电路

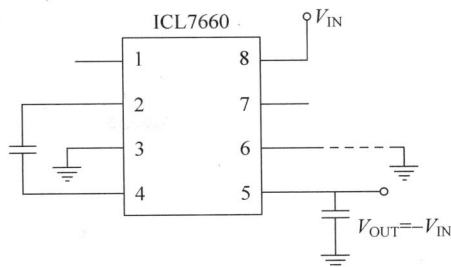

图 1.70 极性反转电路

1.3.4 反馈环路

开关电源是一个闭环的控制系统。简单地说,就是输出不足,输入就增加,反之亦然,以此将输出维持在一个稳定的状态。然而,信号的频谱很宽,不同频率的信号经过环路后,增益和相移是不同的,若某分量环路增益是 1,相移 360°。就变成了正反馈,满足震荡条件。一旦产生震荡,就会对电源的输出稳定性产生影响。因此,要保证环路稳定,就要保证开环增益为 1 处相移小于 360°,并保证一定的余量。在进行环路设计时,需要分析环路的增益、零点与极点,绘制增益曲线与相移曲线,并在反馈环节进行合适的补偿。开关电源设计中,保证环路稳定是重要的一项工作。

1.4 其他

1.4.1 浮地驱动

在驱动 MOS 管或者三极管时,输入控制端(栅极或者基极)的信号的地,如果和它控制的回路的地不是一个,那么可能就需要浮地驱动。

以 NMOS 管为例,如图 1.71 所示的电路,左图为共源极,右图为共漏极,通过模拟电子技术的学习,类比于三极管的共发射极结构和共集电极结构,前者功率增益高,而后者很低。在功率电路设计中,例如开关电源和电机驱动,自然希望获得较高的功率增益。另一方面,共漏极结构的输出电压只会低于控制端的电压。如果控制端的电压远低于负载的电源电压,那么输出的功率将受到严重影响。

以上面介绍的两种开关电源为例,显然,BOOST 电源的调整管是上面左图的形式,而BUCK 电源的调整管的发射极或源极和电路的地并不是一个,类似于上图右边的形式。并且二者的相对电位随着负载状态的不同,也在不停变化,是"浮着的"。如果我们不希望它呈现上图右边的形式,那么就要为它额外准备一个电源和控制信号,以源极为地,控制信号不再受负载的影响。如图 1.72 所示为浮地驱动的基本结构。

在前面介绍的 BUCK 电路设计中,自举电容的作用就是为浮地驱动提供能量。除此之外,浮地驱动可以使用高频变压器来完成能量与信号的传递,也可以使用额外的隔离电源提供能量,使用光电耦合、电容耦合等完成信号的传递。我们在使用分立元件设计电机驱动时,使用的也是自举电容方案。基本结构如图 1.73 所示。

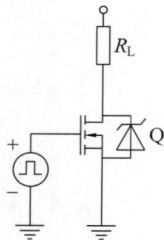

图 1.71   NMOS 管的两类电路结构   图 1.72   浮地驱动

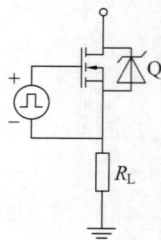

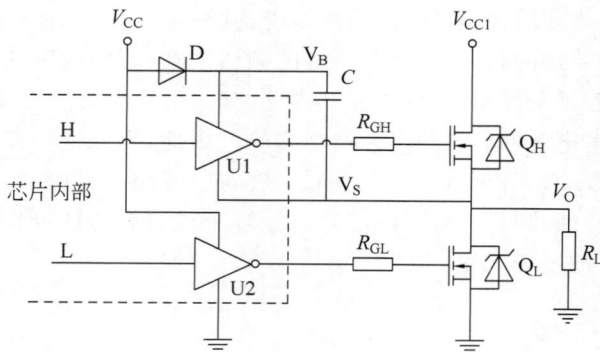

图 1.73   自举驱动示意图

其中,H 与 L 由输入信号经过整形、死区控制、逻辑处理等流程而生成。C 为自举电容,U1 和 U2 为 MOS 管的栅极驱动电路,推挽输出结构,U1 由 C 提供工作电源,U2 由 V_{CC} 直接提供工作电源。Q_H 截止、Q_L 导通时,自举电容 C 下端通过 Q_L 接地,V_O 电压接近于 0,V_{CC} 通过二极管 D 对电容充电,电容中的电压近似 V_{CC}。Q_H 导通、Q_L 截止时,电容负极 V_S 不再接地。V_B 通过 U1 为 Q_H 提供栅极驱动电压,保证 Q_H 完全导通。导通后 Q_H 源极电压为 V_{CC1},则 V_B 对地电压约为 $V_{CC1}+V_{CC}$,完成自举升压与驱动的过程。这里 Q_H 的导通靠的是由 C 提供的、栅极与源极之间的电压,而不是栅极与最下面的电源地。

自举电容需要利用下管的导通来为 C 充电,因此,上端 Q_H 不能长时间处于导通状态,以免电容能量不足失去驱动能力。对于使用 PWM 驱动的半桥驱动芯片(例如 IR2104)来说,占空比禁止达到 100%。二极管 D 选择反向恢复时间较短、耐压大于 V_{CC1} 的类型,电容 C 选择 ESR 较小的类型,耐压高于 V_{CC},一般使用多层陶瓷电容(MLCC)即可。更多知识可查阅 IR 公司编号为 AN-978C 的应用笔记。

1.4.2   逻辑电平的兼容性

在数字电路中,一般用 1 表示高电平,用 0 表示低电平。在实际电路中,需要用电压来体现,但是不同的器件有不同的结构和工作电压,那么就会产生不同的逻辑电平标准。也就是说,不同的器件对于"高"和"低"的理解是不同的。尤其是不同电平标准的器件之间的连接要特别注意,轻则无法正常工作,重则损坏器件。

不同器件之间的连接首先要注意不要超过器件端口的极限工作条件。相关参数可在器件的手册中查找,大部分器件都要求在电源电压范围内。因为器件端口内部一般存在钳位二极管,可对输入电压进行钳位,避免输入电压过高或过低。在设计中尤其注意从电压高的器件到电压低的器件的情况。举例说明,5V 的 CMOS 输出器件 A 连接到 3.3V 的器件 B。因为 CMOS 输出阻抗很低,会导致钳位电流很大,大电流通过钳位二极管倒灌到器件 B 的电源,会引起器件发热,或抬高器件 B 的电源电压,例如图 1.74 所示的情况。这时就需要一定的外围电路将电平进行处理。

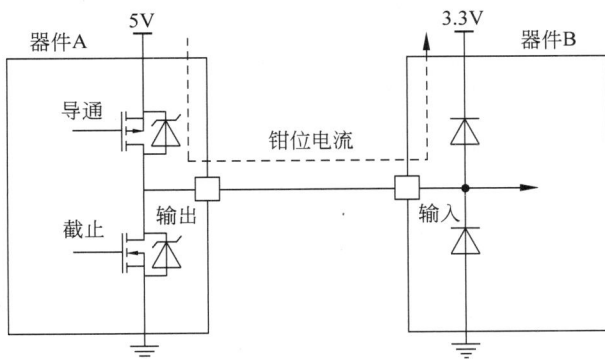

图 1.74 不同电压的器件直接连接引起的电流倒灌

为了简化外围电路设计,部分器件的端口可以兼容高于电源的电压,例如一些工作电压低于 3.6V 的芯片端口可承受 5V 的输入电压,该特性在数据手册中一般称为 5V tolerance,简称 FT。

逻辑电平标准较多,常用的有 CMOS 和 TTL,前面提到的 RS232 也是一种。

CMOS 和 TTL 这两个词是从内部结构上来描述的,这里不作介绍。重点是两种标准在电压与逻辑的对应关系上有什么不同。每种标准都分为输入与输出,如表 1.15 所示,此处给出的是典型值,与实际情况可能有区别。

表 1.15 逻辑电平标准

	输 入		输 出	
	高电平	低电平	高电平	低电平
TTL	$\geqslant 2.0V$	$\leqslant 0.8V$	$\geqslant 2.4V$	$\leqslant 0.4V$
CMOS	$\geqslant 0.7 \times V_{CC}$	$\leqslant 0.2 \times V_{CC}$	$\approx V_{CC}$	$\approx GND$

举个例子,现有电源电压为 3.3V 的 CMOS 输出器件 A,连接到电源电压为 5V 的 CMOS 输入器件 B,我们分析一下这种情况是否可以可靠工作。首先看低电平,显然是没有

问题的,器件 A 的输出低电平约为 0,满足 B 器件输入的低电平要求。其次,看高电平,器件 A 的输出高电平约为 3.3V,器件 B 的输入高电平下限约为 $5 \times 0.7 = 3.5$V,超过了 A 器件的输出上限,因此无法正常识别 A 器件输出的高电平,如图 1.75 所示。但是实际情况下,有可能是可以正常工作的,因为表格中所列数据都是典型值,实际情况会略有不同,可能恰好落在工作条件范围内。因此,设计电路时一定要按照数据手册中提供的数据来进行。

再举一个例子,现有电源电压为 3.3V 的 CMOS 输出器件 A,连接到电源电压为 5V 的 TTL 输入器件 B,我们继续分析是否可靠工作。低电平显然没有问题,不再解释。看高电平,器件 A 的输出高电平约为 3.3V,器件 B 的输入高电平下限约为 2.0V,因此器件 B 可以准确识别器件 A 输出的高电平,如图 1.76 所示。

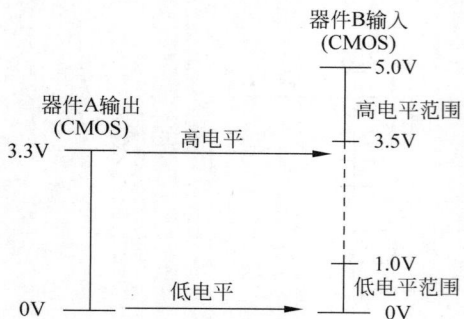

图 1.75 不同逻辑电平之间的识别
(图中数据均为典型值)

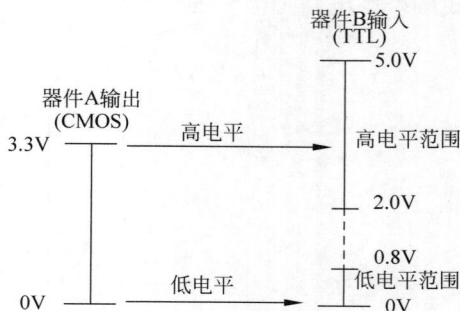

图 1.76 不同逻辑电平之间的识别
(图中数据均为典型值)

如果器件之间的电平无法兼容,就要采取一定的措施。例如,使用电阻分压、限流,使用逻辑电平转换芯片等。

1.4.3 导线与接线端子

导线在众多高大上的电子元件与模块面前,似乎不值得一提。它的地位看起来很卑微,实现不了具体功能,只起到连接作用。在电路图中,它们仅仅是一条条细线而已,在实际中,它们绝对不能被忽视。

从电学方面来讲,导线中的导体决定了导电能力,导线外的绝缘体决定了绝缘能力。因为竞赛中不涉及高电压和高温等情况,所以暂时只考虑导电能力。在导体的电阻率一定的情况下,截面积越大,导体电阻越小,通过电流的能力越强。改善散热条件,有助于降低导线发热,增加导电能力。

导线的规格一般用导线直径或导线截面积来表示,有时也使用"美国线规"(AWG)来表示。导线可分为单股线与多股线。单股线是指导体只有一根,较硬,适用于固定场合。多股线是指导体由多根较细的导体组成,主要特点是柔软,适用于经常活动的场合。

导线中的导体按材质分,常见的有铜、铝、铁等,其中铜因其电阻率低、延展性好,是较理想的导电材料;铝线在电力传输方面应用广泛,但是在弱电应用中,机械性能和可焊性都比较差,易氧化。还有一类例如铜包铝线、铜包铁线等,表面是铜,内部是其他金属,这里不推荐使用,可以用刀刮开表层金属来验明正身。还有一种较好的线材是镀锡铜线,表面是银白色的锡,内部是铜,这层锡可以防止铜被氧化,同时提高可焊性。

下面介绍焊接导线时的注意事项。在焊接导线时,首先要剥掉一段绝缘外皮,可以使用专用剥线钳,一定要选择合适的切口,避免伤到导线本身,或者切断部分细导线。一旦导线受到损伤,那么损伤处的强度将减弱,有断裂的风险。也可以使用其他方法,例如使用烙铁、刀片或者剪刀等切割掉外皮。使用刀片或者剪刀容易损伤内部导体,需要小心操作,使用烙铁不会损伤导体,但会产生难闻的味道。

剥掉外皮后,对于多股线,最好拧成麻花状,不要呈现松散状态,然后浸润焊锡,增加可焊性,尽量浸润到根部。然后就可以进行焊接了。这时,导线上将出现一个脆弱点,如图1.77所示,位于导体裸露部分的根部,因为这个脆弱点的存在,导线在受到外力时,首先在这个位置产生弯折,弯折次数多了,将从这里折断。单芯线和多芯线都是如此。

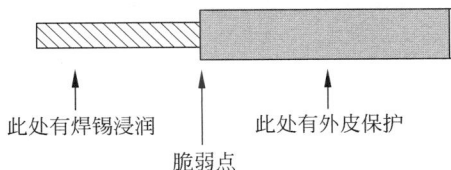

图1.77　浸润焊锡后的导线

因此,导线在焊接后,必须在根部加以固定,推荐使用热熔胶进行固定,将导线连同一部分导线外皮固定在线路板上或其他地方。不推荐使用玻璃胶,缺点是凝固时间长,清除比较困难。如果实在需要,在选择玻璃胶时,一定要选择中性玻璃胶,市面上另一种常见的酸性玻璃胶会对金属产生腐蚀,酸性玻璃胶有浓烈的白醋气味,很好区分。

另一种常用的固定方法是在焊接部位附近的线路板上开孔,将导线从反面穿过来再焊接,因为这个孔的存在,限制了这一段导线的活动范围,起到了一定的固定作用。

在线路板上最好的接线方式是使用接线端子,在选择接线端子时,要考虑的方面也有很多,下面举例说明:

(1)电压与电流的耐受能力。根据实际情况进行选择,例如连接电机的导线需要较大电流,如果端子可承受的电流较小,那么端子会发热或者烧坏,而连接各类传感器的导线仅需较小的电流,用较大的端子反而浪费空间。电压耐受能力主要用于工作电压较高的场合,耐压不足将导致绝缘击穿。

(2)连接的可靠性。端子内部采用物理接触的方式工作,如果连接不可靠将严重影响系统工作的稳定,有时候故障时有时无,极难查找。在可靠性要求高的场合,可以多个端子并联使用。除此之外还要注意震动和温度剧烈变化对其的影响。

(3)插拔寿命。不同的端子插拔寿命不同,随着插拔次数的增多,端子接触的可靠性将逐渐变差,甚至产生连接松动等情况。可根据端子是否需要经常插拔来选择。

(4)插拔是否方便。对于经常插拔的端子,是否可以在不借助工具的情况下快速插拔。这里要选择连接强度要适中,端子上有合适的位置下手操作,禁止直接拉扯导线。

(5)防呆设计。通俗地讲,就是插错位置而插不进去。尽量使用带有这类结构的端子,不要过度迷信自己能永远记住方位不会出错。

如果导线直接和某些接线端子进行连接,最好在导线上使用压线。

1.4.4 如何和线路板厂家打交道

线路板从设计文件变成一块真正的板子,必不可少的一个环节就是线路板厂家,我们把设计好的文件交给线路板厂家,厂家进行生产,最后寄给我们。这里就要涉及如何和线路板厂家打交道。

我们在设计结构、选择元器件、布局布线时,都要考虑线路板的生产工艺限制。常规的生产工艺完全能满足我们制作智能车的要求。如果超出这个范围,可以生产的厂家减少,价格和交期也会翻倍地上涨。

表1.16是国内某厂家的部分生产工艺要求,按照这个要求来设计,大部分厂家都能生产,工艺成熟,价格低廉,交期短。注意长度单位mil和mm之间的关系。

表1.16 国内某线路板厂家的生产工艺要求

项 目	加 工 能 力	备 注
层数	1～6层	
板材类型	FR4	
板厚	0.4～2.0mm	常见板厚为1.6mm、1.5mm和1.0mm,选用其他板厚可能价格贵,交期长
最小线宽	6mil	
最小间距	6mil	
外层铜厚	$35\mu m$(1oz)	
内层铜厚	$17\mu m$(0.5oz)	
最小孔径	0.3mm	最好大一些,不容易出现质量问题
过孔单边焊环	≥6mil	
阻焊颜色	红绿蓝黄白黑	常见为绿色,其他颜色可能额外收费
最小字符线宽	6mil	如果超过限制,字符会不清晰,但不影响电学性能
最小字符高度	1mm	同上
外形公差	±0.2mm	设计时注意保留余量
走线与外形距离	≥0.3mm	外形公差一般较大,需要避免走线太靠近边缘,以免走线被割伤
切槽最小宽度	1mm	

PCB的生产分为打样与量产,打样数量较少,数量一般只有几片、几十片,用于产品研发、DIY制作、实验室等。量产指的就是大批量生产,数量较大,用于生产产品。这里指的都是打样。

设计好线路板并检查无误后,需要联系线路板厂家,可以使用电话、邮件或者各种聊天工具与厂家人员进行交流。有些厂家的官方网站可以进行自助下单,更为简单方便。把设计文件交给厂家(只交PCB文件就可以了,不要把工程文件、原理图文件、封装库文件等也交上去），厂家会对文件进行检查，如果有不满足工艺要求的地方或者其他问题，会联系您进行修改，最终会与您确认工艺，例如板厚、油墨颜色、交期、测试等。对于网站自助下单的方式，可以在下单时自行选择工艺要求，如果有问题，他们同样会联系您。交易达成后，就是漫长的等待。一旦进入生产环节，文件是无法做任何修改的，例如你发现有个地方画错了，也只能这样了，不要联系厂家试图修改。生产完成后，他们会将成品邮寄给您。

这里说几个注意事项（针对 Protel 和 Altium designer 系列软件）：

（1）V 割（V-cut）是指在线路板正反两面相对应的位置上各切出一条浅槽，这样在这个位置比较容易掰断。例如拼板生产，最终需要将不同的部分分开，使用 V 割就很方便。V 割的位置要和厂家说明，或者在图中标明。记住 V 割只能直线贯穿整个板面，不能割一半，不能割曲线。

（2）拼板费。拼板费是指将"不同的"板子拼在一起，按照一个设计文件进行打样，遇到这种情况，某些厂家会收取拼板费。这个拼板费并不是技术问题，而是一种行业规则。常见的拼版方式例如邮票孔、切槽、V 割或者不分割拼在一起。至于哪些属于拼版，哪些不属于，各厂家的判断标准不一，要结合实际情况分析。最后，不要在省拼板费上耍小聪明，厂家身经百战见得多了，不会被欺骗的。

（3）过孔与（直插）焊盘。初学者在设计线路板时，经常将二者搞混，虽然看起来都是孔，但是还是有区别的，过孔用于连接不同层之间的导线，焊盘则用于固定元器件的引脚（兼过孔的功能）。在某些生产工艺中，过孔需要覆盖阻焊，如果把过孔当成焊盘，因为阻焊的存在这个孔就无法焊接了。既然如此，那么让过孔不覆盖阻焊不就可以了吗？同样是不可以的，因为无论是过孔还是（直插）焊盘，一项重要的生产工艺就是孔内镀铜，这样才能保证孔的电气连通。但是镀上一圈铜后，孔径会变小，因此实际生产中要对用作焊盘的孔进行补偿，保证镀铜后，孔径仍能满足设计尺寸，而过孔是不需要补偿的。因此镀铜后过孔的内径会变小，如果二者用错，很容易导致元件引脚插不进去。

（4）阻焊层。在设计大电流走线时，可能需要去掉阻焊层，也就是常说的开窗，没有阻焊层的导线可以涂上一层厚厚的锡，增加导电和散热能力，这里经常有人把阻焊层（top solder 和 bottom solder）和助焊层（top paste 和 bottom paste）弄混。这两个层都是负片法，也就是说画的地方是去掉的，没画的地方是保留的。助焊层是用于设计涂锡膏的钢网（批量生产时用到），阻焊层则是用于去掉线路板表面的油墨。需要在某个位置去掉阻焊，一定不要画错层，画到 paste 层是没有任何作用的，厂家也不一定会帮你指出这类错误。

（5）外形层。常用的外形层为机械层和禁止布线层，我们可能会在某些地方了解到机械层定义板子外形、禁止布线层定义走线范围等。但实际中，厂家一般只使用其中的一个层作为外形，所以在设计时不要两个层混用，避免厂家用错层导致板子外形错误。建议只使用禁止布线层作为板子外形设计。

（6）内直角。为了能让线路板装配在某个结构上，可能需要设计复杂的线路板外形，如果设计外形时需要内直角，那么要注意，实际生产出来的线路板的内直角会以圆弧的形式体现。因为线路板是在一张巨大的板子上做出来的，然后用锣边机进行分割，该机器使用垂直于板材的刀具旋转切割,无法切割到位做出内直角,只能切出与刀具半径相同的圆弧,该圆弧的半径一般不超过 1mm。因此,如果内直角处与其他结构之间的空间较小,应在内直角处向后退让,避免装配出现困难。图 1.78 所示为线路板内直角处切割方式。

图 1.78　线路板外形的内直角处在生产时出现圆弧

关于 PCB 设计方面的知识,将在后面的章节进行介绍。

第 2 章

控制器与传感器

2.1 智能车中的控制器

2.1.1 认识控制器

单片机是一种集成电路芯片,是采用超大规模集成电路技术把具有数据处理能力的中央处理器 CPU、随机存储器 RAM、只读存储器 ROM、多种 I/O 口和中断系统、定时器/计数器等功能集成到硅片上所构成的一个小而完善的微型计算机系统,这样的单片机在工业控制领域被广泛应用。

传统的控制器由程序计数器、指令寄存器、指令译码器、时序发生器和操作控制器等组成,是发布命令的"决策机构",即协调和指挥整个微机系统的操作。其主要功能有:从存储器中取出一条指令,并指出下一条指令在内存中的位置;对指令进行译码和测试,并产生相应的操作控制信号,以便于执行规定的动作;指挥并控制 CPU、内存和输入输出设备之间数据流动的方向。

在整个智能车系统中,控制器的作用类似于小车的大脑,接收各类传感器采集到的赛道信息等数据,经过计算处理后向各个模块发送控制信息,从而控制小车完成比赛。在比赛中要求采用恩智浦公司的 8 位、16 位、32 位的微控制器作为车模中唯一可编程处理器件。

2.1.2 控制器的输入特性

单片机一般是 CMOS 输入特性,高于 0.7 倍 V_{CC} 为高电平,低于 0.3 倍 V_{CC} 为低电平。另外,单片机 I/O 口内部还有施密特触发器,对于在高电平和低电平之间的电压,可以进行有效地滤波。需要注意,单片机的输入电压一般不能高于电源电压,也不能低于地电压,否则在单片机供电的状态下可能触发芯片内部的栓锁效应,引起单片机的烧毁。

如果遇到单片机的电平与外设的电平不相同的情况,也可以增设电平转换芯片,对电平进行转换,或者直接利用单片机的 5V 容忍功能,某些种类的单片机具有容忍功能,作为数字输入可以输入比电源电压高的电压,比如 K60 和某些型号的 K10,3.3V 的单片机直接读取 5V 的电压也是可以的。某些五伏供电的 TTL 器件输入引脚,也可以直接读取 3.3V 的电平。具体情况需要查阅相关手册。

　　单片机的模拟输入电压,一般应在模拟电源和模拟地之间。此外,为了防止输入信号发生混叠,应在模拟信号输入引脚增设低通滤波器。单片机内部 ADC 一般为 SAR 型 ADC,在采样的瞬间会从 AD 信号管脚汲取较大的电流,为了保证采样准确可以在输入管脚与地之间并联数十皮法至 1nF 的电容,用于保持采样瞬间电压稳定。为了防止外界尖峰干扰和静电影响损坏输入引脚,对于伸出车体较远的传感器,可以在输入端增加 ESD 二极管,或者通过其他方式进行缓冲。

2.1.3　控制器的输出特性

　　一般来说,控制器输出的电流是比较有限的。而且由于 PMOS 管比 NMOS 管内阻要大,输出低电平所流入的电流比输出高电平所流出的电流要大一些。为了提高驱动效率,一般设计为低电平点亮 LED 或其他耗电较多的外设。通常来说,每个引脚流入或者流出电流最大不超过 5mA,有个别的大电流输出引脚可以输出高达 25mA 的电流,足以直接驱动一些尺寸较大的 LED 灯、蜂鸣器等外设。但是需要注意的是,继电器等感性负载依然是需要额外的驱动器件才能推动的。

　　此外,需要格外注意的是,配置为输出的引脚,与其他引脚之间不应该有电平冲突,也就是说,不能将两个相连的引脚分别同时配置为高电平和低电平,这样会产生较大的电流,使芯片发热。如果需要"线与"逻辑,应该将引脚设置为开漏输出,只允许输出高阻态或者低电平,再由上拉电阻将高阻态变为高电平。常见的单片机 I/O 口内部结构如图 2.1 所示。

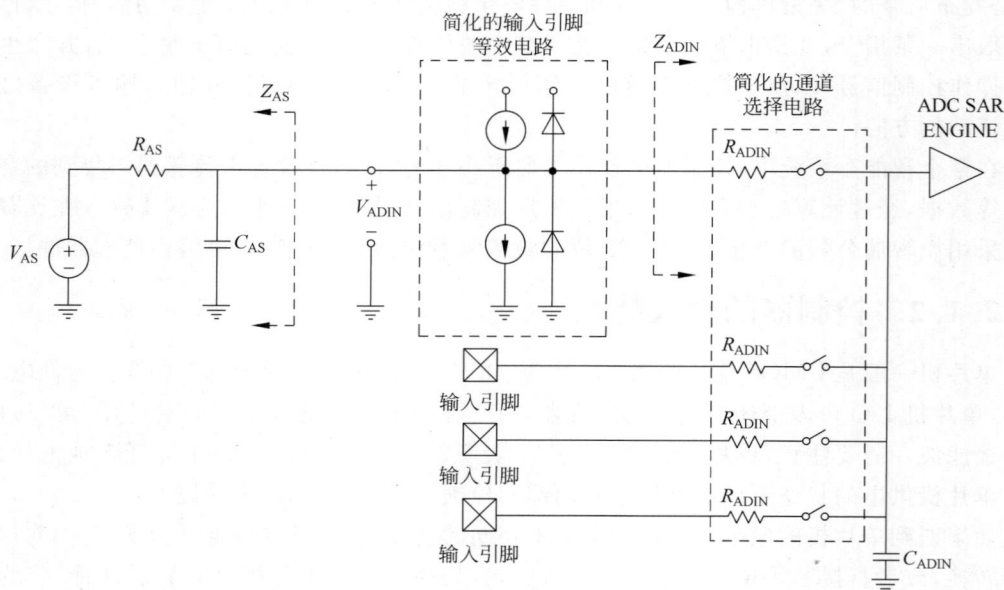

图 2.1　单片机 I/O 口内部结构

　　单片机对外的通信形式,一般来说,常见的有 IIC、SPI、UART 等。以下介绍各种总线形式。

　　IIC,即集成电路总线(Inter-Integrated Circuit),这种总线类型是由飞利浦半导体公司在 20 世纪 80 年代初设计出来的一种简单、二线制、同步串行总线,同时 IIC 是一种多向控制总线,也就是说多个芯片可以连接到同一总线结构下,同时每个芯片都可以作为实时数据传输的控制源。IIC 总线是各种总线中使用信号线较少、并具有自动寻址、多主机时钟同步和仲裁等功能的总线,图 2.2 为 IIC 的基本结构。因此,使用 IIC 总线设计通信系统十分方便灵活,体积也小,因而在各类实际应用中得到广泛应用。

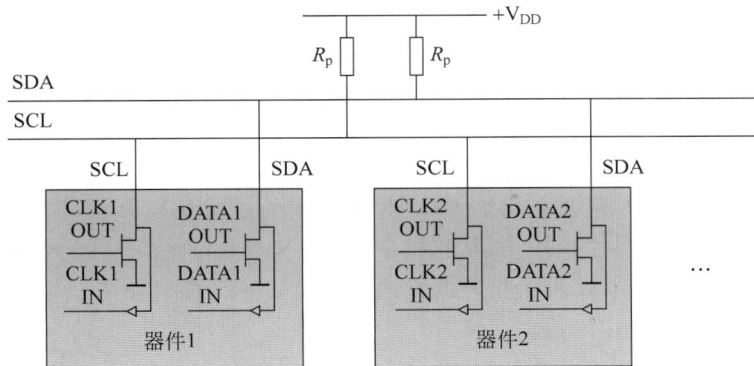

图 2.2　IIC 总线

　　IIC 总线只有两根信号线,一根是数据线 SDA,另一根是时钟线 SCL。IIC 总线通过上拉电阻接正电源。当总线空闲时,两根线均为高电平。连到总线上的任一器件输出的低电平,都将使总线的信号变低,即各器件的 SDA 及 SCL 都是线“与”关系。

　　图 2.3 为 IIC 的起始信号与终止信号时序,SCL 线为高电平期间,SDA 线由高电平向低电平的变化表示起始信号,SCL 线为高电平期间,SDA 线由低电平向高电平的变化表示终止信号。

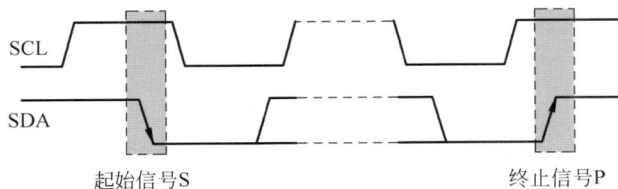

图 2.3　IIC 时序

　　起始和终止信号都是由主机发出的,在起始信号产生后,总线就处于被占用的状态;在终止信号产生后,总线就处于空闲状态。连接到 IIC 总线上的器件,若具有 IIC 总线的硬件接口,则很容易检测到起始和终止信号。恩智浦智能车竞赛推荐的单片机内部集成多个 IIC 接口。然而对于不具备 IIC 总线硬件接口的单片机来说,为了检测起始和终止信号,必须保证在每个时钟周期内对数据线 SDA 采样两次。接收器件收到一个完整的数据字节后，可能需要完成一些其他工作，如处理内部中断服务等，可能无法立刻接收下一个字节，这时接收器件可以将 SCL 线拉成低电平，从而使主机处于等待状态。直到接收器件准备好接收下一个字节时，再释放 SCL 线使之为高电平，从而使数据传送可以继续进行。

在智能车竞赛中，常用到 IIC 总线协议的外设有键盘按键、LCD 屏幕、陀螺仪、加速度计等传感器。

SPI 是英语 Serial Peripheral Interface 的缩写，顾名思义，就是串行外围设备接口。是 Motorola 首先在其 MC68HCX 系列处理器上定义的。SPI 接口主要应用在 EEPROM、FLASH、实时时钟、AD 转换器，还有数字信号处理器和数字信号解码器之间。SPI 是一种高速的全双工、同步的通信总线，并且在芯片的引脚上只占用四根线，节约了芯片的引脚，同时为 PCB 的布局上节省了空间，提供了便利，正是出于这种简单易用的特性，如今越来越多的芯片集成了这种通信协议。

SPI 传输至少需要四根线，单向传输至少要三根线，分别为数据输入（SDI）、数据输出（SDO）、时钟信号（SCLK）、片选信号（CS）。对于确定的主机从机来说，SDI 是主机数据输入、从机数据输出；SDO 是主机输出、从机输入；SCLK 是时钟信号，由主机产生；CS 是片选信号，即从机接口使能信号，由主机控制发出。主从式 SPI 接口如图 2.4 所示。

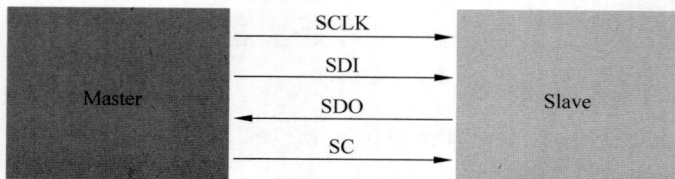

图 2.4　SPI 接口

SPI 是串行通信协议，也就是说数据是按位传输的。图 2.5 所示为其时序图。这就是 SCLK 时钟线存在的意义，由 SCLK 提供时钟脉冲，SDI、SDO 则基于此脉冲完成数据传输。数据输出通过 SDO 线，数据在时钟上升沿或下降沿时改变，在紧接着的下降沿或上升沿被读取。当然，这里介绍的 SPI 时序是常见的一种，也存在其他采样时序，请以芯片数据手册为准。

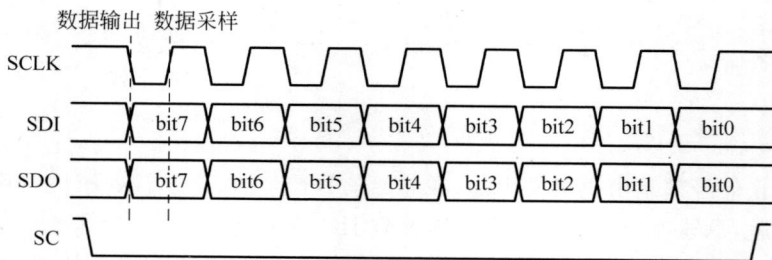

图 2.5　SPI 时序

与 IIC 协议相比,SPI 协议具有速度快、传输稳定、能精确控制等优点。

在智能车竞赛中,常用到 SPI 总线协议的外设有 OLED 屏幕、陀螺仪、加速度计等传感器。

UART 是通用异步接收/发送装置,是常说的串口通信(但串口通信不指代 UART),串口通信(Serial Communications)的概念非常简单,串口按位发送和接收字节。尽管比按字节的并行通信慢,但是串口可以在使用一根线发送数据的同时用另一根线接收数据。它很简单并且能够实现远距离通信,远距离传输一般使用 RS232 的负逻辑传输,+5～+12V 为逻辑 0,而−12～−5V 为逻辑 1。UART 在单片机中指的是 TTL 电平或 CMOS 电平的串口通信,V_{CC} 为高电平,GND 为低电平。RS232 与 TTL 电平互相转换一般需要用到专用的转换芯片,如 MAX232 等。对于不同的串口通信方式,相同的是以下这些重要的参数:波特率、数据位、停止位和奇偶校验。

波特率是衡量通信速度的参数。它表示每秒钟传送的 bit 的个数。例如,波特率为 300 表示每秒钟发送 300 个 bit。常用的波特率为 4800、9600、19200 等。根据需要,波特率可以大于或小于这些常用值。高波特率常用于通信速率高、通信距离近的场合。如果通信距离较远,需要降低波特率以避免通信出错。

当计算机发送一个数据包时,实际的数据不一定是 8 位的,也可以是 5～9 位。如何设置取决于你想传送的信息。如果数据使用简单的 ASCII 文本,那么每个数据包使用 7 位数据就够了。每个数据包包括开始/停止位、数据位和奇偶校验位。图 2.6 所示为"起始位+8 位数据位+奇偶校验位+1 位停止位"的数据包结构。

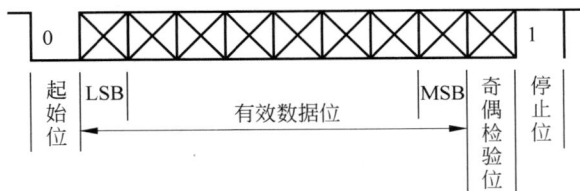

图 2.6 UART 时序

停止位是单个包的最后一位。由于数据是在传输线上定时的,并且每一个设备有其自己的时钟,很可能在通信中两台设备间出现了小小的不同步。因此,停止位不仅表示传输的结束,并且提供计算机校正时钟同步的机会。停止位的位数越多,不同时钟同步的容忍程度越大,但是数据传输率也越慢。

奇偶校验位用于串口通信的检错。一般情况下有四种检错方式:偶、奇、高和低。在对精度要求不高的通信中没有校验位也是可以的。对于偶和奇校验的情况,串口会设置校验位,用一个值确保传输的数据有偶数个或者奇数个逻辑高位。例如,如果数据是 011,那么对于偶校验,校验位为 0,保证逻辑高的位数是偶数个。如果是奇校验,校验位为 1,这样就有 3 个逻辑高位。高位和低位不是真正的检查数据,而是通过简单的置位逻辑高或者逻辑低校验。这样使得接收设备能够知道某一位的状态,能够判断是否有噪声干扰了通信或者能判断传输和接收数据是否同步。

在智能车竞赛中,可以使用 UART 串口通信调试 CCD、摄像头、电感等传感器。

2.1.4　单片机最小系统的制作

最小系统板指的是承载了单片机、时钟电路以及对外接口的电路模块。为了保险起见,还可以增设 LDO 和保护电路。按照组委会规定,可以购买成品的最小系统板。但是如果有直接连接传感器或者舵机、电机的接口,则不被视为最小系统板,而是作为主板处理。

最小系统板上的单片机,必须是参赛指定的单片机。以历届参赛情况统计,前两届主要是各种 8 位单片机,第三届至第六届的主流单片机为 16 位的 MC9S12XS128,第七届之后性能更强的 32 位 Kinetis 系列单片机兴起,其次是各种 M0＋内核的单片机,例如 KEA 系列。

一般来说,单片机上使用的时钟来自于晶振,也可以是陶瓷振荡器。晶振分为有源晶振和无源晶体两种,其中有源晶振故障排查较为容易,所以比赛主要选用有源晶振。无源晶体比较便宜,作为量产产品压低成本较为合适,但是需要小心处理外围电路,以免起振频率错误或者干脆不起振。陶瓷振荡器体积小巧,起振迅速,在时钟要求不是极为严格的应用时同样适合作为单片机上的时钟电路。

为了方便调试,最小系统板上还需要增设 LED 灯。一般来说,绿色 LED 作为电源指示灯较为合适,其他颜色作为引脚的指示灯。LED 的颜色和位置最好错开,在跑车调试时更方便观察。

单片机电源的接口电路多半为排针或者排座,一般来说,为了连接可靠,电源和地各引多个引脚。为了保证信号回路走最小环路,每组接口内需要有至少一个地线引脚。单片机上的小型去耦电容,须靠近单片机相应的电源引脚放置。较大的电容则可以放置在布局比较方便的地方。为了避免误触发不可屏蔽中断,相对应的引脚(例如 Kinetis 系列的 PA4)要用 10kΩ 电阻上拉。画完 PCB 之后可以转到 3D 视图进行检查,如果对应器件有 3D 封装的话,可以很方便地检查出是否有不便于焊接和调试的地方,设计完成的核心板 3D 效果如图 2.7 所示。

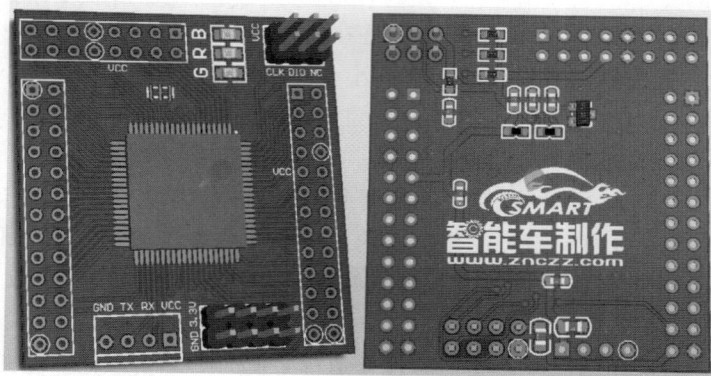

图 2.7　KEA 核心板 3D 视图

图 2.8 中展示的是 K60 系列的 PK60N512VLL100 的核心板原理图，Kinetis 系列微控制器是 Cortex-M4 系列的内核芯片。K60 内存空间可扩展，从 32KB 闪存/8KB RAM 到 1MB 闪存/128KB RAM，可选的 16KB 缓存用于优化总线带宽和闪存执行性能。图 2.9 为 K60 核心板实物图。

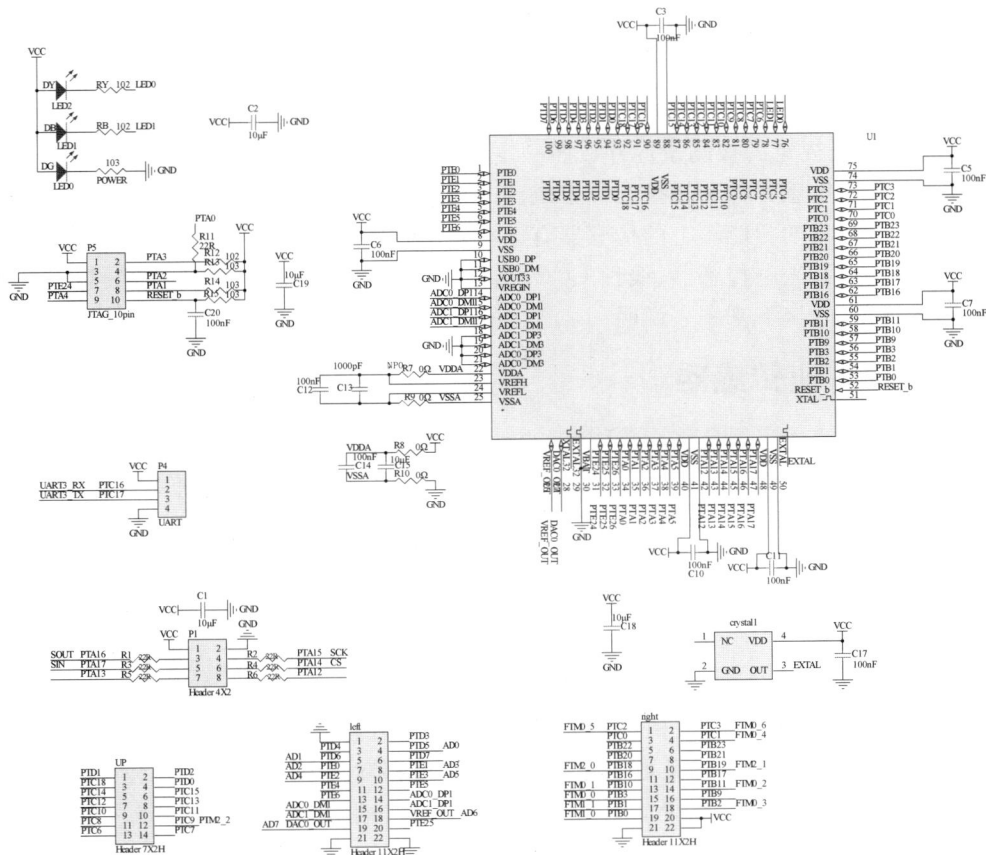

图 2.8　K60 核心板原理图

图 2.9　K60 核心板实物图

以上原理图和 PCB 工程可以到智能车制作论坛 http://www.znczz.com/thread-231763-1-1.html 和 http://www.znczz.com/thread-124365-1-1.html 下载。

2.2 智能车常用传感器

2.2.1 什么是传感器

传感器是将外界其他信号转变为电信号的电子元件。国家标准 GB7665-87 对传感器的定义是：能感受规定的被测量件并按照一定的规律(数学函数法则)转换成可用信号的器件或装置,通常由敏感元件和转换元件组成。

一般来说,常见的智能车上的传感器有电压输出、脉冲输出、数字总线输出等几种形式,具体为转速传感器、光电传感器、线性 CCD、摄像头、电磁传感器、电轨传感器、超声波传感器和磁场传感器等,接下来一一说明。

2.2.2 转速传感器

顾名思义,转速传感器是将旋转物体的转速转换为电信号输出的一种传感器,这类传感器属于间接测量装置,可用机、电、磁、光等多种原理制造。按照信号输出方式的不同,可以将转速传感器分为数字式和模拟式,一般来说,数字式输出的信号频率和转速成正比,模拟式输出的电压信号和转速成正比。

不同型号类型的转速传感器具体应用方法参照其技术手册。

对智能车比赛来说,常用的转速传感器有对管码盘和编码器两种,一般来说前者比较廉价,但是容易受到外部光线和灰尘的影响,会对测量的精度有干扰。编码器从原理上说与对管码盘的组合没有什么不同,但相对稳定,并且在编码器内部测量精度较高。

对管和增量式编码器一般是数字脉冲输出,其 A 相和 B 相能够分别输出矩阵波脉冲,这两路信号之间相位差 90°,恩智浦 K60 系列单片机内部集成了正交解码模块,可以将编码器输出的两路信号 PHA 和 PHB 信号接入 FTM 正交解码接口。其基本原理是：当两路信号其中的一路发生跳变时,另外一路为高电平,则计数器递增,反之则递减,通过配合计时器可以计算出智能车电机当前实际转速。单片机的两路输入波形如图 2.10 所示。

2.2.3 光电传感器

利用光电传感器检测路面信息的原理是：由发射管发射一定波长的红外线,经过地面反射到接收管,由于光线在黑色路面和白色路面上反射系数不同,在黑色路面上大部分光线被吸收,而白色路面上可以反射回大部分光线,所以接收到的反射光强是不一样,如图 2.11 所示,而从外部观测可以近似认为接收管两端输出电阻不同,进而经分压后的电压就不一样,就可以将黑白路面区分开来。

激光传感器与普通的光电传感器原理一样,但是其检测距离远大于普通的光电传感器,

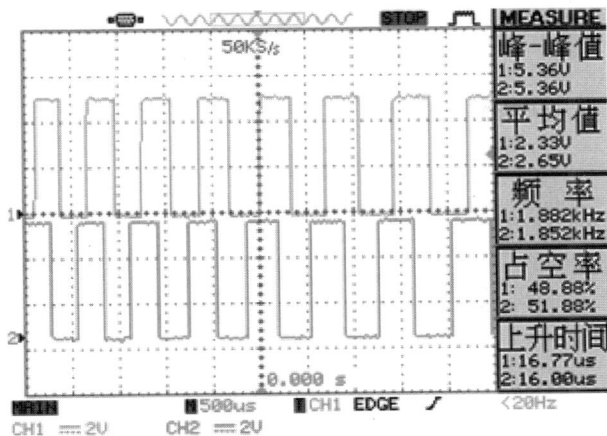

图 2.10 编码器输出波形

图 2.11 光电传感器原理

最远探测距离可以达到 5m,下面介绍一种激光检测赛道方案。

选用 24 个上排激光,激光光斑呈倒八分布,分别检测赛道的两侧边沿;呈一字排布的 8 个下排激光用于辅助检测。激光传感器由发射和接收两部分构成。发射部分由单片机控制,经三极管放大,驱动激光管发光;接收部分是传统的数字接收管方案,由一个相匹配的 180kHz 的集成数字接收管接收返回的光强,经过电容滤波后直接接入 S12 单片机的 PA 与 AD 口(PA 与 AD 口下 16 位的数据口挑选组成一个 8 位的数据口,用于检测下排 8 路传感器信号),检测返回的电平,如图 2.12 所示。

传统的光电检测方案检测的是进入光敏元件光强的绝对值,相当于光强的直流分量。这样,在激光光斑据光敏元件较远时,激光照到黑色区域和白色区域所带来的光强变化占总光强的比例将大幅降低,远远小于环境光强因为灯光角度、交流频闪等所引起的变化。所以,为了排除外界环境光所带来的干扰,激光传感器必须使用调制的工作方式。

调制,就是按照一定的频率,使激光二极管间断地发光。这样,探测用的激光光斑就成了带有高频交流分量的调制光了。而对应的接收管只要在 A 时刻采样环境光强,B 时刻采样环境光强与激光影响光强之合,再将二者作差,就能排除外界环境光强变化所带来的干扰。总而言之,发射的是高频交流信号,检测的也是高频交流信号,就能排除外界环境光强所带来的直流信号和低频交流信号的影响。

同时,为了简化激光传感器的控制,减少激光传感器相互之间的干扰,传感器的控制采用分时发光的策略,同一时刻仅有一个发射管工作。可以使用 74HC138 作为分时控制器,

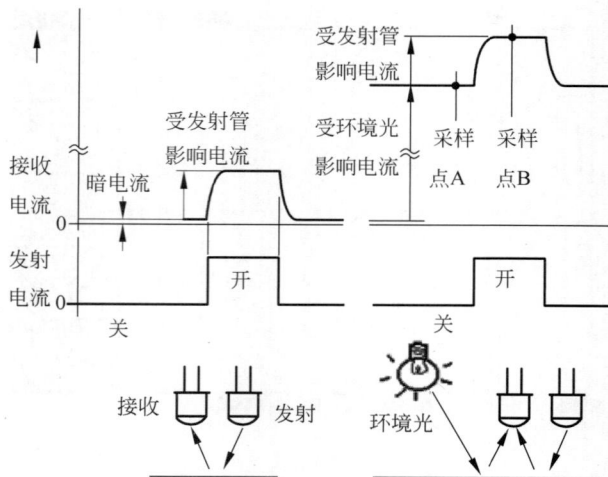

图 2.12 光电传感器原理

同一时间控制一路传感器发光,这样接收管就接收不到相邻传感器发射的激光了,因而达到了防止相互传感器之间干扰的目的。

2.2.4 线性 CCD

CCD 传感器是一种新型光电转换器件,它能存储由光产生的信号电荷。当对它施加特定时序的脉冲时,其存储的信号电荷便可在 CCD 内作定向传输而实现自扫描。它主要由光敏单元、输入结构和输出结构等组成。它具有光电转换、信息存储和延时等功能,而且集成度高、功耗小,已经在摄像、信号处理和存储三大领域中得到广泛应用,尤其是在图像传感器应用方面取得令人瞩目的发展。CCD 有面阵和线阵之分,本节介绍线阵 CCD,又称线性 CCD。

型号为 TSL1401 的线性 CCD 包含 128 个光电二极管和相关的放大电路,其主要原理是半导体内部的光电效应,即光生伏特效应,其内部工作原理如图 2.13 所示。

当光照射在光电二极管上时,会产生光电流,光电流被积分电路积分,在采样周期内,积分电容一端被连接到输出端,积分后的输出电压与该点的光强和积分时间成正比。

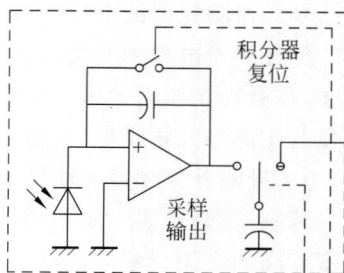

图 2.13 线性 CCD 内部结构

智能车比赛中用到的线性 CCD 是第八届组委会推出的,用于替代当时日益昂贵的激光传感器,并且只能应用 TSL1401 这一型号,其硬件电路比较简单。第十二届比赛中,由于光电组与摄像头组合并组别,基本退出历史舞台。

2.2.5　摄像头

按照输出方式,可以将摄像头分为数字摄像头和模拟摄像头,按照感光芯片,可以将摄像头分为 CCD 摄像头(面阵 CCD)和 CMOS 摄像头。按照摄像头制式,可以分为 PAL 制式和 NTSC 制式,中国使用的是 P 制,美国日本等国家使用的是 N 制。

CCD 摄像头成像原理在上一小节已经介绍过,其优点在于成像质量好,相同感光面积时灵敏度高,大部分面阵 CCD 采用单一放大器,可以保持数据完整性,噪声小,噪点少。当然也具有成本高、外围电路复杂、反应速度慢等不足。

COMS 摄像头是利用硅和锗这两种元素所制成的半导体,通过 CMOS 上带负电和带正电的晶体管来实现基本功能。这两个互补效应所产生的电流即可被处理芯片记录和解读成影像。相比 CCD 具有集成度高、体积小、功耗低、帧速高、读取速度快、制作工艺简单、价格低等优点。

线性 CCD 和摄像头模块一般采用 M12 板机镜头,这种镜头重量较轻,成像质量相对较好。一般来说,镜头的焦距越短,视角越大。在选购时还需要注意镜头的靶面尺寸,需要大于等于感光芯片的感光尺寸才能取得较好的效果,否则会出现暗角和黑边。线性 CCD 要求镜头超过 1/2.5 英寸的靶面尺寸,摄像头芯片视型号不同,有 1/3 英寸和 1/4 英寸靶面尺寸的区别。

一般来说,摄像头的读取流程是首先等待场中断信号,然后等待行中断信号,再开始读取数据。大部分模拟摄像头只有一根视频信号线,其中除了包含图像信号外,还包括行同步信号、行消隐信号、场同步信号、场消隐信号以及槽脉冲信号、前均衡脉冲、后均衡脉冲等。因此,若要对视频信号进行采集,就必须通过视频同步分离电路准确地把握各种信号间的逻辑关系。例如,可以使用 LM1881 芯片对视频信号进行视频同步分离,得到行同步、场同步信号,具体电路如图 2.14 所示。

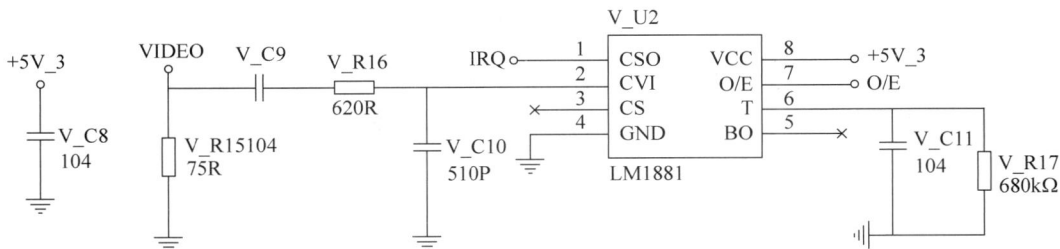

图 2.14　LM1881 外围电路原理图

由于模拟摄像头输出信号为 PAL 制式模拟信号,所以必须经过相应的图像处理模块进行相应转换之后才能由单片机进行处理。通过对 PAL 信号进行硬件二值化可以降低单片机的计算负荷,通过调节阈值而将灰度图像转换成黑白图像,这样不需要使用单片机的ADC 就可以采集图像了。其最明显的优点在于普通 I/O 的操作速度要比 ADC 快,使提高采集速度成为可能。图 2.15 为比较电路原理图。

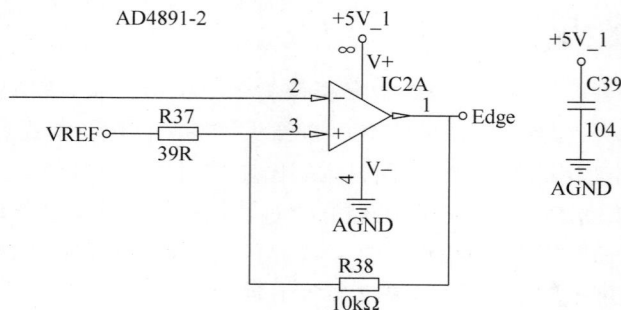

图 2.15   比较电路原理图

　　数字摄像头一般有 8～12 根信号线,用于传输图像信号,数字摄像头还配有时钟信号线、行中断信号线以及场中断信号线等。除此之外,为了配置摄像头参数,还有 SCCB 总线,SCCB 是 OmniVision 公司的串行摄像机控制总线,公司定义的 SCCB 是一个三线结构,但是一般为了缩减摄像头的封装,大多采用两线结构,从外观上看,与 IIC 类似,一般接 IIC 接口即可。

　　以智能车竞赛中常用的 OV7725 彩色数字摄像头为例,由于赛道是黑白两色,我们只关心图像的灰度值,这时可以通过 SCCB 协议配置摄像头的 SDE 寄存器,将摄像头设置为灰度输出。运用类似的方法也可以更改摄像头的其他参数,例如曝光时间、白平衡、自动曝光增益等。数字摄像头内部结构如图 2.16 所示。

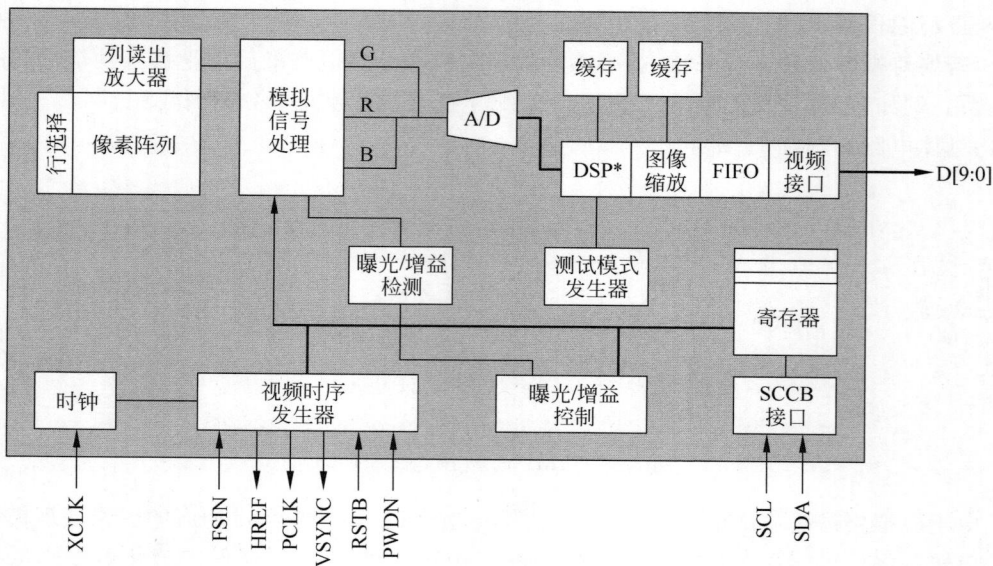

图 2.16   数字摄像头内部结构

2.2.6 电磁传感器

1. 电感传感器的原理

根据电磁学相关知识,我们知道在导线中通入变化的电流(如按正弦规律变化的电流),则导线周围会产生变化的磁场,且磁场与电流的变化规律具有一致性。如果在此磁场中置一个电感,则该电感上会产生感应电动势,且该感应电动势的大小和通过线圈回路的磁通量的变化率成正比。由于在导线周围不同位置,磁感应强度的大小和方向不同,所以不同位置上的电感产生的感应电动势也应该不同。据此,则可以确定电感的大致位置。

2. 磁传感器信号处理电路

确定使用电感作为检测导线的传感器,但是其感应信号较微弱,且混有杂波,所以要进行信号处理。要进行以下三个步骤才能得到较为理想的信号:信号的滤波,信号的放大,信号的检波。

1) 信号的滤波

比赛选择 20kHz 的交变电磁场作为路径导航信号,在频谱上可以有效地避开周围其他磁场的干扰,因此信号放大需要进行选频放大,使得 20kHz 的信号能够有效地放大,并且去除其他干扰信号的影响。使用 LC 串联谐振电路实现选频电路(带通电路),具体电路如图 2.17 所示。

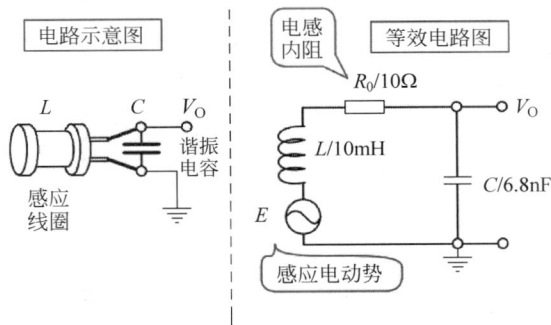

图 2.17 LC 谐振电路

其中,E 是感应线圈中的感应电动势,L 是感应线圈的电感值,R_0 主要是电感的内阻,C 是谐振电容。电路谐振频率为

$$f = \frac{1}{2\pi\sqrt{LC}}$$

已知感应电动势的频率 $f = 20\text{kHz}$,感应线圈电感为 $L = 10\text{mH}$,可以计算出谐振电容的容量为 $C = 6.33 \times 10^{-9}\text{F}$。通常在市场上可以购买到的标称电容与上述容值最为接近的电容为 6.8nF,所以在实际电路中选用 6.8nF 的电容作为谐振电容。

2) 信号的放大

第一步处理后的电压波形已经是较为规整的 20kHz 正弦波,但是幅值较小,随着距离衰减很快,不利于电压采样,所以要进行放大,官方给出了如图 2.18 所示的参考方案,即用三极管进行放大,但是用三极管放大有一个不可避免的缺点就是温漂较大,而且在实际应用中静电现象严重。

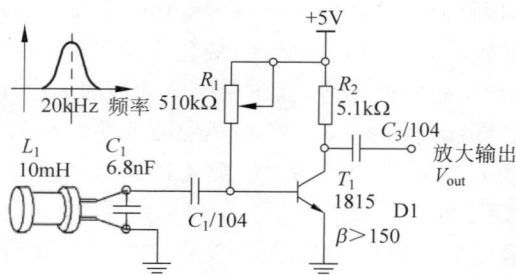

图 2.18　共射三极管放大电路

因此我们放弃三极管放大的方案,而是采用集成运放进行信号的放大处理,集成运放较三极管优势是准确、受温度影响很小、可靠性高。集成运放放大电路可构成同相比例运算电路和反相比例运算电路,在实际中使用反相比例运算电路。由于运放使用单电源供电,因此在同相端加 $V_{cc}/2$(典型值)的基准电位,基准电位由两个阻值相等的电阻分压得到。

3) 信号的检波

测量放大后的感应电动势的幅值 E 可以有多种方法。最简单的方法是使用二极管检波电路将交变的电压信号检波形成直流信号,然后再通过单片机的 AD 采集获得正比于感应电压幅值的数值。

我们采用的是竞赛组委会给出的第一种方案,即使用两个二极管进行倍压检波。倍压检波电路可以获得正比于交流电压信号峰-峰值的直流信号。为了能够获得更大的动态范围,倍压检波电路中的二极管推荐使用肖特基二极管或者锗二极管。由于这类二极管的开启电压一般在 $0.1\sim0.3$V,小于普通的硅二极管($0.5\sim0.7$V),可以增加输出信号的动态范围和增加整体电路的灵敏度。这里选用常见的肖特基二极管 1N5817。

最终确定下来的电路方案如图 2.19 所示。

3. 磁传感器的布局原理及改进

对于直导线,当装有小车的中轴线对称的两个线圈的小车沿其直线行驶,即两个线圈的位置关于导线对称时,则两个线圈中感应出来的电动势大小应相同且方向亦相同。若小车偏离直导线,即两个线圈关于导线不对称时,则通过两个线圈的磁通量是不一样的。这时,距离导线较近的线圈中感应出的电动势应大于距离导线较远的那个线圈中的。根据这两个不对称的信号的差值,即可调整小车的方向,引导其沿直线行驶。

对于弧形导线,即路径的转弯处,由于弧线两侧的磁力线密度不同,则当载有线圈的小车行驶至此处时,两边的线圈感应出的电动势是不同的。具体的情况是,弧线内侧线圈的感应电动势大于弧线外侧线圈的,据此信号可以引导小车拐弯。

另外,当小车驶离导线偏远致使两个线圈处于导线的一侧时,两个线圈中感应电动势也

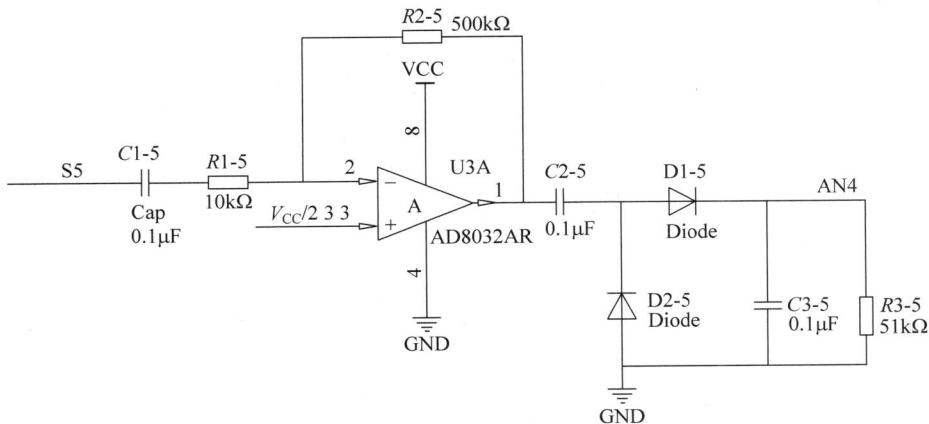

图 2.19　最终电路方案

是不平衡的。距离导线较近的线圈中感应出的电动势大于距离导线较远的线圈。由此,可以引导小车重新回到导线上。

　　由于磁感线的闭合性和方向性,通过两线圈的磁通量的变化方向具有一致性,即产生的感应电动势方向相同,所以由以上分析,比较两个线圈中产生的感应电动势大小即可判断小车相对于导线的位置,进而做出调整,引导小车大致循线行驶。

　　采用双水平线圈检测方案,在边缘情况下,其单调性发生变化,这样就存在一个定位不清的区域(如图 2.20 箭头所指)。同一个差值,会对应多个位置,不利于定位。另外,受单个线圈感应电动势的最大距离限制,两个线圈的检测广度很有限。

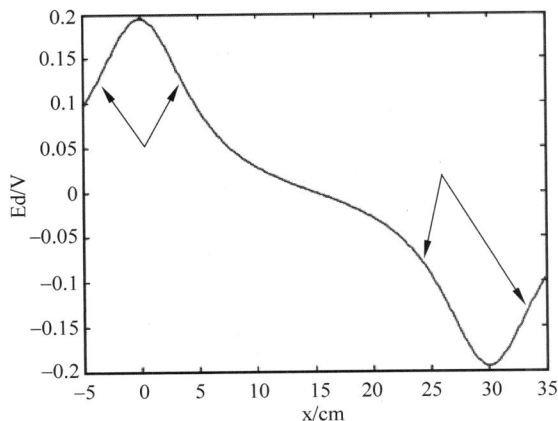

图 2.20　双线圈差值法有定位不清区域

　　现提出一种优化方案,5 个垂直放置的电感按一字排布,每个电感相距约为 5cm(见图 2.21),这样覆盖赛道范围约为 25cm。三个一字排布的电感可以大大提高检测密度和广度,向前有两个电感,可以提高前瞻,改善小车入弯状态和路径,两个 45° 的电感,可以改善入弯和出弯的姿态。

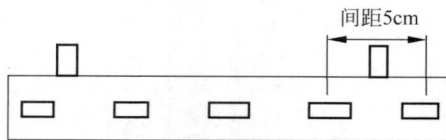

图 2.21　电感排布检测方案

4. 谐振电路的改进

按照组委会推荐的 10mH＋6.8nF 组成的谐振电路,其谐振的峰值频率为 19.6kHz,并不是信号发生器的 20kHz。当谐振频率与外界激励频率不匹配时,将不会输出最大的谐振电压。另外,一般电感和电容均有±20%的误差,谐振频率将会随机分布在 16kHz～24kHz之间,这会对传感器的对称性造成极大的影响。因此需要对组成谐振电路的电感电容进行匹配,使得其谐振频率恰好为 20kHz,同时挑选电感电容对,使得对称位置的输出电压一致。

2.2.7　电轨传感器

根据竞赛组委会的相关规定,选用金属传感器对铝膜进行检测,在解读了官方推荐方案以及查阅了许多资料后,我们利用涡流感应的原理,检测线圈电感量的变化,从而获得线圈与铝膜之间的相对位置。最后采用了官方给出的基于电容三点振荡电路形式的检测方式,检测振荡频率变化。电路本身既是检测驱动信号源,同时又是信号检测电路。

2.2.8　金属传感器

当通有交变电流(频率小于一定数值)的线圈靠近金属物体时,线圈周围的交变磁场会在金属物体中感应出涡流。涡流所产生的二次磁场叠加在原来磁场中则会改变原有线圈中的感应电动势,进而可以等效改变原线圈的电抗。线圈的电抗改变的大小与线圈的形状、振荡频率、线圈与金属相对位置以及金属的电导率、磁导率有关。如果在线圈形状、振荡频率以及金属种类都确定的情况下,线圈电抗的变化则能够反映线圈与金属之间的相对位置。检测线圈电抗改变的简单方法是采用谐振电路。将线圈放在正弦波振荡电路的谐振回路中,当线圈的电抗改变时,谐振电路的频率会随之改变。通过振荡信号的频率变化反映出线圈的电抗的变化,进而可以检测线圈与金属之间的相对位置。检测线圈与金属之间的相对位置参数主要包括距离和重合面积。如果维持距离不变,则相对位置将主要由线圈与金属平板之间的重合面积决定。利用这个特点可以测量线圈与金属之间的相对重合面积,进而反映车模与赛道的偏移量。

第十一届比赛是电轨组第一年,各式赛道检测方案层出不穷。总体来说,可以分为专用芯片检测方案和分立元件检测方案。专用芯片检测方案以 TI 公司生产的 LDC1000 为代表,分立元件检测方案则以官方给出的参考电路为代表。

由于 LDC1000 价格昂贵(70~300 元/通道),供货不稳定,而且高灵敏度与高采样频率不可兼得,所以我们在调查阶段就彻底放弃了此类方案,专心于分立元件检测方案的制作与改进。

使用非门代替三极管作为负反馈回路,可以减少器件数量,同时提高谐振频率。探测线圈的电感减小,以提高谐振频率,在单位时间内可以采到更多的脉冲来提高灵敏度。同时,谐振频率越高,趋肤效应越明显,对于铝箔的厚度适应能力就越强。振荡产生的正弦波可以就近通过另一个非门整形为方波。

虽然在官方方案上的改进一定程度上可以提高灵敏度,但是和 LDC1000 方案对比,灵敏度依然略低,在 5cm 高度上仅有万分之三的频率变化。我们希望有一种电路能实现对频率的直接相减,于是大幅改进了官方方案。我们在官方方案的基础上,实现了频率的直接相减。将原始的振荡信号 FOUT1 与晶振基准频率通过异或门进行混频,再经过低通滤波电路,即可得到两个信号的差频。此电路大幅增加了检测电路的灵敏度,使得探测线圈可以在高达 10cm 的距离下稳定检测铝箔位置。

虽然官方方案大改可以大幅提高灵敏度,但是依然需要占用计数器通道。而单片机的计数器通道是有限的,即便是有 4 个 FTM 的高等级 K60 单片机,也最多能对 4 个传感器进行计数(电机占一个 FTM,舵机用载波调制不占 FTM,电机闭环使用非计数器型编码器不占 FTM,传感器使用 3 个 FTM 和一个 LPTMR)。如果想要一片单片机支持更多的传感器,则需要对方案进行进一步升级。为了使用更多通道的传感器,我们设计了频压转换电路,将频率转换为电压,接入单片机 AD 通道进行采集。

2.2.9 超声波传感器

超声波测距原理是通过超声波发射器向某一方向发射超声波,在发射时刻的同时开始计时,超声波在空气中传播时碰到障碍物就立即返回,超声波接收器收到反射波就立即停止计时。超声波在空气中的传播速度为 v,而根据计时器记录的测出发射和接收回波的时间差 Δt,就可以计算出发射点距障碍物的距离 S,即

$$S = 0.5v\Delta t$$

这就是所谓的时间差测距法。

由于超声波也是一种声波,其声速 v 与温度有关。在使用时,如果温度变化不大,则可认为声速是基本不变的。常温下超声波的传播速度是 334m/s,但其传播速度 v 易受空气温度、湿度、压强等因素的影响,其中受温度的影响较大,如温度每升高 1℃,声速增加约 0.6m/s。如果测距精度要求很高,则应通过温度补偿的方法加以校正(本系统正是采用了温度补偿的方法)。已知现场环境温度 T 时,超声波传播速度 v 的计算公式为

$$v = 331.45 + 0.607T$$

声速确定后,只要测得超声波往返的时间,即可求得距离。这就是超声波测距仪的机理。

基于单片机的超声波测距仪框图如图 2.22 所示。该系统由单片机定时器产生 40kHz 的频率信号、超声波传感器、接收处理电路和显示电路等构成。单片机是整个系统的核心部件,它协调和控制各部分电路的工作。工作过程为:开机,单片机复位,然后控制程序使单片机输出载波为 40kHz 的 10 个脉冲信号加到超声波传感器上,使超声波发射器发射超声波。当第一个超声波脉冲群发射结束后,单片机片内计数器开始计数,在检测到第一个回波脉冲的瞬间,计数器停止计数,这样就得到了从发射到接收的时间差 Δt;根据上述公式计算出被测距离,由显示装置显示出来。

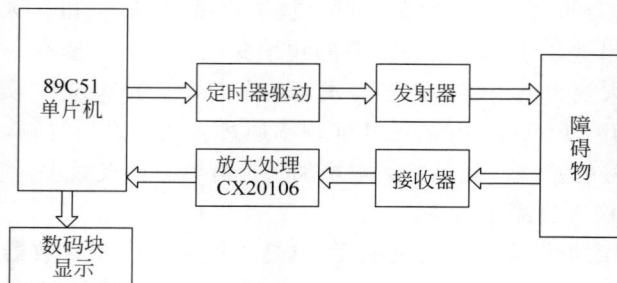

图 2.22　超声波测距仪系统框图

2.2.10　磁场传感器

这里我们使用干簧管或霍尔传感器检测磁场。

干簧管是一种磁敏的特殊开关。它的两个触点由特殊材料制成,被封装在真空的玻璃管里。只要用磁铁接近它,干簧管两个节点就会吸合在一起,使电路导通。因此可以作为检测磁场的传感器,用来对赛道上终点停车线上的磁铁检测。

霍尔传感器是一种磁传感器。用它可以检测磁场及其变化,可在各种与磁场有关的场合中使用。霍尔传感器以霍尔效应为其工作基础,是由霍尔元件和它的附属电路组成的集成传感器。霍尔传感器在工业生产、交通运输和日常生活中有着非常广泛的应用。

1. 霍尔效应

如图 2.23 所示,在半导体薄片两端通以控制电流 I,并在薄片的垂直方向施加磁感应强度为 B 的匀强磁场,则在垂直于电流和磁场的方向上,将产生电势差为 U_H 的霍尔电压,它们之间的关系为 $U_N = k\dfrac{IB}{d}$。其中,d 为薄片的厚度,k 称为霍尔系数,它的大小与薄片的材料有关。上述效应称为霍尔效应,它是德国物理学家霍尔于 1879 年研究载流导体在磁场中受力的性质时发现的。

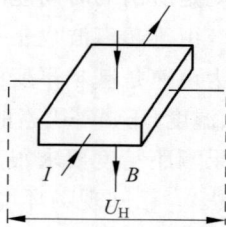

图 2.23　霍尔效应

2. 霍尔元件

根据霍尔效应,人们用半导体材料制成的元件叫霍尔元件。它具有对磁场敏感、结构简单、体积小、频率响应宽、输出电压变化大和使用寿命长等优点,因此,在测量、自动化、计算机和信息技术等领域得到广泛的应用。

3. 霍尔传感器

由于霍尔元件产生的电势差很小,故通常将霍尔元件与放大器电路、温度补偿电路及稳压电源电路等集成在一个芯片上,称之为霍尔传感器。霍尔传感器也称为霍尔集成电路,其外形较小。如图 2.24 所示是其中一种型号的外形图。

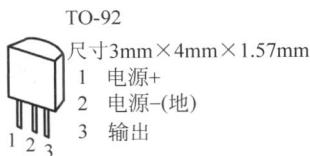

TO-92
尺寸3mm×4mm×1.57mm
1　电源+
2　电源−(地)
3　输出

图 2.24　某种霍尔传感器封装

2.3　智能车常用模块

2.3.1　串口数传模块

作为取代数据电缆的短距离无线通信技术,蓝牙支持点对点和点对多点的通信,所以可以使用蓝牙串口作为无线串口数传模块,实时传输双车之间的信息,或者用于少量数据的实时调试。图 2.25 为某种串口蓝牙模块。

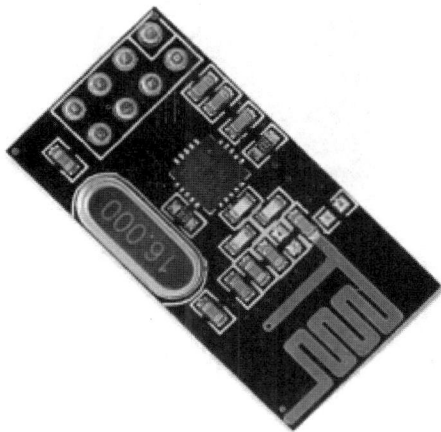

2.3.2　NRF24L01 模块

NRF24L01 相对来说延迟更小、传输数据量更大,但是开发难度略大,适合有开发经验的队伍使用。图 2.26 为使用板载天线的 NRF24L01 的 2.4G 无线模块。

图 2.25　蓝牙模块　　　　　　图 2.26　NRF24L01 模块

2.3.3　WiFi

WiFi 模块常用的是串口 WiFi 模块,属于物联网传输层,功能是将串口或 TTL 电平转为符合 WiFi 无线网络通信标准的嵌入式模块,内置无线网络协议 IEEE 802.11b.g.n 协议栈以及 TCP/IP 协议栈。传统的硬件设备嵌入 WiFi 模块可以直接利用 WiFi 联入互联网,是实现无线智能家居、M2M 等物联网应用的重要组成部分。图 2.27 为某种 WiFi 模块。

2.3.4　遥控按键

在调试小车的过程中,小车因各种问题可能出现失控的情况。这个时候就需要人为地让小车停下来。作为一种辅助性的调试设备,遥控器常被用来防止小车在调试过程中出现撞毁的情况。

我们多选择使用工业 433M 开关量遥控器作为调车的辅助装备。因为与红外遥控器相比,工业遥控器使用简单,遥控距离远,不受日光和光路遮挡影响。而且因为采用 ASK 调制方式发送,无方向性,穿透能力强,误码率低,安全可靠。图 2.28 为常见的遥控器与配套的接收模块。有了这样一款神器在手,调车过程会更加安全。

图 2.27　一种 WiFi 模块

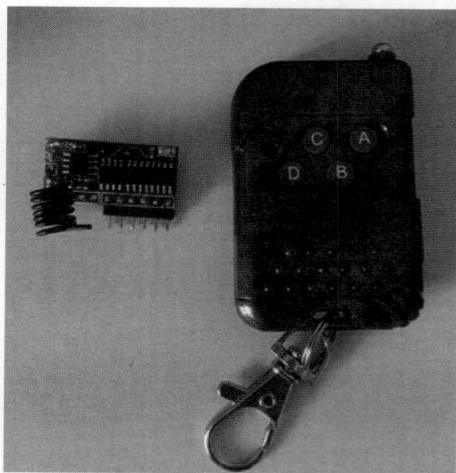

图 2.28　遥控器和接收模块

2.4　智能车外部存储系统

2.4.1　SD 卡

要分析车模在赛道行驶的实时情况,必须采集小车在行驶过程中各个功能模块的实时数据。如果数据量比较大,较为普遍的做法是采用 SD 卡存储实时数据,然后用上位机分析。它是调试的必备工具,包括软件和硬件部分。

1. 硬件部分

SD 卡初始化遵循 SPI 协议,要求时钟频率处于 $100\text{kHz}\sim400\text{kHz}$ 之间,即可完成初始化。初始化之后可以采用 SPI 或者 SDIO 两种方式对 SD 卡进行操作。对于 5V 供电的

XS128 单片机,因为与 SD 卡电平不同,需要在数据线上串联一个 1kΩ 的电阻。对于有 SDIO 接口的 K60 单片机,直接与 SD 卡相连即可。

2. 软件部分

用 Matlab 编写一个简单的上位机接收程序(见图 2.29),车模在赛道跑时,数据写入 SD 卡,跑完后用上位机读取 SD 卡中的数据进行处理。

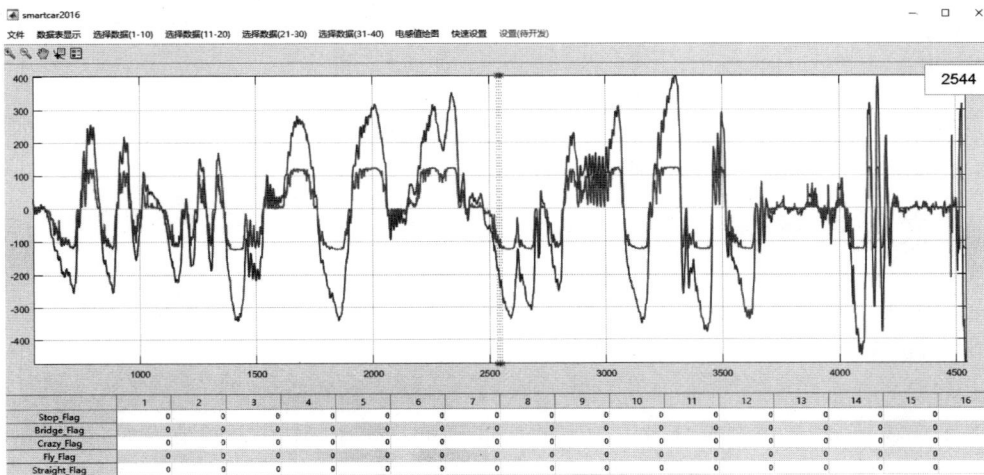

图 2.29　上位机程序界面

相对应地,需要设计 SD 卡的数据格式,方便车上单片机写入,和计算机上位机读出。一般以 FAT 格式为宜。

2.4.2　外挂字库

在调试小车的过程中,为了方便调车,常使用 OLED 或液晶屏作为人机图形界面接口。在 OLED 或液晶屏上显示字符,和在点阵上显示图像是一样的,都是通过区域内的像素点的亮暗来呈现图案。而图形界面接口中有大量的数据并不需要快速读出,所以外挂一片 EEPROM 或者 FLSAH 存储芯片作为字库才能显示数字、英文、汉字等需要 OLED 屏显示出来的字符。为了驱动方便,一般将 OLED 或液晶屏与字库挂载在同一 SPI 或者 IIC 总线上。这样可以通过同一个总线驱动程序不同的片选或者地址来同时操作外挂字库和屏幕。一般来说,将汉字的 GBK 编码作为地址编码较为方便。完整的汉字 GBK 字库需要大约 4MB 的空间。

IIC 字库可以选择 24C64,SPI 字库可以选择 25C64。这种芯片很多厂家都制造,一般都是引脚兼容可以直接互换的。尾缀 64 表示有 64Kb 存储空间,尾缀 128 表示有 128Kb 存储空间。

## 第 3 章

嵌入式 C 语言的应用

3.1 嵌入式概述

如何让小车在竞赛中聪慧过人并发挥出异于"常车"的超能力,如何让小车在竞赛中极速飞驰、不走寻常路,这一切都将寄托于软件的设计。

史蒂夫·乔布斯曾说:"如果说硬件是我们产品的大脑和肌肉,软件就是产品的灵魂"。在智能车竞赛中,软件控制部分占了较大的比重。如果没有良好的软件支持,再好的硬件平台也仅仅是一堆靠电子元件堆积的板卡而已,不能发挥出它的最大作用。在智能车系统中,传感器相当于眼睛、耳朵来获取外界的信息,轮子则是四肢,驱动器部分相当于车子的肌肉,而控制器则相当于车子的大脑,软件则是在控制器"大脑"中运行的思想和灵魂!智能车的"智商"和"习性"均须由软件来体现。

嵌入式系统属于一种特殊的专用计算机系统,是装置或者设备的一部分。IEEE(美国电气和电子工程师协会)对嵌入式系统的定义是"Devices Used to Control,Monitor or Assist the Operation of Equipment,Machinery or Plants",即"用来作为控制、监视或者辅助操作机器或者设备的装置"。

嵌入式系统的风靡归功于半导体集成电路的高速发展。20 世纪 70 年代,集成电路技术发展出了微处理器,也就是智能内核,它有两个重要的功能,一是运算处理能力,二是自动控制功能,前者促进了计算机的飞速发展,后者使微型控制器走进人们的生活,如图 3.1 所示,信息时代的生活离不开嵌入式的支撑。

嵌入式计算机系统以应用为中心,以计算机技术为基础,而且在软件、硬件方面均可根据实际需要进行裁剪,适用于应用控制系统对功能、可靠性、成本、体积、功耗等有严格要求的专用计算机系统。它一般由嵌入式微型处理器、外围配套硬件器件、嵌入式操作系统以及用户的应用程序四大部分组成。我们使用的单片机就是一个最典型的嵌入式系统。

3.1.1 认识嵌入式系统

嵌入式系统与一般 PC 系统有着一定的区别,它包括两大部分:硬件和软件。如图 3.2

所示,硬件包括处理器、存储器、外设器件、I/O 设备。软件部分包括操作系统、应用程序等,操作系统主要负责与硬件设备的交互,应用程序则完成该系统的功能。

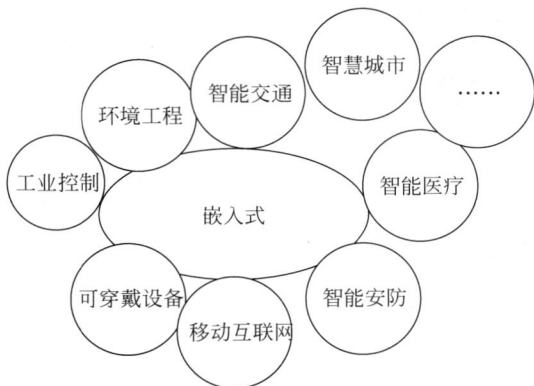

图 3.1　嵌入式系统的应用

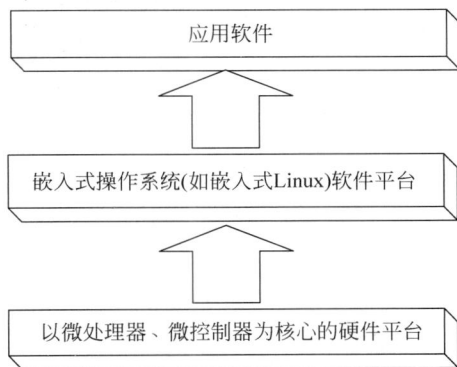

图 3.2　嵌入式系统构成

嵌入式系统的核心部件是嵌入式处理器,嵌入式处理器与普通 PC 处理器相比有以下特点:

(1) 能完成实时多并发任务,能在较短时间内响应中断信号;

(2) 具有可扩展的结构,能增设其他器件设备满足不同的应用场景;

(3) 功耗较低,一般嵌入式处理器对功耗有着较好的控制能力。

嵌入式操作系统软件也是一种计算机系统软件,但它与普通的计算机操作系统有一定的区别,如:

(1) 嵌入式操作系统一般与具体应用结合在一起,有着较强的针对性;

(2) 嵌入式操作系统通常使用面向特定的应用场景的嵌入式处理器,体积较小,功耗相对较低,集成度比较高;

(3) 嵌入式操作系统本身不具备开发能力,通常由一套独立的开发工具和环境才能完成对系统功能的开发。

嵌入式软件的开发从各方面来讲都有别于通用计算机软件,由于嵌入式操作系统相对于通用计算机操作系统来说,资源独特而且有限,即使在通用计算机中显得较为简单的程序,在嵌入式操作系统中或许也无法正常启动。

3.1.2　编程语言

生活中通过使用约定格式和词汇的“语言”来与他人沟通交流,让彼此了解对方的意图,这种“语言”有很多种,包括汉语、俄语、英语等,虽然语言之间有着极大的差别,但大多都可以实现相同的目的。编程语言也有着特定的格式和词汇,我们必须遵循它的规则才能控制计算机。

编程语言也有多种,如表 3.1 所示,自 20 世纪 50 年代以来,编程语言逐渐丰富,种类也日渐繁多。常见的有 C 语言、C++、C♯、Java、PHP、Python、Lua 等,每种语言都有各自的特点。计算机每执行一个动作都是依照程序的指定来完成的,程序是计算机需要执行的指令集合,它全部都是由编程语言来编写的,所以人们要控制计算机完成某种动作,一定要通特定的语言向计算机发出命令。

表 3.1　编程语言的发展史

编程语言发展史
1950s　FORTRAN/IPL/COMTRAN/FLOW-MATIC/LISP/ALGOL 58/FACT/COBOL/RPG
1960s　APL/Simula/SNOBOL/CPL/PLI/BASIC/JOSS/BCPL/Logo/B
1970s　C/Pascal/Forth/Smalltalk/Prolog/ML/Scheme/SQL
1980s　C++/Ada/Common Lisp/MATLAB/Eiffel/Objective-C/Perl/Tcl/FL
1990s　Python/VB/Ruby/Lua/CLOS/Java/Delphi/JavaScript/PHP/WebDNA/D
2000s　ActionScript/C♯/VB. NET/F♯/Groovy/Scala/Clojure/GO/Dart

计算机语言总的来说可以分为机器语言、汇编语言、高级语言三大类。汇编语言的实质和机器语言是一致的,都是可以直接操作硬件设备,只不过指令采用了人们更好理解的英文字符来替代,从而更容易识别和记忆。汇编语言通常由指令、伪指令、宏指令组成,一般一条指令只能完成某种特定的较小的操作,例如转移、跳转、累加等,因此汇编语言写出来的程序一般都比较复杂、难以理解、容易出错。高级语言是大多数编程工作者常使用的,相比于汇编以及机器语言,它更接近人的日常语言,从而使编程人员更易于开发,同时也有着较高可读性。但高级语言所编制的程序不能直接被计算机系统识别,必须通过转换后才能够执行。

3.2　嵌入式 C 语言基础

嵌入式 C 语言就是针对嵌入式系统开发的 C 语言,它与标准 C 语言并没有太大的区别,主要是嵌入式开发者的关注重点在于效率及内存使用等。嵌入式系统一般需要完成一定复杂度的运算,但又要求较高的实时性,汇编语言虽可满足较高的执行效率,但由于其复杂的指令难以在较复杂的嵌入式系统中得以应用。

C 语言的特点是可以使编程人员尽可能少地对硬件进行操作,具有很强的功能性、结构性和可移植性,如图 3.3 所示,由于 C 语言简洁、紧凑,使用起来灵活、方便,拥有相对丰富的运算符和数据类型,拥有着和汇编语言类似的物理地址访问和位操作,能实现部分汇编语言的功能,因此 C 语言既有高级语言的功能,又保留了部分汇编语言的优势,对于编写嵌入式系统相关的应用具有明显的优势。由于 C 语言得天独厚的特性,从而使其在嵌入式系统开发中得到了广泛的使用。

C 语言是一种弱类型的语言,在 C 语言里面不能定义“类”,不能把需要使用的成员都放进一个“类”里面,但可以基于结构体和联合体,且函数调用必须指定被调用函数的参数类型。其 API 都是力图精简,从而避免了复杂而冗杂的框架。C 语言力图构造一个简洁、通俗的类型系统,从而使开发人员在使用过程中不需要顾及依赖关系。

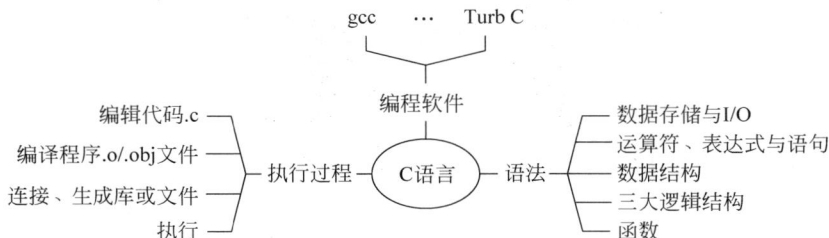

图 3.3 C 语言简述

我们所编写的 C 源文件是无法直接被计算机执行的,需要通过编译、链接等过程将 C 语言的源文件转换成可以在计算机硬件上运行的程序(可执行代码)。C 语言的编译过程如图 3.4 所示,具体步骤如下:

(1)通过各种编辑软件编写程序代码;

(2)预编译处理,该过程主要实现宏指令替换、条件编译指令的处理、头文件的检索、特殊符号的解释替换;

(3)编译、优化程序,编译的主要作用是检查语法错误,然后将源代码编译成汇编文件,优化的过程比较复杂,不仅与编译环境有关,还与目标硬件相关;

图 3.4 C 语言编译过程

(4)汇编程序,这个过程是把汇编代码翻译成目标文件,即二进制文件,这时的文件由各种段组成,例如代码段、数据段;

(5)链接程序,链接的过程就是把若干个目标代码文件链接到一起,组成完整的可执行程序。

链接又可分为动态链接和静态链接,动态链接是指当程序执行时,把需要使用的库中的文件链接到可执行文件中,静态链接则是在编译时就将库文件编译进汇编文件。

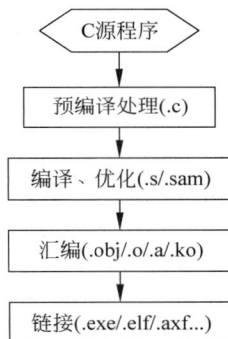

3.2.1 数据类型、运算符、语句及表达式

1. C 语言包含的数据类型

图 3.5 中展示了 C 语言的数据类型,其中 short、long、char、float、double、int 这六个关键字代表 C 语言里面的六种基本数据类型,short 型占两个字节,long 型占四个字节,char 型占一个字节,float 型一般占四个字节,double 型一般占 8 个字节,int 型与机器字长相同。

另外,每个数据还可以有修饰符,例如 const 可以把一个对象定义成常量;volatile 可以告诉编译器不要去假设某个变量的值,优化器在使用到这个变量时必须重新读取这个变量的实际值,而不是使用已保存的备份。一个参数也可以同时由 const 和 volatile 修饰,例如

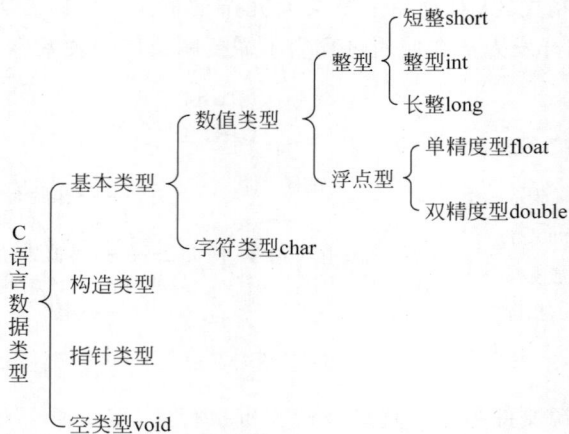

图 3.5　C 语言数据类型

一个只读的状态寄存器,用 volatile 修饰是因为它是易变的状态寄存器,const 修饰是告知程序不应该修改它的值。

2. C 语言运算符及优先级

如表 3.2 所示,C 语言运算符优先级共分为 15 个等级,同一优先级的运算符,运算次序由结合方向所决定。一般来说,初等运算符＞单目运算符＞算术运算符＞关系运算符＞逻辑运算符＞条件运算符＞赋值运算符＞逗号运算符。

表 3.2　运算符优先级

优 先 级	运 算 符	名称/含义	结 合 方 向	备 注
1	〔〕	数组下标	左到右	
	( )	圆括号		
	.	对象		
	－＞	指针		
2	－	负号	右到左	单目运算符
	～	按位取反		
	＋＋	自增		
	－－	自减		
	*	取值		
	&	取地址		
	!	逻辑非		
	(类型)	强制类型转		
	sizeof	长度运算		
3	/	除	左到右	双目运算符
	*	乘		

续表

优 先 级	运 算 符	名称/含义	结 合 方 向	备 注
4	+	加	左到右	双目运算符
	−	减		
5	<<	左移	左到右	双目运算符
	>>	右移		
6	>	大于	左到右	双目运算符
	>=	大于等于		
	<	小于		
	<=	小于等于		
7	==	等于	左到右	双目运算符
	!=	不等于		
8	&	按位与	左到右	双目运算符
9	^	按位异或	左到右	双目运算符
10			按位或	左到右	双目运算符
11	&&	逻辑与	左到右	双目运算符
12	||	逻辑或	左到右	双目运算符
13	? :	条件运算	右到左	三目运算符
14	=	赋值	右到左	
	/=	除后赋值		
	*=	乘后赋值		
	%=	取模后赋值		
	+=	加后赋值		
	−=	减后赋值		
	<<=	左移后赋值		
	>>=	右移后赋值		
	&=	按位与后赋值		
	^=	按位异或后赋值		
	|=	按位或后赋值		
15	,	逗号运算符	左到右	

3. 语句

1）声明语句

声明是指定一个变量的标识符，用来描述变量的类型。声明用于编译器识别变量名所引用的实体，例如以下这些语句就是声明：

```
extern int a;
extern float fun( int a,char b);
```

注意：函数的定义和声明是有区别的，定义函数必须有函数体，声明函数则没有函数体，所以函数声明时可以省略 extern 关键字，其他文件也可知道这个函数是在其他地方定义的。

2) 定义语句

定义是对声明的实现或者实例化,链接器需要它来引用内存实体。定义操作只能做一次,如果忘记定义一些已经声明过的变量或者在某些地方被引用的变量,链接器是不知道这些引用该链接到哪块内存上的,会报出 missing symbols 错误,如果重复定义,链接器不知道该引用是哪块内存的链接,会报出 duplicated symbols 错误,symbols 就是定义后的变量名,也就是其标识的内存块。

3) 赋值语句

赋值语句用来赋给某一个变量一个具体的确定值的语句,其与赋值表达式的功能和特点相同,使用和功能较为简单,以下仅列几点注意事项。

(1) 赋值符"="右边的表达式也可以是另外一个赋值运算表达式。如:

a = b = c = d = 1;

按照赋值运算符的右结合性,其等效于

d = 1;
c = d;
b = c;
a = b;

(2) 变量声明中的赋值不允许给多个变量同时赋初值,如:

int a = b = c = 5;

必须写为

int a = 5, b = 5, c = 5;

而赋值语句则可以连接赋值。

4) 标准输入输出语句

所谓输入输出是以计算机为主体而言的;操作系统分别将键盘和显示器定义为标准输入、输出设备。C 语言的输入输出操作是由函数实现的,这些函数放在标准 I/O 函数库中。标准 I/O 函数库中的一些公用信息在头文件 stdio. h 中声明。在此仅简单介绍格式化输入输出的规定符。

标准输入格式符如下:

(1) %d:十进制有符号整数;

(2) %u:十进制无符号整数;

(3) %f:浮点数;

(4) %s:字符串;

(5) %c:单个字符;

(6) %p:指针的值;

(7) %x:无符号十六进制整数;

（8）%o：无符号八进制整数。

输出语句除了上述以外，还有两个格式化说明符%e和%g，分别表示指数形式的浮点数和自动选择合适的表示方法。

输出格式化说明符有以下特殊操作：

（1）可以在%和字母间添加数字表示最大场宽，例如%5d，表示输出5位整型数，不够5位则右对齐；%8.4f表示输出场宽为8的浮点数，其中小数位为4位，整数位为3位，小数点占一位，不够8位则右对齐；%7s表示输出7个字符的字符串，不够7位则右对齐。如果输出位数或者长度超出说明符限定的场宽则按实际长度输出，但对于浮点数，其整数部分位数超出了说明符限定的宽度则按实际整数位输出，若小数部分位数超出说明符限定的位宽数，则按说明符限定的位宽数进行四舍五入输出。

（2）可以在%和字母间添加小写字母l，表示输出的是长型数。例如，%ld表示输出为long型数，%lf表示输出为double浮点数。

（3）可以在%和字母间加一个"－"控制输出的对齐方式为左对齐，否则为右对齐。例如，%－7d表示输出7位整型数为左对齐方式。

例如，

```
int i = 1234;
printf(" % - 7d__\n",i);
printf(" % 7d__\n",i);
```

输出如下：

```
i = 1234   __
i =    1234__
```

（4）一些特殊规定字符：\n表示换行；\f表示清屏并换页；\r表示回车；\t表示制表符；\xhh表示用十六进制表示一个ASCII码。

4．C语言表达式

C语言的表达式是非常重要的一个内容，以致在很多时候会把C语言称为"表达式语言"，常见的如常量、变量、算术表达式、关系表达式、逻辑表达式、条件表达式、逗号表达式、赋值表达式、混合表达式、函数调用表达式。

表达式与语句最重要的区别是语句后面必须有分号"；"，表达式则没有。表达式本身并不做什么事情，只是返回一个结果，如果程序对返回的结果不做任何操作，那么该表达式返回的值不会起到任何作用。表达式通常有两种用法，一种是用在赋值语句的右边，将返回值赋给左边的成员；另一种是作为参数，返回值由相应的方法进行运算处理。

表达式的返回结果是有类型的，数据类型取决于组成表达式的变量和常量的类型，表达式的返回有可能是某种长度的整型、某种精度的浮点型，或者是某种指针类型。所以在使用过程中经常需要用到类型转换，类型转换的原则是从低级向高级自动转换（除非人为地加以控制强制转换），基本的转换顺序为字符型→整型→长整型→浮点型→单精度类型→双精度类型。

如果字符型变量和整型变量在一起运算时,按照上面的转换原则,返回结果类型为整型,如果整型和浮点型运算,返回结果为浮点型,一旦有双精度类型参与运算,返回结果就是双精度类型,平时常使用 1.0 参与运算就是为了将返回结果进行以上的转换。

强制转换就是在成员前使用加了括号的类型说明符。例如"(int) a;",不管 a 声明的是什么类型,强制将其转为整型,如果原类型中含有小数部分,则将小数部分舍去。语句"(float) a;"中,不管 a 之前是什么类型,强制转换为浮点型,如果原先是整数,则在小数点后面补 0。

在表达式的使用过程中有以下几点需要注意:

(1) 函数调用不要作为另一个函数的参数使用。

当函数作为参数时,由于参数压栈次数不是代码可以控制的,可能会造成未知的错误输出。

例如,

```c
int cnt_var;
int fun1(void)
{
    cnt_var += 1;
    return cnt_var;
}

int fun2(void)
{
    cnt_var += 2;
    return cnt_var;
}

int main(void)
{
    cnt_var = 1;
    printf("fun1 = %d, fun2 = %d \n",fun1(),fun2());

    cnt_var = 1;
    printf("fun2 = %d, fun1 = %d \n",fun2(),fun1());

    return 0;
}
```

(2) 赋值语句不要用在 if 等语句中。

在 if 语句的执行过程中,会根据条件依次判断,如果前一个条件已经可以判定整个条件,则后续条件语句不会再执行,所以可能导致期望的赋值语句没有得到运行。

例如，

```
int main(void)
{
    int a = 0;
    int b;

    if((a == 0) || (b += a) > 0)
    {
        …
    }
    printf("a = % d,b = % d \n", a, b);
}
```

（3）使用括号明确表达式的操作顺序。

使用括号强调所使用的操作符，防止因运算符的优先级与理论设计不符导致错误，但为了代码的清晰易读，也不可过多使用括号分散代码。

例如，

```
x = a==b? -b : a;
```

建议写为

```
x = ( a==b ) ? ( -b ) : a;
```

（4）赋值操作符不可使用在布尔值的表达式上。

如果布尔值表达式需要赋值操作，赋值操作必须在布尔值表达式外分别进行，这可避免"＝"与"＝＝"的混淆。

例如，

```
if ( ( x = y ) != 0 )
{
    fun1();
}
```

建议写为

```
x = y ;
if ( x != 0 )
{
    fun1();
}
```

3.2.2　结构体与共用体

结构体与共用体并没有什么联系，将二者放在一起主要是为了对比体现二者的区别。

结构体的各个成员会占用不同的内存,互相之间没有影响;而共用体的所有成员占用同一段内存,修改一个成员会影响其余所有成员。结构体占用的内存大于等于所有成员占用的内存的总和(成员之间可能会存在缝隙),共用体占用的内存等于最长的成员占用的内存。共用体使用了内存覆盖技术,同一时刻只能保存一个成员的值,如果对新的成员赋值,就会把原来成员的值覆盖掉。

结构体是 C 语言中的一种聚合数据类型,是一些元素的集合,这些元素称为结构体的成员,这些成员可以是不同的数据类型,访问成员时一般会直接使用该成员的名字。结构体可以被声明为变量、指针或者数组等,用来实现比较复杂的数据结构组合。定义的结构体如果是指针,访问该结构体内的成员时需使用指针形式"—>"访问,如果定义的结构体是变量,访问该结构体成员就使用"."访问,使用时需要特别注意声明的类型。

使用共用体变量的目的是希望在同一个内存段存放几种不同种类的数据,但需要特别注意同一时刻只能存放一个,而不是同时存放着各成员,即每一个时间点只有一个成员生效,其他成员不起作用。程序访问到的共用体变量是变量中最后一次赋值的成员,在对一个新的成员赋值后原有的成员就失去作用,因此在引用共用体变量时应特别注意当前在共用体变量中生效的成员。共用体变量的地址和它的成员的地址相同,为同一个内存空间地址。但不能对共用体变量名赋值,也不能引用变量名来得到一个成员值,不能在定义共用体变量时对它初始化,也不能用共用体变量名作为函数的参数。

例如,我们在定义一个学校的人员数据时,学生包含姓名、学号、性别、年级,教师包含姓名、工号、性别、职务,学生和教师所包含的数据是不相同的,其中职务和年级可以使用一个共用体来表示,这样学生和教师的数据就可使用一个结构体构造完成。

```c
struct{
    char name[32];
    int num;
    char sex;
    union p
    {
        int grade;
        char position[32];
    }posi;
}person[2];
```

3.2.3 条件与循环语句

1. 条件语句

在程序执行的过程中,根据相应的条件是否满足预期需求而决定是否执行不同的程序分支,需要控制器按条件分析、比较、判断,并按判断后的不同情况进行不同的处理,语言中分为 if-else 结构和 switch-case 结构。

1) if-else 结构一般有三种简单形式：

(1) if(表达式)
    　语句;

其中,表达式不限于逻辑表达式和关系表达式,可以是各种表达式,当表达式的值为非零时,结果为真,执行语句,否则为假,跳过语句。

(2) if(表达式)
    　语句 1;
    else
    　语句 2;

当表达式为真时,执行语句 1,否则,执行语句 2。

(3) if(表达式 1)
    　语句 1;
    else if(表达式 2)
    　语句 2;
        ⋮
    else
    　语句 n;

当表达式 1 为真时,执行语句 1,然后跳过后续语句;当表达式 1 为假且表达式 2 为真时,执行语句 2 及其相连的语句,然后跳过后续语句。

if 语句可以嵌套使用,一般形式可以表示为

```
if(表达式)
    if 语句;
else
  if 语句;
```

嵌套内的 if 语句可能又是 if-else 型,这将会出现多个 if 和多个 else 重叠的情况,这时需要注意 if 和 else 之间的配对关系,例如,

```
if(表达式 1)
    if(表达式 2)
    语句 1;
else
    语句 2;
```

为了避免 if-else 配对的问题,C 语言规定,else 总是与它前面最近的 if 配对。

2) switch-case 语句基本形式如下：

```
switch(表达式)
{
    case 常量表达式 1:语句 1;break;
```

```
        case 常量表达式 2:语句 2;break;
                  ⋮
        default:语句;
    }
```

　　switch 表达式必须产生一个整型值,而且必须放在括号内,常量表达式中不可包含任何变量,当某个 case 语句的值与 switch 表达式的值相等时,case 语句开始执行后续语句,直至遇到 break 语句或者运行至 switch 语句的结尾。其中,break 关键字是可选的,break 语句会立即终止该 switch 的执行,default 语句也是可选的,它给出了当所有 case 语句均与 switch 表达式不匹配时,需要执行的操作。

2. 循环语句

　　C 语言循环控制语句有 while 语句、do-while 语句和 for 语句三种循环结构。同一个处理流程往往可以使用三种不同的循环结构来分别实现,但在实际应用中,应根据情况来选择不同的循环语句。三种循环语句选用的原则是:如果在执行循环前就已经知道循环体需要执行的次数,一般情况下选用 for 语句实现循环;如果循环次数是由循环体内部执行来决定的,那么一般使用 while 语句或者 do-while 语句来实现循环。三种循环体可以相互嵌套自由组合使用,但循环体必须保持本体完整、独立,相互之间不可有执行语句的交叉。

　　在 while 和 do-while 语句中,循环体中应当包含使循环体结束的语句,否则将造成死循环。在多重循环中,如果实现没有问题,应当将最长的循环放在最内层,最短的循环放在最外层,以减少 CPU 调用设置的次数,加快程序的执行效率。除了 for 语句、while 语句和 do-while 语句,在 C 语言中使用 goto 语句也可以实现循环操作,但是使用 goto 语句非常容易造成代码的混乱,给阅读和后期的维护都带来一定的困难,所以一般不使用 goto 语句实现循环操作。

3.2.4　函数与指针

1. C 语言函数

　　函数是 C 语言的基本组成部分,可以说 C 程序的全部工作都是由各种各样的函数完成的,所以也把 C 语言称为函数式语言。由于采用了函数模块式的结构,C 语言更易于实现结构化设计,使程序的层次结构更加清晰,便于程序的编写、阅读和调试。

　　在 C 语言中,可从不同的角度对函数进行分类。

　　从函数定义的角度看,函数可分为库函数和用户自定义函数两种。

　　1) 库函数

　　库函数由 C 系统提供,用户无须定义,也不必在程序中作类型说明,只需要在程序前包含有该函数原型的头文件即可在程序中直接调用,例如 printf、scanf 等。

　　2) 用户自定义函数

　　用户自定义函数由用户按需求编写的功能实现函数。对于用户自定义函数,不仅要在程序中定义函数本身,而且在调用函数模块中还必须对该被调函数进行类型说明,然后才能使用。

从函数的形式看,函数分为两种:无参函数和有参函数。

函数在定义使用时需要注意以下几点:

(1)所有函数在定义时都是相互独立的,即不可嵌套定义,但可以嵌套调用函数,即允许在调用一个函数的过程中又调用另一个函数。

(2)类型标识符说明了函数的返回类型,当返回为整型时可省略不写。

(3)在同一个作用域内函数名必须唯一,需要遵循标识符的命名规则。

(4)形参只能是变量,每个形参前都要有类型名,当定义的函数没有形参时叫作无参函数。

(5)声明和语句都没有的函数称为空函数,空函数没有任何实际作用。

(6)未出现函数调用时,形参变量不占用内存空间,只有发生函数调用时,形参才会被分配内存,调用结束后即被释放。

2. C语言指针

对于C语言来说,计算机的内存由连续的字节构成,这些连续的字节同样被连续地编上了序号用以相互区别,这个序号就是所谓的地址。指针是C语言中的一类数据类型的统称,这种类型的数据专门用来存储和表示内在单元的序号,以实现通过地址完成各种运算。这样说来指针似乎就是地址了,然而,事实却不只是这样,地址仅仅是指针的一小部分。C程序设计时使用指针可以使程序更加简洁、高效、紧凑,能够更加有效地表示复杂的数据结构、动态地分配内存空间,函数调用时可得到多个返回值。

要了解指针,首先要了解一些复杂的数据类型。一个复杂的数据类型里面会出现很多运算符,它们也像普通的表达式一样有着优先级区分,它的优化级和运算优先级一致,例如:

```
int p;              //一个普通的整型变量声明
int * p;            //p先与*结合,说明p是一个指针,然后再与int结合说明该指针所指向
                    //内存区域的内容为int型,所以p是一个整型数据的指针
int p[16];          //p先与[]结合,说明p是一个数组,然后int表示数组内的元素都是整
                    //型的,所以p是一个由整型数据组成的数组
int * p[16];        //[]的优先级比*高,p先与[]结合,所以p是一个数组,然后再与*结合,
                    //说明数组里面的元素都是指针类型,int说明指针指向的内容区域的类
                    //型是整型,所以p是整型数据的指针组成的数组
int ( * p) [16];    //()的优先级最高,所以p是一个指针,然后与[]结合,说明指针所指向
                    //的内容区域是一个数组,然后int说明数组里面的元素都是整型的,
                    //所以p是一个指向由整型数据组成的数组指针
int p(int);         //首先p与()结合,说明p是一个函数,然后()内int说明该函数有一个
                    //整型变量的参数,然后前面的int说明函数返回值是一个整型数据
int ( * p)(int)     //p先与第一个()内*结合,说明p是一个指针,然后p与第二个()结合,
                    //说明p是一个函数,然后再与第二个()里面的int结合,说明该函数有
                    //一个int型的参数,最后再与前面的int结合,说明该函数的返回类型
                    //是整型,所以p是一个指向有一个整型参数且返回类型为整型的函数
                    //指针
int * ( * p(int))[3];  //p先与里面的小括号结合,说明p是有一个整型变量参数的函数,然后
```

```
//与 p 前面的 * 结合说明函数的返回是一个指针,运算完小括号,与[]结
//合说明返回的指针指向一个数组,再与第一个 * 结合说明数组里的元素
//是指针,最后再与第一个 int 结合,说明数组内指针指向的内容是整型
//数据,所以 p 是参数为整数且返回一个指向整型变量组成的指针变量的
//函数
```

指针是一个特殊的变量,它存储的数据是一个内存里面的地址,要理解一个指针需要理解指针的类型、指针所指向的内容的类型、指针所指向的内存区、指针本身所占据的内存区。例如:

```
int * p;
int ** p;
int ( * p)[16];
int * ( * p)[16];
```

指针既然是一个变量,那么它本身也是有类型的,一般来说,只要把指针声明内的指针名去掉,剩下的部分就是这个指针的类型。

```
int * p;              //指针的类型是 int *
int ** p;             //指针的类型是 int **
int ( * p)[16]        //指针的类型是 int( * )[16]
int * ( * p)[16]      //指针的类型是 int * ( * )[16]
```

指针的类型和指针所指向的类型是两个不同的概念,指针所指向的类型决定了编译器将把指针指向的那块内存区域的内容当成什么数据来处理。在指针的运算中,指针所指向的类型起到了非常大的作用。从语法上来看,将指针的名字和名字前面的 * 去掉剩下的就是指针所指向的类型。

```
int * p;              //指向类型为 int
int ** p;             //指向类型为 int *
int ( * p)[16]        //指向类型为 int()[16]
int * ( * p)[16]      //指向类型为 int * ()[16]
```

指针所指向的内存区也就是指针的值,是指针本身存储的数值,这个值是一个地址,而不是一个一般的数值,指针所指向的内存区就是从指针的值所表示的那个内存地址开始的,指针的值就是这块内存区域的首地址。

指针所指向的内存区和指针所指向的类型也是两个不同的概念,例如 int * p,指针所指的类型是 int 型,但该指针没有赋值,也就是说没有初始化,所以该指针指向的内存区是不存在的。

指针本身占据的内存区是指针本身的长度,例如在 32 位机中,指针本身占用 4 个字节的长度,所占用的内存区就是 32 位。使用 sizeof()函数可以得到指针所占用的空间,切记只是指针本身占用的空间,并不是指针所指向内容占用的空间。

指针的第一种应用就是在"中断向量表"里以函数指针的方式存在,在 K60 里,中断向量表是这样定义的,第一个是"堆栈"的地址,往后则是存放函数指针,简言之,一旦中断触发

且可以执行中断服务函数的条件满足,那么就会去执行存放在相应位置的函数指针。

第二种则是作为函数指针变量,通过赋值不同的函数,进行调用,这样可以将一些地方写得更清晰更有结构性。例如,在屏幕刷新程序里,最后总要执行"刷新屏幕"这个函数。而对于小车奔跑时则需要关闭屏幕显示,而调参时则需要展示调参界面,那么就可以根据具体的状态,将各自需要执行的函数的指针赋值给一函数指针变量,进而运行这个函数指针变量就可以了。

3.3　算法

智能车在轨道上运行时不能借助外界的控制,必须完全独立运行,这时就需要智能车根据实际轨道信息自主运算处理并快速做出响应。从轨道信息的提取到电机做出动作,这中间所需要的就是嵌入式软件算法要实现的功能。

算法是指完成一个任务所需要的具体步骤和方法,也就是给定初始状态或者输入初始数据,通过一定的运算能够获取所期望的最终状态或者输出数据,算法通常含有重复的步骤和逻辑运算。C语言所指的算法就是通过C语言代码来描述的任务处理流程,算法并不是简单的公式,而是一套问题的处理思路,它可能包含一些公式。一个算法应该具有有穷性、确切性、输入项、输出项、可行性、高效性六个重要特征。

(1) 有穷性:算法的有穷性指该算法必须保证在执行有限步之后终止,即不可死循环。

(2) 确切性:算法的确切性也可称为精确性,即每一个步骤都必须有确切的定义,是可操作的。

(3) 输入项:一个算法必须包含输入项,用以描述运算对象的初始情况,算法可以在本身定出初始条件,输入项不一定唯一。

(4) 输出项:输出项即算法对输入项进行指定运算处理后得出的结果,一个没有输出的算法是毫无意义的,输出项也不是唯一的。

(5) 可行性:算法的每一个执行步骤都是可以被拆分成若干个基本的可执行的语句,也就是说算法的每一步都是可以通过语句表达并且在有限时间内完成的。

(6) 高效性:算法的执行速度越快越好,占用的资源要尽可能地少,这样可以提高响应速度,同进也降低对平台性能的要求。

同一个问题往往可以通过不同的算法实现,一个算法的质量直接影响到系统的运行效率,特别是嵌入式系统,更是如此。评价一个算法通常可以通过以下几个方面考虑:

(1) 时间算杂度:算法的时间复杂度就是执行算法所需要的时间,一般来说,算法是问题规模 n 的函数 $f(n)$,算法的时间复杂度可以表示为 $T(n)=O(f(n))$。因此,问题的规模 n 越大,算法执行所需要的时间越大。

(2) 空间复杂度:算法的空间复杂度是指算法执行所要消耗的内存空间。其计算和表示方法与时间复杂度相似。空间复杂度和时间复杂度在一般需要根据特定的场景进行相应地取舍,也就是常说的以空间换时间,也可以用时间换空间。

（3）正确性：算法的正确性是评价一个算法的最重要指标。算法的正确性是指算法对所有的可行合法输入都能计算出相应的正确结果。

（4）可读性：算法的可读性是指一个算法可供他人阅读的容易程度，一个好的程序可以当作一篇优美的文章来看待。

（5）健壮性：健壮性也称为鲁棒性，是指一个算法对规范要求以外的不合法数据的输入具有判断和处理能力，可以正确地判定输入不符合规范要求，并且有合理的处理方式。

3.4　性能优化

性能优化是要在不影响系统正确运行的基础上，使软件运行更快、完成相应的动作所需的时间更短。软件算法的优化主要是对解决同一问题的几种不同的算法，进行比较、修改、调整等，把最初的软件变为语句最少、占用内存量最少、处理速度最快、外部设备利用效率最高的过程。

3.4.1　数据类型与算法优化

选择一种合适的数据结构非常重要，如果在一堆随机存放的数据中使用大量的插入和删除指令，那么使用链表要快得多。数组与指针语句具有十分密切的关系，一般来说，指针比较灵活简洁，而数组比较直观、容易理解，对于大多数的编译器而言，使用指针比使用数组生成的代码更少，相应的执行效率更高。在很多情况下，使用指针运算来替代数组常常能产生又快又短的代码，与数组相比，指针一般能使代码执行速度更快，占用空间更少，在使用多维数组时，这种差异更为明显。例如，对一组数据进行遍历，array[loop＋＋]与 ∗（p＋＋）两种方案相比，使用数组时每次都要根据 loop 的值求数组的下标然后再取到相应的值，而指针运算仅需要对地址进行增量运算即可。

降低算法的计算复杂度是扩大处理数据规模的关键，在实际问题处理过程中应该选择复杂度尽量低的算法，这样可以保证有效地解决问题。

降低算法的时间复杂度，可以从以下两方面入手：

（1）对代码进行优化。在算法确定的情况下，对代码进行适当地优化，减少代码重复执行次数，减少循环的次数等等，都可以降低程序的执行时间。

（2）进行算法的转换。比如在递归算法中，递归调用时，有许多中间结果是重复计算了，它没有对中间结果进行保存，也就不能利用前面已经计算的中间结果，因此递归算法相对来说耗费了不少时间在重复计算上，此时我们就应该考虑其他解决方案来避免这个问题。

另一个优化方向是降低算法的空间复杂度，主要是考虑算法所占用系统资源的情况，在算法设计过程中，应从多方面考虑。减少算法所占用的系统资源，降低算法的空间复杂度，我们可以从以下两方面入手：

（1）数据结构，即算法中所用到的所有数据，不论是局部变量还是全局外部变量，都应该考虑它们的实际使用范围，根据它们的实际使用范围，给它们定义合适的数据类型。

（2）从算法角度考虑，可以用空间复杂度低的算法替代空间复杂度高的算法，当然这可能会使算法的时间复杂度增大。有时必须从各个方面来衡量，采用更为合适的优化方式。

在程序中经常会使用一些常量，一般在常量定义中说明并赋值，可以使用 const 关键字来声明，大家可能会想到 define 也可以声明常量，但二者是有着本质的区别的：

（1）define 声明是在预处理阶段展开的，const 是编译运行阶段才使用；

（2）define 声明是没有类型的，不做任何类型检查，仅仅是一个值而已，const 常量有具体的类型，在编译阶段会执行类型检查；

（3）define 声明仅仅是展开，使用多少次就展开多少次，不会分配空间，而 const 常量会分配存储空间；

（4）从内存的分配角度来看，const 常量在程序运行过程中只有一个存在，而 define 定义的常量可以在内存中有许多副本。

另外，在声明变量时，应尽可能地使用较小的数据类型，能够使用 int 型的就不要使用 long int 型，尽可能避免浮点运算的使用。

3.4.2　减小运算强度

现在使用的编译器很多都带有代码优化功能，能够将代码优化为运行效率较高的执行方式，即便如此也无法保证编译器会将我们所写的每段代码都能优化到理想的程度，所以在编写代码时也应该尽可能地使用运算强度较小的程序。减小运算强度的方法一般有以下几种：

（1）查表法。对一些需要用到的运算事先建立一个表格，需要用到的时候使用查表的方式代替运算的方式。例如，三角函数的运算，事先可以建立一张三角函数表，用的时候可以直接查表得到相应的结果。

（2）使用位操作。例如：①取余，a %= 8，可以写成 a &= 7；②交换 a、b 的值可以使用三次位操作来实现：a ^= b；b ^= a；a ^= b；③乘除运算 a * = 4，可以改写为 a≪=2；a/=4 可以用 a≫=2。

（3）使用增量和减量运算符。在使用加一和减一操作时尽可能地使用增量和减量运算，增、减量运算符比赋值语句要快得多。注意，增、减量运算符的前置和后置运算在重载时是不同的。

3.4.3　优化编译

虽然编译器已经设计得足够智能，但它对于高级语言的解释优化能力远远达不到人脑的等级，下面是一些常见的优化方式：

（1）循环内的计算和优化。

例如，将字符串中大写字母转为小写：

```
char str[] = "AbcDefg";
int i;
```

```
for(i = 0 ; i < strlen(str) ; ++i)
{
    if(str[i] >= 'A' && str[i] <= 'Z')
    {
        str[i] += 32; // 'a' - 'A'
    }
}
```

每一次循环都会调用一次 strlen(str) 来计算 str 的长度，然后再作判断，其实 str 的长度在循环执行期间是不会变化的，那么我们就可以将 str 的长度计算提到循环外面去执行。代码如下：

```
char str[] = "AbcDefg";
int i ,str_len = strlen(str) ;
    for(i = 0 ; i < str_len) ; ++i)
    {
        if(str[i] >= 'A' && str[i] <= 'Z')
        {
            str[i] += 32; // 'a' - 'A'
        }
    }
```

（2）while(1)和 for(;;)的选择。

在编写程序的过程中经常需要用到无限循环，while 和 for 是我们常用的两种无限循环方式，它们都可以得到我们所期望的效果，有些文档说这两个循环的效率是不一样的，因为 while 会判断条件而 for 没有，在有些编译器上 for 循环是比 while 少一条指令，其实现在很多的编译器已经可以将这两种循环优化到极致，都是一条 jmp 来实现循环的，这种优化方式需要具体根据编译器的实际情况来判断，并不能一概而论。

（3）以空间换时间。

空间换时间也是程序优化中常使用的方案之一，比如我们常用的三角函数计算，在 math 库中有已实现的系统函数可供调用，但这种实现方式非常耗时，计算量较大，我们可以定义一个 sin_tab 数组：

```
static const double sin_tab[ ] = {0.01745240643728351, 0.03489949670250097, 0.05233595624294383, 0.0697564737441253, 0.08715574274765816, 0.10452846326765346, …, 0.9975640502598242, 0.9986295347545738, 0.9993908270190958, 0.9998476951563913,1.0}
```

在使用时直接使用数组查表的方式获取三角函数值，这样运行效率将会得到大幅度的提升。

3.4.4 内嵌汇编

在绝大多数场合中，C 语言编程是可以完成预期的目的的，但是在系统实时性和执行效率要求较高时,高级语言往往都难以实现,C语言也不例外。在这些特殊的应用场景下,可以在C语言中嵌入汇编语言,利用汇编语言能直接操作硬件、代码执行效率高的特点,实现C语言做不到的一些工作,这种混合的编程方法高效地将C语言和汇编语言各自的优点有机地融合起来,已经成为嵌入式编程较为流行的方法。

比如延时 $10\mu s$ 的代码如下:

```
void delay10us()
{
    _NOP()_;
    _NOP()_;
    _NOP()_;
    _NOP()_;
    _NOP()_;
    _NOP()_;
}
```

该函数中一共使用了6条_NOP_()语句,每条_NOP_语句的执行占用 $1\mu s$,函数调用时,执行一个CALL占用 $2\mu s$,RET指令占用 $2\mu s$,该函数执行共占用 $10\mu s$ 时间。

使用嵌入汇编,一般是为了控制方便或者提高性能。控制方便地实现主要是使用一些特殊的指令(如溢出标志)或者特定架构(如NEON)。在提高性能方面,由于现在的编译器优化比较强大,普通场景已经很少能体现出优势。但汇编在程序的执行效率上来说一直是一个神话,在程序员中有种说法:真正的程序员应该用汇编写一切需要的应用代码。但一般不鼓励这么做,降非你是程序设计天才,一般程序员一生也不会使用汇编去完成几个设计。现在的C语言中可以内嵌汇编语言,这给喜欢汇编的程序员提供了一定的方便,但一般程序员写出的汇编代码不见得比编译器翻译出来的汇编效率更高。

3.4.5　合适的函数声明

在C语言中,宏是产生内嵌代码的唯一方法,对于嵌入式系统而言,为了能达到性能的要求,可以使用宏定义来替换那些经常被使用的简单函数或运算。例如,写一个比较大小的运算:

```
#define MIN(A , B) ((A) < (B) ? (A) : (B))
```

需要注意,宏定义像函数,但不是函数,所以它的所有"参数"都要加上括号,在使用这种宏定义的函数时,需要特别注意传入的参数一定不要产生歧义,例如上面声明的函数,传入带有自加运算的参数MIN(a++,b),在使用时将会得到((a++)<(b) ? (a++):(b)),这时候得到的结果将不是我们所期望的。

C语言中函数的调用有外部调用和内部调用之分,通常建议将外部不会调用的函数默认定义为静态函数,即在函数定义前添加static关键字,静态函数会被自动分配到一个存储区中,直至该应用退出才会释放空间,这样做的好处是避免了函数调用时的压栈出栈等动作,速度较快。

3.4.6　充分利用硬件特性

在进行程序性能优化时,首先要对使用的处理器硬件资源十分了解,掌控处理器的各种性能,充分利用硬件资源进行系统框架的优化。

例如,根据处理器对各种存储介质的访问速度进行程序执行的优化。一般情况下,各介质的访问速度是处理器内部 RAM＞外部同步 RAM＞外部异步 RAM＞Flash/ROM。

对于已经烧录在 Flash/ROM 中的程序,可以让处理器直接从 Flash/ROM 中读取代码执行,但很明显,这种方式从交互速度上来看并不是一个好方法,我们可以将目标代码从 Flash/ROM 中搬到 RAM 中,然后再去运行,这样可以较大地提高运算性能。

再如常用的 UART 接口,一般处理器都会有一块接收的 BUFFER,如果在接收数据时,每收到一个字节就产生一次中断获取一次数据,相对于 BUFFER 被占满后再进行中断获取整个 BUFFER 中的数据,两种方式所占用的中断时间有非常大的区别。

3.5　做一名合格的程序员

随着现代经济和科技的高速发展,中国 IT 行业已经步入了一个高速发展的时代。有目共睹的 IT 业发展极其迅猛,每年的 IT 人才缺口人数都高达百万以上。我们的工作、学习和生活中无不存在和使用着信息技术,事实说明,IT 已经越来越广泛地深入到人们生活的方方面面,IT 技术服务市场需求空缺会越来越大。我国的 IT 队伍除了缺口大,还存在着严重的结构失衡,既缺乏高级 IT 人才,也缺乏技能型、应用型信息技术人才,以及一大批能从事基础性工作的技术人员。软件作为 IT 中不可或缺的一部分,市场的需求及就业前景一片光明。对于在校的大学生来说,如果努力学习并成为一名合格的程序员,可以为今后获得高薪职位打下坚实的基础。

3.5.1　代码注释

注释的原则是有助于对程序的阅读和理解,注释不宜太多也不能太少,注释语言必须准确、易懂、简洁,避免注释二义性。代码注释的最高境界是自我解释,即不写注释语句也可轻易读懂,注释无法把一份很烂的代码变好,需要很多注释来解释的代码往往是存在着一定的问题的。

一般情况下,注释应当放在其代码的上方相邻位置或者右方,绝不可以放在下方,放在上方时应当使用空行与其上方代码隔离,且保持与下方被注释代码相同的缩进。在注释中尽可能避免使用缩写,同一项目的注释尽可能保持注释风格一致。

1. 文件头部注释

文件头部应进行注释,注释应当包含版本号、生成日期、作者姓名、内容、功能说明、与其他文件的关系、修改日志等,头文件的注释中应当包含函数的功能简介。必要时文件头部注释还应当包含版权说明信息。

例如：

```
/ ******************************************************************
Copyright *** Co. Ltd. 2015 - 2016 . All rights reserved
File name      :
Author         :
Description    :
History        :
      1. Date:
           Author          :
           Modification    :
      2.Date:
           Author          :
           Modification    :
      …
 ****************************************************************** /
```

2．函数注释

函数声明处注释应当包含函数功能、用法等，包括输入和输出参数、函数返回值、可重载的条件等；函数定义处需要详细描述函数功能和实现要求，如实现的简要步骤、实现理由、约束条件等。特别是对于提供外部使用的接口函数必须有详细的注释说明。

3．全局变量注释

全局变量要有较详细的注释，包括对其功能（使用）、取值范围以及相应的注意事项等说明。

例如：

```
/ *
 * debug level
 * debug = 0, no debugging messages
 * debug = 1,dump failed except for stalls
 * debug = 2,dump all failed (including stalls),show all queues in /sys/kernel/
 * debug = 3,show all debugging when dumping
 * /
static int debug = 1;
```

4．使用♯if 0 的条件编译注释

```
♯ if 0
… 程序段 …
♯ endif
```

这样就可以将对应的程序段注释掉。如果不想注释掉这段程序，只需要把 0 变成 1，即

```
♯ if 1
… 程序段 …
```

```
#endif
```

使用#if 0的方法进行注释代码时可以使用嵌套方式,而/＊…＊/则不允许嵌套使用,/＊…＊/总是结合最近的形成一个注释段,例如:

```
#if 0
…程序段…
    #if 0
    …程序段…
    #endif
#endif
```

5. 注释与代码的一致

修改代码时,必须维护代码周边的所有注释,以保证代码与注释的一致性,不再使用的注释应及时删除,也不要将无用的代码留在注释中,即使只是想暂时排除问题,也要留个标注,以便调试完成后处理。

3.5.2 头文件

对于 C 语言,头文件的设计能体现出整个系统的大致框架,不合理的头文件布局将会严重影响代码的编译。在一个良好的系统中,需要精确包含头文件,之所以说是"精确"而不是"正确",是因为如果头文件没有被正确"包含"时,编译器会报错,此时将无法生成目标代码,要做"正确"包含比较简单,只要跟着编译器的提示就可以完成,那么怎么做才算是"精确"呢? 首先要做到只包含必需的头文件,这样可以节省一定的编译时间;其次要尽可能地不在头文件中包含其他头文件,而是将它们放在 C 的源文件中,这样可以避免因间接包含导致的编译速度下降。

1. 头文件不可放置具体实现

头文件是程序模块的对外接口,一般头文件中只适合放置接口的声明、宏定义、类型定义等,不适合放置具体的实现,内部函数声明不应该放在头文件中,变量定义尽可能不放在头文件中,如果需要使用变量作为对外接口,尽可能使用函数接口的方式对外暴露。

2. 头文件职责简单

头文件过于复杂,依赖过多是导致编译时间过长的主要原因。头文件职责过于庞大时容易造成不必要的文件被频繁展开,大大增加代码的编译时间,影响工作效率。

3. 头文件与实现文件共存

每一个.c 文件理论上都应该有一个和它同名的.h 文件,用于声明实现文件对外公开的接口,如果一个.c 文件不需要对外公布任何接口(主函数入口文件除外),那么它也就不应当存在于工程中。

4. 杜绝头文件的循环依赖

循环依赖是指头文件 a 包含 b,b 又包含 c,c 又包含 a,这种包含关系会导致修改一个头文件会将所有的包含这三个头文件的代码全部重新编译一次。

5. 使用保护符

头文件的多次包含在复杂的工程设计中不可避免,为了避免头文件被多次编译,就需要控制头文件内容被多次包含的情况。为了解决这种问题,一般会在每个头文件中配置一个宏,在头文件第一次被包含时就定义这个宏,并在再次包含时检查宏的定义情况用以排除。

例如:

```
#ifndef __LINUX_UHCI_HCD_H
#define __LINUX_UHCI_HCD_H

…

#endif
```

定义保护符时应特别注意保护符必须唯一,不可以在保护区以外放置任何代码或者注释(头文件说明除外)。

3.5.3　函数

在编写函数时应尽可能使函数整洁,同时又可以把整个工程源码有效地组织起来,使代码模块化,方便后续维护修改。

1. 函数功能单一化

一个函数一般只完成一件事,实现一个功能。将没有关系或者关联很弱的语句放在一个函数中,会导致函数的职责不明确,难以理解和修改。

例如,在标准 C 语言中,realloc 函数主要是用于重新分配内存的,但根据传入参数的不同它又完成了其他功能,传入指针为 NULL 时就分配内存;传入大小参数为 0 时就释放内存;重新分配内存时如果大小可行就直接分配;如果不行则换到其他地方分配;如果无法分配则返回 NULL,原有内存保持不变。在使用时如果对原来大小为 1K 的内存重新分配到 2K,则

```
char * buffer = (char *) malloc(1024);
buffer = (char *) realloc(buffer, 2048);
```

此时如果无法分配内存,则会返回 NULL,那么 buffer 原来指向的内存就丢失了。

2. 重复代码提炼成函数

重复代码写成函数来调用,会降低维护成本,便于后期管理与移植。重复代码一般出现在代码复制使用时,当第一次复制时不觉得有问题,后面复制多了就不容易修改了,所以应当在发生代码复制时就考虑提炼成函数,避免重复代码的存在。

3. 善于使用 static 修饰函数

一般在声明函数时,除非外部可见,都应增加 static 关键字修饰,声明时使用 static 修饰可确保仅在声明它的文件中可见,并且可以有效地避免和其他文件或库中的相同函数名

混淆。

4. 保持函数有存在的意义

当一个函数没有被调用时应及时将其清除，程序中存在废弃代码不仅占用空间，而且还常常影响程序的正常功能和性能，将会给代码的维护和测试带来不必要的麻烦。

3.5.4 良好的编程习惯

一名优秀的程序员应该有良好的编码习惯，优秀的代码可以给人以良好的印象，按写文章的要求，编码也应该满足信、达、雅，在满足功能和性能的需要前提下，要增强代码的可读性、可移植性。编程习惯不必花费太多专门的时间研究，需要在编码过程稍加注意，慢慢养成。可以阅读一些国家标准，这是先行者总结下来的好习惯，例如 GB 28169 和 GJB 5369。

1. 代码极限 80 字符

古老的 UNIX 终端以 80 列的格式显示文本，为了让源代码具有最佳的可读性，UNIX 系统始终坚持着 80 列的传统。80 列足够写出一行有意义的代码，同时也足够显示在终端屏幕上，也足以打印在 A4 纸上。虽然时至今日，屏幕的分辨率已经足够高，一行可以显示的字符也远远超出了 80 字符，但优秀传统已经慢慢地形成，几乎所有的 UNIX/Linux 内核源代码以及相关手册都严格遵守 80 列的限制。现在除了 HTML、XML 等语言外，几乎所有的编程语言都需要遵守 80 字符的限制。过长的代码对代码的可读性有非常大的影响，我们在平时的编程中一定要注意代码的精简。但当 80 字符无法达到编码的需求时，此时可以使用连接符'\'来告诉编译器。

2. 代码的缩进

在代码风格中最为明显的就是缩进，所谓缩进就是在每一行的代码左端突出一定的长度，使得程序的逻辑结构能够更加清晰地从视觉上体现出来。例如以下代码：

```
int get The KMax(int * array, const int size, const int Kth)
{
    if (NULL == array || size <= 0)
        return -1;

    int left = 0, right = size - 1, index = -1;

    while (index != Kth)
    {
        index = partition(array, left, right);
        if (-1 == index)
            break;

        if (index < Kth)
            left = index + 1;
        else if (index > Kth)
            right = index - 1;
```

```
    }

    if ( - 1 == index)
        return - 1;
    return array[ index];
}
```

程序的嵌套关系可以通过缩进的方式直观地体现出来,如果不进行缩进,例如:

```
int get The KMax(int * array, const int size, const int Kth)
{
if (NULL == array || size <= 0)
return - 1;

int left = 0, right = size - 1, index = - 1;

while (index != Kth)
{
index = partition(array, left, right);
if ( - 1 == index)
break;

if (index < Kth)
left = index + 1;
else if (index > Kth)
right = index - 1;
}

if ( - 1 == index)
return - 1;
return array[ index];
}
```

此时的代码还能一眼看出语句间的关系吗? 正确地进行缩进会大大提高代码的可读性。代码的缩进方式一般是使用空格和 tab,二者都可以较好地实现缩进,究竟使用哪种缩进方式更好,就如同程序员间的“语言之争”一样,每个人都有自己的道理。首先应该明确的是二者不要混用,如果有混用,在重新更改了 tab 的缩进长度后,代码的缩进将被打乱。如果代码需要使用不同的编辑器编辑、阅读,那么最好使用空格来缩进。

3. 空格与空行

空格与空行的作用与缩进类似,主要也是为了提高程序的可读性,使代码更为直观。一般在以下位置需要添加空格:

(1) while/if/switch/for 等关键字与后面的圆括号“(”间;

(2) 双目运算符的两端,例如 a = 1、a & b 等;

(3) 逗号、分号后,例如 int loop_i, loop_j;。

一般为了体现一段代码的紧密关系,会在该段代码前后使用空行与其他代码隔离,比如函数的定义之前和函数的定义后。

4. 标识符命名规范

标识符的命名要清晰、明了,有明确含义,同时使用完整的单词或者大家基本可以理解的缩写,避免使人产生误解。标识符的命名规则历来是一个敏感话题,典型的命名风格如UNIX风格、Windows风格等,从来无法达成共识。实际上,各种风格都有其优势也有其劣势,而且往往和个人的审美观有直接关系,对标识符命名进行规范主要是为了团队工作时代码看起来尽可能统一,有利于代码的后续阅读和修改。

在编程语言行业中,有四种比较流行的命名法则:下画线命名法、驼峰命名法、匈牙利命名法和帕斯卡命名法。

(1)下画线命名法:所有字母都小写,单词间以下画线分割。这种方法在UNIX/Linux环境中较为常见,例如:

```
v4l2_subdev_call(sd, o, f, arg...);
```

(2)驼峰命名法:是指混合使用大小写字母来构成变量和函数的名字,每个标识符以小写字母开始,以后每个单词的首字母均大写。例如:

```
releasePreviewFrame(int index);
```

(3)匈牙利命名法:通过在变量名前面加上相应的小写字母的符号标识作为前缀,标识出变量的作用域、类型等。这些符号可以多个同时使用,顺序是成员变量、指针、数据类型、其他。例如 m_lpszStr,表示一个以0结尾的字符串的长指针成员变量。

(4)帕斯卡命名法:与驼峰命名法相似,又称大驼峰命名法,二者区别在于驼峰命名法以小写字母开始,帕斯卡命名法则以大写字母开始,其他均一致。例如 AfxMessageBox();。

实际工作中一般要求命名标识符时避免使用汉语拼音,使用单词缩写时也应遵循一定的规则。较短的单词可通过去掉"无音"字母形成缩写,较长的单词直接取单词的前几个字母作为缩写,例如:

```
temp -> tmp
synchronize -> sync
semaphore -> sem
minimum -> min
message -> msg
clock -> clk
argument -> arg
initialize -> init
```

5. 字符串与变量的安全

C语言中以"\0"作为字符串的结束符,标准的字符串处理函数均需要依赖"\0"来确定字符串的尾部,没有正确使用"\0"会导致溢出或者其他异常情况。所以我们要确保所有字符串都是以"\0"结束。为了避免溢出等情况出现,一般在操作字符串时会使用一些相对安全的函数,例如,用 strncpy()代替 strcpy(),strncat()代替 strcat()。这些函数操作时如果原字符没有结束符,也是不会自动添加结束符的,所以操作字符串时要经常检查确认字符串是否有结束符。字符串操作完成后在尾部添加结束符,以保证字符串的安全性。

例如:

```
strncpy(a, "0123456789", sizeof(a));
a[sizeof(a)] = '\0';
```

在变量的使用过程中,要避免出现溢出的问题。当一个整数增加超过它的最大值时就会发生上溢,减小小于其最小值时就会发生下溢现象,无论变量是否带有符号。

例如:

```
char i = 255;
i++;
printf("i = %d \n", i);
```

6. printf 的宏定义

在程序的编写与调试过程中,总是不可避免地使用一些 printf 之类的语句输出调试信息,但当程序最终发布时为了某些原因,又不得不将这些语句删除,再次进入调试时又需要加回去,这样不仅浪费了许多调试时间,还极易出错,所以很多程序员在使用输出语句时会使用宏定义的方式重定义一个调试语句。例如:

```
# define DEBUG

# ifdef DEBUG
# define dmsg(format, ...) printf (format, # # __VA_ARGS__)
# else
# define dmsg(format)
# endif
```

当需要使用输出语句时打开 DEBUG 开关,所有的 dmsg 将会被替换为 printf 语句,没有打开 DEBUG 开关时,所有的 dmsg 会被替换成空,因此不被编译。

3.5.5 勤于写文档

对于软件相关行业,程序员除了要编写软件代码之外还有一个非常重要的工作便是写文档。在某些购物网站上购买某些模组时,虽然提供了源代码,但大家还是会挑一个文档比较齐全的商家,这就是文档重要性的一种体现。程序员不仅需要实现功能,还需要将自己做的东西展示出来,不仅要展示给同行看,还需要展示给其他岗位人员或者用户。如果一个程序员只会写程序,不能在文档中恰当且准确地描述自己的想法,那么他就真的是"码农"了。计算机软件的定义中就明确说明,计算机软件是指计算机系统中的程序及其文档,程序是计算任务的处理对象和处理规则;文档是为了便于了解程序所需的阐明性资料。由此可见文档是软件的一部分,并不是软件的辅助项。

软件文档具体的标准可以参考《软件设计文档国家标准 GB8567》,在此仅介绍编写文档过程中的注意事项。

1. 尽量不在文档中使用源代码

在文档中,尽可能避免使用源代码,要将其替换成伪代码或者流程图等。很多程序员为了省事,直接将工程代码直接复制粘贴到文档中,这不仅会占用文档的篇幅,同时也降低了文档的可读性。文档面向对象并不全是程序员,有许多阅读文档的人员是从来没有接触过代码的人,他们无法理解你给出的源代码是什么作用,显然文档也就失去了它的本意。如果必须提供源代码,可以在附录中给出。

2. 使用流程图

使用图形是表达算法思路的一种非常好的方法,流程图采用的是简单的规范符号,画法简单,结构清晰,逻辑性强,便于描述,容易理解。一般软件算法逻辑性较强,条件选择多,非专业人员很难理解。使用流程图可以将软件的实现过程以图形化的形式展现出来,展示功能的实现过程与方法,让读者能够轻松地理解作者所要表达的意图。

3. 陈述事实

文档中的数据必须保证真实性和准确性,切记不可为了达到某些目的编造数据。真实性强调的是结果需要符合实际,尽管某些结果没有达到期望范围,但是必须如实地体现出来。准确性强调的是过程,包括方案的科学性和统计的合理性,不可在纯理想模型下统计数据。

3.6 C 语言编程常见问题

1. 栈溢出

在一些嵌入式系统中,线程的栈空间非常小,可能只有几 KB,甚至几十个字节,而且栈溢出造成的问题通常随机性很强,例如返回值与预期不一致、程序跳转错误等。在编程过程中必须时刻掌控程序所需栈的大小,避免栈溢出造成的异常问题。

2. 空指针与未初始化指针

空指针与未初始化的指针并不是同一个概念,未初始化的指针可能指向任何地方(空间、函数等),空指针一般可以认为不指向任何对象或函数。在标准 C 库函数中,malloc 函数需要特别注意,其内存分配失败时返回的是一个空指针,所以当调用了 malloc 申请内存后,一定要判断指针是否为空。另外在内存被释放后其指针必须置为 NULL,以防被其他程序认为是合法指针。

3. 内存越界

内存越界包括读越界和写越界,内存越界会给程序造成严重的问题,是程序稳定性最大的威胁之一,出现内存越界时程序的执行是随机的,给调试 BUG 时带来极大的困难。举个常见的例子,char str[10]定义了一个 10 字节的数组,然后使用 strcpy(str,"hello world"),此时 strcpy 方法使用了 11 个字节,就造成了内存访问的越界。另外,在程序中应该尽可能地使用 strncpy/strncat 等来替代 strcpy/strcat 等函数。

4. 结构体赋值

在使用结构体编程时,有时为了方便在结构体定义的同时进行了赋值,例如声明一个结构体 student:

```
struct student{
    int num;
    int age;
    char name[10];
};
```

在定义结构体变量 stu 时直接赋值,

```
struct student stu = {
    1234,
    18,
    "JIM"
};
```

通常这种做法不会有问题,但需要特别注意的是,结构体在声明时已经对成员的位置进行了固定,如果因为某种原因修改了结构体成员的顺序,使用时仍然使用上述的赋值而不做修改则将会带来不可预知的错误。正常情况下,在对结构体赋值时应该指定成员,例如,

```
struct student stu = {
    .num = 1234,
    .age = 18,
    .name = "JIM"
};
```

5. 返回内部变量的地址

在函数返回时绝对不可以将内部变量的地址返回给调用者。内部变量的生命周期是函数内部,它的存储空间位于栈中,当进入函数时,会在栈上申请一个空间供内部变量使用,当函数结束后,栈空间就会被释放,此时外部将无法得到预期的结果,会造成不可预知的错误。

6. 内存泄露

使用动态内存分配函数(如 malloc)获取到的空间,在使用完毕后必须执行释放函数(如 free),如果没有执行释放则会一直被占用,导致内存空间逐渐变小,最终导致整个程序的崩溃。

7. 大小端

大小端是指数据在内存中的存放方式,不同的处理器,其存储方式是不同的。所谓大端是指数据的高字节保存在内存地址的低位中,而低字节则保存在内存的高地址中,小端则是相反的,数据的高字节保存在内存的高地址中,数据的低字节保存在内存的低地址中。在进行通信或者字节提取时需要特别注意大小端的顺序。

第4章

智能车电机控制系统设计

　　智能车的机电部分是整个智能车系统中最重要的部分之一,涉及电动机、功率驱动器、机械传动和速度控制等几部分。设计过程中,除了电动机为指定型号、不可更改外,在满足竞赛规则的条件下,设计动力强劲的功率驱动器、快速准确的控制系统和优良的机械调校,则是智能车竞速比赛成功的先决条件。

　　其中,功率驱动器类似于人体肌肉,肌肉发达时,才能带动电动机为车模提供强劲、充足的动力,主要体现在加减速快、最大速度高等几个方面。该部分涉及电力电子与电力传动知识,目前主要通过功率开关器件组成电机功率驱动器,并采用 PWM 技术作为驱动信号进行调节控制,因此需要对 PWM 调制与电机驱动的运行状态作一定的了解。由于功率驱动器使用功率开关管进行功率变换,因此其电路设计、相关器件的选型以及实物制作属于本章重点介绍的内容之一。除了上述要素外,在电机工作过程中往往会产生一定的电磁干扰,严重时会对智能车中的输入信号产生干扰,甚至导致单片机复位,因此良好的电磁兼容也是设计中需要注意的。

　　智能车速度控制涉及自动控制理论,本章在介绍了 PWM 调制技术与智能车常用的测速方案后,将结合以上几点对由功率驱动器、电动机、速度与电流采样模块和 PID 控制系统构成的单闭环、双闭环控制策略与参数选取进行论述。电机转速控制可看作一个线性控制系统,在对其性能评估时也须遵循自动控制原理的稳、快、准三个基本原则。其中,"稳"是指其速度输出值可以稳定跟随速度给定值,不随外界因素,如电池电量、赛道坡度等变化而产生较大偏差;"快"是指智能车输出速度能够快速调节至给定速度,或在系统输出因外部扰动而存在偏差时能够快速恢复;"准"则是指系统给定值与实际输出值稳态误差小,系统输出精度高。因此,只有设计出良好的功率驱动器和控制系统,智能车才能真正实现可控、可靠,并能进一步配合转向控制系统实现快速、准确过弯,以及在双轮自平衡车中实现稳定的自平衡、前行与转弯,这也是智能车制作过程中需要重点学习、完成的内容。

　　基于上述思路和目的,本章首先介绍智能车竞赛中机电传动部分的基本知识以及所使用的小型直流电动机内部结构与电路模型。然后介绍 PWM 原理与调制方法,并结合电机驱动电路的常见拓扑结构对电机驱动电路的几种运行模式及工作状态进行详细分析。在此基础上,结合智能车竞赛的特点介绍几种电机驱动芯片的基本原理与设计方法,并给出详细的电路设计方案与器件选型建议。同时,对电机驱动电路的改进方法、设计注意事项以及常见问题进行了介绍、归纳。最后,在介绍电机转速测量原理与常用方案后,给出电机转速控制系统的设计方法,并结合仿真结果对其参数整定与实际调试方案进行阐述。在整个过程中,作者尝试以直观、实践动手的角度介绍智能车的速度控制系统设计,并在每一节末尾对智能车论坛中相关的经典资源与问题讨论进行了列举,希望读者在阅读后能够独立搭建一套驱动性能优良的智能车机电控制系统,从而为下一步的智能车制作提供有力保障。

4.1　智能车机电传动部分介绍

4.1.1　机电传动部分组成概述

本节首先对智能车的传动部分进行介绍,从功能角度看,智能车的传动部分主要为车模的行进提供动力以及一些附加功能,例如,在双轮平衡车模中,其传动部分不仅可提供行进动力,并且由于两个车轮分别由两个电动机独立驱动,还实现了车模的转向和平衡功能。在驱动方式方面,如果按照实际汽车的前驱、后驱和四驱几种方式进行分类,智能车组委会所指定的各类车模均采用了后驱结构。与前驱相比,后驱结构使车模转向能力更强,更有利于高速过弯,更适合竞速型比赛。当然,后驱也存在一定的缺点,例如在相同条件下,后驱型的车辆较前驱型更容易出现车轮打滑的情况。此外,四轮的车模需要配合前轮转向机构完成寻迹,关于车模转向机构的介绍请参考本书第 5 章。

当拿到智能车车模时,可以看到其传动部分主要由直流电动机、齿轮、车轮以及车轴、差速器等几部分组成。各车模均采用高速直流电动机,电动机的同轴齿轮与车轴上的齿轮咬合,实现减速传动,从而提高车模行进的扭矩。除此之外,传动方式有皮带传动、铰链传动、直接传动等几种方式,虽然组委会明确指出参赛队不得改变车模的传动方式,但是有必要大致了解上述几种传动方式的优缺点。皮带和铰链传动可实现远距离传动,皮带传输噪音小,但可能出现打滑情况,且两者的传动效率有限;齿轮传动结构紧凑,可实现固定的传动比,但噪音较大,易出现齿轮磨损现象;直接传动也叫直驱,结构简单,无传动噪音和传动磨损,但对提供动力的装置提出了更高的要求。随着科技的发展,高力矩电机可完全胜任这一工作,例如一些采用直驱方式的新款洗衣机,其效率更高,产生的噪音也比传统皮带传输型洗衣机低很多,还避免了皮带的磨损与老化。

另外,我们还要了解几款智能车车模的齿轮传动比以及齿轮的调节和日常维护。通过记录齿轮传动比,可以结合电动机参数计算速度传感器的相关数据,在接下来的内容中会进行介绍。同时,在进行车模建模仿真时,齿轮传动比也是非常重要的数据。在齿轮调节方面,电机齿轮与车轴齿轮的间距要保持适中,太松则齿轮间滞回特性明显,且容易出现打齿现象,太紧则无法正常运转,太松或太紧都会加剧齿轮的磨损。当用手旋转车轮时,齿轮能流畅带动电机旋转,而在小幅度旋转车轮时,齿轮咬合不至于出现较大的晃动时,代表间距调节合理。在日常保养方面,可以定期在齿轮上均匀涂抹适量的膏状凡士林,实现润滑功能,不仅可减少传动噪音,也可有效减少齿轮磨损。

在车模轮胎方面,在不同比赛届次和不同车模中,智能车车模轮胎有不同类别。在早期竞赛中,主要使用橡胶外皮加泡沫棉内衬结构的轮胎,这种轮胎也称之为软胎,之后还出现了硬泡沫轮胎和实心橡胶轮胎,最后一种也称之为硬胎。关于软胎和硬胎的优缺点,大家有不同观点,有人认为硬胎的抓地能力较强,动态响应高,但刚性较强,容易出现过弯甩尾现象。同时,按照轮胎表面特征还可分为光头轮胎和带花纹轮胎等。

如同竞速赛跑时跑鞋的重要性一样,轮胎的性能决定了智能车的极限过弯速度,在竞争日益激烈的智能车竞赛中,智能车轮胎的处理对能否跑出极限速度也起到了至关重要的作用。智能车轮胎的使用规范受到组委会相关规定的限制,不可自行更换其他类型的轮胎。不过实际中会对车模自带的轮胎进行一定的处理,例如为了增加轮胎的抓地能力,有的同学会对其进行打磨,但实际效果未必如意。近年来,智能车竞赛中还普遍使用软化剂对车模轮胎进行处理。但是,一方面这种做法会对轮胎造成伤害,车模跑完一圈后,可能粘上大量灰尘,从而影响其使用寿命和效果,另一方面,该做法也是组委会所不倡导的,并在比赛中增加了对轮胎的检查,比赛前会让参赛车模的轮胎按压一下 A4 纸,检查车模轮胎是否会带起白纸,并作为是否违规的判断。此外,使用软化剂还会极大地损伤赛道,在赛道上留下斑斑痕迹。建议的做法是,在比赛前,使用轻微潮湿的抹布擦拭轮胎和赛道,尤其是弯道处,以去除灰尘,提高车模的抓地能力。同时,不要过度依赖软化剂,应适当地在高速情况下训练车模、磨合轮胎,从而加强车模对不同赛道的适应性,提高过弯速度。

智能车车模的传动部分还有一个重要组成部分,就是差速器,其出现在采用单电机驱动类型的车模中。其主要作用是在车模过弯时,允许两侧驱动轮运行速度存在一定偏差,实现后排非转向车轮的不等距行驶,从而避免由于转弯时内侧车轮与外侧车轮的行驶距离差别造成的车轮打滑和车辆甩尾。关于车轮的倾角调节、差速器的松紧调节等,将在本书的机械调节部分进行详细描述。此外,智能车车模采用了不同规格的直流换向器型电动机,作为智能车的动力源,这部分内容将在下一节展开介绍。

以上主要介绍了车模机械传动部分的组成,如果按照广义的电机传动系统定义划分,智能车的传动部分还应包括电机驱动、速度测量及电机控制系统等。上述各部分形成一套速度完全可控的电机传动系统,从而实现智能车车模在不同赛道类型中的自适应行驶。以目前赛况来看,智能车传动部分主要实现的功能包括直道高速行驶、弯道安全速度行驶,并具有通过坡道的爬坡能力和停止线静止停车功能。即在保证车模按照轨迹行驶的前提下,速度优先,从而达到快速完赛的目的。由于需要使用组委会指定的车模、电机和电池,在对车模进行良好调校和对电池良好维护的前提下,车模的完赛速度主要取决于赛道轨迹识别、转向控制和速度控制的性能,因此以上三部分是智能车的设计重点,且速度控制是其他两个部分的前提与基础。

由于电机与车轮之间采用齿轮传动,电机速度控制与车模速度保持固定比例关系,因此下面统称为电机速度控制。图 4.1 为智能车车模电机速度控制系统结构图,智能车的电机速度控制是一套数字控制系统,涉及多项软硬件设计,其中驱动电路、速度测量和自动控制算法需参赛队员独立完成,下面将对所涉及对象的工作原理、设计方法逐一进行介绍,并提供详细设计案例和注意事项。

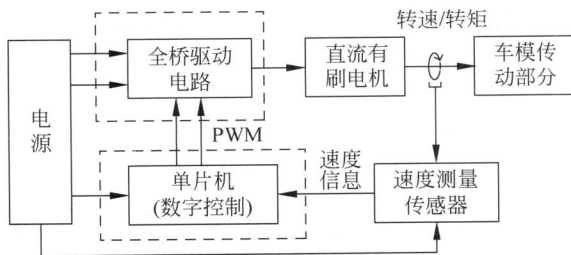

图 4.1　智能车电机速度控制系统

4.1.2　车模中直流电动机介绍

电动机简称电机,是一种依据电磁感应原理将电能转换为机械能的装置,发电机则与之相反。电机学是一个庞大复杂的知识体系,电动机的分类纷繁复杂,其功率、体积也千差万别。智能车竞赛使用的电机属于小功率直流电动机,即小型直流有刷电动机,其特点是供电电压低、转速高,该类电动机也大量应用在航模、电动工具中。同时,在大学生科技竞赛中还经常使用步进式电机等。此外,我们经常听到的空心杯电机,采用了无铁芯转子结构,电机重量和转动惯量较传统电机大幅降低,在微型电子产品和智能设备中应用广泛,这些都属于小型电机。

智能车竞赛中使用的三款直流电机型号分别为 RS260、RS380 和 RS540,由组委会指定搭配不同车模使用。直流有刷电机主要由定子、转子、换向器和电刷组成,其工作原理比较简单,在初中物理中就有涉及,这里不再复述。为了对其内部结构加深了解,作者对 RS380 和 RS540 电机进行了拆解。图 4.2 为 RS380 和 RS540 电机的外观实拍图,其圆径分别为 27.7mm 和 35mm,其他各项尺寸参数以及电机的驱动电压、最高转速、重量等具体参数可以查询相关数据手册(Data sheet)。此外,这三种型号电机的数据手册中还给出了电机转矩与效率、转速、电流的曲线关系。需要注意的是,这里给出的电机型号,如 RS380,只是一个系列型号,而一个系列中往往包含多种尺寸相同但运行电压和转速不同的几款电机,各项具体参数都在数据手册中有列出,在查阅时需要注意区分。

图 4.2 中电机外壳的开孔分别用于散热和固定内部的永久磁铁,电机末端的金属铜端子用于连接引线,并用红色圆点标记了方向。在智能车比赛中,一般使用附带的专用导线穿过铜端子的圆孔后进行焊接。电机在焊接牢固后即可通电使用,但是如果较频繁地拆装相关部件并反复掰动该铜片,非常容易造成金属端子从根部折断。可通过设置一个线路转接板进行缓解,但是需要额外的材料和空间。简单的解决办法是在焊接前使用剪钳将铜片减半,再进行焊接,或者使用更柔软的导线,并将导线固定在车身上,这些措施可以大大降低铜

片可搬动的幅度,从而防止因为小小的铜片造成电机报废。

同时需要注意的是,由于电机在智能车中属于功率型器件,其连接回路包括开关都应该具有通过大电流的能力。在电机维护时,可以在其前后轴承处注入少量缝纫机油,以增加润滑效果,减少轴承磨损,但要注意不要过量,以免润滑油渗入电机内部影响其电刷、换向器机构的正常运行。

小型的直流有刷电机大部分采用永磁铁构成定子,而转子则由铁芯和镶嵌在其中的绕组构成,绕组线圈线径的粗细配合铁芯对电机的转速与功率产生影响。因此在定子不变的情况下,人为改变绕组漆包线径与长度,会提高电机的性能,但这是竞赛规则不允许的。图 4.3 为 RS380 与 RS540 拆解后的转子结构实物图,转子中线圈的接头与换向器连接,为了提高电机的散热性,RS540 的电机转子上还配有散热风扇。同时,转子的磁极越多,电机运行就越平稳,但是换向器的金属片数也相应增加,换向故障机率也会升高。与之相反,高速电机的转子磁极较少,换向器对应的金属片也较少,这与其高速旋转的特性相符,例如RS380 与 RS540 电机的转子均为 3 个磁极,对应换向器的金属片也为 3 片。

图 4.2　RS380 与 RS540 直流电机外观

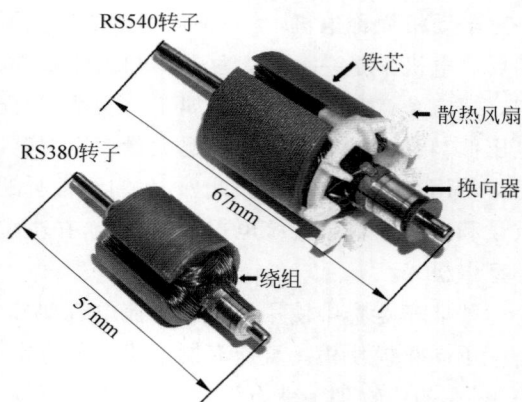

图 4.3　RS380 与 RS540 电机转子实拍

电机电刷主要包括碳刷和金属刷两种。碳刷的优点有耐磨损、润滑性好等,但其导电性不及金属刷,而金属刷的耐磨损性则较差。从图 4.4 中可以看出,RS380 使用了金属刷,而RS540 使用了碳刷,金属刷表面设计为锯齿形,而碳刷表面则呈与换向器契合的平滑圆弧形。在电机旋转时,电刷与换向器之间的电能切换还会产生一定的电火花。在竞速比赛中,无须过多顾及电机的运行寿命,因此该情况下金属刷更具优势。同时,长期高速运行带来的电刷磨损较快,在使用较长时间后,电动机的性能会下降,必要时需要更换新电机。

图 4.5 为 RS380 电机转子安装在电刷上的实拍图,从其下方换向器与电刷的结合处可以直观地观察到二者的连接方式。需要指出的是,智能车所使用的这几种小型电机都是不可手工拆卸维护的,其尾部接线盘在拆开过程中非常容易变形,安装回去后无法完全保证电机的前后轴承一致,因此电机也就无法再正常使用了。

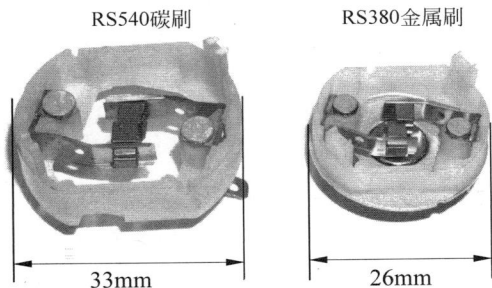

RS540碳刷　　　　RS380金属刷

33mm　　　　　　26mm

图 4.4　RS380 与 RS540 电机电刷实拍

图 4.5　RS380 电机转子与电刷装配图

与无刷直流电机采用电子换向器实现旋转不同,有刷直流电机通过上述机械换向器实现直流到交流的变换,从而维持电机按照同一方向旋转。有刷直流电机的这一机械结构,也赐予了它一个特殊的功能,那就是直流有刷电机可以不依靠额外的电力电子装置变身为发电机,当有动力带动它旋转时,其接线端可直接输出直流电能。这一情况在智能车运行中也会发生,如在小车通过坡道下坡时,小车通过重力势能做功,并带动其电机旋转、输出电能,这部分内容会在下一节进行详细介绍。

此外,在智能车竞赛的筹备、调试工作中,由于电机长时间满载运行,尤其正反转频繁切换时,会导致严重的电机发热现象,其散热问题需要引起注意。由于电机转子线圈产生的热量只能通过电机壳体向外扩散,如果散热不及时,会有润滑效果下降以及烧坏电机的危险。解决方法之一是使用电机散热片,其通常由铝合金材料构成,贴合在电机外壳后,可以增加电机的散热面积,从而延长电机运行寿命。但是这种自然散热方式的效果也是有限的,建议同时从智能车控制的角度入手,提高智能车运行的流畅性,减少电机的反向制动次数,智能车运行的流畅性也是提高竞赛成绩的有效途径之一。

下面对直流有刷电机的等效电路进行介绍,如图 4.6 所示,可将直流电动机等效为电阻、电感与一个可调电压源串联的形式。其中,R_a、L_a分别为电枢电阻和电枢电感,电枢电阻在电机启动和堵转时具有限流作用,电枢电感则具有平滑电流、减少冲击的作用,这也是电机可以使用 PWM 调速的重要前提。$e_a(t)$为电机旋转产生的反电动势,它在电机停转或堵转时为 0,在电动状态时 $e_a(t)$ 小于供电电压 E,在发电状态时则 $e_a(t)$ 大于 E。

电机工作在电动状态时,有以下暂态公式成立,此时 $i_a(t) > 0$:

$$E = e_a(t) + R_a i_a(t) + L_a \frac{\mathrm{d}i_a(t)}{\mathrm{d}t}$$

式中,$i_a(t)$ 为流经电机的电流。

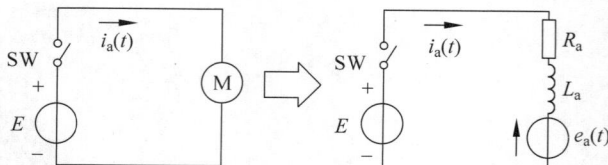

图 4.6 直流电动机等效电路模型

当电机处于稳态,即忽略外部扰动、电机平稳旋转时,其反电动势和电流为恒定值,设 $e_a(t)=E_a$,$i_a(t)=I_a$,则有

$$E = E_a + R_a I_a$$

当电机工作在发电状态时,上面的暂态公式与稳态公式依然成立,此时 $i_a(t)<0$。

除了上述变量关系外,我们往往对直流电机的输出特性更加关心,此时涉及电机的两个输出变量,即电机转速 N 与电机转矩 T。其中,电机转速可直观反映电机的当前运行速度,而电机转矩则可直接反映其带载能力,二者存在一定的数学关系,且与反电动势和电枢电流也存在数学关系。在制作智能车的实际过程中无须对上述变量进行过多的定量分析,因此在此不再罗列和推导公式,感兴趣的同学可以翻阅电机学书籍。不过,有必要掌握其简化后的线性关系,从而对直流电机的各关键变量间的相互作用有一个宏观认识。简单来说,电机转速 N 与电机转矩 T 呈反比关系,反电动势 $e_a(t)$ 与转速 N 呈正比关系,电枢电流 $i_a(t)$ 与电磁转矩 T 呈正比关系,具体如图 4.7 所示。

从图中可以看出,在提高直流电动机的端电

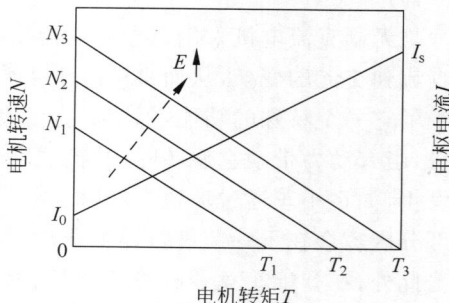

图 4.7 电机转速、转矩、电流关系

压时,其转速或转矩得以提升,也标志着电机的功率提高。电枢电流在电机空载时最小,此时电机转速最高,电枢电流可称为空转电流;而在电机转速为 0 时,电机输出转矩最大,此时电枢电流可称为堵转电流。

4.2 电机驱动电路原理与分析

电机驱动部分是制作智能车以及机器人的基本内容,只有搭建出适当的功率驱动电路,才能带动电动机转动,是实现"让小车先动起来"的先决条件。而在智能车竞赛中,由于速度优先的原则,设计制作电机驱动电路并不只是让小车动起来这么简单,出于竞速原因,智能车竞赛对驱动电路的要求更高,其驱动能力直接决定了智能车运行的最大速度,因此驱动电路设计是智能车速度控制系统中的重要环节,也是本节叙述的重要内容。

为了让同学们对直流电机驱动电路有较全面的了解,本节首先结合电机的运行状态介绍 H 桥电路构成电机驱动电路的工作原理,然后按照历届智能车大赛的发展轨迹,逐一介绍不同时期的经典驱动电路,并对其优缺点进行评价。在此过程中给出电机驱动电路的实际设计经验,并列举若干设计注意事项。

4.2.1　电机驱动电路的构成方式

在介绍各种经典驱动电路之前,首先对智能车的电机转速、方向控制做一个简单描述。由于智能车竞赛采用直流有刷电机,如果直接将其与电池联系,电机会全速旋转,如果将连接电线互换位置,则电机会全速反向旋转。为了调节电机的转速,可以使用"开关"控制电机与电池之间的通断,当这个"开关"的通断速度非常快时,其在一个通断周期内的导通时间的长短将影响电机转速高低,这里所介绍的内容涉及占空比调制(PWM),将在 4.2.2 节进行介绍。

那么,使用一个继电器连接电池与电机是否能够满足智能车调速的需要呢?答案是否定的,智能车的电机调速并没有这么简单,原因有两方面。首先,从电路结构看,单独继电器构成的开关电路,存在两个较大的问题。第一个致命的问题就是过压问题。在开关闭合时,电机与电池形成一个闭合回路,并有电流经过,在开关打开时,该闭合回路被迅速切断,但是由于电机内部存在较大的寄生电感,回路中电感电流将发生突变,导致的结果则是断开点产生过电压现象。过电压不仅容易烧毁电路中的敏感元器件,还会使普通继电器的触点产生电弧。因此,为了避免电机驱动电路中发生过压现象,可在电机两端反并联一个二极管,如图 4.8 所示,在开关导通时,二极管反向截止,在开关断开时,二极管导通并与电机形成一个闭合回路,电流得以延续,因此该二极管也可称为续流二极管。

开关电路中如果负载侧不进行续流有多大的危害呢?可以利用电路学中的线性电路暂态分析方法对其做定量分析。首先,依据上一节的直流电机等效电路模型对上述情况建立如图 4.9 所示的暂态电路模型,为了方便计算,设开关断开时加载在其两端的电压 $u_s(t)$,设电机端存在一个阻值极大的外接电阻 R_p。

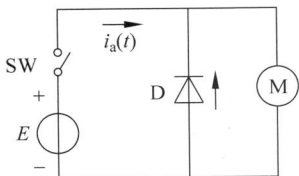

图 4.8　带有续流通道的电机电路　　　　图 4.9　电机回路断开暂态模型

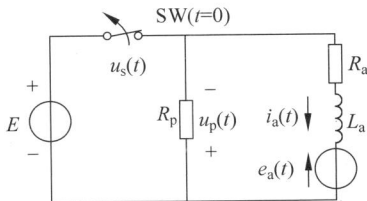

在开关断开前,电路处于稳态,此时 $e_a(t)=E_a$,可得 i_a 初值为

$$i_a(0_+)=i_a(0_-)=\frac{E-E_a}{R_a}$$

系统时间常数可表示为

$$\tau=\frac{L_a}{R_a+R_p}$$

可得

$$i_a(t) = i_a(0_+)e^{-t/\tau} \quad (t \geqslant 0)$$

由基尔霍夫电压定律可有

$$u_s(t) = E + u_p(t) = E + R_p i_a(0_+)e^{-t/\tau} \quad (t \geqslant 0)$$

从而可得

$$u_s(0_+) = E + u_p(0_+) = E + R_p \frac{E - E_a}{R_a}$$

由于 R_p 数值非常大，因此上式的计算结果也将非常大，可知在开关断开瞬间，其两端电压将是正常电压的多倍。不仅电机电路如此，在带有感性器件的电路中都应该避免这种现象。其实与电流源不能断开、电压源不能短路的原理类似，也不可将电池和电容器两端直接短路，否则会产生过流现象。

除了上述的过压危害可能会损坏电机驱动中的元器件外，其产生的电磁辐射也不容忽视。作者小时候曾将一直流继电器的常闭触点与线圈串联，再将该串联电路的两端与干电池相连形成回路。当线圈通电时，长闭触点在磁力的作用下断开，此时线圈失去供电，触点接下来又得以闭合，如此循环就形成了一个低频震荡电路。当我将继电器线圈一端通过导线连接到暖气管上时，神奇的现象发生了，另一个房间的 AM 收音机受到严重的干扰，任何波段范围内都被电气噪声覆盖，可见这种电路的辐射干扰是非常严重的。因此，无论从电气安全还是辐射干扰角度来看，驱动电路的续流通道都是非常必要的，这也是为什么 IGBT 开关管内部反并联二极管的原因。为了适应开关管快速通断的特性，通常这种二极管为开关特性好、反向恢复时间短的快恢复二极管，也可称之为体二极管，我们将在接下来的驱动电路模态分析中具体介绍。

然而再好的二极管也存在一定的反向恢复时间，因此上述分析中所述的干扰问题无法完全消除，其可能会对智能车的控制系统、采样系统产生干扰，严重时会导致单片机复位。因此有驱动方案在 MOS 管外人为添加了体外反并联肖特基二极管，为进一步提升续流能力、降低干扰提供可能，但是这种方案的实用性还有待进一步实际考察。

接下来介绍继电器存在的第二个问题，那就是开关速度，由于其是通过电磁原理吸合或松开机械触点实现通断的，其开关速度非常有限，因此并不适合应用在电机调速电路中。这里就要引入第 1 章中介绍的功率开关器件——MOSFET。其开关速度可达 kHz 至 MHz，是实现电力电子学科中电力传动与变换的重要角色之一。

在引入开关管后，接下来介绍两种常见的电机驱动拓扑结构，分别是半桥结构（Half-Bridge）和全桥（Full-Bridge）结构（全桥也常被称为 H 桥）。由 MOSFET 构成的半桥式电机驱动电路如图 4.10 所示，其控制方式通常是上下两个开关管交替（互补）导通，并可通过调节交替导通所占的比例（可通过调节 PWM 占空比实现）实现电机调速。

接下来，回顾第 1 章的开关电路知识不难发现，如果分别将两个开关管其中之一的体二极管与另一个开关管配合工作，半桥结构其实可看作由 BUCK 降压电路和 BOOST 升压电路组合而成。因此，半桥构成的电机驱动电路实际上是一个双向变换器，它不仅可以驱动电机进行电动旋转,还允许在电机处于发电状态时将多余能量反馈。在电机学中,将这两个直流电机的运行状态分别称为电动状态和再生制动状态,或者说,半桥驱动结构可以使电机运行在电动和再生制动双象限。

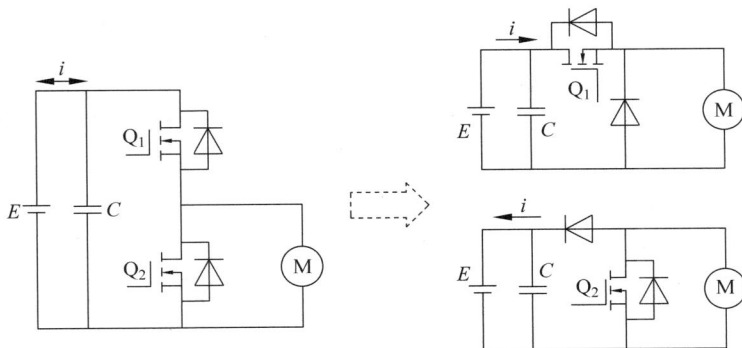

图 4.10　半桥结构及其分解图

可见,半桥结构可以实现电机的单方向旋转和制动功能。但是,在智能车竞赛中,虽然竞速车模通常是向前单向行进的,但是半桥结构的再生制动往往无法满足智能车快速、紧急制动的要求(智能车通常不使用机械车闸,由电机单独控制刹车),因此有效的紧急制动措施是令电机反转(对电机具有一定的伤害性,例如频繁制动会导致发热严重)。此外,智能车创意赛中可能会出现倒车行为,平衡车中也需要使用电机反转功能。鉴于上述原因,通常使用由两个半桥组成的全桥(H 桥)结构作为智能车的电机驱动拓扑,该拓扑可以使电机运行在四象限。在双电机车模中,往往还需要使用两个全桥分别驱动两个电机。

全桥结构的电机驱动电路如图 4.11 所示,当斜对角线的开关管同时导通时,可以分别控制电机正转和反转,且允许电机处于再生制动状态,从而实现了电动机的双向四象限运行。为了便于理解,可将全桥结构分解为右图所示的半桥加开关的形式,即当 Q_3 导通、Q_4 关断时,电路构成一个与图 4.10 一致的半桥结构,反之则构成一个可视为电池反接后的半桥结构。

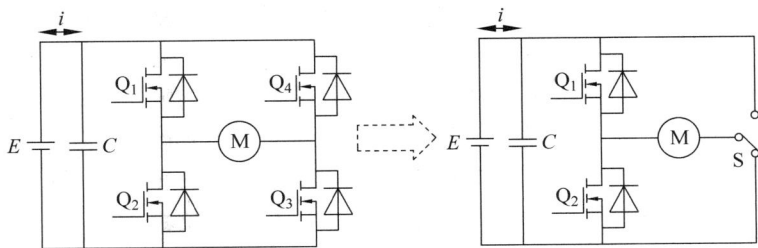

图 4.11　全桥结构及其分解图

至此,我们就得到了智能车电机驱动的基本电路拓扑结构,该电路看似简单,但是通过上述一系列分析后,可以帮助读者加深对开关管体二极管的功能以及半桥结构和全桥结构的构成机理的理解。其实在驱动电路中,根据不同的开关管类型、电路结构以及驱动方式划分,可将其进行详细的分类,图 4.12 给出了具体的分类方式,以帮助读者对桥式电路的分类有较全面的理解。智能车采用的桥式电路通常为全桥电路中的单极性、同频式电路,功率器件采用全控性 MOSFET,开关方式通常为硬 PWM 驱动。

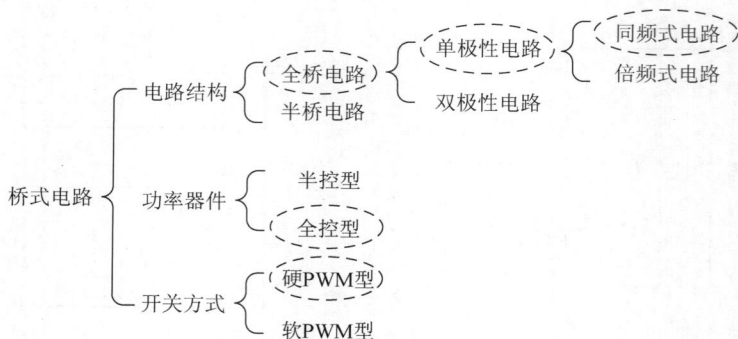

图 4.12　桥式电路分类

4.2.2　PWM 技术及其调制方法

在智能车的数字驱动控制系统中,可通过单片机产生的 PWM 信号控制驱动电路中开关管的导通、关断顺序与时间比例,从而实现对电机转速的调节。可以说,大部分通用型单片机都集成了 PWM 模块,并可通过简单的寄存器配置或调取相关库函数轻松实现 PWM 输出功能。由于 PWM 控制手段在电力电子中具有普遍性,不仅可应用在电机驱动中,也常常应用在 DC/DC 和 DC/AC 变换器中,因此有必要对 PWM 的背景与原理进行简单的介绍。

从物理角度定义 PWM(Pulse Width Modulation)控制就是对脉冲的宽度进行调制的技术,即通过对一系列脉冲的宽度进行调制,等效地获得所需要的波形(含形状和幅值)。它的控制思想源于通信技术,而全控型器件的发展促进了 PWM 控制技术的广泛应用,并使得两者紧密结合。面积等效原理是 PWM 控制技术的重要理论基础,它是指冲量相等而形状不同的窄脉冲加在具有惯性的环节上时,其效果基本相同。这里的"冲量"是指窄脉冲的面积,"效果基本相同"是指环节的输出响应波形基本相同。

为了对上述概念进行形象地解释,图 4.13 给出了几种不同的窄脉冲信号,其符合"形状不同但冲量相同"这个条件。如果将这些信号逐一施加在图 4.14 所示的 RL 电路中,由于电感的存在,其符合"具有惯性的环节"这个条件,因而所得到的响应(图中右侧所示)是基本相同的。注意,这里"基本相同"的表述说明其还是存在细微的差别,如果把各输出波形用傅里叶变换分析,则其低频段非常接近,仅在高频段略有差异。结合智能车来讲,首先,单片机可以产生频率较高的矩形方波信号,符合上述"窄脉冲信号"条件,而从前面的直流电机介绍可知,电机等效电路模型中包含电感,因而也符合上述"存在惯性环节"条件。最后,相比于

PWM 的控制周期,电机的输出速度可视作一个低频量。因此,可以得到的结论是,PWM 控制适合应用在电机转速控制中。

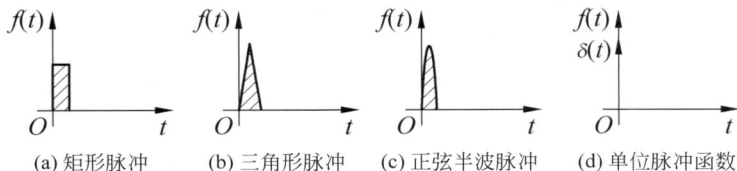

图 4.13　形状不同而冲量相同的各种窄脉冲

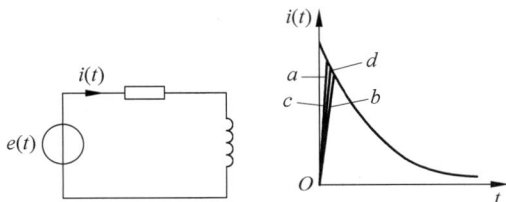

图 4.14　冲量相等的各种窄脉冲的响应波形

　　由于单片机产生方波信号更加方便,因此后续提到的 PWM 信号均为方波信号(也可叫作矩形脉冲),其主要指标参数包括两个:PWM 信号的频率 f 与占空比 d。其中,PWM 的频率是指每秒钟产生的周期方波信号的循环次数,f 过低时,削弱了上述"窄脉冲"这个要求,从而影响控制效果。具体来讲,此时电机的输出波动将增加,甚至可观察到电机转动的断续情况。f 过高,可能会超越开关电路的承受范围,超出电机的响应,从而导致控制失败。此外,结合第 1 章的知识,f 增高时,开关电路的开关损耗也将增加。可见,需要综合考虑上述多个因素以及直流电机的实际惯性来确定电机驱动的 PWM 控制频率。在智能车比赛中,通常将 PWM 频率控制在 $10\text{kHz} \sim 20\text{kHz}$,这也与控制器的性能息息相关。在单片机计算能力充足的情况下,推荐将 PWM 控制频率定在 16kHz 左右,这也是一个开关电路和电机都能保持良好工作状态的控制频率。此外,这个频率刚好超越了大部分人所能识别的声音频率的上限,因此避免了 PWM 产生的高频噪声对人的影响。

　　接下来介绍 PWM 占空比的概念,它是指一个控制周期内,有效控制电平占整个控制周期之比。有效控制电平通常为高电平,即在高电平时,电机得到电池的能量供应,而在低电平时能量供应中断。值得指出的是,一些驱动电路所采用的驱动芯片会将 PWM 产生的信号取反,即低电平时控制相关开关管导通,因此使用有效控制电平更加准确。PWM 占空比的表达公式为

$$d = \frac{t_{\text{on}}}{t_{\text{on}} + t_{\text{off}}} = \frac{t_{\text{on}}}{T} \quad \left(T = \frac{1}{f} \right)$$

式中,t_{on}、t_{off} 分别为开关管导通、截止时间,T 为 PWM 控制周期,与 PWM 控制频率呈倒数关系。

  基础内容介绍完后,PWM 控制直流电机转速就很好理解了,通过不同占空比的 PWM 控制,施加的电机端电压可以视为电池电压 E 与占空比 d 的乘积,改变占空比就可以调制出不同的电机端电压,而电机端电压又与电机转速呈一定关系,从而得到不同的电机转速。例如,当 $d=0$ 时,电机端电压为 0,电机停转;当 $d=0.5$ 时,电机端电压有效值等效为电池电压的一半,电机以中等速度旋转;当 $d=1$ 时,电机端电压等于电池电压,电机全速旋转。

  由于 PWM 在 DC-AC 变换器中有着广泛的应用,我们对其进行简单的介绍,以使大家对 PWM 控制的应用与功能有一个较全面的认识。依据面积等效原理,可以通过不同的 PWM 占空比产生任意波形。而在交流供电系统中,正弦波形是最常见的。可将正弦半波 N 等分,并将其看成 N 个彼此相连的宽度相等、幅值不同的脉冲序列,然后用 PWM 产生的矩形脉冲代替,这些窄脉冲中点重合,面积(冲量)相等,宽度按正弦规律变化。接着,在电路中添加适当的滤波器(惯性环节)后,就可以将该电路的输出等效为上述的正弦半波。我们也将上述 PWM 称为 SPWM,即脉冲宽度按正弦规律变化而和正弦波等效的 PWM 波形。

  下面结合 IGBT 构成单相桥式电压型逆变电路对 SPWM 调制法进行说明。如图 4.15 所示,电路工作时 V_1 和 V_2 通断互补,V_3 和 V_4 也通断互补。其中,信号波也可称为调制波,是指想要电路产生的波形的标准参考值,在逆变场合下为正弦信号。载波为频率与 PWM 频率相符的三角波信号,二者可通过调制电路产生相应的 SPWM 信号,在数字控制系统中,信号波、载波和调制电路都可在单片机或 DSP 中通过数字方法产生。智能车电机驱动的电路结构、控制方法与单相桥式电压型逆变有很多相通、类似的地方,在该部分引入并了解信号波、载波的概念,有助于理解 SPWM 产生的机理和接下来介绍的单极性与双极性调制概念,对于后续理解电机驱动原理也非常有利。不过,智能车驱动电路通常使用 MOSFET 而不是 IGBT 功率器件,其不同之处在于 MOSFET 导通时可以实现电流的双向流动,而 IGBT 导通时,电流反向流动则需要通过其体二极管实现。

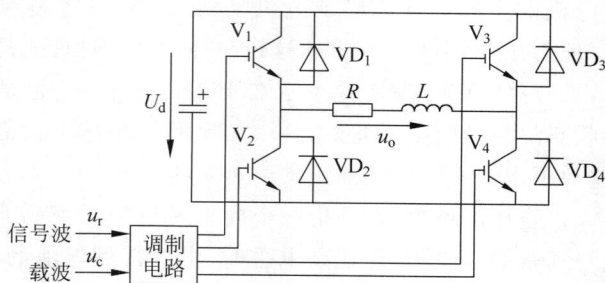

图 4.15　单相桥式电压型逆变电路

  单相桥式电压型逆变电路的控制目标是产生一个周期固定、正弦交变的电压 u_o。其控制规律和电压电流状态可大致表述如下:在 u_o 正半周,V_1 通,V_2 断,V_3 和 V_4 交替通断,此时负载电流比电压滞后,因此,在电压正半周,电流有一段区间为正,一段区间为负;在负载电流为正的区间,V_1 和 V_4 导通时,u_o 等于直流侧电压 U_d,在 V_4 关断时,负载电流可通过 V_1 和 VD_3 续流,此时 u_o 为 0;在负载电流为负的区间,V_1 和 V_4 仍导通,i_o 为负,由于 i_o 从 VD_1 和

VD$_4$ 流过,仍有 $u_o = U_d$;在 u_o 负半周,则 V$_1$ 断,V$_2$ 通,V$_3$ 和 V$_4$ 仍交替通断,并有类似规律和结论,此时 u_o 输出电压为 $-U_d$ 或 0。虽然 u_o 的输出电压为 $\pm U_d$ 或 0,但是由 SPWM 的定义可知,只要按照正弦规律调节 PWM 占空比,并在电感 L 滤波的情况下,u_o 最终可以输出一个正弦电压。

上述方法通过将调制信号和载波信号经过调制电路产生所需的 SPWM 驱动信号,可将这种方法称为调制法。调制法是指把期望输出的波形作为调制信号,把接受调制的信号作为载波,通过对载波调制得到所需的 SPWM 波形。一般使用对称的三角形波或锯齿波(单片机更容易产生锯齿波)作为载波,用期望的正弦信号与之比较,经过调制电路后即可得到宽度与期望信号成正比的 PWM 脉冲。根据 PWM 脉冲输出的电平类型可将 SPWM 调制分为单极性调制和双极性调制两种,其中单极性调制是指 PWM 在期望正弦信号的正半周输出正和零两种电平,而在正弦信号的负半周输出负和零两种电平,双极性调制则无论正弦信号的正负半周都只输出正和负两种电平。

显然,对于图 4.15 所示的电路中,在 u_o 输出的半个周期内,其输出电平要么为 U_d 或 0,要么为 $-U_d$ 或 0,为单极性调制。这里调制信号 u_r 为正弦波,它是我们期望在输出端得到的电压波形的参考信号,然后可以通过如图 4.16 所示的单极性调制波形图直观地理解单极性调制的概念。其中,调制信号 u_r 为正弦波,它是我们期望在输出端得到的电压波形的参考信号,载波 u_c 在单极性调制中是一个在 u_r 正半周为正极性而在 u_r 负半周为负极性的三角波。结合图 4.15,其具体工作过程可描述如下:在 u_r 的正半周,V$_1$ 保持通态,V$_2$ 保持断态,当 $u_r > u_c$ 时,V$_4$ 导通,V$_3$ 关断,$u_o = U_d$,当 $u_r < u_c$ 时,V$_4$ 关断,V$_3$ 导通,$u_o = 0$;在 u_r 的负半周,V$_1$ 保持断态,V$_2$ 保持通态,当 $u_r < u_c$ 时,V$_3$ 导通,V$_4$ 关断,$u_o = -U_d$;当 $u_r > u_c$ 时,V$_3$ 关断,V$_4$ 导通,$u_o = 0$。

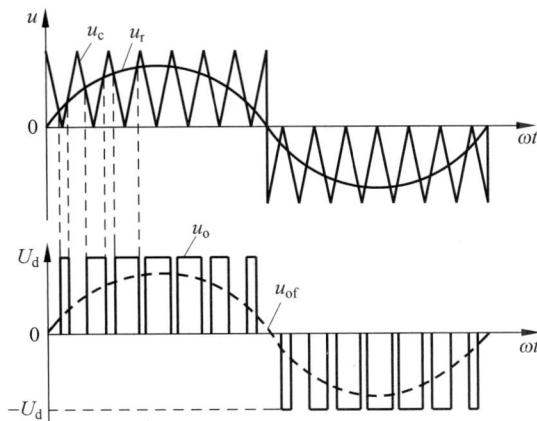

图 4.16　单极性调制波形图

在双极性 PWM 调制方式中,它在调制信号 u_r 和载波信号 u_c 的交点时刻控制各开关器件的通断,可使两个半桥中的上下桥臂依次错开导通和关断。由于载波信号固定,随着调制信号的变化,各桥臂的开通与关断时间也相应变化,即载波信号与调制信号的交点决定了各桥臂的 PWM 占空比。在 u_r 的半个周期内,u_c 有正有负,因此在逆变电路输出侧对应得到的 u_o 也有正有负,双极性调制由此得名。其调制规律如图 4.17 所示,在 u_r 的正负半周,各开关器件的控制规律相同;当 $u_r > u_c$ 时,V_1 和 V_4 导通,V_2 和 V_3 关断,这时如果 $i_o > 0$,则电流流经 V_1 和 V_4,如果 $i_o < 0$,则电流流经 VD_1 和 VD_4,$u_o = U_d$;当 $u_r < u_c$ 时,V_2 和 V_3 导通,V_1 和 V_4 关断,这时如果 $i_o < 0$,则电流流经 V_2 和 V_3,如果 $i_o > 0$,则电流流经 VD_2 和 VD_3,$u_o = -U_d$。

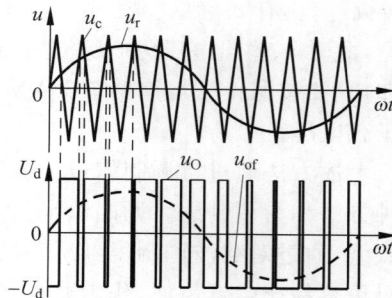

图 4.17 双极性调制波形图

在实际应用中,逆变电路的开关管在单极性调制时可分别工作在载波频率与较低的工频下,从而降低开关损耗,但单极性调制一般硬件实现复杂;双极性调制的载波信号可使用锯齿波,在数字控制器中易于实现,并可使用自举电容式驱动芯片,硬件实现简单,不过开关管必须全部工作在载波频率上,开关损耗较单极性大。

理解了上述逆变电路的调制方式后,直流电机的 PWM 调制方式的理解就变得更容易了,只需将图 4.15 中的负载更换为直流电机,将调制信号 u_r 由正弦信号替代为可正可负的直流电压信号,即可产生对应的 PWM 驱动信号,经过电机驱动电路后,最终可实现电机的正反转调速。

与桥式逆变电路的调制方式类似,在直流电机驱动电路中,也可以使用单极性调制或双极性调制方式。除了存在上述优缺点外,在使用单极性调制方式驱动电机时,其电流脉动较双极性小,在轻载时可能出现电流断续。采用双极性则不会出现轻载电流断续情况,但电流脉动较大。由于智能车竞速比赛中电机通常工作在高速区域,通常无须考虑轻载电流断续情况,且为了缩小电机驱动板的体积和简化设计,通常采用带有自举电容的驱动芯片,并且常使用单极性调制方式。在接下来的电机驱动的分析中,如果不特别说明,则默认为单极性调制方式。

4.2.3 电机驱动电路运行模态分析

在对功率开关管构成的 H 桥电机驱动主回路进行模态分析前,先对电机的运行状态进行介绍。直观上,电机呈现的主要有正转、反转和停转三个状态,但是综合考虑其内部的电动势、电流与外部驱动电路的工作状态,可将电机的运行状态分为加速、恒速、制动、惯性减速几个状态。由于智能车通常不采用车闸等机械制动方式减速(结构复杂、增加车体重量明显),主要采用电机制动的方式进行减速,电机制动又可以分为能耗制动、再生制动(反馈制动)、反接制动(反向制动)等几种方式,能耗制动是指通过短接电阻的方式把电机产生的电能转换成无用的热能释放掉,在智能车中通常直接通过驱动电路的两个上桥臂或两个下桥臂同时导通实现能耗制动,因此产生的热量主要集中在电机电枢和对应开关管的寄生电阻上；再生制动则可以把电机产生的电能反馈入电源侧，从而实现节能。但值得注意的是，再生制动过程中也会有大量动能转换为热能，转换为电能的部分是有限的；反转制动直接通过改变电机端电压极性实现快速制动，效果在制动方式中最为明显，但是对电机产生的冲击也最大。下面针对智能车电机速度控制中的几个常见状态对其电路中器件导通和电流情况作详细说明。

1. 正转电动状态

电机处于正转电动状态时，H 桥驱动电路的各个开关管的状态为 Q_3 常开，Q_4 常关，Q_1 和 Q_2 交替导通(可通过输出一对互补的 PWM 信号进行控制)。其对应的电流分析与波形图如图 4.18 所示，当 Q_1 导通、Q_2 关断时，电池通过 Q_1 和 Q_3 向电机提供能量，其电流流动情况如左图中①所示；当 Q_2 导通、Q_1 关断时，电机通过 Q_2 和 Q_3 进行续流，其电流流动情况如左图中②所示。对应 i_{Q1} 至 i_{Q4} 的波形如右图所示，由于电机在续流过程中产生一定的能量损失，因此即使在电机稳态电动运行时，也会在恒定电流基础上产生一定的电流变化，具体表现为当 Q_1 导通时，其电流呈略微线性增加，当 Q_2 导通时，其电流呈略微线性下降，在 i_{Q3} 上则呈现为周期上升、下降规律，且流经电机电流 i_a 等于 i_{Q3}。由于 Q_4 在整个过程中保持关闭，因此流经它的电流始终为 0。电机的整个运行过程可以看作一个 BUCK 降压电路的运行过程，但是不同之处在于 BUCK 电路依靠续流二极管续流，而 H 桥的续流通道主要依靠 MOSFET 开关管，从而有助于提高系统的运行效率。

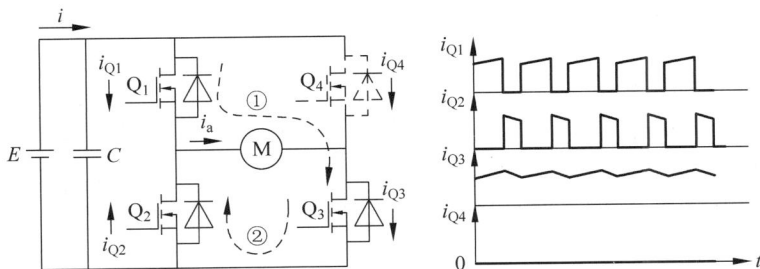

图 4.18　正转电动状态电流分析与波形图

依据 PWM 工作原理，通过调节 Q_1 和 Q_2 交替导通的比例，即 PWM 占空比大小，可改变流经电机的电流，进而改变电机的转矩与转速。

2. 正转再生制动状态

当电机运行在正转电动状态时，假设控制 Q_1 和 Q_2 交替导通的 PWM 占空比不变，车模经过坡道并下坡运行，此时电机输出力矩减小，电机转速增加，相应地，电机电枢中的感应电动势也将增加。如果在电机正转电动状态过程中突然减小 PWM 占空比，此时电机电枢上的感性电动势虽然没有增加，但是 Q_2 的导通时间较之前变大。这两种情况都可能会使 H 桥驱动电路呈现出 BOOST 电路特点，且电机电流反转，电机能量馈入电池侧，电机变为发电状态，也同时实现了制动功能。这一点与汽车的发动机制动有些类似，在下坡时，严禁汽车挂空挡,因为发动机也可产生有效的制动效果,同时在收油门时,发动机也产生一定的制动效果。不同的是,它是利用发动机的压缩行程产生的压缩阻力和进排气阻力等对驱动轮产生的机械制动效果。

电机正转时发生再生制动的电流分析与波形如图 4.19 所示,其控制规律与电机正转相同,但是从图中可以看出,其电流方向与之前相反,当 Q_2 导通、Q_1 关断时,电机与 Q_2 和 Q_3 共同构成一个闭合回路,其电流流动情况如左图中①所示;当 Q_1 导通、Q_2 关断时,电机通过 Q_1 和 Q_3 向电池输送电能,其电流流动情况如左图中②所示。对应 i_{Q1} 至 i_{Q4} 的波形如右图所示,由于电机此时处于发电状态,当 Q_2 导通时,其电流呈略微线性增加(类似于 BOOST 电路中向电感充电状态),当 Q_1 导通时,其电流呈略微线性下降,在 i_{Q3} 上则呈现为周期下降、上升规律,且流经电机的电流 i_a 等于 i_{Q3}。同样,由于 Q_4 在整个过程中保持关闭,因此流经它的电流为始终为 0。

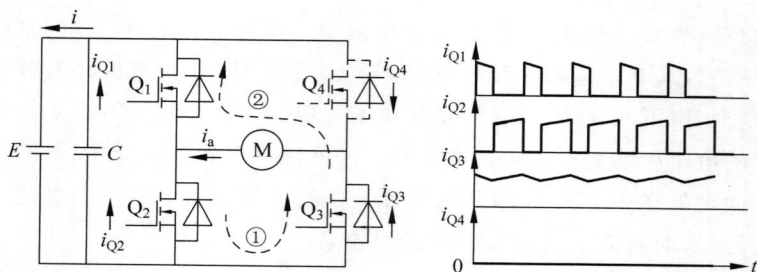

图 4.19　正转再生制动电流分析与波形图

3. 正转短接制动状态

当电机正转电动运行时,还可以通过同时导通 Q_2 和 Q_3 或同时导通 Q_1 和 Q_4 实现短接制动,但在实际智能车竞赛中,单独采取短接制动并无必要。其原因在于,首先这种短接制动中并未串接制动电阻,虽然智能车采用的直流电机和驱动电路往往可以承受这种短接电流,但是其制动效果又弱于反接制动;其次,智能车的电机转速控制通常采用闭环调节方案(将在本章第 5 节进行详细介绍),它是一个连续调节的过程,当 Q_2 导通时间占绝对优势时,对应 Q_1 导通时间很短,此时也可看作短接制动状态,只是在这个自动的占空比调节过程中,电机须从电动状态先变为再生制动状态,再变为短接制动,整个过程为一个连续的、不可分割的过渡变化过程。

当发生短接制动时,其电流分析较为简单,即电机电流通过 Q_2 和 Q_3 或 Q_1 和 Q_4 进行续流,并逐渐减小。

4. 正转反接制动状态

在进行反接制动时,可以将电机两端电压进行反接,从而快速改变电机电流方向,对应的电机力矩也反向,达到紧急制动的目的。具体的做法是,令 H 桥驱动电路中的 Q_2 常开,Q_1 常关,并令 Q_3 和 Q_4 交替导通。这里简单介绍下为什么不令 Q_4 常开、Q_3 常关并令 Q_1 和 Q_2 交替导通。单从电路结构看,其产生的电机驱动效果与之前的方式并无区别,但是重点

在于 Q_4 位于右桥臂的上部,从电机驱动电路角度看,由于智能车竞赛中通常使用带有自举电容的半桥或全桥驱动芯片(只需一路电源供电,设计简单),其自举电容是依靠下管导通时充电的,因此若让 Q_3 处于常关状态,Q_4 也将无法正常工作。

电机正转时发生反接制动的电流分析与波形如图 4.20 所示,当 Q_4 导通、Q_3 关断时,电池通过 Q_4 和 Q_2 向电机提供电能,其电流流动情况如左图中①所示;当 Q_3 导通、Q_4 关断时,电机通过 Q_2 和 Q_3 进行续流,其电流流动情况如左图中②所示。对应 i_{Q1} 至 i_{Q4} 的波形如右图所示,其变化趋势与电机正转电动类似,只是开关管对应的电流发生了变化,当 Q_4 导通时,其电流呈略微线性增加,当 Q_3 导通时,其电流呈略微线性下降,从而在 i_{Q2} 上呈现为周期下降、上升规律,且流经电机的电流 i_a 等于 i_{Q2}。由于 Q_1 在整个过程中保持关闭,因此流经它的电流为始终为 0。

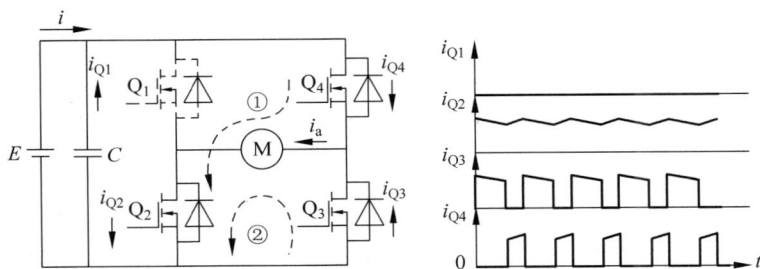

图 4.20 正转反接制动电流分析与波形图

此外,需要指出的是,由于电机旋转方向为正转,其产生的感应电动势方向在反接制动前后未发生改变,而在反接制动后,电机两端电压极性发生改变,且电流发生改变,相当于两个电压进行串联,对应的等效电路如图 4.21 所示。因此该情况下的电机电流也比正常电动运行时大很多,这也是频繁反接制动导致电机严重发热的主要原因。

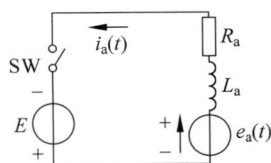

图 4.21 反接制动时的电机等效电路

综合上述电机运行状态的具体分析,可对智能车运行过程中电机的运行状态总结如下:在大部分情况下,智能车电机运行在正向电动状态,在进入弯道需要减速或进入下坡道时,电机可运行在再生制动情况下,并在占空比达到调节极限时可进入短暂的短接制动状态;再生制动可使电机的机械能以电能形式重新存入电池中,但该转换过程的效率有限,将伴随有热量释放;再生制动和短接制动的制动能力有限,主要适用于带有预测性和计划性的小幅度减速,当智能车需要进行大幅度的降速运行时,则需使用反接制动;但是,反接制动是通过在短时间内同时消耗电机和电池上的能量实现的,其释放途径主要施加在闭合回路中的寄生电阻上,因而电机会出现较大的发热。

之前介绍过,机械制动(车闸)由于复杂、体积和重量等问题不太适用于智能车中,在介绍完电机制动知识后,可以补充另一点。即从控制效果来看,车闸制动的连续性(流畅性)不如电机制动效果好,而对电动机转速控制的过程中包含了上述三种制动方式,可将车模的速度有效地控制在一定的范围内。这符合竞速比赛的特点,即在比赛过程中急刹不多见,流畅性却非常重要。或许在创意赛或节能赛中,或者在需要实现快速、短距离停车的场合中,机械制动的优点才能体现出来,这些需要在日后的比赛中继续观察。

另外,如果不采用上述调制方式,而使用如下的调制方式:令 Q_2 和 Q_4 常关,Q_1 和 Q_3 同时导通和同时关断交替进行,会产生什么区别呢?不难想到,当 Q_1 和 Q_3 导通时电机正转,当 Q_1 和 Q_3 关闭时,由于其体内的反并联二极管的作用,再生制动也可以发生,只是其产生的效果要差于之前讨论的传统调试方式。如果读者学习过电力电子课程,将其与不控整流、全控整流之间的优缺点做类比,就不难发现其中的类似之处了。此外,在平衡车组别中还涉及电机的反转电动运行等,由于它的相关模态和电流流动情况与正转电动运行呈对偶关系,因此不再复述,读者可以自行尝试分析。

5. 考虑死区时的情况

在上面的分析中,同一桥臂上下开关管的互补导通与关断是连续进行的,这在电路分析与仿真中是没有问题的,但是在实际的电路中,如果直接采用连续的互补 PWM 信号,由于信号延迟与开关延迟等原因,可能会出现同一桥臂中上下管同时导通的时刻,这是要绝对避免的,否则会导致电源短路,从而烧毁开关管或线路板,术语中称这种现象为直通(Shoot-Through)。因此,为了确保驱动电路的安全,通常在控制上下管的开通关断过程中加入一定的时间间隔,在该间隔内上管、下管的控制信号均为关闭状态,我们称之为停滞时间或死区时间(Blanking-Time or Dead-Time),其通常为数百纳秒至数微秒级。

以电机正转电动状态为例,如图 4.22 所示,其中 v_{Q1} 和 v_{Q2} 分别代表施加在 Q_1 和 Q_2 开关管上的 PWM 信号,当加入停滞时间后,可以看到二者在高低电平变化前后插入了一定时间间隔。相应地,当电池向电机传输电能时,流经 Q_1 的电流 i_{Q1} 与 v_{Q1} 高电平保持同步;当电机进入续流状态时,流经 Q_2 开关管中晶体管的电流 i_{Q2_T} 与 v_{Q2} 高电平保持同步,而在停滞时间内,由于开关管 Q_1 和 Q_2 都处于关闭状态,在电机电流的作用下,Q_2 开关管中的反并联二极管导通并进行续流,流经该二极管的电流 i_{Q2_D} 如图 4.22 所示。由于常见开关管都在体内集成了体二极管,因此开关管外引

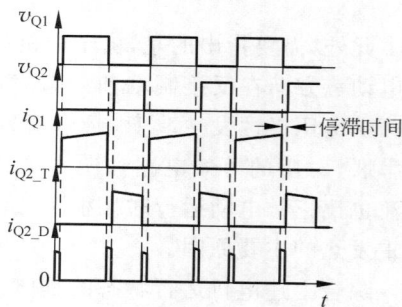

图 4.22 带有停滞时间的电机
正转电动电流波形图

脚所获得的电流是 i_{Q2_T} 与 i_{Q2_D} 之和,其结果与图 4.18 类似,图 4.22 则是为了帮助读者进一步加深对电机驱动桥工作过程的认识和体会,并了解在 PWM 信号中加入停滞时间后,开关管中反并联二极管的作用。

可按以上的电机调制方式依据电流流向、电机转向将工作状态划分为四个象限,分别为电机正转电动、电机正转再生制动、电机反转电动、电机反转再生制动。在每一个工作象限内,按照上述调制方法,施加电机两端的电压只有 E、0 或 $-E$、0 两种情况,而参考之前的逆变电路 PWM 单极性与双极性调制的内容,可以将这种电机驱动电路的调制方式归类为单

极性调制。类似地,在电机驱动电路中也可以使用双极性调制方式,其控制方式更为简单,只需令上述 H 桥电路中 Q1、Q3 为一组,Q2、Q4 为一组,两组交替导通即可,采用这种调制方式时,在电机运行的每个象限,电机端电压均存在 E 和 −E 两种电压,与之前的逆变电路双极性调制定义一致。其优点在于,只需使用一路 PWM 即可实现电机的正、反转控制,当占空比为 50% 时电机静止,当占空比低于或高于 50% 时,按照引脚定义可分别实现正转或反转运行,控制较为简单。不过这种情况下 PWM 的控制精度降低了一半,且要保持电机绝对静止时对控制的准确性要求较高。同时,依据之前双极性与单极性的优缺点分析,采用双极性控制时,电机电流脉动将增大。

6.双极性调制时的电机运行状态

在智能车竞赛中,虽然采用单极性控制方式更多,但是为了介绍的更全面,接来下对采用双极性调制的电机驱动电路的运行状态做简要分析。

如图 4.23 所示,在正转电动状态中,电路中各开关管和电机的电流流向如箭头所示,当 Q_1 和 Q_3 导通、Q_2 和 Q_4 关闭时,H 桥内部电流流动情况如左图中①所示,此时电池向电机提供能量;当 Q_2 和 Q_4 导通、Q_1 和 Q_3 关闭时,H 桥内部电流流动情况如左图中②所示。由于电池电压极性与电机产生的感应电动势极性在电路中叠加,类似于图 4.21 所示的单极性调制反接制动时的电机等效电路,其电流变化斜率较单极性中续流模式更大,这也是双极性调制电机电流脉动大的主要原因。同时,该情况下流经①的能量显然大于流经②的能量。对应地,各开关管的电流情况如右图所示,其中 Q_1 和 Q_3 的电流情况相同,当导通时电流上升,Q_2 和 Q_4 的电流情况相同,当导通时下降,对开关管上的电流进行合并,可得流经电机的电流 i_a 的变化情况。

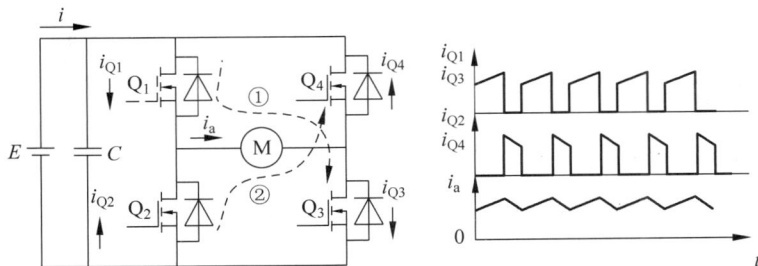

图 4.23　正转电动状态时电流分析与波形(双极性)

在双极性调制下,当电机正转发生在再生制动时,其内部电流变化和各开关管、电机电流波形图如图 4.24 所示。可以看到,与正转电动状态相比,各对应电流方向发生了变化。同时,该情况下流经①的能量也大于流经②的能量,电路中发生了能量回馈。同理,双极性调制下电机的正转反接制动的电流波形图与图 4.24 一致,只是占空比发生变化,即 Q_2 和 Q_4 的导通时间大于 Q_1 和 Q_3 的导通时间,读者可以尝试自行推导、仿真具体的电流波形。

综上,可对电机驱动的双极性调制做如下总结:根据 PWM 的面积等效原理可知,当施加在 Q_1 和 Q_3 上的高电平时间大于 Q_2 和 Q_4 上的高电平时间时,电机正转,反之则电机反转,

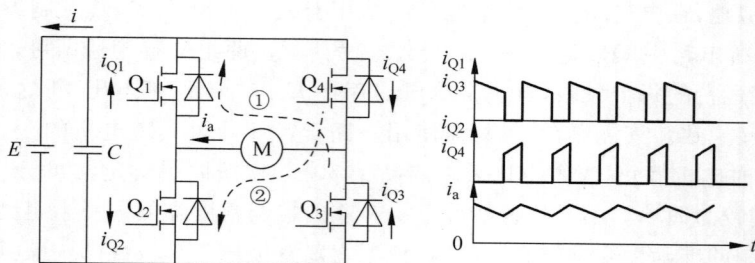

图 4.24   正转再生制动时电流分析与波形(双极性)

当高电平时间相等时,则电机两端的等效电压为 0,这与之前所述 PWM 占空比大于、小于或等于 50% 对应的电机旋转状态一致。与单极性调制中同一桥臂上下管互补导通相比,双极性调制相当于 H 桥中斜对角线的管子两两互补导通,使用一路 PWM 信号并使用反向器产生与之对应的反相 PWM 即可实现双极性调制,为了防止直通现象,也需在二者之间加入一定的停滞时间,加入后的具体波形如图 4.25 所示。图 4.25 还给出了对应的电机端电压波形,在正转电动时,虽然存在停滞时间,但是在停滞时间段内,依据电机电流方向,可知 Q_2 与 Q_4 体内二极管导通,使得电机端电压为 $-E$(忽略线路电阻、电机电阻),从而可确定电机端电压变化情况与驱动信号 v_{Q1} 和 v_{Q3} 保持一致;当电机运行在正转再生制动下时,在停滞时间段内,依据电机电流方向,可知 Q_1 与 Q_3 体内二极管导通,使得电机端电压为 E,从而可确定电机端电压变化情况与驱动信号 v_{Q2} 和 v_{Q4} 保持一致。

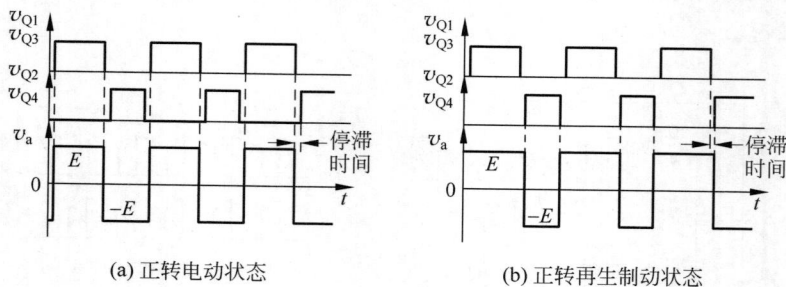

(a) 正转电动状态

(b) 正转再生制动状态

图 4.25   双极性调制驱动波形与电机端电压波形

7. 电机运行状态的仿真验证

若有兴趣,读者可以在仿真软件中搭建直流电机模型、H 桥电路和 PWM 控制信号模型,从而对电机的运行状态及对应的电流波形进行直观地验证。本书在 PLECS 电力电子仿真软件中搭建上述模型,并采用单极性调制方式,对之前所述的智能车下坡时和占空比突然降低时由电动状态进入再生制动状态的过程进行仿真研究,并记录电机转速、电流等波形,观察会有什么现象和规律。由于我们关心的是这些情况下电机转速、电流的变化趋势,因此在不失普遍性的情况下,仿真结果并未给出具体的电流与转速大小。

首先模拟验证智能车从平道进入坡道时电机的转速与电流状态。这里通过改变施加在电机端的外部转矩大小模拟智能车行驶道路的情况。如图 4.26 所示,在阶段 I 中,智能车行驶在平道,其承受的外部转矩为一个恒定数值,在电机驱动电路的作用下(占空比固定为一个常数),电机开始旋转,由于惯性作用,其转速从 0 逐渐上升并进入一个稳态值。相应地,其启动电流在电机转速为 0 时最大(相当于堵转电流),并随着电机转速的提升逐渐下降至稳态值,智能车在阶段 I 由启动进入一个恒速运行状态。在阶段 II,智能车驶入坡道,其承受的外部转矩在平道基础上进一步增加。对应地,电机电流有所增加,电机转速发生了一定下降;在阶段 III,智能车驶入下坡道,此时外部转矩将突然从正值变为负值,可以看到,电机的转速提高,电机进入了发电状态。对应地,电机电流也由正变负,再生制动情况发生,在再生制动的作用下,电机转速和电流逐渐趋于稳态。不难想象,在智能车驶出下坡重新进入平道后,其转速和电流将逐渐进入阶段 I 中的稳态值。

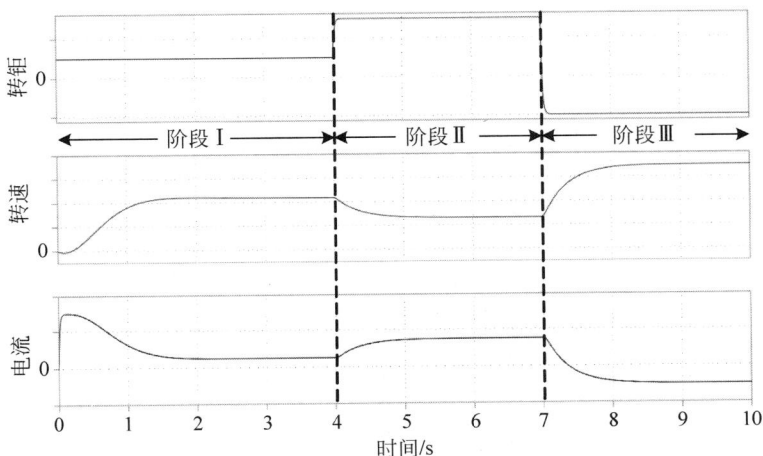

图 4.26　转矩突变时电机转速、电流波形

接着,保持智能车外部转矩为恒定值,验证在驱动电路占空比突然降低时,电机的转速与电流变化情况。如图 4.27 所示,阶段 I 中的电机启动波形与图 4.26 一致,在 5s 时,占空比由 0.7 突降为 0.3,仿真进入阶段 II。可以看到,电机的转速发生了一定下降,而电机的电流则先由正变负,在发生了短暂的再生制动后逐渐恢复至之前的水平。可以观察到,电机电流稳态值在阶段 I 与阶段 II 相等,这是由于外部转矩在仿真期间未发生改变,而由电机数学模型可知,其电流与转矩呈比例关系,因此前后相等。

以上两个仿真展示了智能车中的电机在车模驶入下坡道和驱动占空比下降时发生再生制动的相关波形,与之前的理论分析一致,因此也验证了上述分析的正确性。

此外,从图 4.26 电机转速的变化结果中可以发现,若保持驱动占空比不变,智能车在不同的赛道情况下其电机输出转速是不恒定的,如果想要实现电机的恒速控制,应对其占空比进行实时调节,以适应不同的赛道情况。可见,为了保证智能车的稳定运行,其速度控制非常重要,直流电机的速度控制方法将在本章第 5 节进行详细介绍。

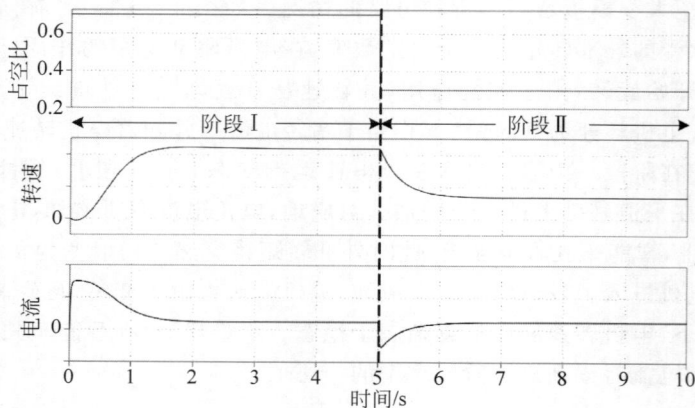

图 4.27　占空比突变时电机转速、电流波形

4.3　电机驱动电路设计方案

　　智能车的电机驱动电路是智能车制作过程中的重要环节,一方面同学们通过实际设计、制作电机驱动电路,可以加深对功率驱动芯片、开关管等器件及其组成电路的理解与学习;另一方面,从电机等效电路模型与公式可以看出,减少驱动器的内阻,提高其驱动能力是提高电机转速与转矩的可靠方法,因此也是提升实践动手能力的有效途径,本节将对智能车竞赛中的常用驱动电路方案由浅入深地进行介绍。

　　电机驱动方案可以分为单芯片方案、分立开关管方案等,两类方案各有优缺点。简单来说,单芯片方案具有外围电路简单、体积小、制作容易等优点,但是驱动能力往往有限。分立方案可以根据电机运行参数选择电压、电流较为合适的开关管,由于选择自由度大,一些高性能、低内阻的 MOSFET 开关管可以对电机驱动性能带来很大提升。但是其往往还包含了开关管驱动芯片、辅助电源、保护电路等,整体电路较单芯片复杂,体积较大。在设计PCB 时,应注意电路中各功率器件之间连线的最大功率,以及开关管散热措施等,如果设计中有疏忽,可能得到适得其反的驱动效果。本节将适用于智能车的电机驱动电路分为入门级、中级、高级三个级别,逐级介绍,重点对其电路结构展开分析,并介绍各设计方案的设计要点和一些改进措施、注意事项等。

4.3.1　入门级电机驱动电路方案

1. L298N 与电调

　　在很多入门级小车(如万向轮小车)和机器人的学习和竞赛中,初学者最先接触到的或者常常听人们谈起的电机驱动芯片当属 L298N 了,它是由意法半导体在 20 世纪推出的一款集成了双 H 桥电路的直流电机驱动芯片,其最高驱动电压为 46V,总驱动电流为 4A,即每个 H 桥的驱动能力为 2A。此外,它有直插和贴片两种形式封装,直插封装非常适合初学者使用,且散热性能好。由于包含了两个 H 桥,它还适用于驱动步进电机。但是,由于它的驱动电流只有 2A,且体积略大,所以并不适用于智能车竞速比赛。由 L298N 构成的电机驱动电路和制作比较简单,且资料较多,有兴趣的读者可以自行在互联网搜索。

在航模比赛中,我们常常听到"电调",它实际就是一个成品电机功率驱动器,并依据航模电机的特点分为有刷、无刷等类型,为了适应航模比赛特点,其工作电流一般比较大,比较常见的是 50A 以上。但是,按照智能车竞赛规则,智能车电机驱动部分不能使用成品,须自行设计、制作,因此电调或成品电机驱动也不适用于智能车竞赛。

2. 集成驱动 MC33886

在最早的几届智能车竞赛中,MC33886 作为大赛推荐的电机驱动芯片被大多数参赛队伍使用,作者参加了第二届和第三届智能车竞赛,均使用了这款芯片。它最早由摩托罗拉公司推出,作者就曾经使用过带摩托罗拉 LOGO 的 MC33886。在 2004 年摩托罗拉半导体部剥离成立飞思卡尔半导体公司后,其后续生产的芯片 LOGO 改为飞思卡尔,而在近期飞思卡尔被恩智浦吞并后,由于飞思卡尔商标被剔除,不排除该芯片 LOGO 再次被更改的命运。然而这个过程并没有结束,最近恩智浦又被高通收购了。这款芯片是集成了两个半桥的直流电机专用驱动芯片,其驱动电压可达 40V,驱动频率上限为 10kHz,其内部集成了输出保护电路,可实时检测输出欠压、过温、短路等故障,并专门设有一个引脚通过电平状态报告控制器是否发生故障和保护。

MC33886 具有体积小、智能化程度高等优点,图 4.28 给出了 MC33886 的引脚分布图和简化的电路接线图。它通过 IN1、IN2 连接单片机的 PWM 信号输出端,并通过 D1、D2 进行使能,在正常工作时,D1 应为低电平、D2 为高电平,使能芯片驱动电机运行。我们可以按照上一节介绍的电机单极性调制方法使用 MC33886 实现电机正、反旋转或制动功能,具体的各引脚与电机控制关系(也叫真值表 Truth Table)可以查阅其技术手册(Data Sheet)。它还可以通过其故障指示引脚 FS、使能引脚 D1、D2 配合单片机进行故障检测、保护、清除等一系列措施。在芯片检测到输出短路、过流或芯片过热后,FS 引脚由高电平转变为低电平,单片机检测到故障信号后,可以令 D1 为高电平或令 D2 为低电平,此时驱动芯片的输出 OUT1 和 OUT2 同时转变为高阻状态,防止故障电压或电流的侵害。单片机在故障结束后可以重设 D1、D2 电平,从而重新使能芯片并清除 FS 故障信号。此外,芯片的 V+接电池正端,C_{CP} 为其内部提供相应开关管驱动电压的电荷泵电容,一般可取 33nF,其数据手册提示该电容若不连接芯片也可工作,但是连接后有利于降噪和提高 PWM 驱动频率。

MC33886 的最大驱动电流为 5A,相比于 L298N 有较大提升,但是其驱动能力依然无法很好地满足智能车竞赛的需求。为此,早期使用 MC33886 时,各参赛队伍可谓绞尽脑汁,有队伍合并其 IN1、IN2 引脚,并合并 OUT1、OUT2,令其内部半桥并联使用的,也有很多直接使用两片甚至更多片 MC33886,将其并联使用以增加驱动电流的。但是在并联使用 MC33886 时,由于各芯片生产批次不同等因素,其内部 MOS 管内阻存在差异,由于其内阻本身就很小(120mΩ),使得很小的差异也会造成并联芯片的均流(Current Sharing)不一致,表现为并联中某一芯片承担电流大,其他芯片承担电流小,从而影响其最大驱动能力。此

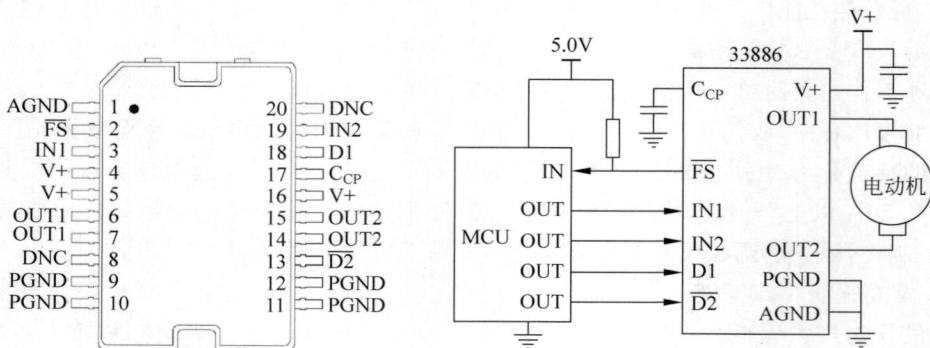

图 4.28   MC33886 引脚分布与电路连接图

外,并联使用时也存在驱动差异、开关管动作不一致等问题,作者在参赛时曾经尝试并联四片 MC33886 使用,但是整体驱动动力也未有显著提升。MC33886 的另一个问题在于其发热严重,其封装为贴片 20 引脚,在芯片底部为散热铜片,正确的设计方法是将其底部散热铜片与 PCB 对应焊盘焊接并打孔保证有足够的散热空间。但是初学者使用时,往往忽略了其散热焊盘的 PCB 设计,且手工焊接散热盘难度大,因此散热问题无法得到有效解决。芯片在过热后不仅性能下降,严重时出现过热保护,电机运行得不到有效保障。

此外,需要指出的是,由于 MC33886 的最大驱动电压可达 40V,而智能车电池为 7.2V,相对较小,工作在该电压下的芯片承受能力较好,因此出现过压、过流烧毁的可能性相对较低,为了简化设计可以不连接 FS 故障指示引脚,并令使能引脚 D1 常低、D2 常高,最终只需接连单片机 PWM 输出对应的 I/O 口至 IN1 和 IN2 即可。但是在 MC33886 的电路连接中,也出现了一些不太合理的使用方法。例如,混淆对 IN1、IN2 与 D1、D2 的使用,将 PWM 与 D1 或 D2 连接,将 IN1、IN2 与高电平、低电平连接。此时虽然可以实现电机的正转功能,但是,一方面可能无法实现反接制动,另一方面通过 PWM 控制 D1 或 D2 电平的过程中,驱动芯片在被失效(Disable)时,其内部功率管全部关闭,驱动芯片输出将呈现高阻态,从上一节可知,这对于电路的安全及电机的制动都是不利的,应该避免出现。这里也提醒大家在设计智能车电机驱动电路及 PWM 调制方式时,应该避免上述情况的发生。

除了 MC33886,飞思卡尔的该系列中还有一款带有电流反馈输出的电机驱动芯片 MC33887,其电流反馈通道可用于实现电机的恒转矩控制(因为直流电机转矩与电流呈比例关系)或用于检测输出侧是否有开路情况发生。当然,也可以构成电流转速双闭环控制,提高转速控制的动态响应性能(双闭环控制将在第 5 节进行详细介绍)。此外,飞思卡尔还出品了一个 H 桥门(栅极)驱动芯片 MC33883,可以配合外部开关管构成电机驱动电路。

4.3.2   中级电机驱动电路方案

1. BTS 和 BTN 系列集成驱动

BTS 和 BTN 系列电机驱动芯片由英飞凌公司推出,英飞凌(Infineon Technologies)是一家德国半导体厂商,与飞思卡尔类似,其前身是西门子公司的半导体部,不同的是,其不仅没有被更大的半导体公司吞并,反而在 2014 年收购了半导体功率器件厂商巨头之一的国际整流器公司(International Rectifier),使得其在功率器件及周边产品的霸主地位更加牢靠。

作者曾在 2009 年采用 BTS7960 芯片设计了一款电机驱动板,然后在智能车论坛对其原理图和 PCB 进行了开源,由于其外部电路并不复杂,且驱动电流较 MC33886 有非常大的提升(BTS7960 驱动电流峰值可达 43A),因此在第五届智能车竞赛中得到了非常广泛的应用,为智能车的提速提供了有利条件。但是也存在一些问题,例如该系列驱动芯片的生命周期较短,BTS7960 早已停产多年,在网上商城中极易买到翻新件或拆机件,芯片质量无法得到保障,另外其价格也相对较高。但不可否认的是,在前期的智能车竞赛中,BTS7960 发挥了非常重要的作用。

当然,在 BTS 系列停产后,英飞凌在此基础上不断推出了升级款的电机驱动芯片。例如通过 RoHS(欧盟的一项关于器件有害成分限制的标准)认证的 BTN 系列中的 BTN7970 和 BTN7971 也在随后的智能车竞赛中得到较多应用。BTN7971 的驱动电流峰值可达 70A(指低侧管),性能更加优秀,但是最近也存在停产的可能(e 络盟已经没有现货)。在第十一届智能车竞赛中,电子科技大学电轨组使用了 BTN8982 这款同系列电机驱动芯片,其电流峰值在同系列中是最高的,意味着其最大驱动电流也是最高的。同时,其订货比较方便,质量有所保障。作者查阅了各系列 BTS/BTN 驱动芯片的技术手册,并进行了总结,具体的参数对比可见表 4.1。其中,BTN8982 的导通内阻只有 10mΩ,限流阈值也是最大的。需要注意的是,这里指的 10mΩ 内阻(BTN8982)为 25℃ 环境下上管内阻(5.3mΩ)与下管内阻(4.7mΩ)之和。与普通电阻物理特性一致,该内阻随着芯片温度升高而变大,在 150℃ 时为 20.4mΩ。同时,所列出的限流阈值是在供电电压为 13.5V 时测试得到的,在供电电压较低时该值也有所下降,意味着电池电压较低时,该系列驱动芯片的最大驱动能力也随之发生下降。

表 4.1　BTS/BTN 系列驱动芯片参数对比

型　号	工作电压范围	MOS 管内阻	限流阈值(下管)
BTS7960	5.4～27.5V	16mΩ	43A
BTS7960B	5.4～27.6V	16mΩ	68A
BTN7970	5.4～28V	16mΩ	70A
BTN7971	4.5～28V	16mΩ	70A
BTN8982	4.5～40V	10mΩ	77A

上述各款 BTS/BTN 驱动芯片在引脚分布和封装尺寸上是完全一致的,因此在设计电路原理图和 PCB 时是相互兼容的,可以直接进行替代。每个 BTS/BTN 驱动芯片内部集成了一个上管(P 沟道 MOSFET)和下管(N 沟道 MOSFET),并构成一个半桥,因此我们需使用两片该芯片组成全桥结构实现智能车电机的正转、制动与反转功能。与 MC33886 类似,其内部也集成了过压、过流、过温等保护措施,并配置有电流采集、故障指示引脚。此外,其

SR 引脚可通过设置下拉电阻配置开关管驱动信号的上升、下降时间及停滞时间,电阻值越大,各项时间越长,其数据手册给出了 0Ω、5.1kΩ、51kΩ 时对应的具体数据,感兴趣的同学可以自行查阅。在进行智能车驱动设计时,为了提高驱动效率,不应选择过大的阻值。该款芯片的最高驱动频率可达 25kHz,可完全满足智能车电机驱动的各项要求。此外,该芯片还集成了一个过流限制功能,在输出电流达到最大容量限制时,将强行关闭驱动开关管,从而防止输出电流越限。

在 PWM 控制方式方面,其输入、输出对应的真值表如表 4.2 所示,INH 为使能引脚,在给其低电平时,上下管全部关断,在给其高电平时,IN 的输出有效;维持 INH 为高电平,当 IN 输入端为低电平时,芯片内半桥中上管关断,下管导通;当 IN 输入端为高电平时,芯片内半桥中上管导通,下管关断。因此,在使用两片 BTS/BTN 驱动芯片组合为 H 桥时,其驱动方式可与上一节介绍的电机单极性调制方式保持一致。

表 4.2 BTS/BTN 系列驱动芯片真值表

输 入		输 出	
INH	IN	上管	下管
0	×	关	关
1	0	关	开
1	1	开	关

图 4.29 为基于 BTN 系列的电机驱动电路设计图,通过前面的介绍可知,INH 为 BTN 驱动芯片的使能端,其可与单片机 I/O 口相连,并可配合 IS 电流检测与故障诊断端实施故障保护。在检测到故障信号时,使能端至低位,系统停止工作,从而起到保护作用。BTN 系列芯片还具备自动保护功能,在检测到过压、过流、过温等致命故障时,可自动关闭或调整内部开关管,强行停止或限流运行。由于智能车电池电压远低于 BTN 系列最高承受电压,不会出现过压故障(过温问题比较常见)。因此,有时为了简化设计,可在硬件电路设计时直接给 INH 置高位(+5V),并不连接 IS 至单片机,从而可以减少 4 根连线。按照其数据手册建议,SR 端下拉电阻取 510Ω,此时开关管的停滞时间较短,并且在该电阻两端并联 0.1μF 电容,起到高频滤波作用,有时也可在电机两端至 PGND 和 BAT+ 两端并联高频滤波瓷片电容,达到滤除电机侧电磁干扰的目的。

由于电机驱动工作时电流较大,会在电机启动或突然加速时出现电池电压被拉低的现象,因此为了尽量降低电池电压波动,须设置 C_3 低频滤波电容。其主要用于能量缓冲,建议容量大于 $330\mu F$,本节选取 $470\mu F$,并须注意其极性与耐压等级。由上一节内容可知,电机运行过程中存在再生制动,同时在开关管切换时可能会产生尖峰电压,为了防止电容发生过压损坏,建议选取耐压等级为 16V。在电容选取方面,一般来说,钽电解电容的寿命长、高频滤波特性好,但是耐尖峰能力不如电解液式电解电容(钽电容过压易炸,失效后短路起火)。此外,多层陶瓷电容(MLCC)在性能和寿命上已经超过了钽电容,但其容量一般较小,且机械外力承受能力差。而固态电容采用固态电解质,在热稳定性、寿命、频率特性等方面均超过传统电解液式电解电容,在电脑主板、显卡中有较多应用,适用于低压大电流场合。综上,在端口电压存在变化的情况下,建议并联一定容量的固态电解电容。

此外,图4.29中BAT+表示电池正极,三角形地为功率地,一般用PGND(Power Ground)表示,用于连接电池负极与驱动电路,横线形地为数字地,一般用DGND(Digital Ground)表示,用于连接电池负极与单片机等数字器件。在设计时区分两个地有利于隔离干扰,同时信号地与功率地分别走线,并在设计PCB时注意加强功率地之间的走线强度,二者一般可以通过一个0Ω电阻进行单点连接。

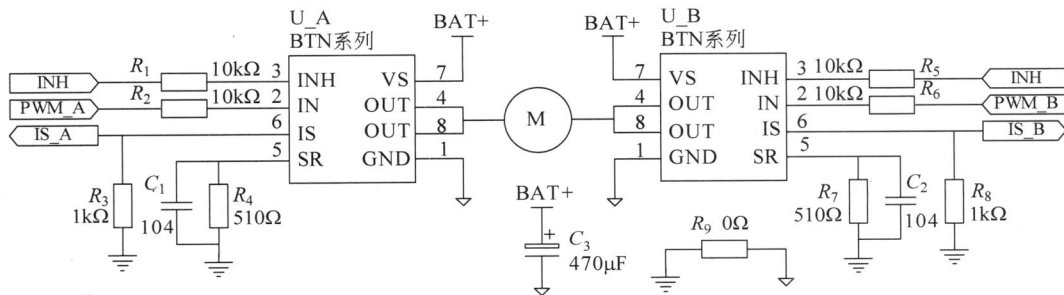

图4.29 基于BTN系列的电机驱动电路设计

以上为由BTN系列驱动芯片组成的电机驱动电路设计要点,已经可以基本满足智能车对电机控制的要求。在实际设计中,还需额外添加与电机、电池和单片机的接口电路,以方便驱动板的拆卸、更换等,当然对于电源与电机的连线,也可以采用直接焊接的方式,这样可以节省接线端子占用的空间且连接方式更加牢靠。在现有的基于BTN的电路设计方案中,有的还在单片机PWM、IO端口与BTN的IN、INH端口间添加了线路驱动芯片或光耦隔离芯片。其中线路驱动芯片通常为高速信号驱动芯片,一方面其可以提高单片机信号的驱动能力,另一方面也具备一定的电气隔离能力,可用于隔离来自功率侧可能的过压、过流等电气损害以及高频电磁干扰,保护单片机安全,有时还可用于进行3.3V与5V等逻辑电平的转换,以适配连接不同电平间的控制器和受控器件。

线路驱动器广泛应用于计算机接口电路和单片机控制电路中,它可以用于在计算机接口电路或总线线路较长时(大于1m),提高终端侧的驱动能力,也可用于提高单片机输出I/O的带载能力(如驱动LED屏幕)。图4.30为基于74HC244的电机驱动信号驱动电路,单片机产生的PWM信号作为输入送至该芯片,对应的输出引脚则连接至BTN的输入端口。为了避免输入引脚出现不确定状态,将其做下拉处理。其中,1引脚为使能端,在低电平时芯片使能。该芯片包含了8个独立同相驱动支路,即使使用双H桥电路,也仅需其中的一半支路,剩余的空闲输入支路则可做拉低或拉高处理。此外,具有双向电平传输功能的74LVC245也可作为单片机接口与电机驱动输入端的接口电路,其芯片封装更小巧,传输端口兼容3.3V和5V电平,这里仅需使用其单向传输功能,且连接电路与74HC244相似,在此不再单独列出。需要注意的是,其工作电压为2.7~3.6V,建议使用3.3V电压进行供电。

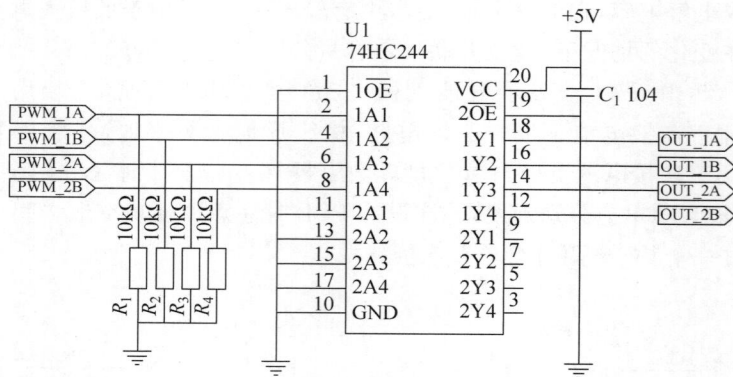

图 4.30 基于 74HC244 的驱动隔离电路

此外,还有使用高速光耦器件作为单片机信号与驱动输入信号间的隔离电路,光耦芯片可实现器件间的完全电气隔离,可选型号较多,外围电路也比较简单,读者可以通过互联网查找具体方案,在此不再复述。

基于 BTN 驱动芯片的电机驱动板如图 4.31 所示,使用了上述线路驱动芯片实现信号隔离,通过左侧的大功率接线端子与电机和电池连接,在实际使用中也可以不焊接该端子而按照之前所提的方法直接焊接引线。在设计 PCB 的过程中,应注意功率线路的电流容量,确保相关走线有足够的宽度和厚度(厚度可要求 PCB 制板商更改),并尽量缩短其走线距离,必要时,可以开窗设计并进行焊锡覆盖。焊接时,要保证功率器件功率引脚的锡量充足,避免功率回路中出现任何的电流瓶颈段。PCB 的设计流程一般可分为确定方案、绘制电路原理图、确定各器件封装、导入器件、确定电路板层数与尺寸、调整器件位置、处理走线、处理丝印等几个步骤,具体的电机驱动 PCB 设计步骤及相关注意事项,可以转至本书第 7 章。

图 4.31 BTN 电机驱动实物图

2. 2P+2N 式驱动方案

这里的 2P+2N 方案是指由上管为 P 沟道和下管为 N 沟道的 MOSFET 构成的 H 桥电路,与 BTN 系列的内部拓扑结构一致,但是使用分立开关器件和外部栅极驱动器进行组合,在器件的选择上更具自主性且成本低廉。

在本书第 1.2 节中,相关作者已经对 MOSFET 的基本结构和特性进行了简单的介绍,我们使用较多的为 N 沟道型 MOSFET,其导通电阻小,可选型号多,在其栅极/门极(Gate,G)和源极(Source,S)上施加一定的电压 v_{gs_n} 即可导通,反之小于一定值则处于关断状态。实际上,还存在 P 沟道型 MOSFET,相对于 N 沟道型 MOSFET,其导通电阻一般较大,制造工艺难度大,可选型号较少,在其栅极和源极间驱动电压 v_{gs_p} 大于一定值时导通,反之小于一定值则关断,相关符号与引脚标识如图 4.32 所示。

可见,N 沟道与 P 沟道 MOSFET 在导通与关断条件上呈对偶关系,利用这一特点,可以设计如图 4.34 所示的电机驱动电路。其中,2 个 P 沟道 MOSFET 选用国际整流器公司(IR)生产的 IRF4905,其导通电阻典型值为 20mΩ,导通电流可达 74A;2 个 N 沟道 MOSFET 选用 IRF3205,其导通电阻为 8mΩ,导通电流可达 110A,共同组成 H 桥电路。栅极驱动器选用了 IR 的低侧驱动芯片 IR4428,它集成了两路独立驱动,驱动电流可达 1.5A,可用于驱动两个低侧 N 沟道 MOSFET。例如,在图 4.33 所示的典型接线图中,低侧栅极驱动器的输出与两个 N 沟道 MOSFET 的栅极通过阻尼电阻连接,而两个 MOSFET 的源极都与功率地相连。这意味着该驱动芯片并不适用于驱动高位 N 沟道 MOSFET(上管位置)。但是,由于 N 沟道和 P 沟道 MOSFET 的驱动对偶关系,使得 IR4428 的输出端可以同时连接半桥中的 IRF3205 和 IRF4905,并可使其交替导通。同时,由于 IR4428 的 INA 与 OUTA 为反相关系,而 INB 与 OUTB 为同相关系,若将 INA 与 INB 并联,则可只使用一路 PWM 实现上一节所提的双极性电机调制方式,具体对应的 IR4428 真值表与依据图 4.34 搭建的电机驱动电路状态如表 4.3 所示。

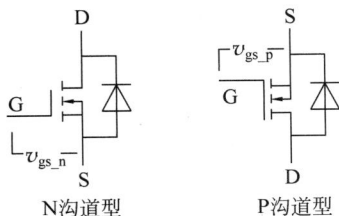

图 4.32 N 沟道与 P 沟道 MOSFET 示意图

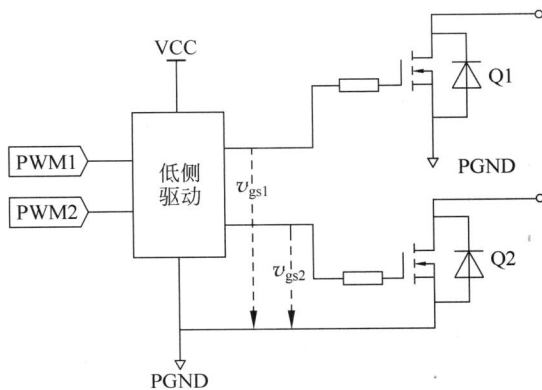

图 4.33 低侧驱动芯片接线图

表 4.3 IR4428 真值表与驱动电路状态

输 入		输 出		驱动电路状态		
INA	INB	OUTA	OUTB	Q1, Q3	Q2, Q4	电机
0	0	1	0	关断	导通	$-E$
1	1	0	1	导通	关断	E

在图 4.34 中,由于 IR4428 的工作电压范围为 6～20V,为了达到简化设计的目的,其 VCC(VS)端可以直接从电池正极取电。但是随着电池电量在智能车运行中的不断消耗,并在电机功率较大时,会存在电池端电压低于 6V 的情况,为了确保该驱动芯片正常工作,也可通过升压电路稳压后再接至 IR4428 的 VCC(VS)端。典型的升压电路可使用 MC34063 芯片构成 BOOST 升压电路,并将电池电压升至 12V,其电路较常见,在此不再复述。也可使用电源模块为驱动芯片提供所需电压。常见小功率电源模块如图 4.35 所示,可根据需要选购不同电压等级的电源模块。例如,本案例可选取输入为 5V 与输出为 12V 电源模块,其连线也非常简便,只需将其输入端接至智能车电源电路的 5V 侧(一般可由线性稳压源提供),再将其输出侧连接至驱动芯片同时并联一定电容和负载即可(注意区分输入、输出以及电压极性)。图 4.35 所示电源模块内部为隔离结构,还可实现输出电源与输入电源的电气隔离,国内提供该类型电源模块的较大供应商为金升阳公司(MORNSUN),与 MC34063 方案对比,其在性能和体积上更有优势,且无须调试、使用方便。

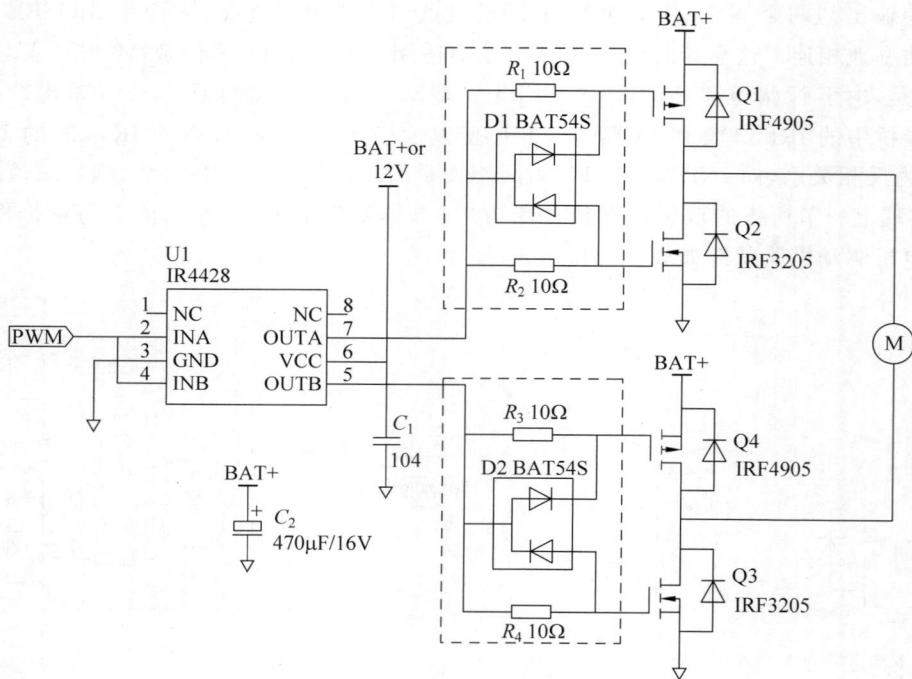

图 4.34　2P+2N 驱动电路方案

在早先的方案中,并没有图 4.34 虚线框中的 R_1～R_4 以及 D1、D2,驱动芯片输出侧 OUTA 与 Q1、Q2 的栅极直接连接,OUTB 与 Q3、Q4 的栅极直接连接。虽然这种电路结构更加简洁,但是由于该电路结构中同一桥臂 N 管与 P 管共用一根驱动线路,无法加入停滞

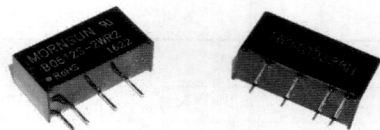

图 4.35　小功率隔离式电源模块

时间,可能出现上下管短暂直通问题。如上一节中所述,这种直通现象是要极力避免的,尤其在高压大功率场合,会直接导致开关管或线路烧毁。在智能车中,相对于电池的最大电压与功率,所采用的开关管所能承受的电压、电流等级较高,因此可承受一定的直通电流,但是也会导致开关管发热高、驱动能力下降问题。

图4.36　北京科技大学校内赛
2P+2N驱动实物图

　　为了解决 2P+2N 驱动方案存在的上述问题,可加入 $R_1 \sim R_4$ 以及 BAT54S 高速肖特基二极管,实现 4 个开关管的"缓开快关"(已经在第 1 章对 N 沟道 MOSFET 的这一驱动方式有详细介绍,P 沟道 MOSFET 则由于驱动对偶关系与 N 沟道情况相反)。从而有效解决 P 管与 N 管的导通交叠问题,该方案的驱动能力也因此得到进一步提升。

　　在设计与制作该类型驱动电路 PCB 时,首先要注意 P 沟道与 N 沟道开关管引脚分布上存在的差异,同时由于两者在外观上类似,在焊接时要避免两者混淆。这两种开关管都为 TO-220 直插封装,因此在器件空间排布上可以更加紧凑。图 4.36 为北京科技大学校内赛推广使用的 2P+2N 驱动电路板实物图,可以看到,器件排布紧凑,电路板非常小巧,同时引线也很简洁,实现了小体积、廉价的电机驱动方案。

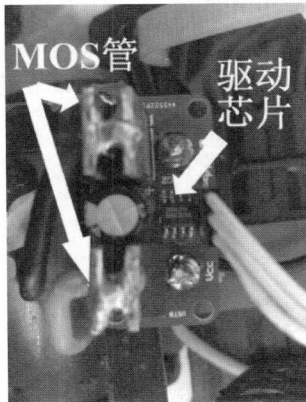

4.3.3　高级电机驱动电路方案

　　由于 N 沟道 MOSFET 制作工艺技术成熟,可选型号与封装非常丰富,且对应的驱动芯片选型也非常多,因此采用 4 个 N 沟道 MOSFET 构成 H 桥时,可搭建不同电压等级和功率的电机驱动电路,在智能车竞赛中得到了广泛应用。

辅助电源	隔离/放大电路	驱动芯片
接口电路	H桥电路 (4×N沟道MOSFET)	

图4.37　4N型电机驱动电路结构

图 4.37 为典型的 4N 型电机驱动电路结构组成图,主要包括 5 大部分:接口电路用于连接电机、电源和单片机的控制信号等;辅助电源用于提供隔离电路和驱动芯片所需电压;隔离/放大电路起到信号隔离、放大作用,单片机产生的 PWM 控制信号经过隔离放大电路后送至驱动芯片;驱动芯片则将该信号转换为可满足驱动 MOSFET 导通条件的删极驱动电压。由于智能车的电压等级较低,且信号线距离较短,因此在后面的设计中,并没有加入隔离、放大电路。

1.4N 独立式驱动方案

　　首先介绍采用独立驱动的 4N 型电机驱动方案,其主要特点是 H 桥中每个开关管对应一个独立的驱动芯片。此处选择安捷伦(Agilent)公司出品的适用于 MOSFET 和 IGBT 的光耦隔离式驱动芯片 HCPL3120,其内部集成了光耦器件,共模隔离电压可达 15kV,广泛应用于交直流电机、工业逆变器和开关电源中。那么为什么要使用光耦隔离功能呢?以半桥为例,如图 4.38 所示,由于上管和下管均使用了 N 沟道 MOSFET,均需在其栅极与源极施加一定的电压才能使其导通(即图中 v_{gs1} 和 v_{gs2})。而此时上管 Q1 的源极是与下管 Q2 的漏极相连接的,此时采用低侧型驱动 IR4428 显然是不适用的,这是因为其输出端驱动电压 OUTA、OUTB 均以 PGND 为参考电位,而上管的驱动电压 v_{gs1} 是以图中 OUT 端为参考电位的。此时,可使用图中所示的独立驱动芯片,由于其输出两路电压参考电位不相同,而单片机产生的两路 PWM 参考电位同为 GND,因此需要添加光耦隔离环节,实现输入、输出信号的隔离。进一步,通过驱动内部的放大电路,产生对应的驱动电压。此外,由于下管的源极直接与 PGND 相连,因此下管对应的驱动芯片参考电位为 PGND,且图中 GND 与 PGND 参考电位相同。而上管参考电位为 GND1,因此需要额外使用与下管驱动供电相对隔离的供电电源。配合光耦隔离与独立电源,驱动芯片最终可产生上管 Q1 所需的驱动电压。

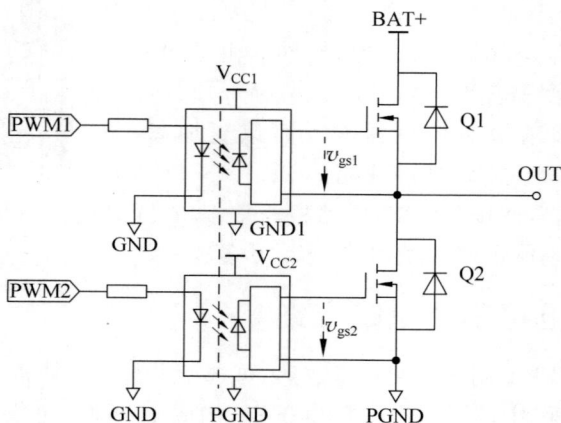

图 4.38　独立驱动原理

图 4.39 为分立式 4N 驱动电路图,H 桥中开关管编号与上一节中顺序保持一致,需使用 4 片 HCPL3120 分别驱动 4 个 N 沟道 MOSFET,并将单片机产生的 4 路 PWM 信号通过限流电阻 $R_1 \sim R_4$ 后连接至各驱动芯片中的光耦器件。

MOSFET 的型号可根据工作电压、电流等需要进行选择,这里先不给出具体型号,将在下一节对智能车常用 MOSFET 型号进行列举和对比。由于 HCPL3120 的供电范围为 15~30V,这里选用 15V 电压等级电源为其供电。从图 4.39 中可以看出,HCPL3120 驱动电压输出端为 VO 和 VEE,分别加在各开关管的栅极和源极,因此 U1 和 U4 对应的供电地分别为 GND1 和 GND2,相对于 PGND,GND1 和 GND2 可称为浮地。因此,驱动芯片 U1~U4 共需要使用三个辅助电源,其中下管 Q2、Q3 对应的 U2、U3 的驱动电位为 PGND,可使用线性稳压器件进行稳压,而 U1 和 U4 需使用独立的隔离电源,可以采用两个上面提到的隔离电源模块进行供电,并定义线性稳压模块输出为+15V,隔离电源模块输出分别为+15V1 和+15V2。依据之前的设计原则,HCPL3120 输出端加入了阻尼电阻(R_2、R_4、R_5、R_7)。$C_1 \sim C_4$ 则为驱动芯片电源侧的旁路电容,用于滤除高频干扰,必要时,还需并联 $10\mu F$

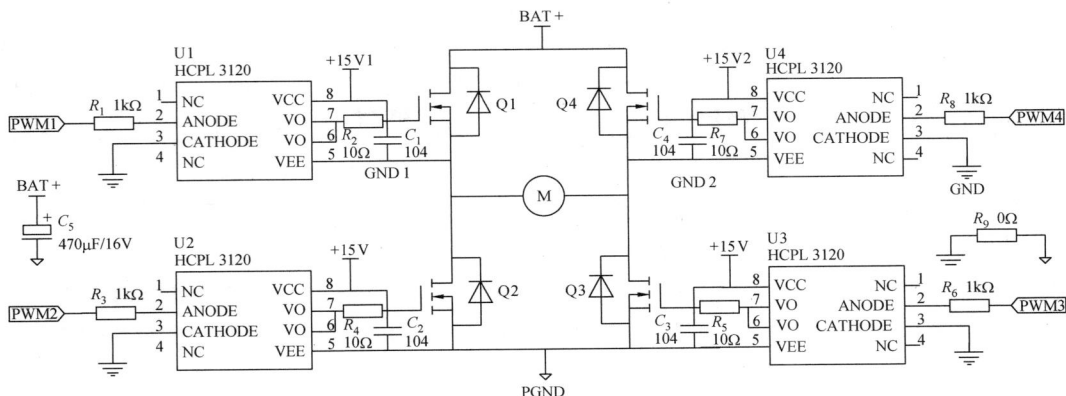

图 4.39 采用隔离型栅极驱动器的 4N 驱动电路

左右的电解电容,用于降低电源纹波(有时电源侧已经提供,则无须添加),C5 则为电池侧缓冲电容。由于 PGND 与 GND 为同电位,因此采用 0 欧电阻连接,在低压情况,电磁干扰不严重时,也可不区分这两个地,从而简化设计。

可以看到,独立式驱动电路结构较为复杂,所需器件也较多,尤其需要多路隔离电源,会大大增加其体积与重量。其次,其所需的 PWM 路数较多,且很难通过硬件添加 PWM 停滞时间,需要在软件中实现,综合以上几点,这种方案在智能车场合不太适用。不过其电气安全性高、独立驱动使得其调制模式更加灵活,既可以使用单极性调制,也可以使用双极性调制方式,且可以实现满占空比控制,在较大电压和功率的 DC-AC 逆变器中有较多应用,在此介绍其原理有助于读者理解全桥上管的驱动方式,并对全桥驱动方案有一个全面认识。

2. 4N 半桥式驱动方案

1) 整体电路设计与分析

为了解决上述独立式驱动方案浮地驱动辅助电源较多的问题,可以采用带有自举电容的半桥型驱动芯片,它专为 N 沟道 MOSFET 构成的半桥电路设计。其工作原理如图 4.40 所示,其中 LO 为低侧驱动电压输出,其参考电位为功率地 PGND,HO 为高侧驱动电压输出,其参考电位为浮地端 VS。自举电容 C 可为上管的驱动电压提供能量,当下管 Q2 导通时,自举电容通过二极管 D 和下管 Q2 与供电电源组成的回路进行充电(图中虚线所示),并在 Q2 断开、Q1 导通时放电。

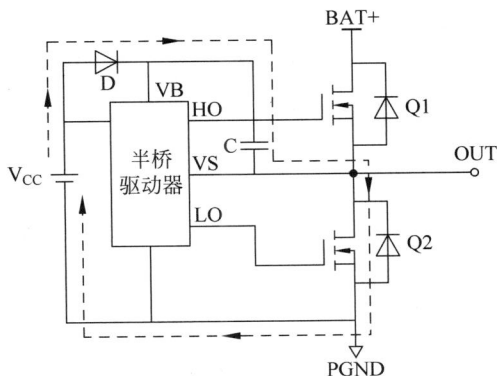

图 4.40 半桥驱动器内部原理

由此省去了独立隔离电源,只需使用一路 12V 或 15V 电源进行供电即可。需要注意的是,在每个开关周期,下管 Q2 必须导通一定时间,从而保证自举电容有效充电,并可进一步驱动上管。也就是说,在下管完全断开时,上管也将无法有效驱动。因此,自举电容式半桥驱动的缺点是,无法实现 PWM 满占空比(100%)控制,尤其在接近满占空比时,本来需要 Q1 提供大电流,但是由于其驱动电压不足,可能使 Q1 进入放大区,导通电阻变大,从而出现开关管发热严重问题,在进行相关软件设计时要格外注意这一点。

图 4.41 为采用半桥栅极驱动器设计的 4N 电机驱动电路,可以看出,其电路结构比采用独立驱动器方案简化了很多,且只需一路辅助电源即可。这是一种比较通用的电机驱动以及逆变器电路方案,除了串联在开关管栅极的阻尼电阻以及电源滤波电路与之前独立式方案相同之外,由半桥驱动芯片和自举二极管、自举电容等外围电路组成的栅极驱动器结构也比较固定,可选型号较为丰富,我们可以根据不同型号的驱动芯片、开关管及电容、二极管组成所需的电路方案。接下来针对智能车电机、电池参数对上述器件的选型进行逐一分析,希望大家可以做到举一反三。

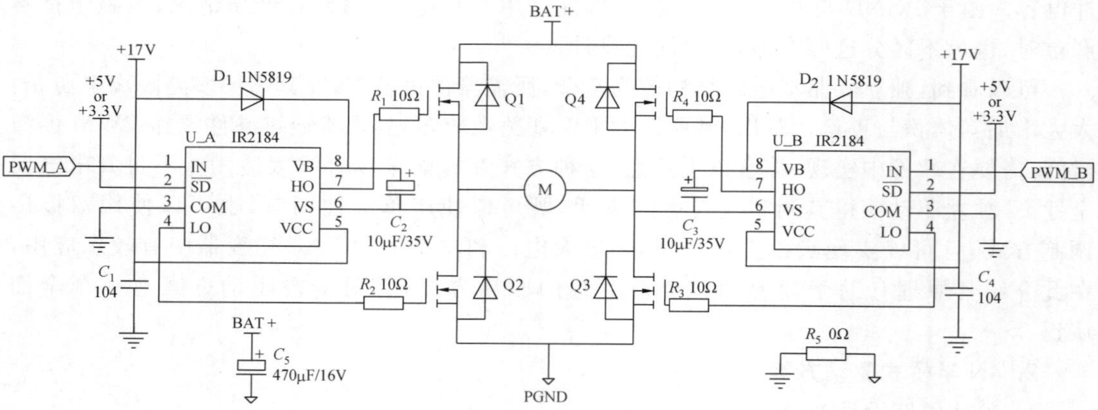

图 4.41 采用半桥型栅极驱动器的 4N 驱动电路

首先,对于栅极驱动器,本方案采用了 IR2184,它是一款常见的 8 引脚半桥驱动器,具有直插封装和贴片封装。它支持的系统工作电压达 600V,自身供电电压范围为 10~20V,输入引脚为 3.3V、5V 兼容,可以与常见的各型号单片机引脚直接连接。同时,其驱动能力较强,并内置了硬件停滞时间,可以简化 PWM 相关的软件设计。另外,半桥驱动器 IR2104 也比较常见,现将二者的典型参数做一个简单对比,如表 4.4 所示。

表 4.4 IR2184 与 IR2104 典型参数对比

型　号	驱动电流容量		导通关断时间		停滞时间
	输出	吸收	上升	下降	
IR2184	1.4A	1.8A	40ns	20ns	500ns
IR2104	0.13A	0.27A	100ns	50ns	520ns

从上述参数可以看出,选取 IR2184 更具优势,同时应该注意的是,IR2184 与 IR2104 的引脚顺序并不相同,无法直接相互替换。同时,IR2104 的输入引脚 IN 和 SD 同时兼容 3.3V、5V 和 15V 逻辑电平,而 IR2184 的输入引脚只兼容 3.3V 与 5V,在设计电路时应该注意。例如,若 IR2184 的 SD 引脚输入高于 5V,将会造成芯片损坏。IR2104 与 IR2184 的输入、输出逻辑关系如表 4.5 所示。

表 4.5 IR2104 与 IR2184 输入输出真值表

输 入		输 出	
SD	IN	HO	LO
0	×	0	0
1	0	0	1
1	1	1	0

其中,SD 引脚为使能端,当其逻辑为高电平时,改变 IN 的电平即可实现 HO、LO 交替输出高电平,并实现上管、下管的交替导通,符合上一节介绍的单极性调制规律,且引脚与控制规律和 BTN 系列电机驱动芯片的逻辑一致。因此,在图 4.41 的电路设计中,可将 IR2184 的 SD 引脚与 3.3V 或 5V 连接,IN 引脚则接至单片机对应的 PWM 输出引脚。

2) 栅极驱动器选型

上述 IR 半桥驱动芯片内置了固定的停滞时间,同时该系列芯片还拥有停滞时间可调的驱动芯片,如 IR21844,但其引脚数为 14 个,封装较大,感兴趣的同学可以自行查阅其数据手册。同时,采用 IR2184 时,需使用两片芯片对全桥进行驱动,若采用全桥式驱动芯片(同样为自举电容原理),如 HIP4082 则只需一片即可完成设计,也是一种常见的智能车电机驱动方案。HIP4082 拥有 16 引脚直插和贴片封装,且停滞时间可通过一个外接电阻进行调节,使用它设计全桥驱动电路及对应的 PCB 设计方法将在第 7 章进行详细叙述。此外,半桥驱动 ISL6700 具有 QFN 封装(Quad Flat No-lead Package,方形扁平无引脚封装),尺寸更小,因此适合应用在对尺寸和体积要求较高的场合。表 4.6 列出了上述几种 N 沟道 MOSFET 栅极驱动器的主要参数和封装,供大家在设计选型时参考。

表 4.6 智能车常用驱动芯片参数对比

型 号	类 型	支持电压	停滞时间	驱动电流(输出/吸收)	封 装
IR2184	半桥	600V	500ns	1.4A/1.8A	PDIP8/SOIC8
IR21844	半桥	600V	$0.4\sim5\mu s$	1.4A/1.8A	PDIP14/SOIC14
ISL6700	半桥	80V	24/17ns	1.25A/1.25A	SOIC8/QFN12
MC33883	全桥	55V	200ns	1/1A	SOICW20
HIP4082	全桥	80V	$0.1\sim4.5\mu s$	1.4A/1.3A	PDIP16/SOIC16

3）N 沟道 MOSFET 选型

关于 N 沟道 MOSFET 选型,表 4.7 列出了智能车比赛中经常用到的几款低压大电流功率 MOSFET。尤其在使用 RS380 和 RS540 电机时,大功率的 4N 驱动方案优势更加明显,可以根据实际情况和各项参数综合选取开关器件。在封装方面,TO220 为常见的直插型开关管封装,而 IRLR7843 和 STB100NF04 分别使用了 TO252 和 TO263 贴片封装,这两种封装又分别称为 D-Pak 和 D^2 Pak,体积较小,在电脑板卡的电源管理部分比较常见。而 NTMFS4833N 采用的是一种贴片扁平引脚封装,比普通 SOP(Small Outline Package)封装占用空间更少,但是手工焊接难度也较普通贴片封装高。图 4.42 给出了表 4.7 中不同功率器件的封装实物图。

表 4.7　智能车常用开关管参数对比

型　　号	最大漏源间电压(v_{ds})	导通电阻	最大漏源间电流(I_d)	最大传输功率	封　　装
IRF540	100V	55mΩ	22A	85W	TO220
IRF3205	55V	8mΩ	110A	200W	TO220
STB100NF04	40V	4.6mΩ	120A	300W	TO263
IRLR7843	30V	3.3mΩ	161A	140W	TO252
NTMFS4833N	30V	2mΩ	191A	125W	SO8 FL

TO220　　　TO263　　TO252　　SO8 FL

图 4.42　不同功率器件封装对比

德州仪器(TI)、微芯(MICROCHIP)等半导体厂商也有相应的半桥、全桥栅极驱动器以及各类 N 沟道 MOSFET,可以在其官网进行选型并下载数据手册,申请 TI 部分产品的样品也比较容易。

通常来讲,在选型时,希望开关管的导通电阻越小越好,导通电流越大越好,但是要注意其数据手册所给出数据的测试条件,如上表中的各项参数大多是在开关管栅极与源极间电压 $v_{gs}=10V$ 和温度 25℃下测试得到的,不同 v_{gs} 对应的漏源间电流 I_d 可以通过查阅其数据手册中的关系曲线图得到。在实际使用时,要结合实际的驱动电压 v_{gs} 与漏源间电压 v_{ds} 确认开关管的导通状态是否工作在较好的区域。如图 4.43 所示,将 IRF3205 与 IRLR7843 典型输出特性进行对比,可以发现 IRLR7843 在驱动电压 v_{gs} 为 4.5V 时就有较好的表现,并在漏源间电压 v_{ds} 大于 1.5V 附近时进入稳态,而 IRF3205 则需要在驱动电压 v_{gs} 大于 8V 时,并在漏源间电压 v_{ds} 大于 4V 时才有类似的性能表现。需要指出的是,这些曲线关系是在假设开关管结点温度恒定在 25℃ 时计算得到的,而在实际中,受到器件封装限制,开关管在大电流通过时温度会迅速上升,输出性能因此下降,从而无法达到这种理想的输出电流极限,但是可为我们设计和选型提供重要的参考信息。

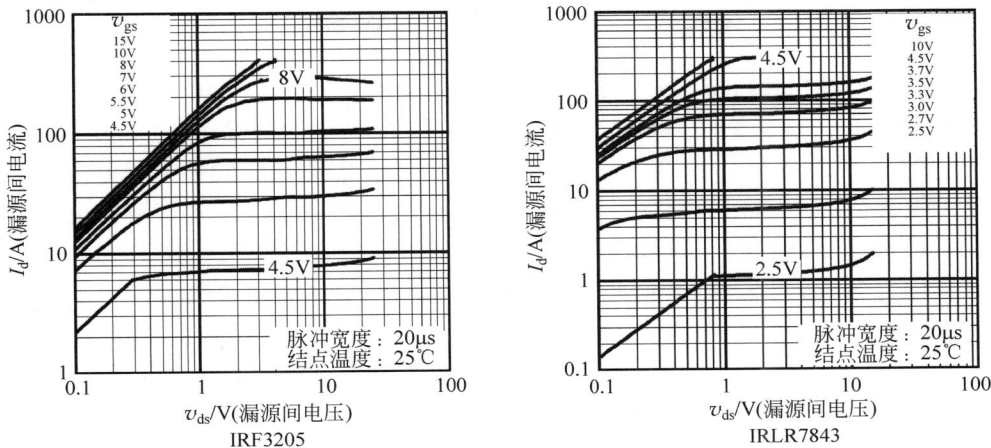

图 4.43　IRF3205 与 IRLR7843 典型输出特性对比

4) 自举电容与二极管参数选取

半桥式栅极驱动器中自举电容和自举二极管的参数选取也很重要,不恰当的参数可能导致自举电压不足,从而无法充分驱动上管工作。在半桥中上管导通时,电池侧电压可以传递到自举二极管的负极,自举二极管必须能够承受住这个反向电压,同时其电流额定值为门极电荷与开关频率的乘积,通常为数十毫安级。综上,根据智能车电池电压等级,图 4.41 中 D_1 和 D_2 选择了快恢复二极管 1N5819,其最大峰值反向电压为 40V,最大反向有效值电压为 28V,最大正向平均整流电流为 1A,符合上述要求。而自举电容的容量可由下式确定:

$$C \geqslant \frac{2\left[2Q_g + \dfrac{I_{qbs(max)}}{f} + Q_{ls} + \dfrac{I_{Cbs(leak)}}{f}\right]}{V_{cc} - V_f - V_{LS} - V_{Min}}$$

式中,Q_g 为促使开关管导通所需的栅极电荷量,可以通过查阅所使用开关管的数据手册获得,Q_{ls} 为每个周期电平转换所需要的电荷量,当开关管低于 500V 时,一般小于 5nC。$I_{qbs(max)}$ 为驱动芯片 V_{BS} 最大静态电流,可以查阅所采用的驱动芯片数据手册获得,$I_{Cbs(leak)}$ 为所选电容的漏电流,通常数值非常小,f 为开关频率。分母中 V_{cc} 为驱动器供电电压,V_f 为自举二极管正向压降,V_{LS} 为低侧开关管导通压降,V_{min} 为 V_B 与 V_C 之间的最小电压,这些都可以通过查阅器件数据手册获得。

依据上述公式,以 IR2184 作为驱动芯片,设驱动供电电压为 12V,驱动频率为 10kHz,将 IRF3205 的相关参数代入,并保留一定余量,可计算得到所需自举电容容量约为 0.3μF,因此选取 1μF 是合理的,而选择 10μF 则余量已经非常充足。虽然相关文档不建议使用电解电容,但是在其容量足够大的情况下,实际中使用 10μF 电解电容是可以的,钽电容或瓷介电容也是非常好的选择,同时建议耐压等级为 35V。由于 IRLR7843 的导通栅极电荷 Q_g

为 34nC，低于 IRF3205 的 146nC，因此上述自举电容参数同样适用，在更换驱动芯片和开关管型号后，读者可以按照上述公式自行计算，一般情况下 10μF 余量已经很大，基本对于智能车中各类型号的 4N 驱动器件是适用的。

5）改进之处

细心的同学可能已经发现一个细节，图 4.41 中驱动芯片的供电电压为 17V，而不是常见的 12V 或 15V。这里参考了第十一届北京科技大学智能车的电机驱动方案。其优点在于，由于智能车电池电压为 7.2V，若 VCC 电压为 17V，即使在下管常关无法为自举电容有效充电的情况下，自举电容两端电压仍可达到 9V 以上，可持续为上管提供驱动电压。因此该情况下虽然采用了自举式半桥驱动器，PWM 信号的占空比仍然可达到 100%，从而可为电机提供满量程的正转驱动，避免上管发热和驱动不足问题，并可简化 PWM 相关软件设计。同时该电路也允许使用 PWM 双极性调制方式。这里巧妙地利用了智能车电池电压较低这一特点，比采用 12V 供电方案更有优势。此外，一般驱动芯片的供电电压和 MOSFET驱动电压允许的上限为 20V，因此 17V 是安全的。

可以通过图 4.44 所示的电路实现 17V 供电，这里利用了电源模块（5V 转 12V）输出电气隔离的特点，可方便地将其产生的 12V 电压与线性稳压电源产生的 5V 进行串联叠加，从而获得幅值相加的电压。

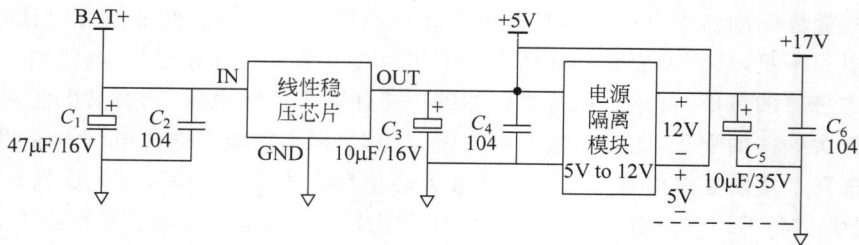

图 4.44　17V 辅助电源接线原理

采用该方案时，在满占空比控制的极限情况时，由于对应开关管的栅极驱动电压 v_{gs} 约为 9V，此时要注意该电压下 MOSFET 对应的漏源导通电流是否符合要求，通过查阅相关数据手册，IRLR7843 和 NTMFS4822N 在栅极驱动电压和漏源间电压较低时输出特性较好，因此适合应用在该方案中。

在半桥式 4N 电路的各种设计方案中，如之前提到的，有的会在各 MOSFET 体外漏极、源极间额外反并联一个大电流的肖特基二极管，从而为开关管在续流时提供额外通道，在反向电流较大的情况下可起到降低损耗的作用。同时，有的方案中还在各 MOSFET 栅极与源极间并联一个 10kΩ 电阻，防止开关管栅极开路时出现不确定状态，在高压情况时，可避免开关管及其闭合回路意外烧损。有时，为了防止单片机的 PWM 输出端出现不确定状态，还会在栅极驱动器的输入端下拉电阻。由于本书中的驱动电路应用在低压场合，且有些单片机还可以通过代码将 I/O 口配置为内部下拉或内部上拉模式，出于简化设计的考虑，本章给出的相关方案中未采用上述措施，但希望作者能够有一定的了解，并在实践中结合实际情况进行设计。

至此,智能车常用的电机驱动方案就介绍完毕,在实际的设计过程中,各种细节的处理也非常重要,直接决定了驱动电路的正常工作与性能好坏,接下来就对相关的内容进行总结,并对常见问题和注意事项展开讨论。

4.3.4　电机驱动电路的几点总结与讨论

(1) 首先对上述各类方案做一个简单的点评,上述依次介绍了基于 MC33886 全桥集成驱动芯片、BTS/BTN 半桥集成驱动以及 2P+2N、4N 方案的电机驱动电路。其中,集成类的驱动芯片集成度高,外围电路少,保护措施完善,使用起来比较方便,但是其内部集成的开关管有时无法满足外部电机功率的需要,且该类芯片在满载运行时一般发热较为严重,使用上存在局限性。就目前看来,BTN8982 的各方面参数与性能均超越了之前的同系列产品,是值得推荐的智能车电机驱动方案。基于 2P+2N 的电机驱动方案较为简单,控制方法也较为简便,但是开关管可选参数受限,经过上述"缓开快关"改进之后,其输出性能得到提升,适合初学者和校内赛等场合使用。而基于半桥驱动器的 4N 方案则是目前各参赛队使用较多的方案,尤其在使用 RS540 电机时,由于其功率相对较大,建议采用 4N 方案。通过选取合适的栅极驱动器以及内阻低的开关管,并进行合理的 PCB 设计,其输出性能可以做到令人满意的程度,而采用上述 17V 供电方案后,又可解决自举式驱动器无法实现满占空比控制的缺陷,因此也推荐在大赛中使用。

(2) 在开关管型号的选取方面,首先要留意其工作电压、导通电阻、漏源间电流、栅极驱动电压等几个重要参数,并注意这些参数的测试条件。在栅极驱动器的选择方面,要注意其供电电压、死区时间、输出驱动电流、上升下降时间等参数。同时要注意其输入逻辑电平的阈值以及与单片机输出电平的兼容性,电平不一致时需要通过逻辑芯片进行电平转换。表 4.8 列出了常用集成驱动和栅极驱动器的输入逻辑电平,可以发现其一般都是与 3.3V和 5V 兼容的,可以与当前智能车指定的各类单片机直接连接。

表 4.8　智能车常用驱动芯片参数对比

型　号	引　脚	低电平/V			高电平/V		
		最小值	典型值	最大值	最小值	典型值	最大值
BTN8982	INH	1.1	1.4	—	—	1.75	2.15
	IN					1.6	2
IR2104	SD/ IN	—	—	0.8	3	—	—
IR2184	SD/ IN	—	—	0.8	2.7	—	—
HIP4082	HI/ LI	—	—	1.0	2.5	—	—

(3) 本书给出的电机驱动电路中,均未添加 CMOS 或光耦隔离电路。这些电路的主要功能大致可分为三类:一是保护单片机安全,防止电机驱动侧不期望的过流、过压冲击反灌;二是起到电平转换匹配和提高信号驱动能力的作用;三则是隔离高压侧的高频干扰。

由于智能车的电机驱动电压较低,相对来说较为安全,单片机信号到驱动端距离较短,且从上表可以看出单片机 PWM 信号到各驱动芯片的电平是兼容的,因此作者认为可以不添加这些隔离电路,若读者在设计方案时希望做到安全第一、万无一失,也可以按照图 4.30 所示的电路方案添加。

(4) 问题讨论 1:智能车上的单片机在电机平稳工作时运行正常,但是却在电机剧烈加速时出现复位,这是为什么? 这可能是电机消耗功率较大时,拉低了电池的端电压,并影响了单片机的正常供电电压,造成单片机复位。须采取一定的措施,第一,注意电池的日常保养,防止其电压过低,并产生记忆效应。状态良好、电量充足的电池端电压较高,内阻较小,在电机大范围调节时端电压变化也较小。第二,电池端并联较大容量的电解电容,起到能量缓冲的作用,可以降低电机调节造成的电压波动。第三,选择压差较低的线性稳压模块为单片机供电,如 TPS 系列线性稳压芯片,其允许的输入输出压差较低,在电池电压被电机驱动迅速拉低时,由于其正常工作区间较宽,可有效避免单片机重启问题;其次,从避免电磁干扰角度看,可以将单片机系统电路安排在距离电机及其驱动较远的距离,必要时可以在电机端并联一定容量的瓷介滤波电容。第四,确认电机驱动正常,若停滞时间设置不合理,或自举电路因 100% 占空比控制失效导致直通问题,哪怕是一瞬间,电池电压也将被迅速短路并拉低,从而导致复位。

(5) 问题讨论 2:电机驱动发热严重是为什么? 第一,可能是不恰当的软件设计导致电机频繁进行反接制动,此时电机驱动中开关管也承受了较高的电流,造成其发热较大。第二,开关管的散热措施不佳,如贴片式开关管底部的散热敷铜面积不够等。第三,驱动电路可能存在同一桥臂直通和开关特性不佳的问题,前者情况可用示波器观察驱动信号的停滞时间是否恰当,后者则应检查开关管的栅极驱动电压 v_{gs} 是否与开关管的特性匹配,要防止其处于放大区。自举式驱动要检查其驱动二极管、电容是否选取合理,工作是否正常。

(6) 问题讨论 3:并联集成驱动或开关管可以增加驱动电流吗? 可以增加,但并不是正比例关系,随着并联数量的增多,开关动作不一致、内阻差异导致均流不平衡等问题突出,严重时反而导致整体性能下降。因此,采用内阻较低的大功率开关管的方案绝对优于内阻较大的开关管的并联方案。

(7) 有人认为 BTS/BTN 系列驱动器内部的开关管导通内阻已经非常小了,为什么有时候用 BTS/BTN 芯片却出现发热、驱动不足的问题? BTS7960、BTN7971 数据手册给出的最大电流以及导通电阻数据通常是在其供电电压为 10V 的情况下测得的。如图 4.45 所示,其导通电阻随结点温度和漏极源极间电压变化而变化。而我们知道,智能车电池的标准电压为 7.2V,在其运行过程中,电池电压最低时甚至可能小于 5V,而在较低的电压时其上管、下管的导通电阻均以指数增加。也就是说,要发挥 BTS7960、BTN7971 的最佳性能,电池端电压应该保持在 10V 以上,因此智能车在使用 BTS7960、BTN7971 时,显然没有使其工作在最佳区域,驱动效果也因此打了折扣,也就无法为电机提供所需的峰值电流。更严重的是,由于供电电压低时其内部开关管导通电阻增加,因此发生芯片过热问题,会进一步加剧其内阻变大的趋势。此外,BTS/BTN 系列驱动有个配置引脚,可以配置驱动信号的上升时间、下降时间以及停滞时间,适当地调节这些参数也可以起到一定的性能提升作用。

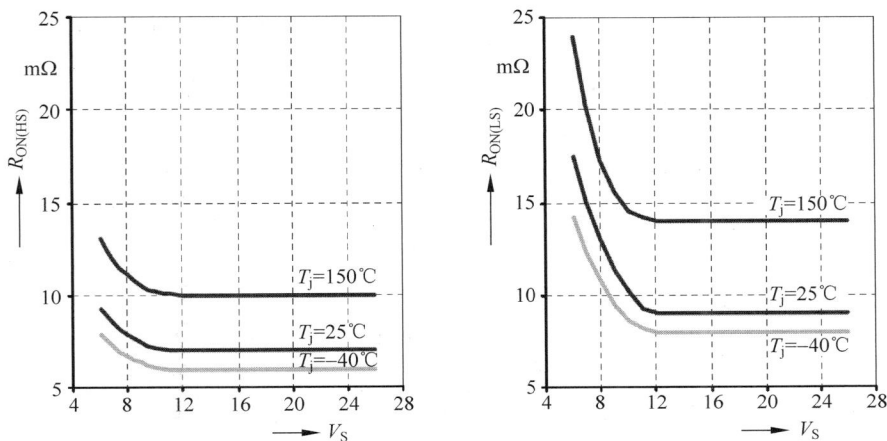

图 4.45　BTN7971 导通阻抗曲线图

不过,BTN8982 的导通内阻曲线要比 BTS7960、BTN7971 好很多,如图 4.46 所示,在其漏极源极间电压为 6V 附近时,上管、下管的导通电阻均保持在 10mΩ 以下,而相同条件下 BTS7960 和 BTN7971 的导通内阻最高达到了 20mΩ 以上,且没有给出低于 6V 的情况。因此,BTN8982 的工作电压与智能车的电池电压更为匹配,能较好地运行在低内阻、大电流状态。

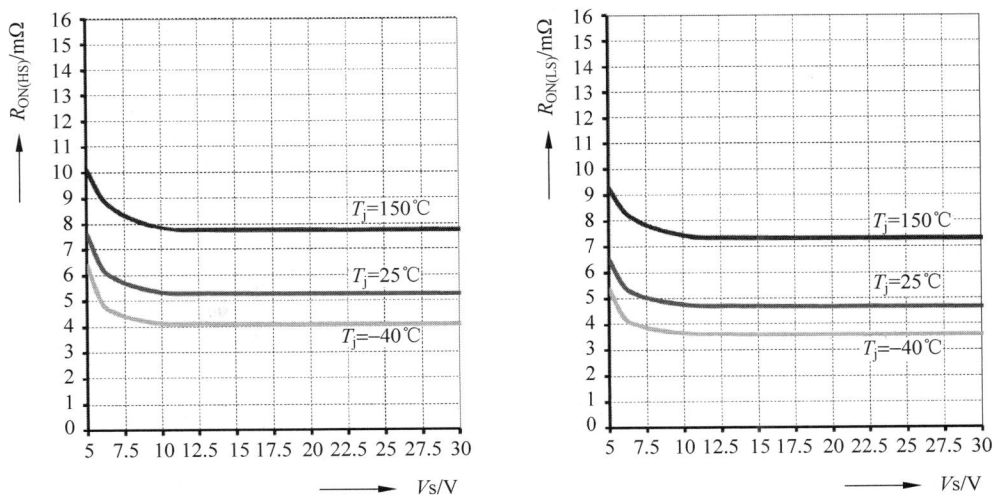

图 4.46　BTN8982 导通阻抗曲线图

（8）未来展望：目前，智能车电机驱动所采用的开关器件均为传统硅材料的 MOSFET 器件，其技术成熟、可选类型多。就智能车电池、电机电压与功率来看，已经够用。同时，当前碳化硅和氮化镓材料的功率器件发展飞速，可统称为宽禁带半导体材料。与传统材料相比，其内阻更小、发热更低、功率密度更高，适合应用在高频、高压场合，相信随着宽禁带半导体技术的不断发展，会有更多的低压型碳化硅和氮化镓开关器件供我们选择。

【资源导航】

智能车论坛关于电机驱动电路的资源与讨论较多，下面列举部分资料。

（1）BTS7960 电机驱动 PCB 与电路图。

http://www.znczz.com/thread-26202-1-1.html

说明：本帖开源了 BTS7960 电机驱动电路图与 PCB 工程。

（2）开源 PCB 之 4N-MOS 电机驱动。

http://www.znczz.com/thread-219893-1-1.html

说明：本资源给出了基于 HIP4082 全桥驱动的 4N 电机驱动的原理图及 PCB 工程，并展示了所设计电路板的 3D 效果图。

（3）开源自己的 MOS 管电机驱动（PCB＋原理图）。

http://www.znczz.com/thread-237172-1-1.html

说明：本资源给出了由 IR2104 和 IR7843 组成的 4N 电机驱动的原理图及 PCB 工程，包含辅助电源、隔离电路等，并展示了所制作的实物图。

（4）110A MOS 管制作超强电机驱动。

http://www.znczz.com/thread-227617-1-1.html

说明：本资源给出了基于全桥驱动 MC33883 的 4N 电机驱动的原理图，并展示了实物图和测试数据。

（5）电机驱动小总结。

http://www.znczz.com/thread-79693-1-1.html

说明：本帖楼主结合自己的认识，对智能车电机驱动的基本电路、控制逻辑进行了阐述，并阐述了自己对驱动电路的一些认识和观点。

（6）B 车模电机驱动用 MOS 管为什么很热？

http://www.znczz.com/thread-217105-1-1.html

说明：本帖楼主针对 2P＋2N 驱动中开关管发热问题提问，会员针对其电路图和问题描述进行了充分地回答与讨论。

（7）拆解大电流 MOS 管，看如何分辨 MOS 真假。

http://www.znczz.com/thread-202062-1-1.html

说明：本帖楼主针对市场上容易买到假 MOS 开关管的问题，对其进行了深度拆卸、剖析与对比，教大家如何辨别真伪 MOSFET。

读者也可通过扫描下面的二维码获得上述资料。

图 4.47　智能车论坛上的电机驱动资料

4.4　电机转速测量方法

电机及其控制技术已发展成为一个庞大的知识体系,广泛应用在汽车、机器人、数控机床中,在我们的生活中几乎处处可见。而在智能车的运行过程中,其速度信息的实时获取属于电机转速闭环控制的重要组成部分,其准确性、精度和抗扰性等也直接决定了转速控制的性能。其在电机转速控制系统中充当着"眼睛"的作用,"眼疾"才能"手快"。除了转速检测,电机控制中往往还用到位置检测,例如智能车的舵机中,就包含由精密电位器构成的位置检测传感器,可以精确地反映舵机的旋转角度信息。本节专注于智能车中电机的转速检测,对现有的测速方案、测速原理以及单片机测速方法进行介绍,为 4.5 节介绍智能车数字控制技术奠定基础。

4.4.1　智能车常用测速方案

在早期的电机调速系统中,电机的速度可以通过与其轴连的测速发电机获取,测速发电机与电动机的原理类似,只是工作在发电状态,在电动机运行时,拖动其旋转,从而将转速信息转换为电信号。例如,直流测速发电机,由于其专用于速度检测,因此相对于普通直流电动机或发电机,其体积重量较小,为了提高精度,转子极性较多,同时换向器、电刷的材料一般为银质,耐磨损性能好。在数字控制普及前,电机的调速系统通常为模拟控制系统,测速发电机发出的电信号经过调理后送至由运算放大器组成的控制器,之后所产生的控制信号送入电机驱动器驱动电机运转。而智能车的调速系统为一套数字控制系统,主要的控制策略由单片机执行,因此速度信号若为数字信号,则使用更方便,抗扰性更好。相对于智能车的体积与重量,测速发电机的体积和重量往往过大,且其输出为模拟量,显然是不适合用作智能车的测速器材的。

在前几届智能车竞赛中,由于各参赛队在竞赛筹备过程中交流不多,手中资料也不多(这也是创建智能车论坛的目的之一),智能车配件也没有现在这么丰富,因此各参赛队的测速方案各放异彩(当然也有很多队放弃了测速),多数选择自制测速传感器。其中较常见的方案之一是使用霍尔器件,它是一种利用霍尔等效原理的电磁传感器,能够将变化的磁信号转换为电信号,且集成了差分放大器,灵敏度高。适合用于智能车的霍尔传感器型号为

CS1018,它的封装类似于直插型三极管,外围电路比较简单,为了实现测速功能,需要配合一定数量的钢磁,并将其固定在电机转轴或车轴上,然后在其附近安装固定霍尔传感器,电机或转轴旋转时,带动钢磁旋转,霍尔传感器对应输出不同频率的高低电平信号(脉冲信号)从而反映出电机转速信息。类似地,有参赛队在差速器内侧(黑色)涂抹均匀的白色带条,形成黑白相间的条纹,利用两种颜色反射率不同的原理,通过光电传感器获取对应的脉冲信号。上述两种方案作者在参加第二届智能车竞赛时均有尝试,但是存在安装、调试困难、稳定性差等问题。例如,钢磁不易固定,在智能车反复运行后容易脱落,且安装数量有限。涂抹黑白色条的方案则易受光线干扰,绘制的色条数也存在数量有限问题,车轮旋转一周产生的脉冲数很少,转速信息精度不够,稳定性较差,因此实现的转速控制效果也不好。

然后,借鉴老式机械鼠标原理,作者将其内部的光栅盘拆出安装在电机齿轮外侧,并与之同轴,配合之前制作完成的光电传感器,实现了精度较高的转速测量,并获得了较好的转速控制效果。在第三届比赛时,使用数字编码器作为转速测量传感器已经比较普遍,其在精度、稳定性方面有着绝对的优势,但是价格较为昂贵,且需要自制对应的传动齿轮和安装支架。

目前,智能车的测速传感器成品可以在网上轻松选型、购买,商家一般提供对应的安装支架和齿轮,可以适配各型号智能车模。很多人也是买回来按照商家提供的资料直接使用,往往忽略了一些中间过程。为了加深这一方面的学习与认识,本节对现有的常用智能车测速方案及其原理逐一进行介绍,也可为读者对智能车测速方案的选择与设计提供一定的参考。

1. 光电码盘套件方案

光电码盘是一种价格低廉、测速效果良好的智能车测速方案,实际上它与上述滚轮鼠标内光栅结构类似,通常为带有一圈均匀透光缝隙的金属圆盘,它与一个专用光电开关组成测速套件,并利用光电原理产生测速脉冲信号。圆盘上的缝隙越多,码盘旋转一周获得的脉冲数就越多,输出的速度信息就越精确,即分辨率就越高,但是其受到制作工艺、成本和光敏器件等因素的约束。光电开关通常包含 A、B 两套光电发射、接收对管,且两个对管之间的距离与配套光栅间隙呈一定比例,可使得 A、B 两套对管输出的脉冲信号呈 90°相位差,从而使得输出信号不仅包含速度信息,也包含方向信息。

其工作原理如图 4.48 所示,设 A、B 两套光电发射、接收对管间距为 θ,当码盘以某方向匀速运动时,A、B 端的接收管因光栅的运行而在输出端产生间隔相同的高低电平信号,且 A 端的输出电平相位超前于 B,两端的输出信号相位差为 θ,并定义此时运行方向为正。当码盘以反方向运行时,则 B 端的输出电平相位超前于 A,此时两端的输出信号相位差将为 $-\theta$,一般可令 θ 为 90°。也就是说,A、B 输出信号的脉冲数可以反映电机的旋转速度,而两者的相位超前或滞后关系可以反映电机的旋转方向。

图 4.49 展示了智能车常用的 100 线光电码盘套件实物图,这里线数可定义为码盘旋转一周产生的脉冲数,即 100 线的码盘旋转一周可产生 100 个脉冲,编码器也有类似的说法。其光电开关一般使用四根线连接至单片机,分别为供电、地和 AB 两相输出信号。

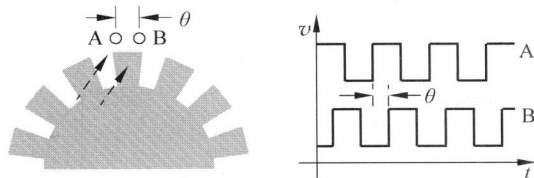

图 4.48　光电码盘工作原理

图 4.50 展示了光电码盘在智能车模上的安装方式,一般将码盘与车模电机进行同轴连接,可使用复合胶水将其固定在电机齿轮外侧,并保证其旋转时平稳、均匀,也可按照图示安装在电机齿轮内侧,但难度较大。光电开关的安装位置至关重要,要使码盘正好包含在光电开关的凹槽内,且相互平行、距离适当。光电开关的安装要牢稳,否则容易松动造成测速不稳定或失败,可使用热熔胶对其进行辅助加固。

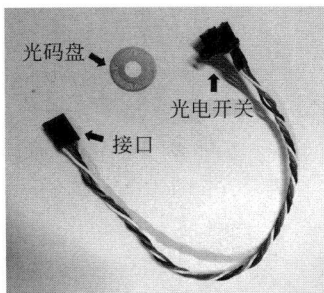

图 4.49　智能车用光电码盘套件

图 4.50　光电码盘安装示意图

光电码盘的性价比较高,体积和重量也非常小,其对安装方式要求较高,稳定性不如编码器高,且分辨率相对有限,但是可以完全胜任智能车的测速任务。由于没有壳体保护,在日常使用中要注意码盘的保洁,防止污渍、油渍堵塞光栅。

2. 编码器方案

智能车测速的另一个常用方案便是编码器,作为高精密的成熟产品,编码器在稳定性、功能上较光电码盘好,且分辨率可以做到很高,1000 线、2000 线的编码器也比较常见。编码器的厂商较多,比较出名的如欧姆龙编码器,其价格比较昂贵,另外在体积和重量上不及光电码盘。编码器的种类比较丰富,图 4.51 给出了不同编码器的具体分类方式,下面对各分类进行简单的介绍。

绝对值编码器用于电机位置检测,其内部结构如图 4.52 所示,其旋转光栅由多圈同心的缝隙组成,每一圈的缝隙排列不同,使得纵向的缝隙组合也不同,纵向排布的发光元件透过旋转光栅和固定光栅后,使吸光元件输出的电平组合也不相同。因此,只要对旋转光栅上的纵向缝隙按照一定编码方式(一般为二进制格雷码)开孔,就可使得编码器在不同的旋转位置(角度)输出唯一不重复的数字编码信号,可一一对应电机的旋转位置(角度),从而确定电机的绝对位置(角度),绝对值编码器因此得名,且这种方法确定的电机位置(角度)断电后不受影响。光电元件和编码位数越多,绝对值编码器的分辨率越高,例如 8 组光电元件的编码器输出位数即为 8bit,角度分辨率为 $(360/256)°$。绝对值编码器可以使用并行输出模式,即 8bit 对应 8 根数据线,但是当其分辨率较高时数据线过多,因此有的绝对值编码器也采用串行数字信号输出,数据输出只需一根数据线、一根时钟线即可。

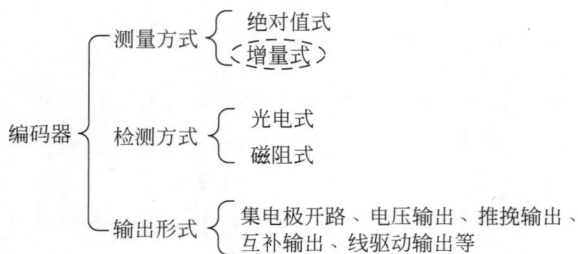

图 4.51　编码器的分类

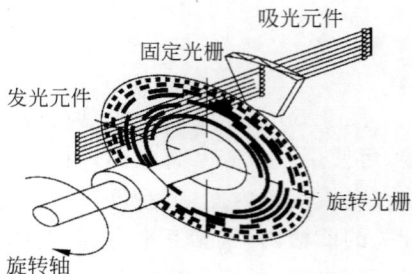

图 4.52　绝对值编码器内部结构

智能车测速方案使用的为增量编码器,如图 4.53 所示,它的工作原理与上面介绍的光电码盘类似,其旋转码盘上为同心、均匀排布的缝隙,旋转光栅运动时,两组横向排布的发光元件与感光元件通过旋转光栅与固定光栅后产生具有一定相位差的脉冲信号。此外,有的增量编码器在 A、B 两相的基础上添加了 Z 相,就是在之前介绍的结构基础上,添加一组光电对管,并在旋转光栅上额外开一个缝隙,光栅每旋转一周,可在 Z 相产生一个脉冲,用于确定编码器的基准点(或者叫原点)位置。利用 Z 相的输出信息,结合 A、B 相脉冲信号,并进行脉冲信号累加,可以同时确定电机的速度(角速度)、方向和位置(角度)信息,但是如果出现丢脉冲现象,则所记录的位置(角度)信息出现偏差,且断电后需要重新确定原点。在有些应用场合,例如智能车竞速比赛,只关心电机的转速与方向,因此并不需要使用 Z 相,因此有些厂商的增量编码器并没有 Z 相输出。此外,虽然安装有保护壳,由于旋转光栅精密度极高,光电式编码器依然不太适用于振动强烈或粉尘过大的场合。

除了使用上述光栅和光电原理产生脉冲信号,利用磁阻效应构成的磁性编码器也比较常见,其旋转部分又称磁鼓,磁鼓可被刻录为多个均匀分布的小磁极,磁极被磁化后可在磁鼓盘片上形成 N、S 依次循环排列的磁场。在磁鼓旋转时,磁阻传感器输出电阻发生周期变化,其分辨率由其磁鼓上的小磁极数决定,通过配套的放大与调理电路,磁阻式编码器可以输出与光电式编码器标准一样的脉冲信号。

图 4.53　增量编码器内部结构

按照测量方式,磁阻式编码器也可分为绝对值和增量型两种,与光电式相比,其工作温度范围宽,且耐振动和耐粉尘方面具有优势,适合应用在环境较为恶劣场合,例如在汽车内部的电机速度、位置检测中,磁阻编码器应用较多。但是,磁阻式绝对值编码器的输出信号时间延迟较

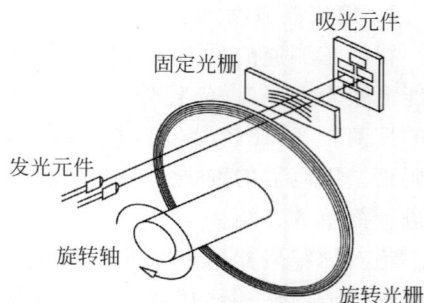

光电式大,因此对于实时性要求较高的电机位置检测应用场合,光电编码器依然具有相对优势。对于速度检测,磁阻式增量编码器则完全可以胜任,因此适用于智能车速度检测场合。

根据编码器的内部电路结构、连接场合的不同,其输出特性也不同。图4.54列举了比较常见的集电极开路输出、电压型输出和线驱动输出三种输出类型。首先,集电极开路型是指编码器内部用于脉冲信号放大的NPN三极管的集电极端,也就是信号输出端,并未内置上拉电阻,主要用于编码器供电电压与信号输出电压不一致的场合,在接线时,需要额外为其信号输出端添加上拉电阻(如4.7kΩ),上拉电压使用单片机供电电压即可,否则将无法获取编码器的输出信号,使用集电极开路型输出的编码器时须特别注意这一点。电压型输出则在编码器内的供电端与输出端内置上拉电阻,此时其信号输出的高电平与编码器的供电电压一致。通过添加三极管,其输出还可以实现推挽式输出和互补输出,从而满足不同场合使用。使用数字驱动芯片构成的线驱动输出型编码器一般同时具有信号放大和互补输出(输出一组高低电平相反、上下对称的信号)功能,适用于信号线路传输较长的应用场合。有的增量编码器的接线较多,除了2根供电电路外,还有6根数据传输线,基本可以判断是两两互补输出信号(A、B、Z三相),连线时注意不要接错。智能车上的信号线较短,且无须互补信号,因此可优先选择使用电压型增量编码器,或选择集电极开路型编码器并在外部连接上拉电阻。此外,使用光电码盘时,由于所使用的光电对管内部没有上拉电阻,也需要在外部连接上拉电阻。

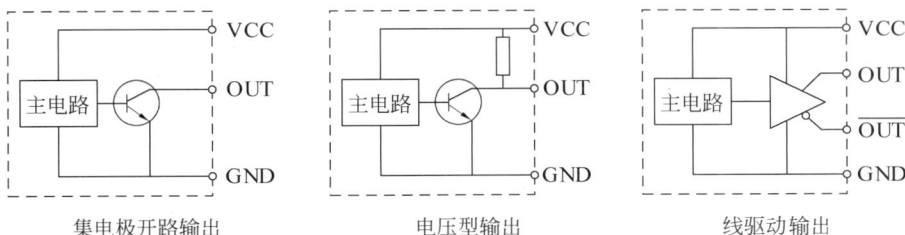

图4.54　编码器信号输出电路类型

针对智能车编码器市场,有些商家推出了mini型增量编码器,其体积、重量较传统同级别编码器小,适合安装在智能车模上,同时其套件一般包含了适配不同型号车模的传动齿轮与安装支架(支架一般分金属、PCB板两种材质),无须额外进行齿轮支架加工,编码器的安装可以在几分钟内完成,当然其价格也略高于普通编码器。在输出特性方面,有的专用增量编码器集成了电机旋转方向判断电路,可以直接以高低电平代替相位判断,还有的增量编码器输出为直接反映当前速度信息的串行数据,并可以通过单片机直接读取一定周期的脉冲数,从而省去单片机侧的脉冲计数。但是对于新手而言,有时调试单片机的串行数据通信难度不亚于调试单片机脉冲计数代码,且这种速度获取方法不够灵活,因此这类直接输出数值型增量编码器的优势并不明显。购买编码器后,最好对其高转速下的输出性能进行测试,可在安装后,令电机全速旋转,使用示波器检查编码器的输出脉冲是否连续、平整,输出电平是否正确,以及A、B相的相位差是否准确。

图 4.55 和图 4.56 为编码器安装在车模上的示意图,所选素材来自北京科技大学,可以看到,编码器通过一个金属支架固定,编码器上的齿轮与车模传动齿轮直接咬合,安装时也要注意齿轮咬合的程度,过紧时阻力增大,过松时则滞回和振动增加,输出稳定性可能会受到影响。

图 4.55　小型编码器安装图(侧视)

图 4.56　小型编码器安装图(正视)

除了上述较为常见的安装方式外,在以往的竞赛中,还有使用额外的小轮连接编码器进行测试的方案,一般将这个小轮置于车尾的中间位置,大家称之为第五轮测速。由于单电机型智能车车模带有差速装置,在出现打滑现象时,直接测量电机或其传动齿轮的速度与车模的实际速度可能存在偏差,因此第五轮测速方案被认为可以获取更准确和真实的车体速度,且官网认为这种测速方案符合大赛规则(不属于支撑轮)。但第五轮安装也增加了一定难度,若弹簧力度不合适,在车子上下坡时第五轮发生打滑,也会发生测速偏差。因此是提高机械调校还是增加第五轮,需要一定的实际论证,但是,近几届第五轮测速方案已经比较少见了。

4.4.2　转速、转向测量与计算方法

1. 速度测量与计算方法

在通过光电码盘或增量编码器获得电机的转速、转向信息后,需要经过软件或硬件处理,使单片机获得对应的信息,本节对电机转速的计算方法进行介绍。目前为止,我们已经知道,从光电码盘或增量编码器获得的电机转速信息是以脉冲信号形式表达的,M 法和 T 法则是将脉冲信号转换为速度信息的两种计算方法。简单来说,M 法为周期性地累加测速模块输出的脉冲数,电机转速越高时,单位周期内所累加的脉冲数越多,因而 M 法适用于高速情况下的电机测速,转速过低时 M 法将由于获得的脉冲数过少而导致精度下降。T 法则是计算测速模块输出的两个脉冲之间的时间间隔,电机转速较低时,时间间隔较长,因而 T 法适用于电机低速情况,转速过高时 T 法将由于所获得的时间间隔过短而导致精度下降。为了保证高低转速下均获得满意的精度,可采用 M/T 法同时记录测速模块的脉冲数和脉冲时间间隔,在低速时使用 T 法计算,高速时可切换至 M 法计算。

竞速比赛时,智能车的电机转速相对较高,因而选择 M 法比较适宜。同时,早期竞赛指定的飞思卡尔 16 位单片机 S12 系列以及后续的 S12X 系列单片机内部集成了脉冲累加器模块,并可以通过软件级联的方式获得 16bit 精度,因而可以很便捷地使用 M 法进行速度计算。在后期的竞赛中,出现了平衡组,由于平衡车采用两个独立电机控制实现直立和行进,需要两套驱动电路和测速模块,而有时所选取的单片机内部只有一路脉冲累加模块时,就需要额外通过硬件电路或软件设计解决第二路测速模块的测取与计算。

常见的硬件解决方案为使用外部计数器数字芯片,如 CD4520,其内部集成了两个 4bit 二进制计数器,可以通过硬件级联的方式实现 8bit 计数功能,即可以实现 0～255 量程的计数功能,已经可以满足累加智能车编码器的周期脉冲数。采用 CD4520 构成的外部计数器如图 4.57 所示,参考其技术手册,芯片内 A、B 两个计数器进行级联时,可将低位计数器的 Q4 端连接至高位计数器的使能端 EN,低位计数器 CLK 连接至测速模块输出端,由于 CLK 信号为低电平有效,因此高位计数器 CLK 接 GND,保证其始终有效,当低位计数器发生溢出时,高位计数器 EN 使能,并进行计数。P1 接口可按照顺序由低到高连接至单片机的 I/O 口,并可并行读取相应的计数数据。需要注意的是,当读取操作完成后,需要紧接着通过 RESET 引脚对高低位计数器进行清零,其有效逻辑为高电平,因此为防止误操作进行了下拉处理。当 8bit 精度仍无法满足要求时,还可以通过类似的原理添加第二个 CD4520 继续进行级联。

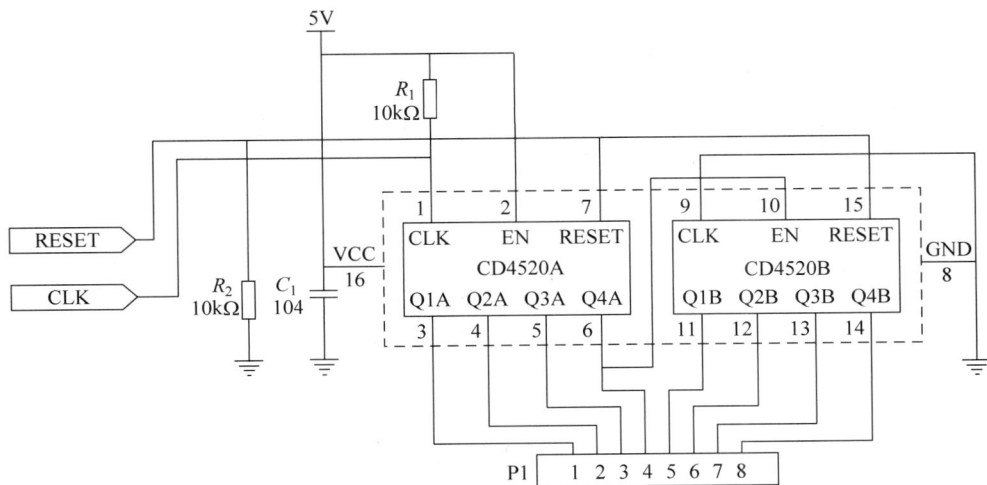

图 4.57　CD4520 实现外部计数电路

外部计数器的原理较简单,但是需要额外增加硬件,且占用单片机的 I/O 口比较多,并需要配合软件完成读取、清零操作,增加了设计的复杂度。除了添加硬件计数器,当单片机内部计数模块被占用时,还可以通过其中断输入捕捉功能实现速度计算,但是这种方法属于上面介绍的 T 法,电机高速运转时,计算精度受到单片机运行频率的限制。另一种软件解决方法为使用单片机的 DMA 模块实现多路脉冲计数,由于篇幅限制,本节不再对其进行过多阐述,将在本节结尾给出参考链接。此外,通过上面介绍的直接输出数值型的增量编码器,增加串口通信,也可以不使用计数器而直接获得速度信息。

在接口连接方面,一般情况下,编码器的内部包含信号调理电路,其输出方波信号质量较好,可以直接与单片机对应的 I/O 口连接。但是线路较长时其输出质量变差,同时使用光电码盘时,由于缺少信号调理电路,尤其在转速较高时,其输出方波信号质量也会变差。具体表现为方波信号上升沿下降沿不够犀利,波形趋近于正弦信号。为了解决这个问题,可以通过数字非门芯片 74HC14 进行整形,使处理后的方波信号上升沿和下降沿更加陡峭,以便于单片机准确识别。

2. 转向测量与获取方法

除了获得电机的实时速度,电机的旋转方向也是一个重要信息,用于下一节的速度闭环控制,尤其在平衡车中,转向的获取必不可少。转向的获取方法也可分为硬件实现和软件实现两种方法。在硬件方案中,可以采用集成了两个 D 触发器的数字芯片 74LS74 实现,由于 D 触发器具有维持阻塞功能(具体可查阅数字电子技术书籍),其输出端 Q 的输出状态可看作是在时钟脉冲信号 CLK 的上升沿时进行一次判断,并依据数据输入端 D 进行改变,其他时刻内部与非门则处于封锁状态,Q 输出数据则保持前一状态。因此,可将测速模块输出端的 A 相和 B 相分别接至 D 触发器的 CLK 端和 D 端,在电机正转时,A 相超前 B 相 $\pi/4$ 个周期,因此在每个 CLK 的上升沿时刻,D 端为低电平,因此 Q 端始终输出低电平。在电机反转时,B 相输出超前,因此相当于在每个 CLK 上升沿时刻,D 端为高电平,因此 Q 端始终输出高电平,将 Q 端连接至单片机输入端口,即可利用电平高低对方向进行判断。

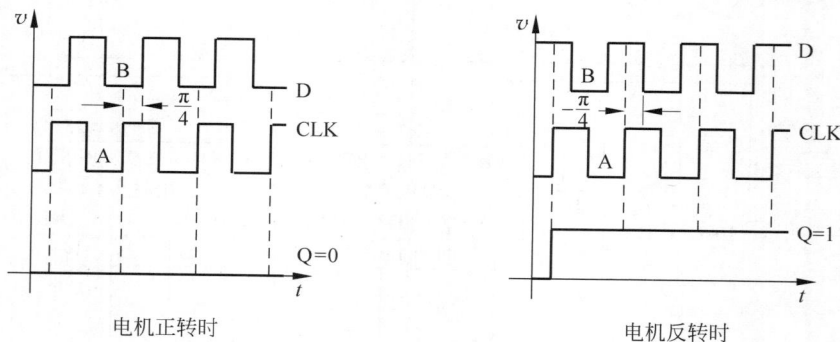

图 4.58 D 触发器实现方向判断原理

利用 74LS74 构成的双路电机转向判断电路如图 4.59 所示,其中 1A、1B 和 2A、2B 分别连接两个测速模块的 A、B 相输出,适用于平衡车测速方案,并进行了上拉处理,若测速电路中已经上拉则可以忽略 $R_1 \sim R_4$ 的连接。根据 74LS74 数据手册的逻辑真值表,为了实现图 4.58 的逻辑输出,其置位端 PR 和复位端 CLR 端应该接至高电平,1DIR 和 2DIR 分别为两个测速模块对应的电机方向判断输出端。此外,A、B 相的接法也可以进行对调。对应地,Q 端电平逻辑对应的电机方向也将发生改变。

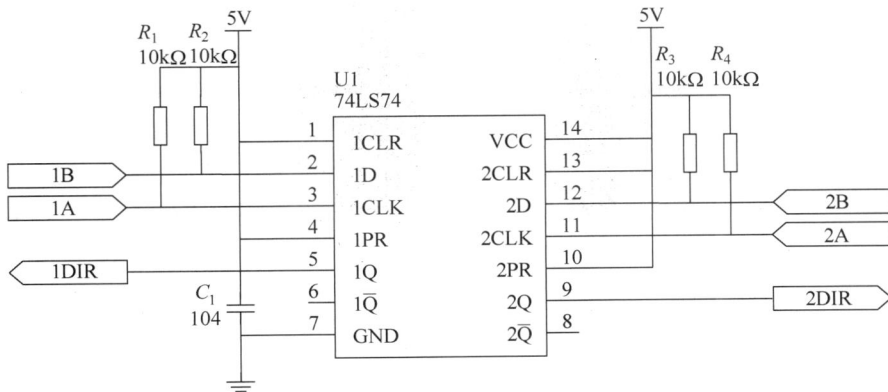

图 4.59　74LS74 双路电机方向判断电路

硬件实现方向判断并不复杂,且效果良好,有的编码器产品在其内部集成了 D 触发器,并额外设置一个方向引脚,方便单片机使用。此外,清华大学给出的电磁平衡方案中,使用其控制环路中 PI 的输出正负值作为判断电机转向(该方案中称为速度极性)的条件,作者认为该方法一定程度上可以作为判断标准,但是由于该变量相当于电机前端的控制量而非电机实际的输出量,因此存在误判的可能性。

上述额外增加硬件计数器也好,额外增加硬件方向判断也好,均属于受到单片机的片上资源限制不得已而为之的权宜之策。目前组委会指定的单片机型号中,如 K60 系列控制器,其片上实际上是带有正交解码功能的,并支持两个测速模块,从而无须额外的硬件计数器和触发器,大大简化了测速方案的设计。刚才提到的正交解码功能属于该系列控制器中多功能定时器模块(Flex Timer Module,FTM)中的一部分,实际上就是一种将测速模块输出的正交脉冲信号进行解码并同时获得转向和转速信息的软件解决方案。根据 K60 参考手册(Reference Manual)给出的相关资料,接下来结合测速模块的两种输出形式对该系列单片机的正交解码功能进行说明。

若测速模块自带方向检测功能,且定义其 A 相输出速度脉冲,B 相输出方向信息,此时可使用 FTM 中的计数-方向解码模式。在该模式中,寄存器 FTM Counter 结合 A 相脉冲和 B 相电平信息进行加或减操作,并在寄存器 CNTIN 上实现累加、累减。如图 4.60 所示,当 B 相输出高电平时,CNTIN 依据 A 相的脉冲数进行累加,在 B 相输出低电平时,CNTIN 依据 A 相的脉冲数进行累减,从而使所输出的结果中同时包含了速度与转向信息。若在 CNTIN 寄存器积累的数值越限,超过图中

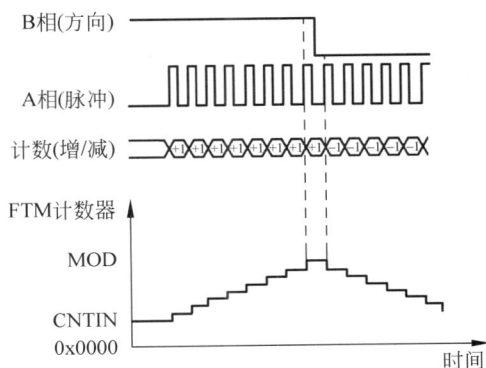

图 4.60　计数-方向解码模式时序图

MOD 值时,则产生溢出中断。

在大多数情况下,通用型光电码盘或增量编码器中并未集成硬件方向判断芯片,即测速模块的 A、B 相输出为正交脉冲,此时可使用 FTM 中的正交解码模式。如图 4.61 所示,当 A 相超前 B 相时,CNTIN 寄存器在 FTM 计数器加操作的作用下累加;反之,若 B 相超前 A 相,则 CNTIN 寄存器进行累减。同时,可以从图中观察到,FTM 计数器在参考 A、B 相位关系的前提下,在两路脉冲信号的上升沿和下降沿都进行加或减操作。而图 4.60 所示的工作模式中,加或减操作只在 A 脉冲的上升沿完成,因此在同等转速和分辨率的情况下,单位周期内图 4.61 脉冲计数方式所获得的脉冲数为图 4.60 的四倍,即实现了四倍频,测速精度也因此得以提高。

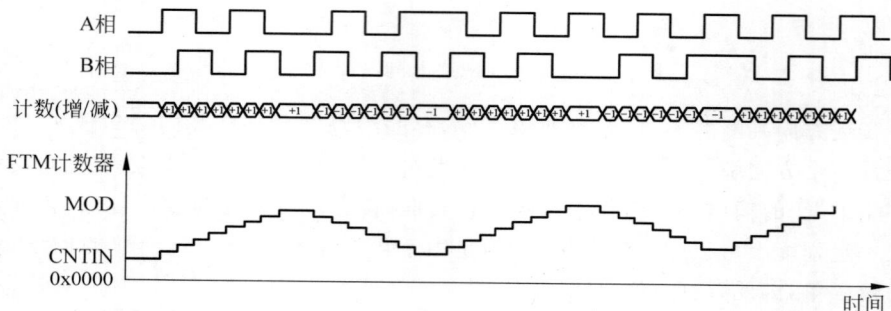

图 4.61 正交解码模式时序图

本节对智能车常用的测速传感器方案及其工作原理和速度、转向的硬件、软件实现方法进行了介绍,给出了常见的硬件速度、方向判断电路图,并介绍了单片机内置的正交解码模块原理。从中可以发现,智能车的测速解决方案可以分别从测速模块选型、外部电路设计以及单片机合理选型等几个方面入手解决。其中,可以优先选择带有正交解码功能的单片机,搭配光电码盘或编码器,可以在不增加额外电路的条件下实现高精度电机测速与方向判断方案。若使用的单片机没有正交解码功能,则可选取内部集成方向判断的编码器,但是依据其解码原理,测速精度上不及正交解码。同时,使用外部硬件电路也可以替代上述软件功能,但是增加了系统的设计复杂程度。

【资源导航】

下面列举智能车论坛在智能车测速方案、速度计算等方面的部分资源与讨论。

(1) 我对编码器的认识。

http://www.znczz.com/thread-226826-1-1.html

说明:本帖结合楼主对编码器的认识介绍了绝对值编码器的工作原理,给出了增量编码器 M 法原理以及对应的速度计算公式。

(2) 关于摄像头 C 车第二路测速的方法实现和程序处理。

http://www.znczz.com/thread-24799-1-1.html

说明:本资源介绍了基于 CD4520 计数器的测速外部硬件实现方法,给出了设计电路图和注意事项,以及对通过中断计算速度方法的一些评价。

（3）FTM 的 PWM、输入捕获、正交解码。

http://www.znczz.com/thread-212600-1-1.html

说明：本资源对 K60 的 FTM 模块进行了详细的介绍,并结合实际例程对正交解码的代码设计进行了讲解。

（4）K60/K64/K22 经典入门资料。

http://www.znczz.com/thread-202246-1-1.html

说明：本资源给出了一套基于 K60/K64/K22 的库函数文件,其中包含正交解码的相关调用函数以及 DMA 多路脉冲计数的代码和例程。

（5）分享 K60 用 FTM 正交测速、超声波测距程序等。

http://www.znczz.com/thread-111276-1-1.html

说明：本资源分享了 K60 的相关代码,其中包括使用 FTM 的正交解码测速程序。

（6）对于三种测速方案的看法与讨论。

http://www.znczz.com/thread-226692-1-1.html

说明：本帖楼主给出了编码器、光电码盘以及第五轮测速的实物图,并引导大家进行相关的讨论,回帖中有不少中肯的观点值得参考。

读者也可通过扫描下面的二维码获得上述资料(见图 4.62)。

图 4.62　智能车论坛上的测速及计算资料

4.5　智能车速度控制策略

在完成电机驱动电路的搭建和选取合适的测速方案后,为了构成一个完整的电机调速系统,还需要对其控制策略进行设计。本节将对智能车速度控制方法进行介绍,设计速度控制器相关的控制策略,由于这一环节主要通过单片机实现,因此属于数字控制技术。此外,本节侧重点为在已知给定速度目标值的情况下实现速度控制,并介绍相关的工程设计方法,为后续的智能车综合控制奠定基础。基于自动巡线的智能车综合控制方案以及相关的控制数学模型将在第 5 章进行介绍,而平衡车的电机控制除了要实现速度控制,还涉及姿态控制等,这些将在本书第 6 章进行介绍。

4.5.1 电机转速开环控制方法

最直接、简单的电机速度控制方法为开环控制法,这在前几届的比赛中比较常见,即不使用测速模块,令单片机直接输出一定占空比的 PWM 至电机驱动,一般可通过一定的调试经验或计算公式令不同的赛道曲率对应不同的 PWM 占空比值,智能车按照这种对应关系调节 PWM 占空比,从而完成比赛。这种情况下,单片机并不知道电机的实际速度,即没有形成电机实时速度的反馈闭环通道,开环控制因此得名。

开环控制方法虽然简单,但其前提是在已知赛道的基础上反复调试完成,因此在更换赛道后,其适应性并不好,尤其在通过坡道时,由于智能车无法有效判断坡度,如果仍然使用平道上的 PWM 占空比大小,极易出现爬坡缓慢甚至无法通过的可能。同时,由于电池在智能车运行过程中电量不断减少,开环控制也无法对这种变化做有效调节,若仍使用电量充足时对应的 PWM 占空比,其整体速度也会发生下降。在早期比赛赛况中,偶尔会看到一些参赛车止步于坡道、大曲率弯道等现象,这种情况往往是使用开环控制造成的。

可见,开环控制无法有效应对一些外部参数的变化,稳定性较差,这是由于缺少必要的速度反馈信息和应对措施造成的。就像人蒙上眼睛走路,如果通过反复训练,可以在熟悉的道路上顺利完成,但要是换了环境,是绝对比不过不蒙眼睛的人的。但是,在初期进行电机驱动调试和一些基本调试的过程中,可以先进行开环控制,然后再加入反馈信息和控制器,逐步形成闭环控制,从而达到循序渐进的效果。如果具备一定的硬件和软件基础,也可以直接使用闭环控制,尤其在后期的提速阶段以及正式比赛中,必须闭环调节,否则会平添调试的难度,也无法达到满意的速度和稳定性。

4.5.2 电机转速闭环控制方法

1. 单速度闭环控制

单速度环比较基础和简单,是行之有效的智能车速度控制方法,也是实践自动控制原理的很好机会,有助于我们将教科书上的内容转化为实际的经验。如图 4.63 所示,一个基本的闭环控制系统可由控制器、被控对象、测量元件以及相关的给定量、偏差量、反馈量、控制量、输出量等几部分组成,可以发现,与开环控制不同,闭环控制中控制量不仅与给定量有关,还与被控对象的输出量相关。这种将输出量通过检测元件检测后与给定量进行比较的过程称之为反馈,较为常见的是二者做差,也被称之为负反馈。

闭环控制可以利用负反馈产生的偏差信号,通过控制器对被控对象进行实时地修正调节,并使系统输出量与给定量保持一致,即使出现内部或外部的扰动,系统输出量偏离其给定量时,系统可以通过自动调节使输出量再次维持在给定量附近。如果将上述控制元件与控制量进行具体化,可以得到图 4.63 所示的智能车速度闭环控制系统框图,其中控制器使用了经典的 PID 算法,被控对象为驱动与电机及传动部分组成的机电系统,反馈量为测速模块获得的电机/车模速度信号 v,输入量 v_{ref} 为电机转速的给定参考值,它也可以叫作电机速度控制系统的控制目标值。由于使用单片机实现闭环控制系统中的控制器设计,因此 v

与 v_{ref} 一般为数字量,其与真实的速度值呈线性比例关系。

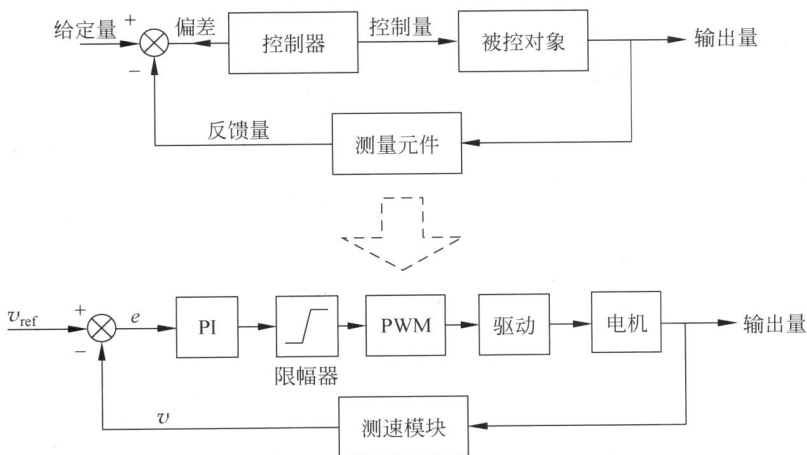

图 4.63 智能车速度闭环控制系统原理

在自动控制原理中,常常通过观测系统的阶跃暂态响应评判系统的性能,具体的做法是,在系统初始条件为 0 的前提下,对其输入量侧施加一个阶跃信号,然后观测系统的输出侧在时域范围的变化情况。建议对该方面不熟悉的同学翻阅自控原理书籍,并重点阅读二阶系统的暂态响应,根据其极点不同的分布情况,可将其暂态响应分为过阻尼、临界阻尼和欠阻尼三种,本书会在下一节结合仿真结果对上述三种情况进行介绍。实际上,多数机电控制系统的输入、输出特性与二阶欠阻尼系统性能类似,因此接下来针对图 4.64 所示的欠阻尼二阶系统的阶跃暂态响应曲线对其中的各项性能指标进行介绍。

图 4.64 中曲线的时域变化可大致分为四个阶段,在阶段Ⅰ,系统输出在输入阶跃的作用下由 0 开始上升,第一次达到输入给定值 v_{ref} 的时间 t_r(从 $t=0$ 计)可称为上升时间;在阶段Ⅱ,在惯性的作用下,系统输出继续上升,并在达到最大值 σ_p 时发生下降,我们可将 $\sigma_p - v_{\text{ref}}$ 称为系统的最大偏差量或最大超调量,其对应的时间 t_p(从 $t=0$ 计)可称之为超调时间,之后系统输出进行了几次反复地调整,并维持在 v_{ref} 附近,当其与 v_{ref} 的偏差小于控制目标允许的范围内,即小于系统

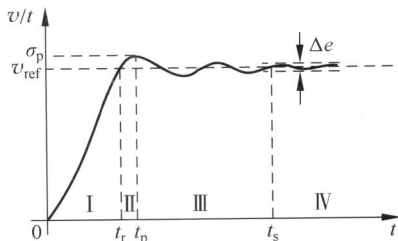

图 4.64 系统阶跃暂态响应

稳态误差 Δe 时,可称阶段Ⅲ对应的时间 t_s(从 $t=0$ 计)为调整时间。然后系统进入稳定调节阶段Ⅳ。系统的阶跃暂态响应可用于考察系统的动态和稳态性能,通常可用"稳、快、准"大致评判自控系统的性能,如果结合刚刚介绍的几个性能指标,其中"稳"代表控制系统在闭环调节下可以稳定在输入给定值,"快"代表系统的上升时间、超调时间和调节时间短,"准"则代表其稳态误差小,调节精度高。但是在实际的控制系统中,这几个指标相互制约和影

响,同时使这几个指标都趋向最佳是不可能的,因此,需要结合实际的控制目标和要求,寻求折中方案。此外,系统的阶跃响应是对应输入侧变量的突变进行的,针对输出侧的外部扰动,还存在系统的抗扰性能指标,主要包括动态降落和恢复时间两项指标,我们希望在外部扰动发生时,控制系统的动态降落较小,恢复时间较快。

PID 控制属于简单有效的线性控制方法,在工程应用中非常常见,其可以描述为:将控制系统中的偏差分别与一定的比例、积分和微分常数相乘,分别产生三个调节结果并将其进行相加后作为系统控制量的一种控制调节方法。PID 控制一般可分为位置式和增量式两种,并对应不同的数学表达式,鉴于 PID 的资料较多,本书不再复述其基本原理与数学模型,在接下来的内容中,将结合智能车的调速控制系统,着重对 PID 控制器的宏观理解、设计步骤以及调试方法进行介绍。

通俗来讲,PID 控制器中的比例环节用于成比例地对偏差进行快速响应与调节,但是只使用比例环节系统调节将存在静差(调节进入稳态时给定值与实际输出值之间存在固定偏差),控制精度受到一定的影响,比例环节作用越强时,系统的过渡过程越快,但是过大容易产生震荡破坏系统的稳定性。积分环节在偏差不为 0 时,产生累加、累减效果,只有在偏差为 0 时,才保持输出不变,因此可消除静态误差、提高系统控制精度。其控制效果类似于电容充放电过程,积分环节作用较强时,系统的精度调节较好,但是系统的超调量随之变高,过渡过程可能存在震荡,系统稳定性下降;积分环节作用较弱时,系统稳态误差消除过程变慢,但系统的稳定性较高;微分环节根据偏差的变化趋势进行输出,在偏差变化较快时,微分环节输出也变大,可在偏差变大之前进行修正,因此具有预调节的效果,有助于减少系统超调量,提高系统的响应速度,但是微分环节具有放大噪声的作用,从这个角度看是不利于系统稳定性的。

使用者可以根据上述 PID 控制器的各个环节的功能与效果结合实际的控制场合与控制目标选择性地使用比例、积分和微分环节。例如,在电机调速控制以及电力电子变换器的恒压、恒流控制中,一般使用 PI 控制器,以满足对输出目标实现快速、精确调节。由于系统输出量一般受外部环境扰动较少,因此不使用微分环节。

电机控制系统的 PI 输出连接至一个限幅器,这是一个非常重要的环节,用于防止 PI 控制器的输出量无限制增加或减少,超出 PWM 调节器允许的范围。限幅器虽然简单,但往往是初学者在设计控制系统中容易忽略的一个环节,从而导致控制系统效果变差,在设计限幅器时,首先应根据控制量输出的极性,确定其象限,如控制量输出有正有负,则须设计为双象限的形式,然后根据 PWM 控制器的最大值确定其限制幅值大小。

除了上述基本的 PID 控制方法,还衍生出了多种改进式和优化的 PID 控制方法,如为了实现对不同范围控制量的有效调节,即增加有效调节范围,可以采用分段 PID,不同分段内采用不同的 PID 参数,从而达到更佳的控制效果,但是分段点的确定往往较为困难,参数的增多也增加了调试困难。模糊 PID 控制根据经验确定模糊规则库,通过模糊化、模糊推理、解模糊等步骤实现 PID 的变参数调节,可以看作优化后的分段 PID 控制。同时,为了避免偏差较大时 PID 控制器产生的积分饱和问题,可以通过算法优化实现积分分离,并在偏差在合理范围内后重新引入积分环节,从而优化控制效果。此外还有针对微分放大干扰问题而采取的数字滤波、微分先行等优化方法。一般来说,对于智能车电机调速控制,基本的 PI 控制器可以满足要求,若同学们对上述优化算法有兴趣,积分防饱和方法介绍可以查阅本书 5.1 节,其余内容也可以查询相关的书籍以及网络进行学习。

　　PI 控制的实现方法、编程方式相对固定,初次使用 PI 控制器进行电机调速时,另一难点在于 P、I 参数的确定。在理论学习中,一般通过对电机调速系统中的各组成部分进行数学建模,并通过自动控制理论在频域对其稳定性和参数进行分析和设计。但是一方面,该方法对于初学者来说实现起来过于复杂,存在较大难度,另一方面在现实中,车模在运行中存在非线性环节,以及各项参数的确定存在偏差,因此使用线性分析方法得到的参数往往无法直接应用在实际的调速系统中。

　　在实际应用中,一般可以认为直流电机调速系统的稳定裕度较大,因此 P、I 参数主要依靠经验、试凑的方法进行调试、确定。经验、试凑方法需要遵循一定的调试步骤和先后顺序,并借鉴前续调试效果进行下一步的参数修正。此外,还有一种工程上常用到的 PI 参数确定方法,称为临界比例法,其主要通过观察系统阶跃暂态响应曲线,使系统进入临界状态,然后根据提供的经验公式确定 PI 参数。上述各种方法存在一定的主观性,因此在此不过多展开,在实际的参数调试中可以分别使用,并观察效果,从而确定最佳的参数组合。这里给出的建议是,有条件观察电机的阶跃响应曲线时,可以使用穷举的办法,在一定范围内统计不同 P、I 参数组合产生的效果,并按照控制目标确定,利用在电机调速控制中,我们希望电机调速的响应速度较快,而对其输出精度发生一定下降可以容忍,基于这种指导思想,一般可以在 P 参数较大、I 参数较小的组合中选取。可以看出,PI 参数的确定,在优化某些性能的同时,往往伴随着一定性能指标的牺牲,属于一种选择性的折中。

　　在经典的自动控制原理中,经常使用 s 函数进行系统模型的描述,这时系统的各变量随时间连续变化,可将其称为连续控制系统。与之对应的为离散控制系统,其特点与计算机、单片机等数字控制器的工作原理相关,系统中各变量在时间尺度上为离散的脉冲序列,即在单片机的最小控制周期内,各变量值保持不变,在下一个代码执行周期才能进行刷新。进而,根据这个特点,可引出控制周期、采样周期的概念,控制周期和采样周期受到单片机内核运行速度以及 AD 采样模块性能的限制,在智能车电机控制系统的设计过程中,依据控制目标以及单片机性能、测速模块分辨率等因素,一般可选取控制周期与采样周期在 2ms 至30ms 之间,对于四轮运行车模的电机转速控制,选取 10ms 时在控制精度方面已经可以达到非常好的效果,而对于平衡车,由于车模的平衡控制对电机控制的实时性要求更高,可选取 5ms 或更快的控制和采样周期。类似地,使用单片机实现 PI 控制时,需要通过离散化处理,设计对应的数字 PI 控制器,这里也不作过多介绍,关于 PI 的 C 语言代码实现可以在智能车论坛进行搜索。

　　测速模块分辨率的确定也非常重要,以 M 测速方案为例,在同样的分辨率和电机转速条件下,采样周期越快则单片机每次获得的脉冲累计(脉冲计数)越少,过少时将直接影响控制精度,因此在确定了智能车电机转速控制系统的控制周期后,需要据此进一步确定测速模块的分辨率。这里介绍一种依据系统响应频率带宽的测速模块分辨率确定方法，从系统响应频率角度来看，测速模块的脉冲周期使其输出的转速信息存在一定的时间延迟，而为了确保系统的响应速度，一般要求测速模块的脉冲频率在系统控制频率的 10 倍以上。

据此，设系统控制周期为 T_c(s)，则相应的系统控制频率为 $f_c=1/T_c$(Hz)，设测速模块的分辨率为 P(p/r)，即其旋转一周的脉冲数，测速模块如编码器的转速为 N(r/s)，若为光电码盘则转速与电机相同，此时测速模块的脉冲频率 f_s 可由下式表示：

$$f_s = N \times P$$

设车速为 v(m/s)，车模与编码器的齿轮传动比为 m/n，车模车轮半径为 R(m)，则可进一步得到电机转速 N 与车速的关系为

$$N = \frac{v}{2\pi R} \times \frac{m}{n}$$

为了满足上述系统响应带宽要求，可得如下的关系式：

$$f_s \geqslant 10 f_c$$

综合上式，可得测速模块 P 的计算公式为

$$P \geqslant 10 \times \frac{1}{T_c} \times \frac{2\pi Rn}{vm}$$

例如，当选取控制周期为 10ms、车轮半径为 0.025m，车模与编码器齿轮传动比为 10∶3 时（实际计算时请实测），在要求车模控制速度不低于 0.5m/s 的条件下，可以计算得到编码器的最低分辨率为 95p/r。对应地，当系统控制周期提高时或最低车模控制速度降低时，测速模块的分辨率也须对应提高。这也是为了保证单片机在单位采样周期内可获得足够的脉冲数以确保使用 M 法计算速度时的精度。常见的编码器精度有 100 线、256 线、512 线和 1000 线等，一般认为智能车比赛中普通的电机速度控制采用 100 线的测速模块就可获得较好的控制效果，而平衡车在控制周期很快时，则建议使用分辨率较高的增量编码器。此外，由之前介绍的正交解码原理可知，固定采样周期内采用正交解码获得的计数量为普通脉冲计数方法的 4 倍，因此使用正交解码所获得的采样精度也得以提高。

通过上面的介绍可以发现，电机速度闭环控制的三个重要部分即 PI 控制器、测速模块、电机驱动相互影响，三者共同组成一个稳定的闭环控制系统。其性能与精度由测速模块输出精度、单片机 AD 精度、PWM 精度以及控制与采样周期、控制器的调节能力等诸多因素有关，任何环节的疏忽都会导致控制效果变差。例如可将转速测量看作人眼功能，其精确度和实时性将直接影响控制性能，各部分的设计要做到协调、无瓶颈。当然，一套良好的控制系统，其能量供应部分也非常重要，在智能车方面，就体现在电池的各项指标与参数上，如其电量、内阻、最大功率输出能力和新旧程度等都直接或间接影响智能车速度的调节性能。

2. 速度、电流双闭环控制

在智能车竞赛中，通常使用上述单转速闭环控制方案就可以获得很好的转速控制效果，但是在较大型的工程应用中，直流电机调速系统中往往还存在电流闭环回路，并与转速闭环形成一个双闭环控制系统，也常被称为串级控制（Cascade Control）。接下来就结合智能车

竞赛中使用的双环控制的优势、双闭环控制策略以及电流采样方案进行介绍。

首先,由本章第一节介绍的内容可知,直流电机的输出转矩大小与其电流呈比例关系,因此在传统的直流电机调速系统中加入电流内环后,可以认为在其启动过程中,在电机转速增长前,转速外环的调节处于饱和状态,因此电流内环处于近似恒流控制状态,而依据转矩与转速的线性比例关系,如图 4.65 所示,电机在该情况下的理想启动过程中转速呈线性比例增加,在达到给定值时电流环退出饱和,电流迅速下降,因此一般认为这种双环控制方式较单环控制可获得更快速的电机启动效果。同时,由于电流、转矩的这种直接对应关系,当系统外部转矩变化时,电流内环可快速响应其变化,在外转速环未响应前进行调节,从而可提高系统的外部抗扰能力,降低外部转矩扰动对电机转速的影响。此外,电流环

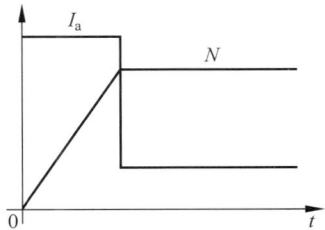

图 4.65 带有恒流控制的电机快速启动

的带宽相对于转速速度环一般高出很多,因此具有足够的系统带宽,可简化为一个惯性或比例环节,可为系统转速环的稳定调节创造有利条件。

图 4.66 给出了智能车速度电流双闭环控制系统原理,可看作在单转速闭环的基础上,增加了一个电流闭环,并将其作为内环,转速闭环作为外环。此时转速闭环的输出量并不直接赋给 PWM 模块,而是作为电流内环的参考给定值并与电流采样值进行比较后送入电流 PI 调节器,经过限幅器后送至 PWM 模块驱动电机运行。上面提到的恒流控制,可结合图 4.66 作进一步介绍,即在电机启动或给定值突变时,由于转速不能突变,电机转速与其给定值 v_{ref} 偏差较大,因此外环的调节量快速增加或减小,直至达到限幅器阈值时,其输出恒定,此时转速外环处于饱和状态,控制失效,i_{ref} 为一恒定值,因此此时系统可看作单电流环控制。在电机转速接近其给定值 v_{ref} 后,转速外环逐渐退出饱和状态重新参与调节。这种调节特性与蓄电池的恒压限流充电策略相似,不仅实现了快速调节,由于电压环限幅器的存在,电流给定值 i_{ref} 被限制在安全范围内,因此这种双闭环控制结构还可对电机起到一定的限流保护作用。此外,相比于转速外环的控制频率,电流内环的控制频率以及电流采样频率一般要足够快才能满足对快速变化电流的控制要求,一般要大于 $1kHz$,或者与 PWM 输出频率保持一致。

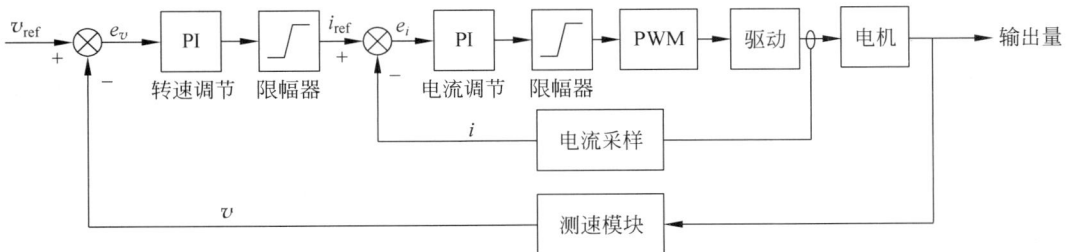

图 4.66 智能车速度电流双闭环控制系统原理

由于上述闭环控制系统中存在两个 PI 控制器,因此需要调节两套 PI 参数,较单环复杂,在实际调试中,可先令转速环开环,即令 i_{ref} 为恒定值,单独调试电流内环的 PI 控制器参数,并考察其稳态、暂态的调节性能。在电流环较为满意后,加入转速外环,并调试转速外环的 PI 控制器参数,此时内环参数只需微调即可,从而逐步实现系统联调。同样,在设计转速、电流双闭环控制算法时,要使输入、输出量、限幅器幅值的极性与测速模块和电流采样的输出信号极性以及 PWM 调制方式保持一致。一般可设计为正、负双极性,并保证电流采样与测速模块的输出量包含方向信息,以便实现 4.2 节介绍的电机双向四象限运行,从而可通过反接制动进行快速制动。同时,使用双极性调制时,由于占空比为 50% 与控制系统输出量为 0 时相互对应,因此在电流调节的限幅器输出侧要减去一定的偏置量,这些在算法设计中都需要格外注意。

在实现智能车双闭环控制的过程中,除了通过软件设计实现上述控制策略外,在硬件方面,还要设计合理的电机电流采样方案。常用的电流传感器主要分为霍尔电流传感器和采样电阻等。前者通过霍尔电流原理将电流转换为电压信号,需要额外的供电电路,属于有源测量方案,并且具有输入、输出电气隔离功能,依据其内部结构,可分为开环和闭环两大类,其中闭环霍尔电流传感器的测量精度较高,在中高端的电力电子变换器中应用较多,但是其价格较为昂贵,所占体积、重量相对较大,高质量的霍尔电流传感器生产商为莱姆 LEM 公司,其电流传感器的可选型号也较多。电流采样电阻一般为阻值在几毫欧至几百毫欧的功率电阻,当电流流经功率电阻时,在其两端产生分压,利用调理电路可将该电压信号转换至与单片机 AD 模块电压范围相匹配的电压等级。采样电阻的添加会增加驱动电路的内阻,但是影响较小,且该方案具有廉价、占用体积小、质量小的优点。此外,由于电流环为内环,系统的最终控制量为转速,因此系统对电流精度要求并没有转速环那么高。因此采样电阻方案适合应用在智能车竞赛中,例如在第十一届竞赛中,中南大学就使用了采样电阻方案实现电机电流采样。同样,采样电阻的精度也是越高越好,并且其寄生电感和电阻温度系数越低越好。

图 4.67 给出了包括霍尔传感器在内的常见电流采样器件的实物图。其中,在采样电阻方案中,作者在 DC 变换器中使用过直插的军工级采样电阻,其精度较高,可在 0.1% 之内,且热稳定性较好,但是价格略高。同时,也可以采用贴片式采样电阻,其占用体积小,但是功率等级一般不及直插型采样电阻。康铜丝也具有良好的热稳定型,且价格低廉,在开关电源中的电流采样较为常见。此外,一些集成驱动,如 MC33886 和 BTN 系列驱动芯片自带了电流输出功能,少数开关管也具备电流输出引脚,因此在使用这些器件时可以直接利用其输出的电流信号并经过一定的信号调理后作为电流内环的反馈值。

在设计电机电流采样电路时应首先确定采样器件的安放位置,如图 4.68 所示,在采用单向电流采样方案时,可将采样电阻的位置摆放在 H 桥电路的低位侧,这样只需由运算放大器组成比例放大电路并使用单电源即可完成采样电流的信号调理,这种位置摆放方案简单,但是电机无论正转、反转所采集电流均为单向,无法实现电机电流的方向识别。为了实现电机电流的方向识别,可将采样电阻布置在图 4.68 中右图所示位置,此时采样电阻产生

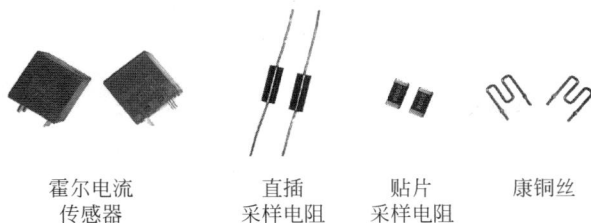

图 4.67　常见的电流采样器件

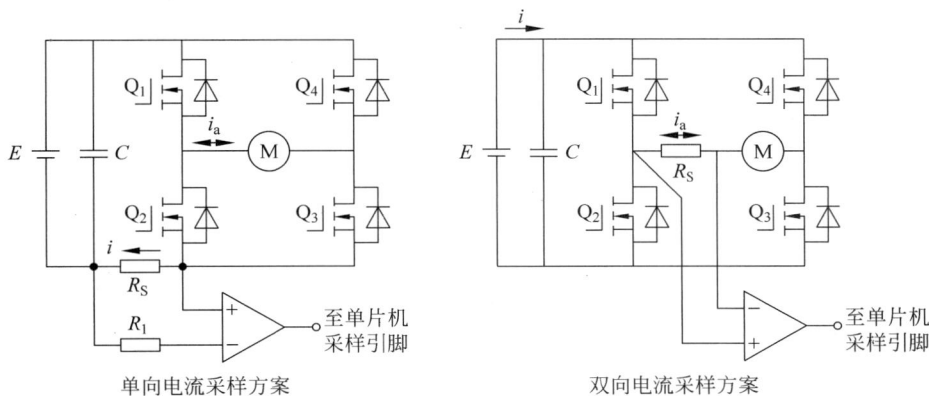

图 4.68　采样电阻位置选取

的电压信号有正有负。同时,与驱动电路开关管上管的驱动方式类似,当 Q_1 和 Q_3 导通时,采样电阻的一端与电池正端等效连通,采样电路中产生共模电压,因此无法使用比例放大电路,而需要使用差分放大电路。差分放大电路一般需要使用双电源进行供电,辅助电源较为复杂并须考虑其能承受的高压范围。如果使用霍尔电流传感器,则可以按照右图进行布置,由于其本身具有电气隔离特点,因此在设计对应的调理电路时无须考虑共模电压带来的安全问题。

此外,在霍尔电流传感器和采样电阻的参数选择上,首先要确定系统的最大电流,进而确定霍尔电流传感器的电流范围;而对于采样电阻,则须配合调理电路的放大系数、对精度的要求和最大电流要求综合确定采样电阻的阻值与功率大小,并要注意采样电阻上产生的分压不影响电路正常工作。由于双闭环控制中对内环采样精度要求不是特别高,因此可本着优先选取阻值较小的原则确定功率采样电阻参数。

使用传统的信号调理电路时,外围电路较为复杂,供电电源复杂,并需要考虑电压安全问题,给设计带来一定难度。TI 公司推出的 AD82XX(如 AD8205、AD8210)系列单电源电流差分放大器芯片具有集成度高、外围电路简单、直流输出特性好等诸多优点,适用于在直流变换器和直流电机控制中实现单芯片的电流调理解决方案。其允许的共模电压范围为 -2V 至 $+65\text{V}$,因此完全耐受智能车供电电压等级,可应用于双向电流采样方案中。图 4.69

给出了基于 AD8210 的双向电流采样应用电路图,其中,该芯片的－IN 和＋IN 段接采样电阻两端,V_{REF1} 与 V_{REF2} 用于设置电流采样电阻位于驱动电路的低端、高端还是 H 桥中端位置。依据其数据手册,当需要进行双向电流调理时,可将 V_{REF1} 和 V_{REF2} 同时接至 2.5V,该电压可由分压电阻获得,但会影响整体的输出精度,因此也可使用高精度电压源芯片(如ADR381)供电。具体的输入与输出电压比例关系可从其数据手册获得,为了适应单片机AD 模块的电压采样范围,当设置为双向模式时,其输出电压依据输入端的正负信号在 0～5V 之间变化。因此,如果单片机输入范围为0～3.3V,应当注意采样电阻阻值的选取,使电机电流变化时,AD8210 的输出端电压在 0～3.3V 之间变化。为了防止输出电压高于 3.3V损害单片机,可在输出端与系统中 3.3V 供电端之间添加并联二极管,并串联一个 1kΩ 电阻进行限流,当输出电压高于 3.3V 时,该二极管导通,输出端电压将被钳位在3.3V,从而起到保护作用。该方案中使用了双向二极管 MMBD7000LT1,可对高于 3.3V 和低于 0V 的信号进行限压保护。

对应地,在单片机中要注意 AD8210 输出信号的极性处理,采用图 4.69 方案时,需要减去一定的偏置量,这个量可以在电机停止运行、电流为 0 时测定,并在多次采样后进行平均处理,然后作为与输出信号相减的偏置量,这个过程可以在单片机每次上电后的初始化流程中执行。

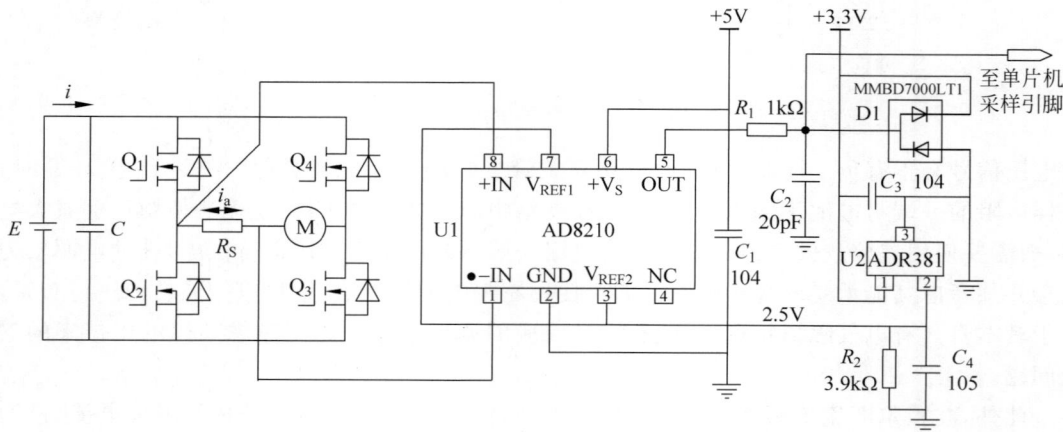

图 4.69　基于 AD8210 的电流采样电路

可见,通过添加电流环,使电机转速控制系统的启动速度和抗扰能力提高,系统鲁棒性优于单闭环方案。由于传感器和控制技术的限制,早期传统电机模拟式调速系统中转速外环的调节速度较慢,因此添加电流环是有必要的。但是,智能车中的转速环使用纯数字控制系统,不仅抗扰性优于传统模拟控制系统,其调节速度和精度也具有优势,因此加入电流环对系统的提升效果不如传统调速系统明显。此外,增加电流环后,对单片机的采样、控制频率的要求提高,系统的复杂程度增加,驱动内阻进一步增大,同时增加了参数调试难度,因此智能车转速控制系统中是否增加电流环应当由读者结合实际,辩证性地做决定。

4.5.3　闭环调速系统仿真验证与分析

为了进一步加深理解上述控制系统的阶跃响应与控制参数之间的关系,以及对比单转速环控制和转速电流双环控制之间的差异,在 PLECS 仿真软件中搭建了电机控制系统的电路模型和控制模型,以下对仿真结果进行分析。在仿真中,并没有严格依据智能车电机与传动进行精确数学建模,因此不必过多关注仿真结果中的实际数值,只需重点观察不同 PI 参数大小对其变化趋势与规律的影响。此外,系统的响应带宽对系统的调节性能影响较大,本仿真中转速环控制与采样频率为 200Hz,电流环控制与采样频率为 10kHz。

首先,根据图 4.63 建立了电机的单转速闭环控制系统,图 4.70 分别为不同 PI 参数下对应的系统转速输出响应曲线。在图 4.70(a) 和图 4.70(b) 中,由于 PI 参数均较小,因此系统输出呈过阻尼状态,系统调节时间较长且稳定误差较大,当 I 参数增加时,系统调节时间减小且出现了轻微的超调。在图 4.70(c) 和图 4.70(d) 中,比例参数很小,积分参数较大,系统开始呈轻微欠阻尼状态且接近临界状态,因此输出响应呈衰减震荡,且积分环节系数越大震荡衰减越慢。在图 4.70(e) 和图 4.70(f) 中,积分参数进一步增大,同时比例参数也对应增加,可以看到,积分环节系数较大时,系统的稳态精度高,但是超调和震荡问题严重,而适当增加比例环节系数可以对积分环节带来的超调和震荡起到一定的抑制作用。在图 4.70(g) 和图 4.70(h) 中,采用较大的比例系数和适当的积分系数,可以看到,系统的调节时间得以减少,即系统响应加快,且超调量被控制在合理范围内,但控制精度发生一定下降。由于智能车控制系统对快速响应的要求大于对高精度的要求,因此在实际中可以采取图 4.70(h) 中比例参数较大而积分参数较小的参数方案,这与之前的理论分析保持一致。

进一步,为了对单转速环控制系统和转速、电流双闭环系统进行对比、验证,分别对两种控制方式的启动过程和扰动情形进行仿真、记录。如图 4.71 所示,电机控制系统在 0s 由静止状态启动,在 1.5s 时负载转矩阶跃增加,可以看到,采用单电流环时的电机速度波形在启动时发生轻微震荡,在转矩突增时转速发生一定跌落且电机电流输出波形在启动和负载变化时震荡剧烈。而采用双闭环方案时,电机转速、电流输出在启动和转矩突增时较为平滑,速度跌落后恢复时间较单环方案短。

如图 4.72 所示,在另一个验证情形中,1.5s 时转速给定值突增。类似地,可以发现采用双环控制方案时电机的转速与电流输出均较为平滑,而单环方案的电机转速与电流输出则在启动和转速给定值突增时出现明显的震荡。

4.5.4　智能车电机控制系统设计流程

通过仿真验证,我们可以直观地观察不同 PI 参数和控制策略下的电机转速与电流响应曲线,也就是说,获取系统的输出响应曲线可为参数选取、系统调试提供重要的参考依据。而在实际的调试过程中,我们可以通过以下方式获取实时的系统输出状态:

(1) 实物测量。该方法通过仪器对电机电流、转速进行实际测量,例如可以使用示波器配合电流钳对电机电流进行实时采集、显示,可以利用转速测量仪对电机转速进行实时测

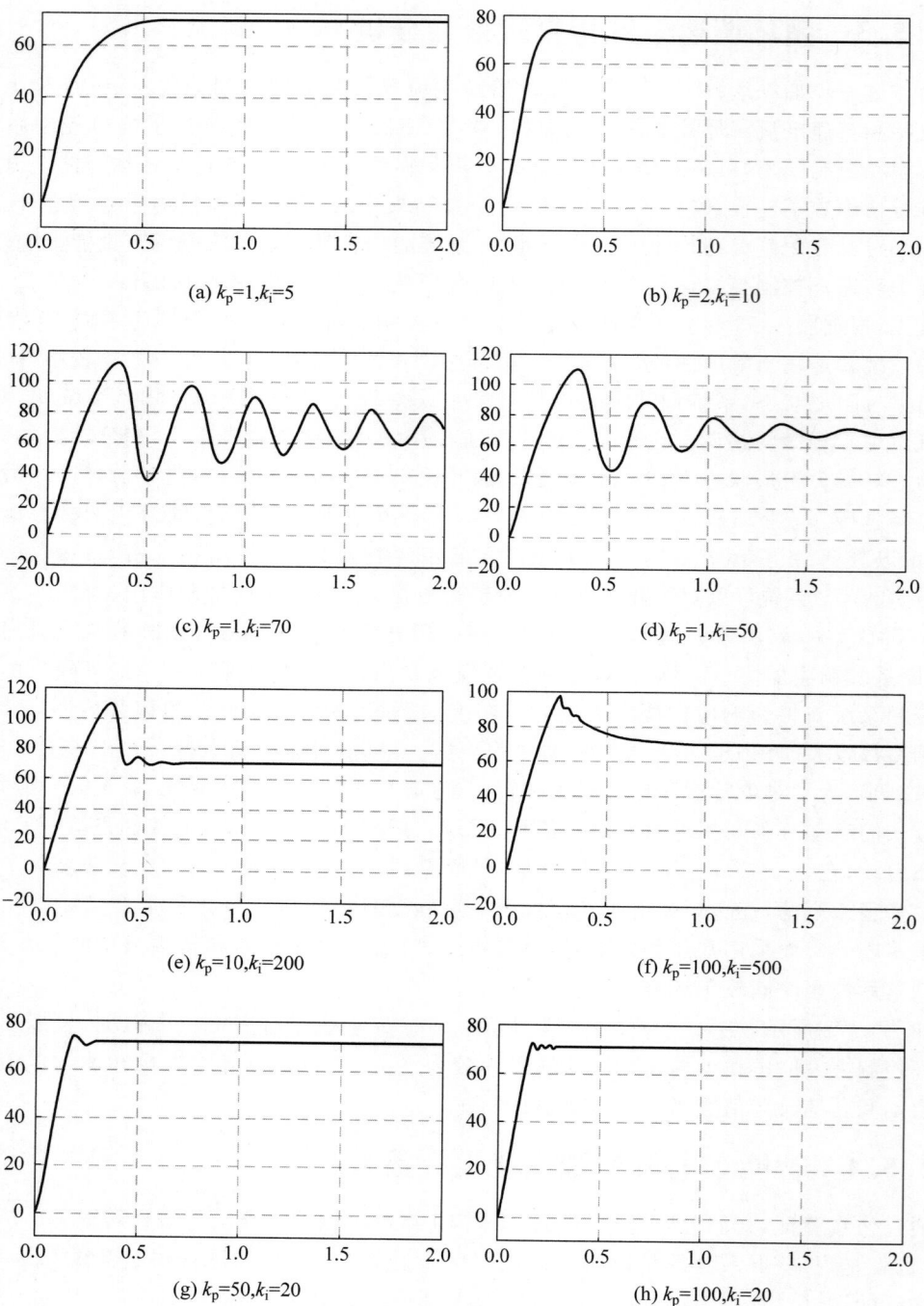

(a) $k_p=1, k_i=5$

(b) $k_p=2, k_i=10$

(c) $k_p=1, k_i=70$

(d) $k_p=1, k_i=50$

(e) $k_p=10, k_i=200$

(f) $k_p=100, k_i=500$

(g) $k_p=50, k_i=20$

(h) $k_p=100, k_i=20$

图 4.70 不同 PI 参数对应的电机控制系统响应

(a) 单转速环控制

(b) 转速、电流双闭环控制

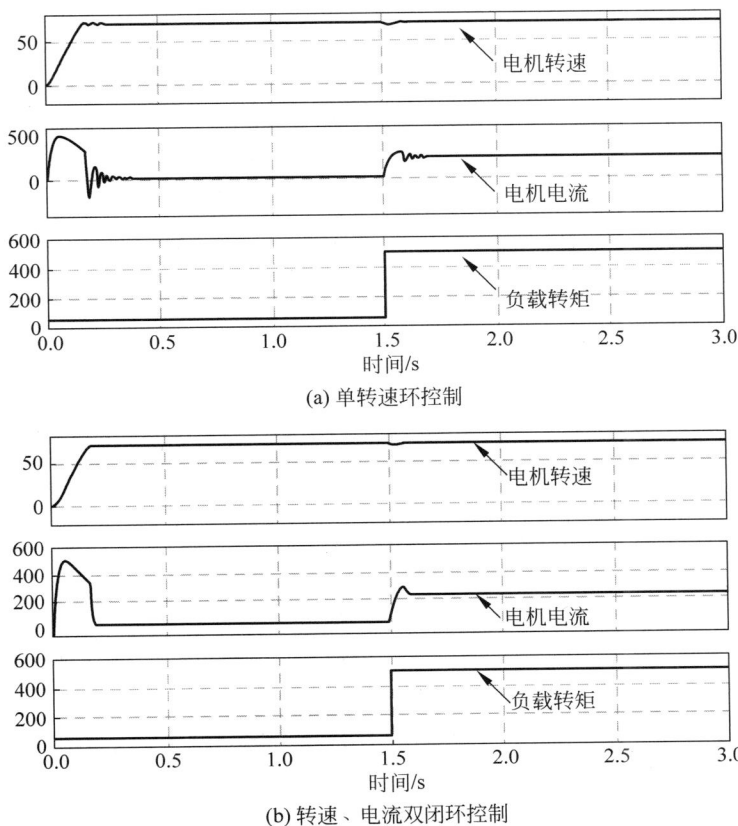

图 4.71 转矩改变时电机控制系统响应

量,但是实验工具较为昂贵,并不是每个实验室都可能同时具备,此外所获取的参数为间接量,与单片机中的数字量存在差别,为调试带来了不确定性和不便。

(2) 液晶显示。可以通过液晶显示屏将单片机中的各变量进行显示,例如智能车中常使用小尺寸的 OLED 屏并通过串行 SPI 通信与单片机连接,使用起来非常方便、直观,可以直接对单片机内部各变量进行实时显示,例如可以将转速给定值与测量值进行对比显示,以观察其跟随性能。但是液晶显示一般只适合显示简单的数据,进行曲线绘制时所占用的资源较多,刷新速度较慢,实现方法也较为复杂。

(3) D/A 转换。利用单片机的 DA 模块,将系统的变量转换为模拟量并输出,然后利用示波器进行观察、测量,此方法实现较为复杂,由于存在数字、模拟转换环节,实测量也将存在一定偏差,同时需要配合示波器使用。

(4) 上位机。通过串口通信或无线数传模块,可将智能车单片机中的信息传送至 PC 端口,并配合上位机软件进行数据、曲线显示,这种方法显示的信息更丰富,可以方便地观察电机转速、电流等系统输出量的响应曲线,如果实现双向通信,还可以在上位机进行在线参数

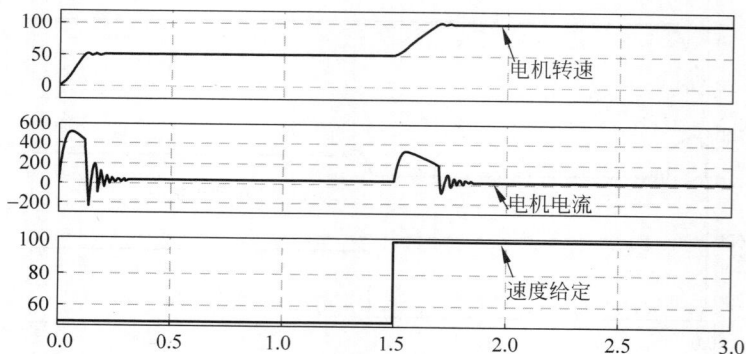

(a) 单转速环控制

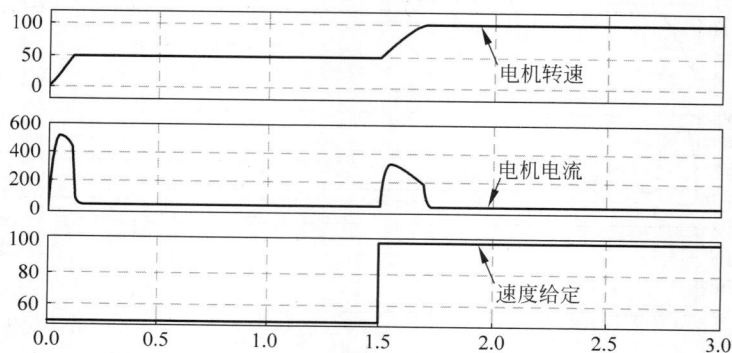

(b) 转速、电流双闭环控制

图 4.72　给定转速改变时的电机控制系统响应

调节,是系统调试的推荐方案。同时,进行平衡车的相关参数调试中,也常常使用这种方案。

在对上述知识有了系统的了解后,可以按照图 4.73 所示的流程图进行智能车电机转速系统的设计。

至此,智能车电机调速控制方面的内容就介绍完了,希望读者在阅读之后能够熟悉电机闭环控制系统的控制原理及系统的时域响应特征,了解不同 PI 控制参数对电机转速控制系统响应曲线的影响,从而掌握智能车转速单环控制与双闭环控制的设计方法与调试方法,并结合前几节的内容最终设计出一套智能车转速机电数字控制系统。

【资源导航】

下面列举智能车论坛在智能车转速控制、参数调试方面的部分资源与讨论。

(1) 一篇较好的解释 PID 的文章。

http://www.znczz.com/thread-111203-1-1.html

说明:本资源通过举例对 PID 的基本原理进行了直观、易懂的讲解,并结合自身调车的经历对智能车转速控制设计的注意事项进行了介绍。

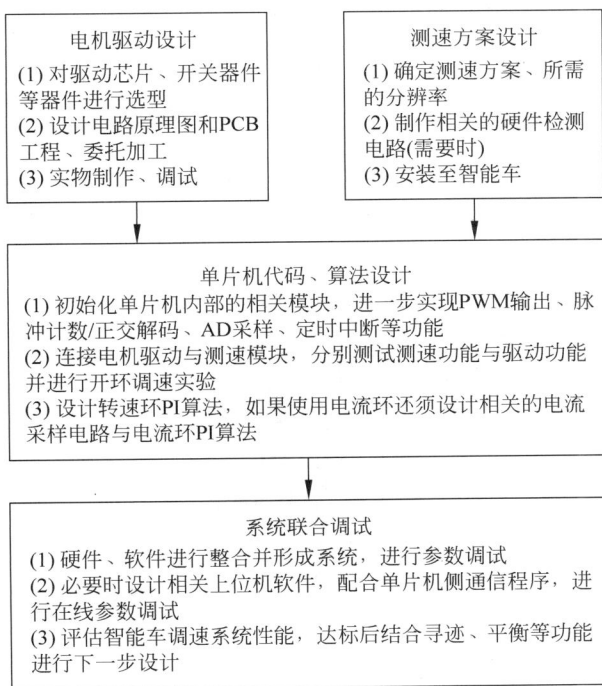

图 4.73 智能车机电及控制系统设计流程

（2）PID 控制经验。

http://www.znczz.com/thread-230846-1-1.html

说明：本帖楼主结合自身的调车经验与认识对智能车中的 PID 参数调试经验进行了介绍。

（3）PID 调节经验总结。

http://www.znczz.com/thread-115308-1-1.html

说明：本帖楼主列举了常用的 PID 参数选取方法，并介绍了一种试凑方法，同时给出了智能车中 PID 控制的 C 语言实现方法。

（4）PID 的详细调试说明资料。

http://www.znczz.com/thread-114607-1-1.html

说明：本资源介绍了 PID 控制中各环节的作用与特点，并介绍了一个 PID 参数整定的常用口诀。

（5）分享一个高速串口波形上位机软件。

http://www.znczz.com/thread-227544-1-1.html

说明：本资源分享了一个可实现高波特率通信的串口上位机软件，并提供了单片机侧的代码与移植方法、上位机的设置与界面使用方法。

（6）发一个用 LABVIEW 写的上位机，可调试电机、舵机 PID。

http://www.znczz.com/thread-227502-1-1.html

说明：本帖楼主提供了自己编写的基于 LABVIEW 的上位机软件，可用于实现电机和舵机的 PID 在线调试。

（7）DLUT SmartCar 上位机分享。

http://www.znczz.com/thread-237704-1-1.html

说明：本帖楼主提供了自己编写的智能车专用上位机软件，并附加了几个常用的上位机程序以及相关的资料。

读者也可通过扫描下面的二维码获得上述资料（见图4.74）。

图 4.74　智能车论坛上的转速控制与参数调试资料

第 5 章

智能车巡线技术

本章主要介绍智能车巡线技术。以四轮车为例,结合路径识别算法和车体控制两部分,对智能汽车大赛中所需要用到的基础知识进行粗略的概括,并总结为一套思路。

人类发展史上,面向人类实际需求的工程技术往往在时间上超前于相应的理论探索,例如建筑电气的接地电阻计算,其相应理论仍未能完美自洽;又如力向量和功,也是在工程实践中由工程师发现的。解决实际问题时,大多受直觉以及直接或间接的经验引导。很多时候,工程师需要在还没有透彻理解其基本原理的情况下解决实际问题,这是毋庸置疑的。

另一方面,数学、科学也是解决实际问题时的有用的工具,这也是"现代工程学"所强调的,数学和科学是工程学的指导方向。

智能车制作就是一个工程实践,也是锻炼自己成为工程师的途径。在工程实践中,我们应当注意三个方面,第一是永远基于实验数据,而且是可以反复验证的实验数据,也就是一种证据;第二就是缜密的逻辑推理,神秘主义或许能使我们的心思获得安宁,但在工程方面,神秘主义解决不了客观存在的问题,在工程实践面前,情绪不是证据,感觉不是证据,主观观念也不是证据,要否定自己的情绪去面对强而有力的事实;第三,永远秉持质疑的态度,不断检查审视自己的观点。

很多制作智能车的同学喜欢以"书本中知识无用"这一信条自居,这很明显是一种盲信,更是一种傲慢。很多同学也喜欢在透彻了解了知识后,才选择去做事情,学习的态度是值得肯定的,但忽视了工程周期,是不可取的,比赛时间紧张,工作量大,如果一味研究书本,只会影响进度。工程实践者亦然。

希望读者阅读完本章节后,不仅在工程方面,也能在工程与科学的联系方面有更深的了解。

5.1 比赛用四轮车建模

5.1.1 他励直流电机建模

全国大学生智能车比赛所用车模使用永磁铁励磁,即永磁直流电机,属于他励直流电机的一种。建模分两步考虑,一步是电路结构,可以将全桥电路按平均周期模型简化;另一步是他励直流电动机的转速方程。据此可以得到两个微分方程,如式(5-1)。

$$\begin{cases} R_a i_a + L_a \dfrac{\mathrm{d}i_a}{\mathrm{d}t} + e_m = u_a \\ J \dfrac{\mathrm{d}\omega}{\mathrm{d}t} + f\omega + M_L = M = C_m i_a \end{cases} \tag{5-1}$$

接在电机两侧的电压是以占空比形式给出的,占空比形式有两种主要方式,一种是单极性,另一种是双极性,这些在前面章节都有介绍,这里不再赘述。

观察两个方程,J 和 f 都是转动惯量,M_L 是负载力矩,M 是电磁转矩,R_a 是电机等效电阻,L_a 是电机等效电感,e_m 是反电动势,u_a 是输入电压。如果控制转速 ω,而激励量为输入电压 u_a 时,把第一个式子移项后,代入第二个式子,那么得到式(5-2)。

$$\left(sJ + f + \frac{C_e C_m}{R_a + sL_a} \right)\omega(s) = \frac{C_m}{R_a + sL_a} u_a(s) - M_L(s) \tag{5-2}$$

如果以转速为外环,电流为内环的双闭环的形式考虑,可得到式(5-3)。

$$\begin{cases} i_a(s) = \dfrac{u_a(s) - C_e \omega(s)}{R_a + sL_a} \\ \omega(s) = \dfrac{C_m i_a(s) - M_L(s)}{sJ + f} \end{cases} \tag{5-3}$$

对上述公式进行简要描述,其中存在电流、转速互相影响的耦合情况,对于这种耦合的处理方法,以目前智能车比赛的情况来看,大家在调车时更注重实践,而对于理论学习有所放松,所以本书从自控的方法入手。

以转速、电流双闭环为例,两个式子均存在两个激励量和一个响应量,而闭环的意义是增强其中一个激励量对响应量的增益,这就是零状态响应,这里称为"零状态通道",与之相对,被抑制的量就是零输入响应。对于电流环,其零状态响应即电压对电流的影响,而转速为扰动因素。对于转速环,其电流对转速为零状态响应,而负载力矩为扰动因素。此二者都为一阶系统。

在处理电流内环时,将转速除去后剩余的部分即输入电压与电流的传递函数,电流的控制想要减弱转速变化带来的影响,就要增强电压为输入、电流为输出的通道。其电压具体表现为占空比与电池电压的乘积,因为电池是非理想电源,其两端电压是电动势减去电流与阻抗的乘积,而并非电池的开路电压,可以这么看,相当于在原来的电压上叠加了扰动。想要具体分析的话,有一种思路是从两端电压的实际值入手,最终会建立一个功率与电压相除的方程,电压为分母,这时就需要找到稳态工作点。如果提供了足够的电压支撑,电源电压下降的影响是有限的,按照该思路分析是多虑的,所以在分析模型时要抓住主要矛盾,而不要对可忽略或可避免的细枝末节进行深究。对于转速环就很明确,电流为输入,转速为输出,而负载力矩为扰动。

针对电流环的情况,可以设计简单的 PI 控制器,增加一个零点和一个极点,通过调整整体增益,将零极相消后,另一极点将会远离虚轴,进而得到较好的跟踪效果。而从频率考虑,原系统的中频段可能存在一个谐振尖峰,这时使用 PD 控制器来平缓这个过程则更合适,使用 PI 也可以获得不错的效果。

不具体计算参数的控制器设计方法可以采用根轨迹图,对于经过 PI 控制器校正的一阶系统,其根轨迹图大家在平时的课上都有所接触。通过增加增益,其极点将随着箭头的方向变化,进而达到零极点相消。一般来讲,零点位置由实际控制器的参数决定,且此零点位置与积分控制器的参数有直接关系。积分控制器系数越大,其整体形状越远离虚轴,给定一个合适的根轨迹增益,可以确定极点位置。如果完全忽略零点的影响,那么此轨迹图可根据极点位置分为 4 个部分:①没有任何改变的原位置;②响应如二阶欠阻尼的区域;③响应如二阶临界阻尼的区域;④响应如过阻尼区域。根据二阶系统特性,二阶欠阻尼区域才是响应最快的区域。考虑零点的影响,欠阻尼的情况下,零点在极点左侧,相比于零点不存在的情况,超调增大,调节时间拉长,而这些是系统不想获得的结果。过阻尼时,相当于一个极点与零点的距离将远远大于另一极点与零点的距离,可以认为另一极点与零点互相消除,而只存在一个极点,变成一阶系统。

对于转速环,并非跟踪效果越好就越适合比赛需要,而要针对比赛的具体情况进行设计。根据机械特性,在电流剧烈变化时,其转速闭环相对滞后;相反,在电流较低时,对应的则是一个平稳的转速。这时系数整定则需要考虑,究竟需要什么样的效果。首先,较大的电流意味着高的转速变化率,而过快的转速变换会导致"跳轮",即失去负载力矩,在比赛过程中是需要避免摩擦力的丢失的,否则很难提速;其次,过大的电流会拉低电源电压,舵机部分会首当其冲受到影响。在调整转速环时,需要考虑的是在保证负载力矩平稳的前提下,保证速度跟随给定值的快速变化,或者计算最为保守的加速时间,以此值来限定速度的变化率,进而调节速度环。根本目标是保证加速度小于某值,这就是调参时需要考虑的。

对于单独转速环,也需要如此考虑。

在具体构建 PID 控制器时,还要考虑因一些意外情况导致的电机堵转,主要通过电流时限保护来保证,并且用限制转速环积分饱和来缓解,而单环时能做的就是限制积分饱和。

过电流时限保护的具体做法就是检测在固定时间内,是否满足转速低于某阈值且电流大于某阈值,超过此固定时间则可判定为电机堵转,这种方式是最有效的。限制积分饱和,是为了防止意外情况导致的电机堵转后的快速恢复,并不能起到保护车体的效果。

下面具体介绍智能车制作中抗积分饱和的常用方法。当运用 PID 控制系统运行时,其负载力矩是变化的,因其 I 项涉及对原始误差的积分,因而当负载力矩变化导致速度变化时,其原始误差的累加也是随之变化的。当负载力矩足够大时,例如捏住轮子的时候,速度是不会变化的,因而其误差将会一直累加,当松开轮子后,需要将其误差累加逐渐减小才能进行"期待"的控制调节,这就是防积分饱和提出的初衷,是一种限制控制系统"模态"的措施,或者说是从参数的角度限制控制系统的运行范围。其具体操作就是,当积分累加量大于某值时,限制其变化。网络上对此法有很多种变种,实际上应用此法时并不需要过多考虑,有就可以。对于多级闭环系统,放在干扰量最容易突变的地方就可以了。其具体数值一般选取为最大有效输出数值的 1.1 倍到 1.2 倍之间,这既有利于出现模态变化时的快速恢复,又不会因为引入积分饱和而对系统本身的控制产生负面影响。

以上便是对电机转速闭环控制的全部叙述。在调整好具体的通路增益后,就可以利用转速、电流以及其他参数对给定转速或其他给定量进行更适宜地调整。

另外还有一个需要考虑的因素,就是调制。考虑控制回路时,也是需要将此纳入考虑的。在智能车比赛中,因为存在快速减速的过程,所以对于控制回路的设计采用双极性调制比单极性调制有更方便的策略。在单极性调制时,存在三个主要的稳态:正最大值、短接、负最大值;双极性调制只存在两个稳态:正最大值和负最大值。当控制器运算后得出负占空比时,对于单极性调制,需要从正最大值、短接的 PWM 状态移动到负最大值、短接的 PWM 状态。而对于双极性调制,则没有这个过程,其正最大值周期等于负最大值周期时,就是占空比为零的时刻。

对于调参,这里介绍一个实践中总结出的经验。对于响应速度,最方便的就是看频谱。想要确定一个控制器的控制效果,最方便的就是从频率入手。具体做法是,首先测定开环频谱,根据开环频谱,进行期望的波特图设计。PID 控制只是波特图设计的一种简单的表现形式。在进行简单的波特图设计时,我们需要确定受控系统的期望响应速度,确定响应速度后,基本可以确定一个合适的基础,即 0dB/dec 的位置。如果在中频段存在谐振尖峰,最有效的方式是通过在高频段添加 20dB/dec 的环节来削减,在 PID 控制里即 PD 参数决定的频率转折点。而 −20dB/dec 主要是为了增强低频带的增益,弥补 0dB/dec 的过低位置,在 PID 控制里是由 PI 控制参数决定的。但频带图设计却比 PID 更加灵活,例如为了获得一个较低的响应速度,可以在 −20dB/dec 前构建 −40dB/dec 的过程,而为了滤除特定频带的信息,可以在控制器高频部分不断构建 −60dB/dec、−80dB/dec 进行滤除,再设计一定的 20dB/dec 环节保证稳定裕度。该方法意义明确,操作方便,在调参时使用较为普遍,只要保证频谱测定的可靠性就可以了。在缺少专门的仪器时,可以使用系统辨识的方法来测定。

再讲下 PID 的具体原理,正如之前所介绍的,PID 控制器在频带图设计范畴里只是一种简单的表现形式。通用的 PID 控制原理可由如图 5.1 所示的频带图表示,而 PI 与 PD 控制器波特图如图 5.2 和图 5.3 所示。

图 5.2 展示的是合适的 PI 控制器的频谱分布,虚线部分是 PI 控制器的频谱,系统的开环频谱如实线所示。PI 控制器会增强低频段的增益,提高系统跟踪性能,同时幅穿频率也会左移。

图 5.3 展示了有谐振时使用 PD 控制器的频谱分布,主要通过抬高原始频段削弱谐振。

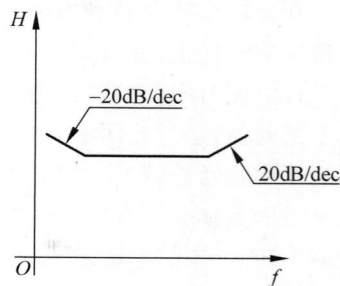

图 5.1 PID 控制器典型波特图

这里只是简单叙述,要想弄明白 PID 控制器的工作原理,最合适的方法是将 PID 控制的频谱特性进行推导。PID 就是一个对系统频谱进行补偿的过程,其达到的具体效果会有一定的规律,因为很多系统的频谱图大体类似。同时,着重考虑的不是 PID,而是系统本身的频谱分布,应当根据具体频谱特性选择合适的方法。当然,这只是自控范围,能掌握这些并合理使用已经足够。

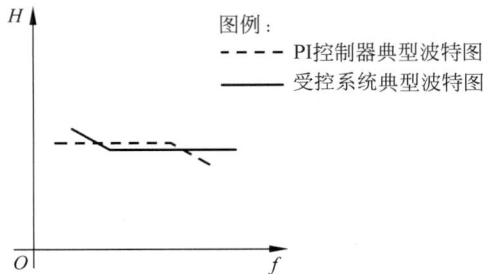

图 5.2　PI 控制器典型波特图

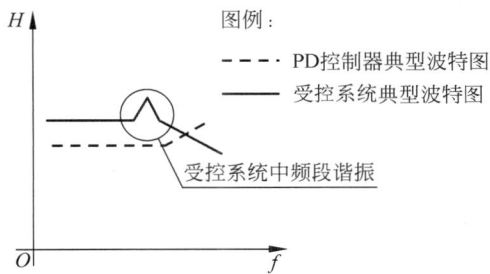

图 5.3　PD 控制器典型波特图

5.1.2　四轮车转向建模

回顾电机建模的全过程,忽略了实际绕组的磁介质变化,也忽略了内阻的温度变化,对于负载力矩的变化也没有进行具体的分析,因为这些问题对于自动控制来说,并非主要矛盾,在使用自动控制理论解决实际问题时,一方面要建模,另一方面是根据模型确定问题矛盾。把握好这两方面,问题就解决得差不多了。

车体转向建模在一定程度上与轮胎和转向信息有关。转向信息被称为引导信息,详见5.2.1 节。另外,还与车体的简化约束有关。故车体转向建模由三部分组成:轮胎模型、车体模型以及转移到固定坐标系的通用模型。

首先介绍轮胎模型。作用于轮胎的力,分为两部分,轮胎侧向力和轮胎摩擦力。作用于轮胎的力总是被摩擦力这个概念一概而论,这是不严谨的。而轮胎的速度也可分为法向速度和纵向速度两部分。速度与合力的角度差称为轮胎侧偏角(见图 5.4)。

速度与轮胎所受的摩擦力反向,其值最大为摩擦系数与地面法向负荷力的乘积,由轮胎侧偏角、轮胎的性质共同决定。

根据前人的研究结果可知,轮胎侧向力与轮胎侧偏角在小角度转向时呈线性关系,其系数被称为侧偏刚度。而大角度时,在轮胎滑移之前,此线性关系仍然成立,其后将为恒定值,就是所谓的滑移。如果保

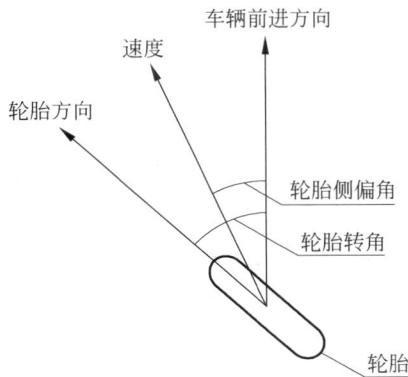

图 5.4　轮胎侧偏角示意图

证大范围内无滑移,则可近似为小角度转向,在比赛里也是如此,多数情况下并没有考察车辆针对恶劣路况的调节能力。据此建模,可以将其关系假定为式(5-4)。比赛中的大多数情况就是,只要有足够的摩擦力,谁都能跑快,就看谁稳,稳了看谁精益求精。

$$F = C_a\beta \tag{5-4}$$

其次是对车体建模,以车体切向为 x 轴,以法向为 y 轴,便可以得到一组表达式,如式(5-5)。这里将车体简化为前面只有一个前轮和后面只有一个后轮的"自行车模型",该假

设合理的原因可以这么想：假如两个自行车模型用一个无质量的横杆连接，那么就更像我们平时所看的汽车。而每个自行车模型对应的转角最终会趋近于一个固定的转角，因为相互的力最终会使二者趋于平衡。最终也可以简单地假定为一个自行车模型。其模型示意图如图 5.5 所示，其中 x 轴方向为车体运行方向。

$$\begin{cases} \tan(\theta_q) = \dfrac{V_y + l_q\dot{\psi}}{V_x} \\[3mm] \tan(\theta_h) = \dfrac{V_y - l_h\dot{\psi}}{V_x} \end{cases} \tag{5-5}$$

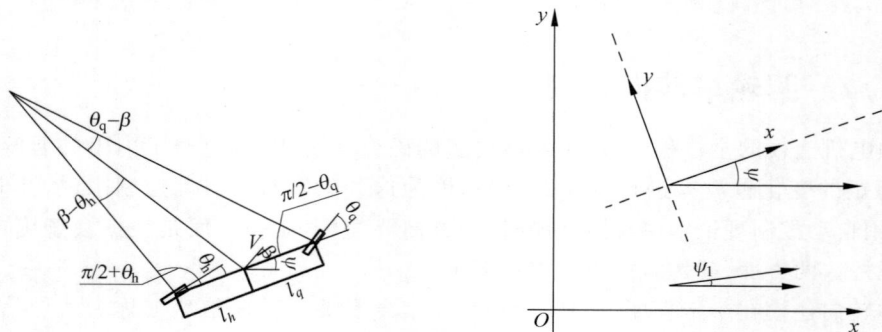

图 5.5 "自行车模型"及其运行示意图

根据前轮侧偏角与前轮转向角总是存在一个偏差，而后轮转向角时刻与车体平行，便得到一组表达式，如式(5-6)。

$$\begin{cases} \theta_q = \delta - \alpha_q \\ \theta_h = -\alpha_h \end{cases} \tag{5-6}$$

将正切函数进行小角度近似后可表达为式(5-7)：

$$\tan(x) = x \tag{5-7}$$

当车过弯时，处在以车体切向为 x 轴，以法向为 y 轴的坐标系，即在随动系里，动力学方程之一是牛顿第二定律和圆周运动特点的结合，另一个就是横摆力矩模型。结合图 5.4，可得式(5-8)。

$$\begin{cases} m(\ddot{y} + V_x\dot{\psi}) = F_q + F_h \\ I_x\ddot{\psi} = l_qF_q + l_hF_h \end{cases} \tag{5-8}$$

设想一个固定坐标系，比如站在赛道外看车的我们，这时候只需要确定两个坐标系的偏航角就可以。此偏航角可定义为 ψ_1，在随动系里，其数值为 0。对于一条任意的引导信息，可以由两个变量描述，一个是引导线到车辆质心的距离，另一个则是相对引导线的方向误差。这样，引导线距离车辆质心的距离可以定义为偏差 e_1，而方向误差则为 e_2，此两组基的表达式如式(5-9)。其大致示意图如图 5.5 所示。

$$\begin{cases} \ddot{e}_1 = \ddot{y} + V_x \dot{\psi} - V_x \dot{\psi}_1 \\ e_2 = \psi - \psi_1 \end{cases} \tag{5-9}$$

而将式(5-4)~式(5-8)结合,可得式(5-10):

$$\frac{\mathrm{d}}{\mathrm{d}t} \begin{bmatrix} e_1 \\ \dot{e}_1 \\ e_2 \\ \dot{e}_2 \end{bmatrix} = \begin{bmatrix} 0 & 1 & 0 & 0 \\ 0 & \dfrac{-2C_q - 2C_h}{mV_x} & \dfrac{2C_q + 2C_h}{mV_x} & \dfrac{-2C_q l_q + 2C_h l_h}{mV_x} \\ 0 & 0 & 0 & 1 \\ 0 & \dfrac{-2C_q l_q + 2C_h l_h}{I_x V_x} & \dfrac{2C_q l_q - 2C_h l_h}{I_x} & \dfrac{-2C_q l_q^2 + 2C_h l_h^2}{I_x V_x} \end{bmatrix} \begin{bmatrix} e_1 \\ \dot{e}_1 \\ e_2 \\ \dot{e}_2 \end{bmatrix} +$$

$$\begin{bmatrix} 0 \\ \dfrac{2C_q}{m} \\ 0 \\ \dfrac{2C_q l_q}{I_x} \end{bmatrix} \delta + \begin{bmatrix} 0 \\ \dfrac{-2C_q l_q + 2C_h l_h}{mV_x} - V_x \\ 0 \\ \dfrac{-2C_q l_q^2 - 2C_h l_h^2}{I_x V_x} \end{bmatrix} \dot{\psi}_1 \tag{5-10}$$

在随动系里,因 ψ_1 总是为 0,其微分量亦如是,如果使用曲率,且每时每刻将起始点设为自身,那么 e_1 将为 0,式(5-10)可化简为式(5-11)。

$$\frac{\mathrm{d}}{\mathrm{d}t} \begin{bmatrix} e_2 \\ \dot{e}_2 \end{bmatrix} = \begin{bmatrix} 0 & 1 \\ \dfrac{2C_q l_q}{I_x} & \dfrac{-2C_q l_q^2 + 2C_h l_h^2}{I_x V_x} \end{bmatrix} \begin{bmatrix} e_2 \\ \dot{e}_2 \end{bmatrix} + \begin{bmatrix} 0 \\ \dfrac{2C_q l_q}{I_x} \end{bmatrix} \delta \tag{5-11}$$

可发现矩阵第一行无意义,只剩下一组与方向误差的表达式,经过拉普拉斯变换可得式(5-12):

$$s^2 E(s) - \frac{-2C_q l_q^2 + 2C_h l_h^2}{I_x V_x} s E(s) - \frac{2C_q l_q}{I_x} E(s) = \frac{2C_q l_q}{I_x} \delta(s) \tag{5-12}$$

此即前轮转向角与方向误差的传递函数。可运用此式以舵机的 PWM、舵机的实际转向角,或者使用与舵机实际转向角标定的前轮转向角作为输入量,调节前轮偏角后,对车体转向角进行闭环控制。对于转向角的测量,则可以通过图像获得期望转向角,因为是在随动系里,如果摄像头与车体绑定,那么期望转向角同时为转向角偏差。这就是一个典型的二阶系统,可以参照电机的闭环方法对此进行处理。同时,其表达式里含有车体切向速度 V_x,故而可以将电机速度与之建立对应关系,得到速度与转角的配合关系。

5.1.3　控制实例:光伏并网逆变系统

至此,已将四轮车控制系统中的主要问题叙述完毕,作者虽然曾经在智能车中使用过上述方法,但时间久远,相应的数据参数已经丢失,故而选取作者在本科毕业设计阶段以光伏逆变并网系统控制使用的方法来介绍进行上述建模后该如何运用至实际工程中。注重介绍运用方式,对于非关键信息,则直接给出。控制系统示意图如图 5.6 所示。

首先是模型表达式,如式(5-13)和式(5-14)所示。此控制器模型表达式只作为应用控制

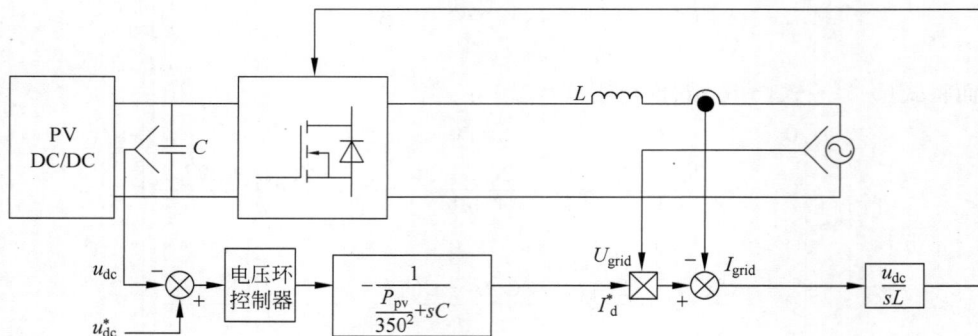

图 5.6 光伏并网逆变系统控制框图

理论建立控制器的步骤,并不作过多深入讨论。

$$C \frac{\mathrm{d}u_{\mathrm{dc}}}{\mathrm{d}t} = \frac{P_{\mathrm{pv}}}{u_{\mathrm{dc}}} - i_{\mathrm{d}}^* \tag{5-13}$$

$$L \frac{\mathrm{d}i_{\mathrm{grid}}}{\mathrm{d}t} = D u_{\mathrm{dc}} - u_{\mathrm{grid}} \tag{5-14}$$

激励量 D 为占空比,而控制量为交流侧电流和直流母线侧电压。进而可以发现式(5-13)存在非线性量,因此需要进行线性化。而对于(5-13)也需要把交流量转换为直流量,这样更利于分析,可得到内外环传递函数,如式(5-15),其控制模型如图 5.7 所示。

$$\begin{cases} G_{\mathrm{u}}(s) = \dfrac{U_{dci}(s)}{I_{\mathrm{d}}^*(s)} = -\dfrac{1}{\dfrac{P_{\mathrm{pv}}}{350^2} + sC} \\ G_{i}(s) = \dfrac{I_{gridi}(s)}{D(s)} = \dfrac{u_{\mathrm{dc}}}{sL} \end{cases} \tag{5-15}$$

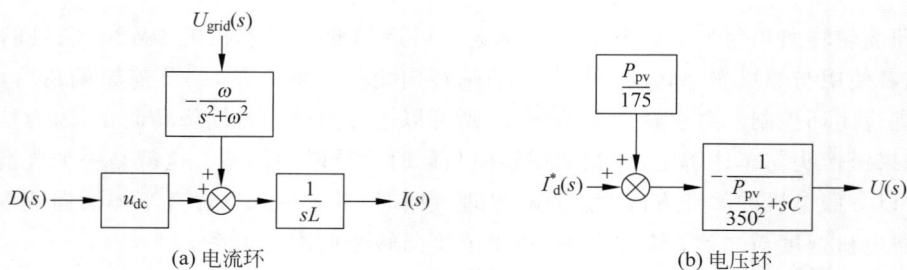

(a) 电流环   (b) 电压环

图 5.7 电流环与电压环控制模型

以上只是引子,最重要的是针对被控对象模型的特点,设计控制器的方法。电流环是纯积分环节,当然实物里会存在一定的等效电阻,实际系统的完全模型为一个一阶惯性环节,但这些不是问题的关键。在用根轨迹分析时,我们知道,这是只存在一个极点的系统,如果想要保证足够的快速性,只需要将极点远离虚轴即可,那么就需要一个零点来消除原来的极点,并且再增添一个极点。一零一极,这就是 PI 控制器。可得根轨迹图,如图 5.8 所示。

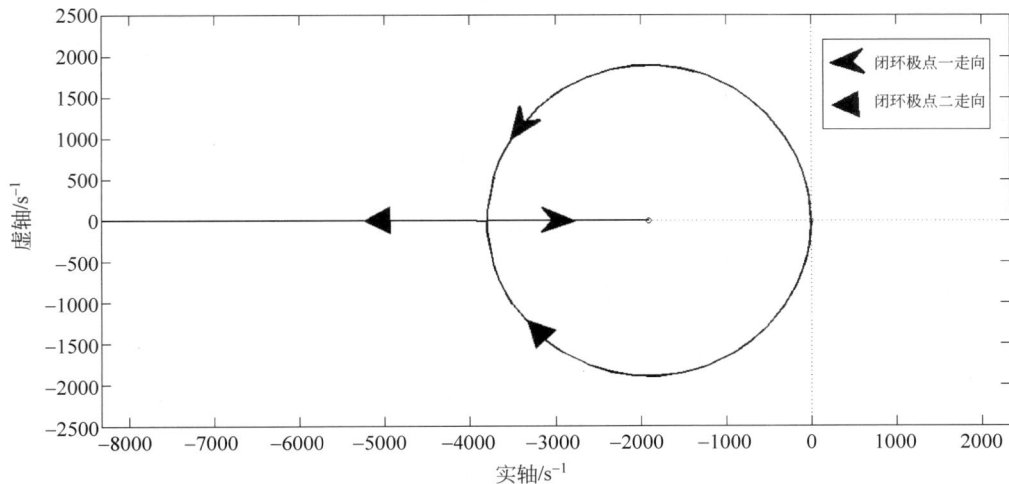

图 5.8　电流环根轨迹图

如果完全忽略零点的影响,此图形可以根据极点位置分为四个部分:没有任何改变的原位置;响应如二阶欠阻尼的区域;响应如二阶临界阻尼的区域;响应如过阻尼区域。根据二阶系统特性,其在二阶欠阻尼区域时响应最快。

考虑零点的影响,在欠阻尼的情况下,零点在极点左侧时,相比于零点不存在时,超调增大,调节时间拉长,而这些是系统不想获得的结果。过阻尼时,相当于一个极点与零点的距离将远远大于另一极点与零点的距离,另一极点可以认为与零点互相消除,而只存在一个极点,变成一阶系统。

这就说明了在实际调参时,系数 P、I 整定合适之后,如果还存在一定的振荡,增大 P 即可。至于先增大哪个系数,从根轨迹图就可以知道,需要一起增加,才能将控制器调节至更有用。当然这个规则只适合这种一阶系统,如果要推广,则需要在建模后针对特定的系统,分析其零极点走向。

上述即根轨迹图的用法,在没有任何系统数据时,根据系统数学模型提供参数调整的指导。

如果不想要盲调,或者面对更复杂的系统,其初始零极点位置有更多可能性时,使用期望频谱法更适合。

分析电压环,其频谱分布大致如图 5.9 所示。

因为电压环设计的目的,首先是稳定直流母线侧电压,其次是滤波,市电频率为 50 Hz。据此,首先应当将幅穿频率左移,其次在高频增加 −20 dB/dec 环节达到较快的衰减。作者使用的控制器频谱图如图 5.10 所示。具体设计方法在自动控制理论的主流教材里都有涉及。

采用频域分析,可以使用系统辨识里的方法对系统进行参数估计,然后可以更有针对性地设计控制器及计算整定参数。

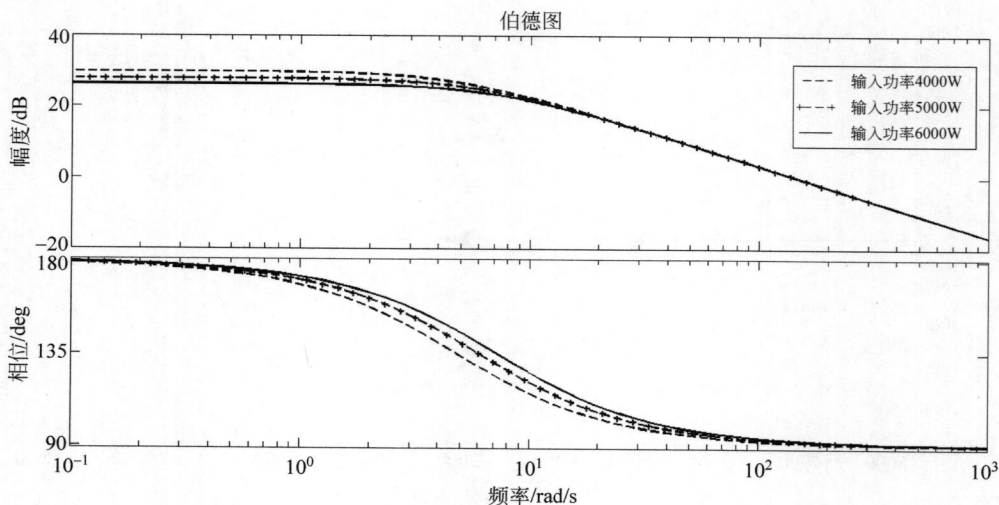

图 5.9　电压环开环频谱图

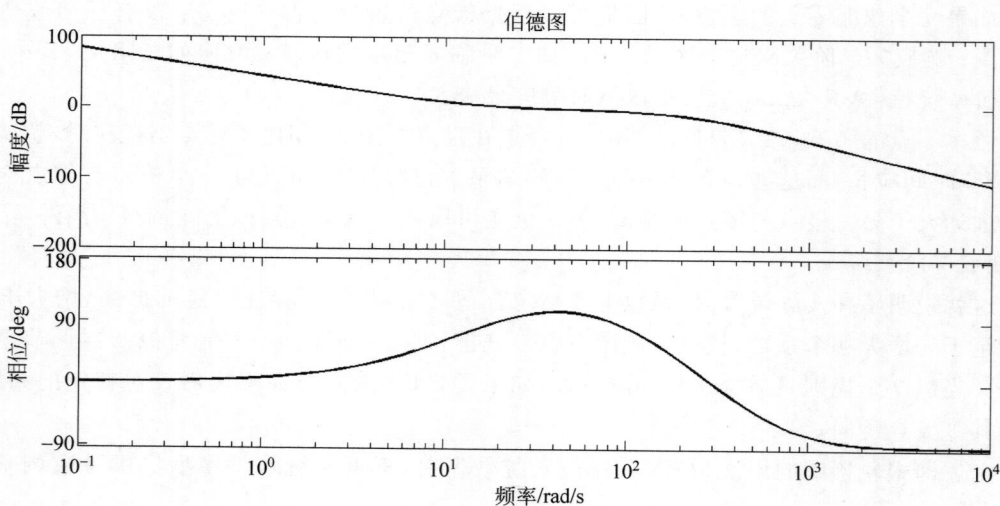

图 5.10　控制器频谱图

5.2　巡线识别

在指导学弟学妹做车的那段时间,总是会有这样一个问题:相信方法至上,简单来说,就是在尝试做某件事情前,先去选择每一环节使用什么方法。这样的做法可以涉猎很多方面独有的一些算法或者技巧,同时也忽略了做车的一个整体性的问题。对于一个系统工程而言,分析其结构,优化其结构,相比纠结于细节处的实现方法是更有意义的。

因此此处关于巡线识别所叙述的内容以摄像头、光电传感器为载体,不局限于某一类赛道,描述一种识别赛道的整体思考。

大多数同学在第一次做车时,不敢动手写出自己的所想,总是蹑手蹑脚,生怕"写错"什么,这是完全无须考虑的。做智能车是一次尝试,无论是否合理,首先要敢于迈出"实践"的步子,放开手脚去干,哪怕是错的,有这样的想法,才能开始第一步。

5.2.1　引导信息

得到一个合适的图像,从图像中得到可以控制车体的最终信息,这就是智能车巡线技术的全部内容。所谓"最终信息",在技术报告、论坛以及大家平时的交流中,总是会被"中线"或者"曳物线"这样的字眼代指。本文给"最终信息"起两个别名——"引导信息""引导线"。

引导信息就是要求车体去靠拢、去逼近、去跟随的一个趋势。引导线则是把这个趋势用一条线来体现。

当使用引导线这个概念的时候,有必要提一下曲率这个概念。曲率在高等数学里有明确定义,平均曲率是弧线两点的切线交点除以弧长的绝对值,而曲率则是当弧长趋近于无穷小时的平均曲率。如果直接使用定义来计算曲率,一定会用到数值方法。本文使用圆与曲率的关系简化求解,利用圆的特性来逼近实际的曲率。式(5-16)即使用的曲率计算公式,通过圆上三点求取曲率。其中,x 为坐标,c 即曲率,i 为当前点,$i+1$ 为沿 y 轴方向增长的下一个点,$i-1$ 则是沿 y 轴方向增长的上一个点。进而可以得到此三点组成的曲率。令一条线的起点为 $i-1$,终点为 $i+1$,其余点为 i,进行多次计算后,求其平均数就可以得到一组合适的曲率值,这是求取一条线的等效曲率的最方便的方法。

$$c_i = \frac{2 \mid (x_{i+1} - x_i, x_{i-1} - x_i) \mid}{\parallel x_{i+1} - x_i \parallel \ \parallel x_{i-1} - x_i \parallel \ \parallel x_{i+1} - x_{i-1} \parallel} \tag{5-16}$$

曲率最大的意义在于可以同时包含速度和转向两种信息。首先,分解后,便可以直接运用到式(5-10)或式(5-12)中,当然,有能力的可以尝试将式(5-10)转化为以曲率为参数的方程。其次,通过计算相邻段的曲率,可以优化整个引导信息,使其曲率最小,进而得到"最速曲线"。

对于"最速曲线",主要有两种方案。

首先是求均值,求均值后的路径基本可以保证提前入弯,即入弯内切,但出弯外切。有的情况下,出弯外切会以更快的速度进入直道,在直道就会有优势。但这并不是最优的路径,可以说,这种路径能在很多情况下保证不错的效果,同时又具有实现快的好处。

第二种方法是对曲率进行特定方式的滤波,例如使用一个规则作为评判标准,如圆周速度公式。在网上有一种流行的方法是 K1999,这是一种利用经验得到引导线的优化方式。当然还有很多种方式,例如 XF2013 和 SA2015 都是基于 K1999 的改进方法。

除了求曲率外,还要求取所有点的均值、起末点的斜率、起点坐标以及加权平均值等。这些信息,最终都是为 5.1.2 节所描述的车体控制服务的。

方法应当多变才是好的,这里再介绍几种方法。

首先,最为流行的莫过于直接获取中值,通过中值来计算舵机的 PWM,这样就能将式(5-10)改写为式(5-17)。分析方法与式(5-11)类似,同时应当注意 e_2 并非为 0,其作为扰动将会影响 e_1。

$$\begin{bmatrix} \dot{e}_1 \\ \ddot{e}_1 \end{bmatrix} = \begin{bmatrix} 0 & 1 \\ 0 & -\dfrac{2C_q + 2C_k}{mV_x} \end{bmatrix} \begin{bmatrix} e_1 \\ \dot{e}_1 \end{bmatrix} + \begin{bmatrix} 0 \\ \dfrac{2C_q}{m} \end{bmatrix} \delta \qquad (5\text{-}17)$$

获取斜率、中值则相当于直接使用式(5-10),同时需要将 e_2 换算为斜率表达式,然后改写式(5-7)即可。

无论使用哪种方法,都要与式(5-10)建立关系,这样就能很方便地设计出合理的控制器。至于究竟采用 PD 或是 P 还是其他控制方法,按照之前的控制器设计思路来选择就好。

5.2.2 轮廓提取

如何从赛道里提取这条"引导线"上的一个个点将是本节介绍的内容。

提取赛道信息,首先是提取出完整的赛道轮廓,也就是所谓的边线。对边线进行相应的处理并得到最终想要的信息则是之后的工作。

这个轮廓在我们眼里是有方向有趋势的,在机器眼里就是一堆点。这里涉及两项工作,第一个就是将所有在轮廓上的点标出来,第二个就是滤除那些不在轮廓上的点。实际在轮廓上的点的集合是 A,最终得到的点的集合为 B,B 必然包含 A。属于 B,但不属于 A 的集合被称为集合 C。我们最终要得到全部的 A,可以有适当的 C,同时要求在之后"识别"这些点时 C 对最终目标的消极影响降到最低。

怎么标出 A 内的坐标呢?边沿处于黑白交界的地方,如果是灰度图,只要两个点的差值大于固定值,就可以断定该点可能处在黑白交界的地方。如何准确地计算出这个区别黑白的固定值就是算法考虑的事情。

在计算一个存在于黑白间的阈值作为这个固定值的方法中,有一种算法叫做"大津法"——这个算法的基本思想是找出一个图片中使前景背景的类间方差最大的阈值。用该方法一定能获得一个阈值。但很明显,当赛道处于全黑出界时,以及光电车过十字时遇到全白的情况时,是不需要这个阈值的。

现在回想下我们所看到的赛道。在传统组,赛道只有黑白和背景色,当背景色为深色时,相当于只有黑白;在信标组,只要外部光源不是远远强于信标灯,那么也可以简化为外部光源和叠加了外部光源的信标光源,处理后也可以看作只有简单的黑白之差。

这样看来,我们要处理的颜色还是比较明确的,使用大津法肯定可以解决,但肯定也有更为简便的方法。因为要处理的颜色的一阶矩相差明显,只需要稍作判断,就可以忽略其二阶中心矩的影响。

首先计算整个图片或一整行的平均值和峰-峰值。保证相邻一个赛道宽的点的像素差大于峰-峰值的一半,基本上就可以区别出黑白,因为其一阶矩差距明显。然后,保证其值大于平均值的一半,基本上就可以滤出一种颜色时的阈值,因为其二阶中心矩在一定情况下反映了其一阶矩的变化情况。至此,得到了一种边沿判定的方法。

得到全部的边沿点就是轮廓提取的过程,下面介绍三种提取方法。

第一种方法,也是比较常见的方法,就是以一个边沿点开始向八个方向遍历全图搜索边沿点,最终便会得到一个完整的轮廓。此处需要判断这个点是否已经搜索过,可以再定义一个数组,也可以在本身的数据上做一定的标记来标识这个状态。如果这个点没被搜索过,则搜索它周围的点,如果搜索过就不继续搜索。同时还要判断搜索的是否是边沿,如果是边沿,则将这个点存储,或者标记。具体实现就看写程序的人怎么考虑,这只是一种接口处理的方式。这种方法能够得到全图完整的轮廓上的点。再通过车体位置,计算出哪些轮廓能够不跨越其他轮廓直接到车体位置就可以了,但这个“跨越”要实现的代码其实更多,考虑到这个问题,故而提出了下一种方法。

第二种方法,是使用形态学的方法。步骤与上述方法类似,不同的有如下几处:①起点位置一定是车体位置;②不需要遍历全图;③搜索终止条件是检测到边沿条件。这种方法得到的是一个被轮廓框住的全部赛道点。然后逐步把全部的点剥离就可以了,这是个递归过程,方法就是使用形态学里的“腐蚀”。停止搜寻的条件就是再无腐蚀过程发生,这样就会得到一个很细的引导线,通常这条线总是与实际的“中线”位置相比有一定的偏移。得到这条线后,首先要确定的是这条线的整体走向,十字、弯道、起跑线、单线等都是各不相同的,确定好了几个重要点的位置后,就可得到整体的趋势,然后就是通过这些关键点得到一个位置在中心或者其他位置的“引导线”。作为控制的输入条件,这条引导线如果多次检测相同,则图不能收敛于一个稳定的点,那么舵机打角、速度变化都难以确定,表现在运行时,可能因为一个错误的打角造成滑移。这个方法的步骤最为繁杂,但同时也是一种很优秀的先决处理方法,针对第十届的多元素和第十一届的双车组,先得到一个趋势进行判定是很有实际意义的。

以上两种方法计算量巨大,一般处理时多是将图像数组压缩,即得到边沿点后,先将整幅图按照4格或9格或者更多格根据分布情况认定为1个格。

第三种方法将摄像头当作很多个光电,同理,光电组也可以使用这种方法。其大体思路也很清晰,就是得到左右线的边沿点坐标,除以二就是引导线上的一个点,再根据前后的差值,以及差值的差值来确定下一行的假定起始位置。这种方法便于理解也很直观,但是这种方法需要投入较多的调试时间。出错后只能一幅幅图地找问题,然后通过几个条件来限定搜线的过程,例如宽度以及跨越十字时对于不存在两边的情况时的特殊处理。整理一下这个思路过程。首先,按照上次找的中点位置或者自己设定的中点位置,从中间往两边搜索,找到边界后记录。两边都有则除以二;只有一边时,另一边加上赛道宽度乘以特定系数得到中线;没有边时,标记一下,然后按照上次和上上次的中点各自乘以一个系数获得本次的位置。处理没有边的情况时还要考虑是不是很靠近车,如果出现多次没有边的情况,要考虑是否需要修正以免陷入一种奇怪的思考模式。都有边的情况下也要考虑,与赛道宽度是不是接近,如果偏离太多,要判断是不是遇到了坡道,或者前面有障碍。一侧有连续平滑的线,另一侧丢了,是不是有人字,是不是有三角形标志。设立这些标志后,就可根据其他信息来判断路况信息了。再根据最新得到的中点周围是否有黑线便可以判定中线搜索是否停止在赛道内。上述就是这种方法的基本思路,应用于光电摄像头传统组。

得到这些点后,按照 5.2.1 节所叙述的方法就可以得到具体的引导信息数值。

5.2.3 原始图像获取

可靠地实现 5.2.2 节所述内容的前提是有可靠的原始图像。因为现在有很多现成的库和程序范例,所以可以很容易地得到一个能够使用的图像。作者遇到过很多询问问题的同学,都是速度到了 2.5m/s 后无法提速,而导致该问题的主要原因是一个很靠谱的图像处理方案配了一个不太有效的图像。

导致图像不太有效的一个原因是器件的程序驱动编写得有问题,例如 TSL1401,图 5.11 是其工作时序图,从图中可以看出,在第一个时钟周期开启 SI 信号后,就可以在每个时钟周期读取 AO 的数据了,第三行时序和第四行时序是其内部的工作,写时序时只需要关注引出具体引脚的时序及其相互状态,而图 5.11 并不能很好地看出其关系,应当再关注图 5.12。

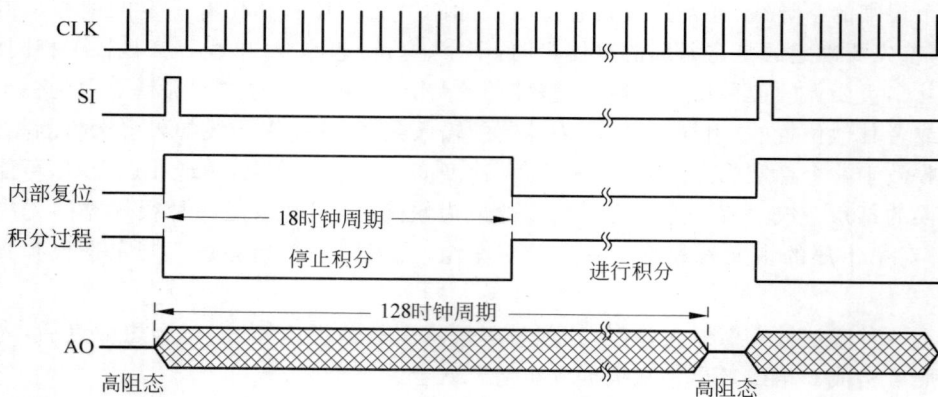

图 5.11　线性 CCD 时序图

从图 5.12 中可以看到很多信息,包括应该在时钟的下降沿读取数据。同时也更加明确了 SI 置高的时间内,数据应当如何读取。实际编写代码时也不能只关注此图,因为很多时候编写数据手册者可能会顾此失彼。作为使用者,在编写代码时应当阅读全部文字。例如表 5.1 是其相关参数。这里对于 CLK 的时钟有描述上的冲突,例如时间周期在图 5.12 上图中只写了最小值为 50ns,而表 5.1 中则有 0.2ms 到 500ns 限制的描述,这时候应当怎么选择呢? 很显然,应选择 500ns 到 0.2ms,选择最小的集合是面对这种数据手册描述冲突时的唯一方法,或者可以选择打电话或者发邮件询问。不要担心英文不好而作罢,可以选择写中文,因为回复邮件的可能也是中国人。

参数		测试条件	最小值 典型值 最大值	单位
$t_w(H)$	时钟脉冲宽度(高)		50	ns
$t_w(L)$	时钟脉冲宽度(低)		50	ns
t_s	模拟输出设置时间为±1%	$R_L=330\Omega$，$C_L=50pF$	350	ns

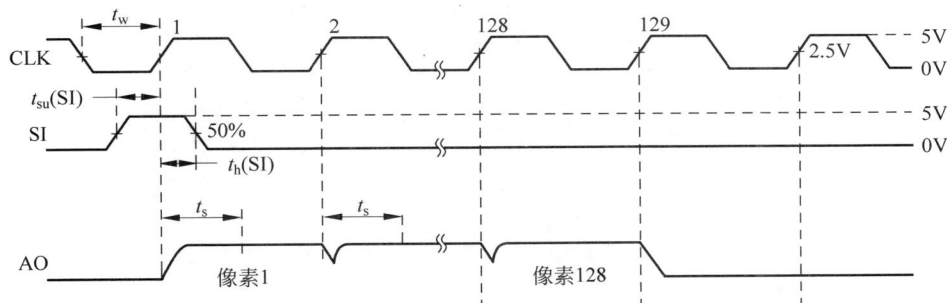

图 5.12 线性 CCD 引脚操作波形图

表 5.1 线性 CCD 典型数据

时钟频率 f_{clock}		5	2000	kHz
传感器积分时间 t_{int}		0.0645	100	ms
配置时间，串行输入 $t_{SU}(SI)$		0		ns
保持时间，串行输入 $t_h(SI)$（见注释）		20		ns
运行时外部温度 T_A		0	70	℃

注：SI 在下一个时钟脉冲上升沿来临之前必须进入低电平

因而可以计算出其采样时长大约在 $64\mu s$ 到 $25.6ms$ 之间，即从获取数据开始到完全获取 128 个点所需要的时间。这个时间应当短点比较好，因为可以实时控制，$100\mu s$ 左右就可以了，而有些同学却做到了 1ms，这是因为他们直接拿来商家给的例程使用，并没有仔细与数据手册甄别，以发现究竟有哪些差别。智能车比赛毕竟是比赛，其商家服务还并没有达到拿来即用的"组装"模式。退一步说，在工业中，有很多东西都能拿来即用，在使用之前都会对其进行细致地测试并得出完整的报告。作为比赛的参与者，我们在初学阶段选择购买一些成品是可以的，同时也要深入了解这些成品的各个部分，不能一边以学生自居，一边以"工程者"自居，认清自己的身份是很有必要的。无论使用什么器件，都需要熟读手册进而了解原理从而良好地驱动器件。如果没有数据手册性质的文档或介绍，那么对外部器件的驱动，无异于盲人摸象。

此处给出中南大学比亚迪双鱼座 2014 队的线性 CCD 驱动代码，如图 5.13 所示。

可以看出，该队使用固定循环进行阻塞延迟，这个方法不是很好，在编译器优化等级高的时候反而会使这一程序不稳定，可以在 unsigned char 前加上 volatile 作为修饰符。当然，最为合适的做法是使用外部硬件，比如 PIT 或 systick 进行标志位检测延迟。其使用指针代替数组的做法也不是非常好，因为现在大多数编译器已经将"数组作为参数输入时，将整

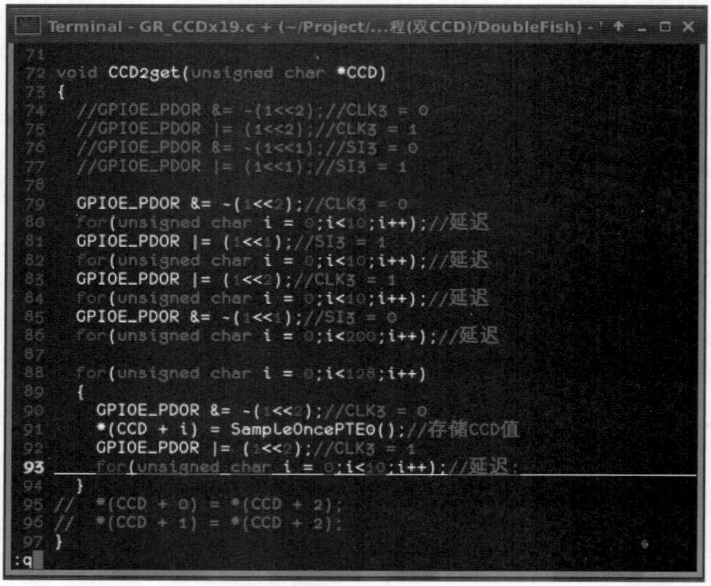

图 5.13　TSL1401 的驱动代码

个数组压栈"优化为"只压栈数组首地址了",使用指针不是很必要,不过这也是一种保守的方式,谁都不知道一款新用的编译器具体是什么样的。使用指针作为参数类型限定符,也可以使用数组标示即中括号的形式,即将 91 行代码修改为"CCD[i]＝SampleOncePTE0();"是毫无问题的。

以上主要强调了熟读手册的要求,这是一个细节问题。

相比于细节问题,更重要的是原则问题。

对于车体控制所说的"原则",指的是要明确从一幅用于车体控制的图片得到什么中间量,以及如何从中间量得到用于车体控制的信息,而不执着于中间量。这个中间量指的是如何准确区分出赛道。区分的方式也很明确:让亮的更亮,暗的更暗。怎样做到呢?在TSL1401 的手册的正文第 1 页就有提及。TSL1401 利用电荷收集外部光照后,通过一个引脚的电平来选择收集还是不收集。收集的时间完全由这个引脚决定,这个时间也自然地被称为曝光时间。可见控制曝光时间是一个关键。

第二个关键与 AD 有关,AD 是将模拟量转换为数字量的器件,其位数如果不足以认定模拟量的最小值,那么就毫无意义。另一方面,无限增大其位数,也不是一个很靠谱的方案,在于 AD 本身的制造偏差,其对于本身的模拟量不一定能够线性复现。所以说,完全依赖AD,不如调整本身数据的可靠性。对应地,我们可以增加一个运放,这就是第三个关键。将数据在 AD 之前进行调整。在 MT9V032 摄像头中该运放被称为增益,由一个内置寄存器决定。

AD 的参考电压与 AD 的位数一样,也是 AD 的考虑范畴。通过调节 AD 参考电压来调整原始数据。

所以说,通过调整以上三个关键就可以得到想要的图像,也是令亮的更亮、暗的更暗的方法。TSL1401 可以通过程序改变曝光时间,通过运放调整增益,很少有调整 AD 参考电压的情况。MT9V032 可以通过 SCCB 总线操作寄存器后对这三个量同时进行调整。而对于其他种类的摄像头,翻阅其数据手册基本上都可以得到这些基本信息。顺带提一下,摄像头片内寄存器多为 RAM,掉电会丢数据。

以 MT9V032 为例,上述总结的三个关键中的两个在其手册中就如图 5.14 所示。另外一个关于曝光时间的则在手册中有更多篇幅的介绍。

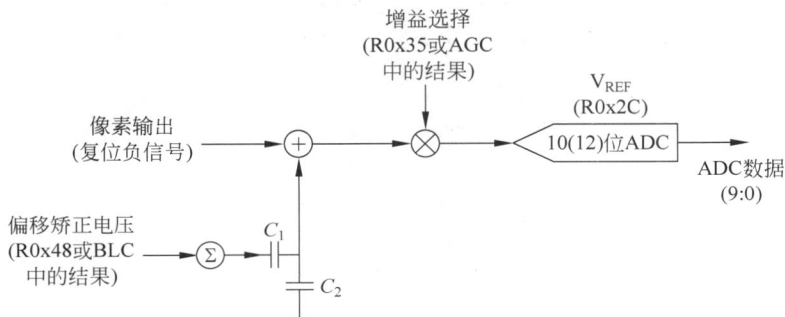

图 5.14　MT9V032 与曝光相关的寄存器

这里也提下做 SCCB 和行场中断读取的要点。

其 SCCB 如图 5.15 所示。

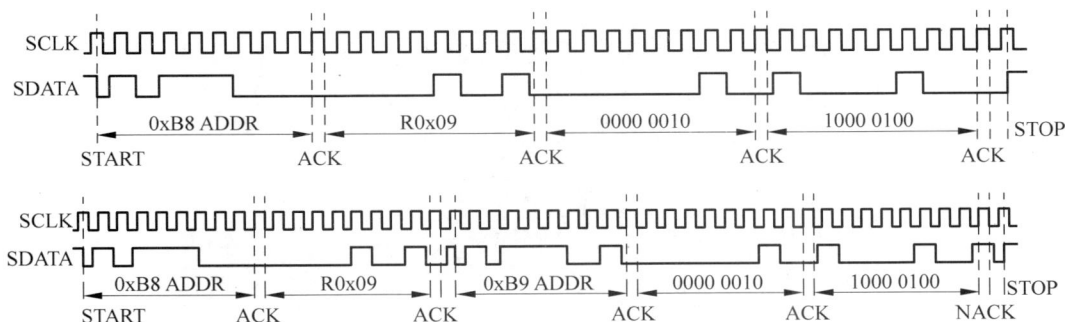

图 5.15　SCCB 时序图

可以看出,其读写时序与 IIC 类似,而其读时序在第二个 ACK 之后发出了类似 STOP 的信号,其读写流程如图 5.16 中代码所示,其符合时序图中的描述。这份代码已经开源,读者可以方便地在网上寻找。

从摄像头和之前光电的实例中,可以看到仔细阅读数据手册的必要性。此代码在 debian 上开发。

回到保证"亮的更亮,暗的更暗"这个话题上,这个特性在解决光电车和摄像头车光线不均匀的问题时特别有利,通常把这个现象叫做"光斑"。

```
197
198  uint8 u8_SCCB_ReadReg_u16(uint8 SlaveID ,uint16 * result ,uint8 u8RegAdd
199  {
200      uint8 temp_High_eight = 0;
201      uint8 temp_Low_eight  = 0;
202      if('F' == u8_SCCB_Start()){return 'F';}
203      u8_SCCB_Data_TxByte((SlaveID << 1)|0);
204      if('F' == u8_SCCB_WaitACK()){u8_SCCB_Stop();return 'F';}
205      u8_SCCB_Data_TxByte(u8RegAddress);
206      if('F' == u8_SCCB_WaitACK()){u8_SCCB_Stop();return 'F';}
207      u8_SCCB_Stop();
208      if('F' == u8_SCCB_Start()){u8_SCCB_Stop();return 'F';}
209      u8_SCCB_Data_TxByte((SlaveID << 1)|1);
210      if('F' == u8_SCCB_WaitACK()){u8_SCCB_Stop();return 'F';}
211      u8_SCCB_Data_RxByte( &temp_High_eight );
212      v_SCCB_ACK();
213      u8_SCCB_Data_RxByte( &temp_Low_eight );
214      *result = temp_Low_eight | ((temp_High_eight << 8) & 0xFF00);
215      v_SCCB_NoAck();
216      u8_SCCB_Stop();
217      SCCB_TRUE;
218  }
219
```

(a) 读过程

```
235  uint8 u8_SCCB_WriteReg_u16(uint8 SlaveID ,uint16 data ,uint8 u8RegAddr
236  {
237      if('F' == u8_SCCB_Start()){return 'F';}
238      u8_SCCB_Data_TxByte((SlaveID << 1)|0);
239      if('F' == u8_SCCB_WaitACK()){u8_SCCB_Stop();return 'F';}
240      u8_SCCB_Data_TxByte(u8RegAddress);
241      if('F' == u8_SCCB_WaitACK()){u8_SCCB_Stop();return 'F';}
242      u8_SCCB_Data_TxByte( (data >> 8) & 0x00FF );
243      if('F' == u8_SCCB_WaitACK()){u8_SCCB_Stop();return 'F';}
244      u8_SCCB_Data_TxByte( data & 0x00FF );
245      if('F' == u8_SCCB_WaitACK()){u8_SCCB_Stop();return 'F';}
246      u8_SCCB_Stop();
247      SCCB_TRUE;
248  }
249
```

(b) 写过程

```
76   ●●●●●●●●●●●●●●●●●●●●●●●●●●●●●●●●●●●●●●●●●●●●●●
77   // u8_SCCB_Start //
78   uint8 u8_SCCB_Start()
79   {
80       SCCB_SDA_1;SCCB_SCL_1; //
81       SCCB_SDA_DDR_IN;
82       if(!SCCB_SDA_IN)
83       {
84           SCCB_SDA_DDR_OUT;SCCB_ERROR;
85       }SCCB_SDA_DDR_OUT;
86       SCCB_SDA_0;v_SCCB_SCL_1_Delay();SCCB_SCL_0; //
87       if(SCCB_SDA_IN)
88       {
89           SCCB_SDA_DDR_OUT;SCCB_ERROR;
90       }SCCB_SDA_DDR_OUT;
91       SCCB_TRUE;
92   }
```

(c) 开始状态

```
96   uint8 u8_SCCB_Stop()
97   {
98       SCCB_SCL_0; v_SCCB_SCL_0_Delay(); SCCB_SDA_0; v_SCCB_SCL_1_Delay(); //
99       SCCB_SCL_1; v_SCCB_SCL_1_Delay(); SCCB_SDA_1; v_SCCB_SCL_1_Delay(); //
100      SCCB_TRUE;
101  }
```

(d) 结束状态

图 5.16 SCCB 代码

```
141 /******************************************************
142 // u8_SCCB_WaitACK //
143 uint8 u8_SCCB_WaitACK()
144 {
145     SCCB_SCL_0; v_SCCB_SCL_0_Delay(); SCCB_SDA_DDR_IN;
146     SCCB_SCL_1; v_SCCB_SCL_1_Delay();
147     if(SCCB_SDA_IN) //
148     {
149         SCCB_SDA_DDR_OUT;
150         SCCB_SCL_0;
151         SCCB_ERROR;
152     }SCCB_SDA_DDR_OUT;
153     SCCB_SCL_0;
154     SCCB_TRUE;
155 }
156
157 void v_SCCB_ACK()
158 {
159     SCCB_SCL_0; v_SCCB_SCL_0_Delay();
160     SCCB_SDA_0;
161     SCCB_SCL_1; //v_SCCB_SCL_0_Delay();
162     SCCB_SCL_0;
163 }
164
165
166
167 /******************************************************
168 // v_SCCB_NoAck
169 void v_SCCB_NoAck(void)
170 {
171     SCCB_SCL_0;v_SCCB_SCL_0_Delay();
172     SCCB_SDA_1;v_SCCB_SCL_1_Delay();
173     SCCB_SCL_1;v_SCCB_SCL_1_Delay();
174     SCCB_SCL_0;v_SCCB_SCL_0_Delay();
175 }
```

(e) ACK状态

图 5.16 （续）

正常的以白色为赛道、黑色为边界、其余深色为背景的典型 CCD 输出数据的情况如图 5.17 所示。

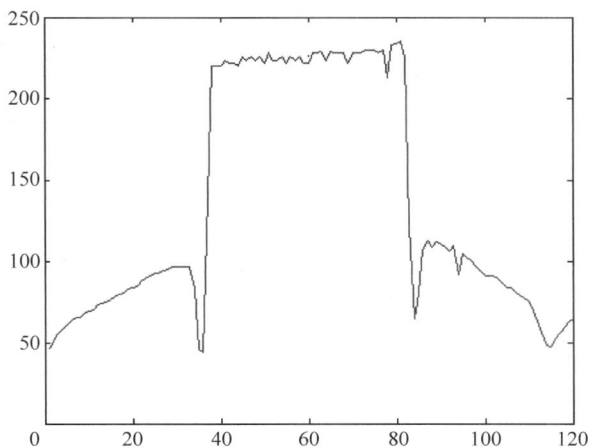

图 5.17 均匀光照下时一行数据图

光斑的主要现象在如下几个方面：

（1）赛道中白色部分存在光斑，使得边沿误判，其典型数据如图 5.18 所示。

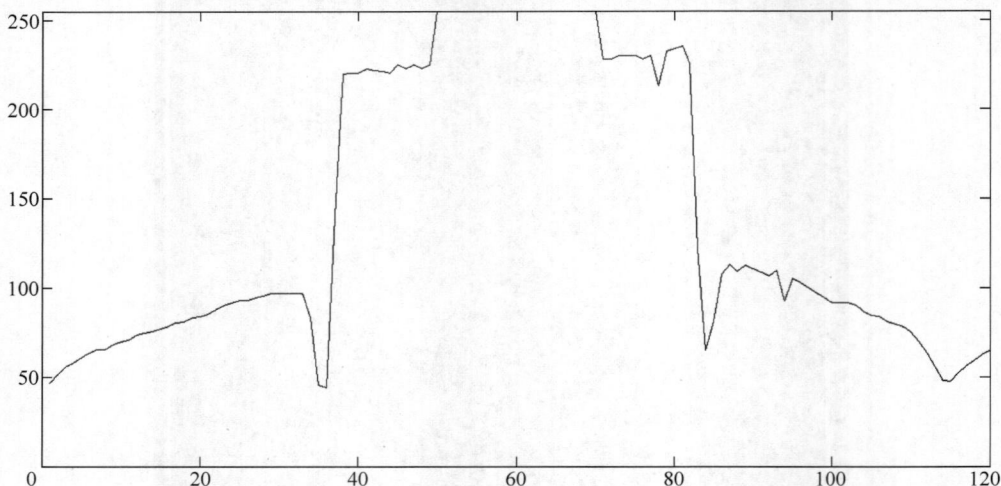

图 5.18　有强光照在赛道白色部分

（2）赛道中边沿部分存在光斑，使得边沿误判，其典型数据如图 5.19 所示。

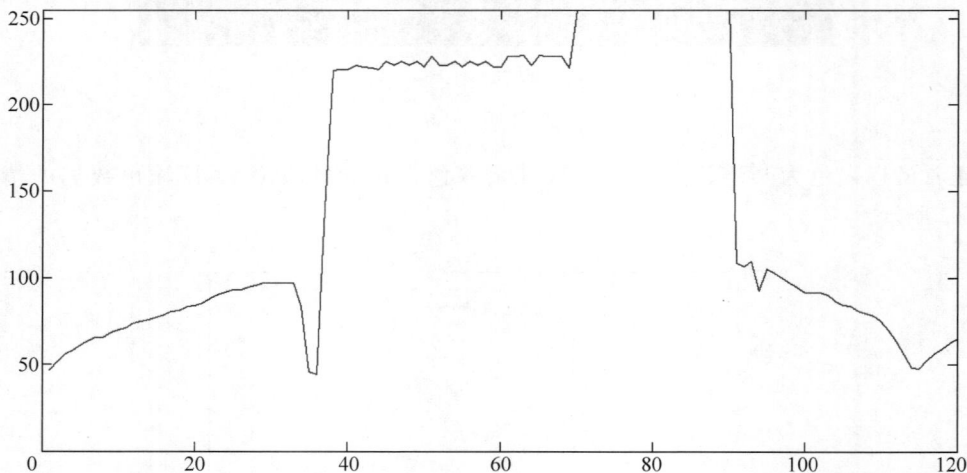

图 5.19　强光照在边沿部分

（3）在非赛道部分存在光斑，引起赛道判断出错，其典型数据如图 5.20 所示。

这三种光斑可以在信息采集阶段、赛道识别阶段进行处理，使赛道识别具有高成功率，保证"亮的更亮，暗的更暗"处理起来将大有裨益。如图 5.18 所示，如果白色部分不在 200 左右，而在 100 左右，那么边沿必将被认定为光斑边沿。图 5.19 似乎是无法判定的，可是如果没有把光斑的边沿误认，是可以利用与之相近的图来判断哪个线更可能是边沿。针对

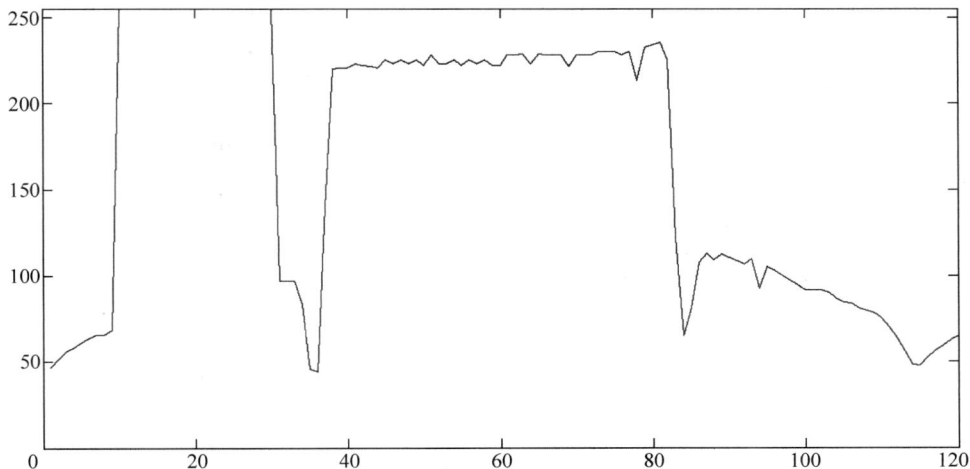

图 5.20　强光照在赛道外部

图 5.20，其实完全可以利用宽度解决。所以说只有前两个图存在实际影响，对于图 5.21 只要使用宽度判读，其实没有问题。

　　总而言之，"亮的更亮，暗的更暗"这个特性利于消除太阳直射赛道引起的光斑，因为光斑的存在可能会把本身暗的图像拉高，但如果保证光斑被遮住的部分的白色大于本身暗的地方，就可以避免这个情况。定量分析时，可以使用照度计和外部灯光模仿光斑以确定这个光斑的极限亮度。

　　消除了光斑的影响，剩下的就是合理得到边沿。在得到边沿后仍然需要对光斑进行处理。有一种受光斑影响的情况是，足够亮的光照拉高了一侧的暗色，以至于在处理边沿时丢失了一侧的信息。在这种情况下，实际上得到的是三种颜色，白、黑和处于其间的灰，即使利用前述的大津法，也可能会存在这个问题。除了事先标定，还可以放宽检测黑白边界的条件，例如保证像素差大于峰-峰值的四分之一来解决这个问题。另外，对于一侧边沿丢失的情况，在第十届比赛中单双线同时存在时非常棘手，其他情况下利用宽度就可以简单解决，并不是大问题。

5.3　巡线技术涉及的实用方法

5.3.1　内存分配

　　在大多数情况下，直接声明数组就足以处理好容量。对于摄像头组，如果想使用大容量的图像和一些有趣的算法，简单的内存分配是必要的。在介绍内存分配前先介绍 C 语言的一些基本概念。

　　简单来说，每个头文件编译成一个目标文件，目标文件通常是根据语言规则编译出的一块对代码的一种特定文件格式描述。多个目标文件组合为一个可执行文件。其中，主要分为如下几个部分：① 全局变量所在的区域，通常在可读写的区域，大多放在内存里，在 IAR 默认规则里便是如此，而 gcc 可以编写脚本文件然后更自由地分配；② 局部变量所在的区域，就是所谓的栈区，默认的工程大多是选取一个基地址，然后递减，在使用局部变量时，需要考虑它的上限以防止爆栈；③ 代码区。当然，上述只是一个大概的描述，有兴趣的同学可以参考相关的资料。

一种对内存进行相关分配的简单方法是，用多个相对较大的数组和几个零星的变量作为标示，或者以一个大数组获得一大片区域后，再用一个包含起始位置和终止位置的结构体变量来表征数据。这两种方案都可以获得足够的效果。牺牲一定的时间来获得更多可调整的空间，就是这里需要考虑的事情。

这里细致叙述下具体细节。以上述第一种方法为例。假如分配八个数组，每个数组为固定长度，数组的第一个元素表示此数组是否在使用，如果在使用则是 1，不在使用则是 0，这里也可以用位域处理，第二个元素代表占用长度，第三个元素标识下一个数组的地址，以用来保存过长的数据。然后调用专门的函数用于申请区域，那么只需要记录相应的数组地址就可以。再用一个专门的函数用于释放区域。这个过程相对简单，当然很多同学有更好的方法。如果这些方法可以一种操作系统为平台进行操作，那么就更为方便地广泛使用。

5.3.2　逆透视变换

逆透视变换指将采集到的图片转换为俯视图的过程，这里介绍基于旋转矩阵的方法。

首先给出小孔摄像机模型，如式（5-18），此模型也在一定程度上适用于其他种类的透镜。

$$s\begin{bmatrix} x' \\ y' \\ 1 \end{bmatrix} = \begin{bmatrix} f_x & 0 & c_x \\ 0 & f_y & c_y \\ 0 & 0 & 1 \end{bmatrix} \begin{bmatrix} r_{11} & r_{12} & r_{13} & t_1 \\ r_{21} & r_{22} & r_{23} & t_2 \\ r_{31} & r_{32} & r_{33} & t_3 \end{bmatrix} \begin{bmatrix} X \\ Y \\ Z \\ 1 \end{bmatrix}$$

$$s \cdot m = A[R \mid t] \cdot M \tag{5-18}$$

式中，s 是倍乘因子，m 为图像坐标系，sm 即体现在程序里的存储图像的数组或者其他容器；A 即镜头参数，$R \mid t$ 指旋转、平移等线性变换矩阵，M 即世界坐标系。

在实际运用中，M 和 sm 这两个参数是可知的，前者可以通过尺子等进行测量，既然将 M 定为俯视，那么 Z 就为 0。而 sm 则是通过与摄像头信息交流后得到的，则式（5-17）可以转换为式（5-19），其中 $x = a/k$，$y = b/k$。

$$\begin{bmatrix} a \\ b \\ k \end{bmatrix} = \begin{bmatrix} H_{11} & H_{12} & H_{13} \\ H_{21} & H_{22} & H_{23} \\ H_{31} & H_{32} & 1 \end{bmatrix} \begin{bmatrix} X \\ Y \\ 1 \end{bmatrix} \tag{5-19}$$

实际需要求解的是 H 矩阵，这个过程就是将 H 变为 $AB = C$ 中的 B 矩阵。将式（5-19）完全展开，可得式（5-20），进而可以得到式（5-21），因而知道，需要四组不相关的数据就可以计算出一组 H 矩阵。用代码编写求取矩阵解的方法也不是很复杂。

$$\begin{cases} xXH_{31} + xYH_{32} + x - XH_{11} - YH_{12} - H_{13} = 0 \\ yXH_{31} + yYH_{32} + y - XH_{21} - YH_{22} - H_{23} = 0 \end{cases} \tag{5-20}$$

$$\begin{bmatrix} X & Y & 1 & 0 & 0 & 0 & -xX & -xY \\ 0 & 0 & 0 & X & Y & 1 & -yX & -yY \end{bmatrix} \begin{bmatrix} H_{11} \\ H_{12} \\ H_{13} \\ H_{21} \\ H_{22} \\ H_{23} \\ H_{31} \\ H_{32} \end{bmatrix} = \begin{bmatrix} x \\ y \end{bmatrix} \tag{5-21}$$

5.3.3　最小二乘法及其应用

最小二乘是求取已知的两个长度相同的表的近似对应的过程,即曲线拟合,最终得到曲线的系数 A。是用于识别直线、曲线或者圆弧的不错的方法,只不过圆弧需要在一定程度上近似。因为这个方法实在是太成熟了,直接给出 A 的求解方法,如式(5-22)。

$$A = (X^{\mathrm{T}}X)^{-1}X^{\mathrm{T}}Y \tag{5-22}$$

通过既定的数据和给定的 A 的拟定参数,就可以得到 X 与 Y 的最小二乘估计。这时通过计算 Y 与 XA 的方差,就可以用于判定是否是直线、曲线或者圆弧。

对于直角,判定两条线是否是直线后,再计算下角度差基本就可以确定了。

判断直道弯道,该方法也是一大利器,基本上可以保证出弯加速。

对于双车的三角,也是算出后直接便可以得到角度。

其他很多种方法也是基于该方法,例如随机抽样一致性。这里不作过多叙述。

5.3.4　巡线实例

上面介绍的巡线方法,适用于所有使用光学类传感器的赛车,而对于非光学类传感器的赛车,根据所使用的传感器的特性得到合适的数据后,可以使用5.2.1节的方案对整体路径进行优化。

针对5.2.1节、5.2.2节和5.2.3节中所介绍的方法,这里先归纳出典型的处理流程,如图5.21所示。

对于第十一届比赛中出现的两组新组别——双车和信标,都是以光学类传感器为主。

首先是双车,其主要通过识别三角标志和突然加宽的赛道来进行超车,其次,后车需要识别出前车以终止巡线过程。按照图5.21所示的第二套流程,这三种情况是能够直接判别出来的,首先是三角标志,使用此方法,三角形将简化为一个四个点的连通图,对于加宽的直线需要额外的宽度判断。而按照第一套流程则需要处理三角的边沿,将其忽略后,然后按照流程处理就行,这里需要进行宽度突然增加的判断,将其作为一个特殊状态。按照第三套流

```
                            ┌──────────────┐
                            │     得到      │
                            │  被处理图像   │
                            └──────────────┘
                                    │
                      ┌─────────第三种方法──────────┐
                      │                             │
                      ▼                             ▼
        ┌──────────────────┐          ┌──────────────────────┐
        │                  │          │  逐行计算跳变点,       │
  第一种方法─┤ 将图压缩九倍,同  │          │  同时计算左线、右      │
        │  时计算跳变点     │          │  线和中线,根据十       │
        │                  │          │  字之类的特殊情况       │
        └──────────────────┘          │  得到合适的曲线        │
                │                      └──────────────────────┘
        第二种方法                              │
                ▼                               │
┌──────────────────┐  ┌──────────────────┐     │
│  使用八叉树或其他  │  │  使用形态学方法,   │     │
│  方法获得全图边沿, │  │  得到一组代表路径  │     │
│  使用"从内而外原   │  │  连通状况的连接    │     │
│  则"获取有效边沿   │  │  点,即一簇最      │     │
└──────────────────┘  │  "瘦"的连接线图    │     │
        │              └──────────────────┘     │
        ▼                       │               │
┌──────────────────┐            ▼               │
│  处理边沿得到左    │  ┌──────────────────┐     │
│  侧、右侧以及中间  │  │                  │     │
│  的曲线,根据十字  │  │  选择连接点,组成  │     │
│  之类特殊情况的特  │  │     趋势          │     │
│  点得到可用的曲线  │  └──────────────────┘     │
└──────────────────┘           │        ┌──────────────────┐
        │                       │        │                  │
        ▼                       │        │   得到最速曲线     │
┌──────────────────┐            ▼        │                  │
│                  │  ┌──────────────────┐└──────────────────┘
│   得到最速曲线     │  │  计算符合趋势的曲  │        │
│                  │  │  线,可以是处在居  │        │
└──────────────────┘  │  中位置的曲线,也  │        │
        │              │  可以是最速曲线    │        │
        │              └──────────────────┘        │
        │                       │                   │
        └───────────┬───────────┴──────┬────────────┘
                    ▼                   ▼
              ┌──────────────┐
              │  归纳曲率或其他 │
              │   控制变量     │
              └──────────────┘
```

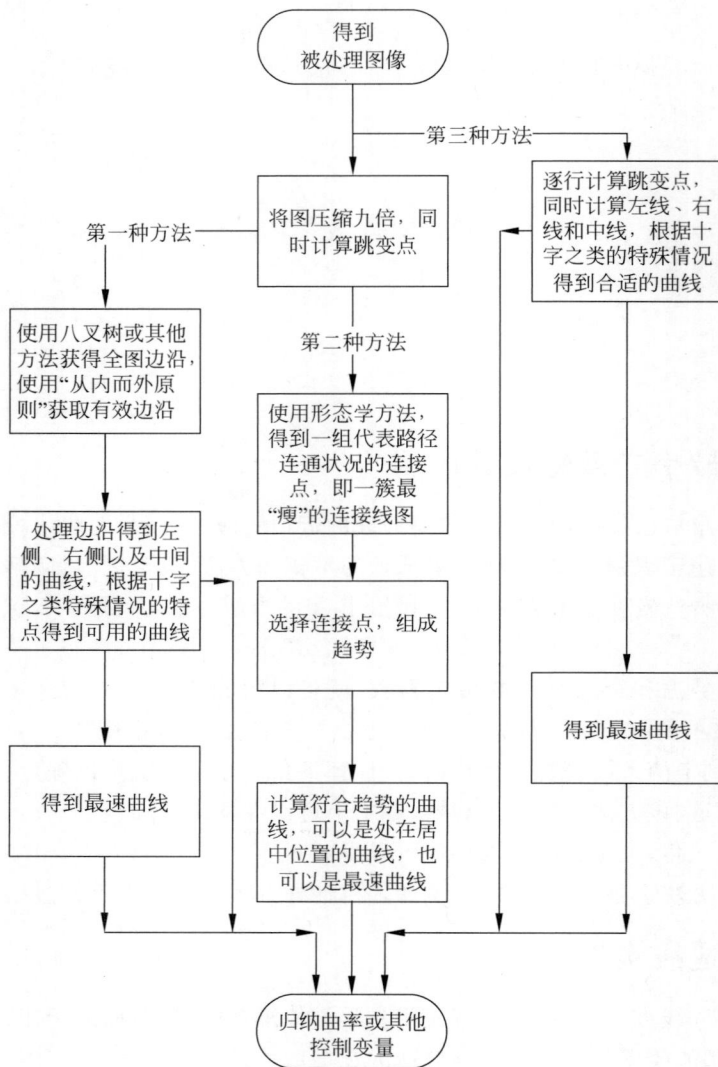

图 5.21　几种典型的巡线步骤

程面对的问题也将跟第一套流程一样。这三套流程在区分加宽直道和坡道时需要做一点判断。

　　对于信标组,需要在第一套和第二套流程中做一点修正,将获取边沿的后续操作剔除,将获得最小路径图变为连接各边沿后再获得最小路径图。把图 5.21 再进行归纳,将各个具体步骤压缩后如图 5.22 所示。

　　对于传统组别,这里着重介绍这三种方法遇到的主要问题。

　　例如第一种方法的十字识别,其大体思路是获得边沿后,得到很大的拐点,即十字的直角。做过一年或以前有类似实践经验的同学都知道，就是图像处理里所谓的"求角点"，与其不同的是，此时我们已经获得想要的边沿了，而求角点的通用方法里有一部分内容就是获取边沿的方法，这些方法暂且不提，先说一种简化方法。简化方法就是使用缩小后的图，在里面求"直线"，判断图里存在哪些"直线"，或者判断从最近行出发的"边沿点"组成的"直线"会到哪个点终止，使用后者就是一个最小二乘结合方差的阈值判断问题。

对于第三种方法，有一套找十字的野路子，如果两边线没有找到，上行加上行减去上上行的距离，把有双边线的那行赋值给当前行，依此往复，此法有局限，因为思路简单粗暴。同时此法也需要宽度限制搜索范围，更多时候使用试凑的方式获得相应的范围阈值系数。而同时也要限定 Y 轴搜索距离，这也需要相应的方法，一般采用检测纵向边沿的方式来判断。基本上这种方法就是根据外在特征直接写外在特征的特点。例如直角就是找那个在 $90°$ 附近的角，人字就是找直道后的突然丢边。

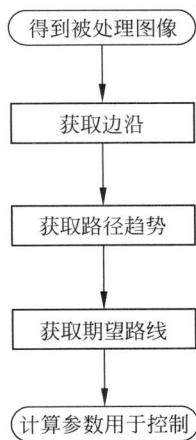

得到被处理图像 → 获取边沿 → 获取路径趋势 → 获取期望路线 → 计算参数用于控制

图 5.22　巡线步骤典型流程

5.4　控制器程序设计

5.4.1　控制器程序面对的主要问题

控制器程序设计需要面对的一个方面是如何把之前讲的连续域下的控制器用程序实现。面临的第一个问题就是连续域如何转换为离散域，就是俗称的 s 域变换为 z 域，普遍的思路都是在 z 和 s 间建立一个简单的等式后进行级数展开得到一个等式，即式(5-23)。

$$z = e^{sT} = \frac{1 + \dfrac{sT}{2}}{1 - \dfrac{sT}{2}}; \quad s = \frac{2}{T} \cdot \frac{z-1}{z+1} \tag{5-23}$$

图 5.10 中展示的控制器波形的控制器的 s 域与 z 域控制器如式(5-24)所示。

$$G_k(s) = -150 \frac{\left(\dfrac{s}{10}+1\right)\left(\dfrac{s}{20}+1\right)\left(\dfrac{s}{1200}+1\right)}{s^2\left(\dfrac{s}{150}+1\right)\left(\dfrac{s}{260}+1\right)\left(\dfrac{s}{265}+1\right)\left(\dfrac{s}{550}+1\right)}$$

$$G_k(s)\Big|_{s=\frac{2(z-1)}{T(z+1)}} = \frac{U(z)}{E(z)}$$

$$= -14210625T^3(z+1)^3(5T+z+5Tz-1)(10T+z+10Tz-1)$$
$$(600T+z+600Tz-1)/16(z-1)^2(265T+2z+265Tz-2)$$
$$(75T+z+75Tz-1)(130T+z+130Tz-1)(275T+z+275Tz-1) \tag{5-24}$$

从式(5-24)可以看出，只需要将控制器展开就可以得到 $U(z)$ 的表达式，即控制器输出与期望减去反馈的偏差的表达式,如式(5-25)所示,其常数部分用 a_n 和 b_n 代替。

$$b_6 z^6 U(z) = a_0 E(z) + a_1 z E(z) + a_2 z^2 E(z) + a_3 z^3 E(z) + a_4 z^4 E(z) + a_5 z^5 E(z) + a_6 z^6 E(z) -$$
$$b_0 U(z) - b_1 z U(z) - b_2 z^2 U(z) - b_3 z^3 U(z) - b_4 z^4 U(z) - b_5 z^5 U(z) \tag{5-25}$$

式(5-25)两侧同时除以 z^6,再根据式(5-26)可得式(5-27),常数部分用 c_n 代替。

$$f(t - nT) \cdot 1(t - nT) = z^{-n} F(z) \tag{5-26}$$

$$U(z) = c_0 E(z - 6) + c_1 E(z - 5) + c_2 E(z - 4) + c_3 E(z - 3) +$$
$$c_4 E(z - 2) + c_5 E(z - 1) + c_6 E(z) -$$
$$c_7 U(z) - c_8 U(z - 1) - c_9 U(z - 2) - c_{10} U(z - 3) -$$
$$c_{11} U(z - 4) - c_{12} U(z - 5) \tag{5-27}$$

至此,控制器程序设计完毕,将式(5-27)誊写至代码区即可,表现在代码上就是开辟一个全局数组,存储相应的输出和偏差值即可,当然也有其他方式,但这种方式是最直观的。

对于控制周期 T,一般是越小,控制的效果就越接近连续域的效果。而无法达到很小的控制周期时,应当考虑"最少拍控制器"的概念,在比赛用智能车的程序里,这个概念暂时是无须考虑的。因为控制器(如 K60)的运算速度已经足够快了,而且可减小传感器的采样时长,例如作者曾经测试过,摄像头(MT9V032)的采样时长最短可以低于 $500\mu s$,而单个光电(TSL1401)的采样时长为 $100\mu s$ 左右,这样控制周期能达到 $1kHz$ 甚至 $10kHz$,已经是比较小的控制步长了,而对于大多数情况,$50Hz$ 的控制周期已经能达到足够好的效果,当然如果能达到 $1kHz$ 以上,就能进行电流的同步采样进而进行合理的电流闭环。

控制器程序设计的另一方面则是设计控制器的整体时序,这里要学会善用中断,同时也要对各个传感器和驱动的器件有深入的理解。

针对车体控制的整体时序可以分为两类,一个是针对电机控制,一个是针对舵机转向 PWM 的给定。

对于电机控制,有一个电流采样周期和一个转速采样周期,两个周期宜同步。电流采样周期受限于 PWM 驱动信号,最常用的方法是在 PWM 驱动信号的上升沿或下降沿触发进行采样。转速采样周期相对来说受限于检测赛道的传感器的检测时长,此传感器采样时长应小于最小的转速采样周期,否则将可能影响实际的检测效果,另外,当二者接近时,仍需要考虑时序的互斥,即动作时间需要错开,否则也会影响检测或控制效果,最坏的情况是可能因为这个设计的疏忽导致程序的错误。总的来说,转速和电流的采样周期应当大于 $1kHz$,同时也要小于检测赛道传感器的采样时长。

对于舵机,其输入的 PWM 信号与其输出力矩变化率相关,SD-5 的最佳频率在 $300Hz$ 左右,S3010 的最佳频率在 $50Hz$ 左右,针对每个舵机可以使用绝对值编码器进行测量,同时这不是问题的关键,多数情况下无须考虑。舵机与转向相关,通常的设计是将舵机输出 PWM 的周期与测量赛道的传感器同步,或使舵机输出 PWM 的周期小于测量赛道的传感器,同时最好保证整数倍关系。

这里给出使用 MT9V032 摄像头组的典型时序设计:摄像头采样时长为 $400\mu s$,采样周期程序设定为 $50Hz$;舵机使用 S3010,使用 K66 内部异步 PWM 寄存器模块,使其与摄像头的场中断下降沿同步,这样这两个整体时长将不大于 $500\mu s$。电流采样周期为 $1kHz$,与 H 桥调制信号上升沿同步;电机采用 T 法,等时间采样,为保证足够的分辨率将之前 100 个周期内的速度求平均后作为本次的速度反馈值。

同时给出 TSL1401 光电组的典型时序设计:电机每 1ms 控制一次,电机转速使用 M 法,采样足够精密无须考虑插值;舵机每等电机控制十次后一次调节;电机给定速度和舵机给定速度每隔 5cm 进行一次图像处理后给定。

当然,这些典型设计也未必与自己的思想完全一致,要在学会和掌握这些方法后设计出自己的方案。

5.4.2　需要考虑的一些细节

具体的控制器代码实现可以使用专门的控制器库,例如恩智浦官方的库,同时也可以自己实现。自己实现时需要考虑的最大问题是数制的问题,在具体实现时应当把输入量整理为公式使用的单位,这样不仅利于调参也利于整体数据的处理。这就要求中间变量如速度、电流为浮点型,不用担心浮点计算的时间影响。而原始值或者最终输出值大多与寄存器相关,这就要求将整型转换为浮点型,可以在整型前面加上“(float)”或者使用“float(数据)”转换为浮点型。电流和占空比都比较容易处理,主要问题在于转速,因为实际获得的转速并非线速度而是角速度,这就要求我们在此基础上乘以轮胎半径,或者根据实际赛道进行一个估算,或者把公式的线速度转换为角速度后再进行具体分析。

5.4.3　一些没有提及的事情

在前述的内容中有一些没提及的内容,此节作为本章的一个补充。

首先是前馈环节,前馈的理论基础是扰动可测量,再利用前馈把扰动旁路掉。例如式(5-14),$-u_{grid}$ 是扰动量,而 Du_{dc} 是整体的输入量,可以在 Du_{dc} 的基础上加上 $+u_{grid}$,这样就可以把这个扰动旁路掉,实际的输入量就是($Du_{dc}+u_{grid}$),这就是使用前馈的可行方法。前馈的存在是为了更便利地进行反馈,因为有很多噪声是彩色噪声,而不是高斯白噪声,利用前馈就可以将之剔除,这样设计反馈控制器时也将更为有效便捷。在智能车系统中也是如此,例如式(5-3)里的速度扰动,亦例如式(5-12)里的 V_x 的影响,都可以设计一定的前馈环节。同时应当注意,前馈环节不合理时就相当于人为引入的噪声,除非对于响应的要求仅利用反馈难以达到合理效果时,尽可能不要使用前馈环节。

现在比赛中“流行”的其他方式还有所谓的“滑模控制”“模糊控制”和“专家系统”。以前还流行“神经网络”的说法,其实神经网络用在比赛里还是很有必要的,例如“线性神经网络”就完全可以用在那些未知参数间的对应上。不过对于前两者,很多同学还有很大误区,例如“滑模控制”,很多同学只是简单地把偏差用 if 语句分割开,大于的用 Bang-Bang 控制,小于的用寻常的 PID,把“滑模变结构控制”真的用成了只有“变结构”了。实际滑模控制指在模态间的一个逼近,在具体应用时,应当整合其各个状态的情况,然后设计出结果的表达式,根据表达式来设定“轨线”。而很多人将“模糊控制”用到最后就是“查表”。很多人在对自控一知半解前就忽略了自控的知识,去寻求所谓的"先进控制"来为自己的程序贴砖加瓦。值得肯定的是这些"先进控制"必然有其意义,同时也需要知道万丈高楼平地起,例如"滑模控制",它里面的几种典型用法,有的是直接使用根轨迹图作为轨线判定,有的是以状态量作为横轴,状态量的微分量作为纵轴,以状态空间法为基础构建。简言之,脚踏实地。智能车比赛是一种美妙的风景,也是人生不可多得的回忆。未来每个人都会因为自己的追求和社会的要求,进入不同的行业,从事着形形色色的事情。只期待读完此章的你,在制作智能车时遇到事情多问自己一句,也许因此而看到了不一样的风景,毕竟我们的征途是星辰大海。一时得失,俯仰人生,不过一杯浊酒入胃,嬉笑怒骂。一世得失,俯仰宇宙,不过星空微尘拂过,何足道哉。记住自己的选择,为此负责,祝你成功。

第6章

智能车直立技术

平衡车最早出现在第七届竞赛中,应用拆掉前轮的 C 型车模,加以磁导航传感器成为那年赛场上的亮点。第七届竞赛将平衡组作为新加入的组别,在比赛赛道的构成元素(没有坡道)和长度(平衡组单独使用简单赛道)上都相对传统组别有所减少。在随后的第八届竞赛中,为了降低成本并提高平衡组智能车的极限运行能力,引入了电机性能更好的 D 型车模。第八届智能汽车竞赛平衡组的另一个特点是使用线性 CCD 传感器作为光电组的循迹传感器。正因为线性 CCD 的加入,所以一般认为第八届是光电组的一道分水岭。第八届以前是激光车的时代,以后则是线性 CCD 一统江湖。在组别名称上继续沿用光电组一定程度上是为了明确区分三个竞赛组别。在第九届竞赛中,平衡车进入了一个全新的时代,应用 E 型车模并搭载摄像头传感器的平衡车,不仅可以与传统组别共用同一个赛道,而且在运行速度上也具备了挑战传统组别的能力。双 380 电机的 E 型车模功率更大,运行速度更快,更大的轮毂赋予其更强的通过能力,但是 E 型车模的传动齿轮组还真需要认真调校,这一点还是挺让人头疼的。至此,传统的电磁传感器、光电传感器、摄像头传感器均在平衡组智能车上完成了应用,也标志着平衡组智能车的技术全面成熟,在硬件电路和机械结构上大体趋向一致。

在智能车竞赛中活跃着许许多多的老师,他们凭借广博的学识、强烈的责任心、严谨的科学研究态度以及平易近人的作风,指导学生们解决了竞赛过程中一个又一个难题。清华大学卓晴教授便是他们中的优秀代表,他在 2011 年撰写的《电磁组直立行车参考设计方案》仍然是平衡组智能车制作的最佳入门学习资料。

6.1　平衡车基本知识

如图 6.1 所示,平衡车的基本结构通常可以分为机体(Body)、底盘(Chassis)和轮系(Wheels)三部分。

机体置于底盘之上,用于搭载各种电子设备,例如实现图像采集的摄像头、障碍检测的超声波传感器等。在智能车竞赛中,主要搭载循迹传感器。底盘是连接固定机体和轮系的重要部分,通常在底盘上安装平衡车的主控板、惯性传感器、无线收发模块、人机交互模块、电机驱动等功能电路和大容量的可充电电池。轮系由驱动电机、齿轮箱、车轮和旋转编码器构成,是平衡车的执行机构。

　　智能车竞赛是一项需要团队合作的竞赛,智能车也是由多个功能模块构成。因此在设计上要通盘考虑,整体设计中各模块性能最差的一项决定了智能车运行速度的上限。对于平衡车的系统设计,需要注意以下几点:机体结构上应当具备对称性和可拓展性以实现灵活的运动和功能拓展;控制程序上应当具备简单可靠和应对异常状态的能力;硬件电路设计上应根据客观需要,选择不同的电源管理芯片和对应的微控制器,并且应当预留接口电路;在综合考虑上述因素的同时,平衡车的重心应当尽可能地低以增强平衡车运动的灵活性。

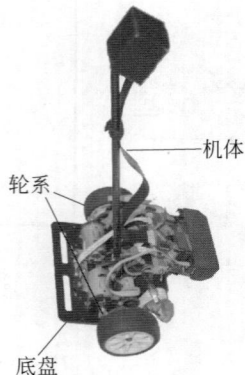

图 6.1　平衡车结构示意图

　　平衡车的控制系统可以由上位机和下位机两部分组成。上位机通过串口与下位机进行通信,实现数据交换、状态监控以及远程控制;下位机主要用于实现数据处理和运动控制。对于智能车竞赛而言,上位机主要用于静态条件下的各项参数数据分析(例如姿态倾角融合数据分析、摄像头图像处理分析)和动态条件下的人工干预(例如紧急停止、撞击保护等)。

6.1.1　控制系统硬件设计要点

　　平衡车的硬件电路主要由以下几部分构成:电源管理、传感器、微控制器、电机驱动及人机交互模块。图 6.2 将平衡车的硬件结构和单片机接口应用进行了简单的介绍,当然,图中的接口也并不是一成不变的。例如,速度编码器的反馈值,不一定是绝对值编码器使用的 SSI 接口。对于增量式编码器可以用 FTM 模块的正交解码,还可以用 LPTMR 的输入脉冲捕捉甚至可以用 DMA 进行速度反馈值的采集。

　　(1) 电源管理:通常根据稳压电源芯片内部调整管的工作状态将稳压电源分为线性稳压电源和开关稳压电源。线性稳压电源的调整管工作在线性状态,相关技术相对成熟,输出纹波较小。开关稳压电源的调整管工作在饱和、截止状态,只有开关两种状态,开关稳压电源的优势在于效率更高,但输出纹波相对于线性稳压电源更大。分析平衡车各功能模块的功耗及对纹波的敏感度,综合考虑两种稳压电源的优缺点,一般推荐选用 TPS73XX 系列线性稳压芯片和 LM1117 系列线性稳压芯片。TPS73XX 系列芯片外设简单,与常用的 78XX 系列稳压芯片相比具有更低的稳压压降和静态工作电流。虽然 TPS73XX 系列稳压芯片性能更优异,但也带来了更高的成本,出于对平衡车整体成本的考虑,在电源管理部分有选择地应用 LM1117 芯片。电源管理模块原理图如图 6.3 所示。电源管理芯片在选取时应当注意以下几点:①最小压降;②最大电流;③封装类型等。

　　(2) 微控制器选型:平衡车具有测量的数据多(尤其是状态量多)、计算精度要求高以及实时性强的特点,因此在微控制器的选择上需要根据多方面因素综合考虑。与此同时,也

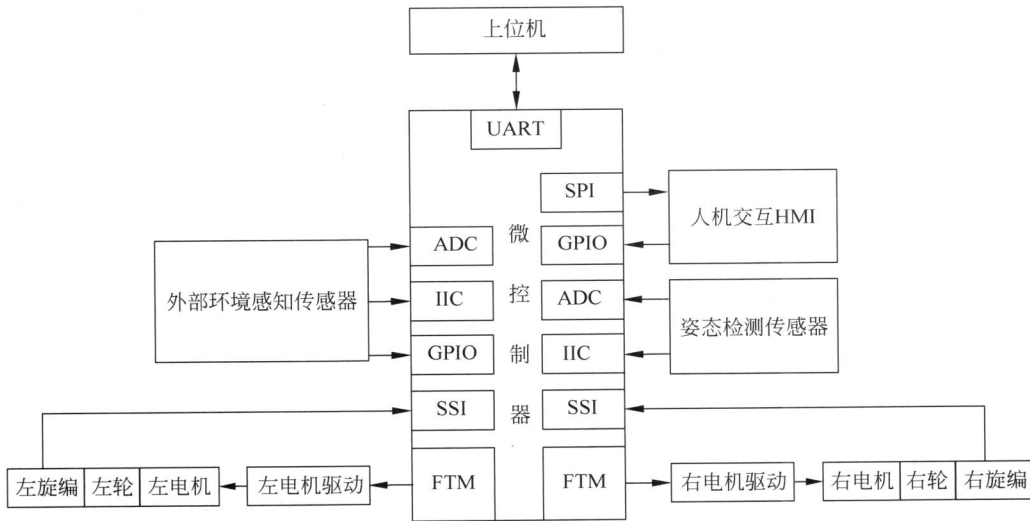

图 6.2 平衡车控制系统硬件结构图

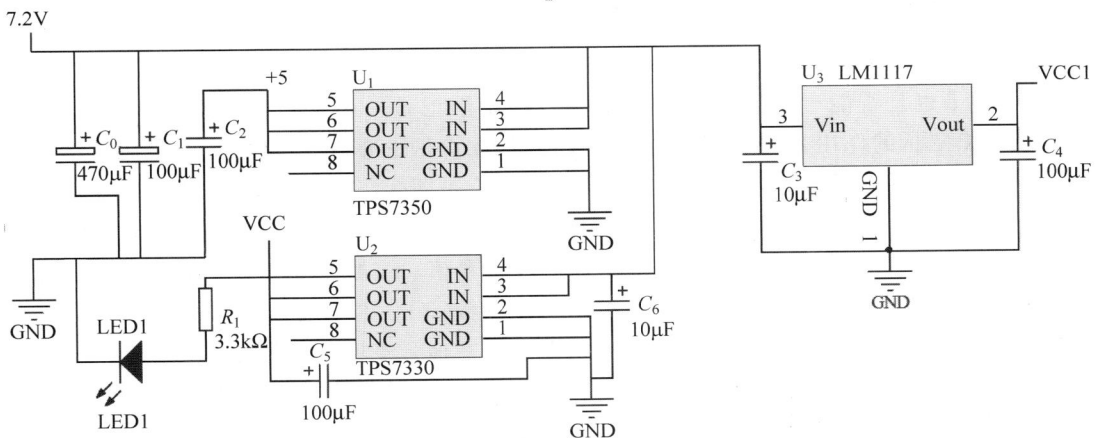

图 6.3 电源管理模块原理图

需要较为丰富的外设资源对各种传感器进行数据采集。对于平衡车而言,以 Kinetis 系列中 K60 单片机为例,外设资源分析如下:①ARM Cortex-M4 内核;②1.25 Dhrystone MIPS per MHz;③32 通道的 DMA,最大支持 128 个触发源;④16 通道的硬件触摸传感接口;⑤4 个高速比较器,可用于电机过流保护;⑥4 个 16 位模数转换(ADC)模块;⑦4 个 FTM 模块;⑧3 个 SPI 模块;⑨2 个 12 位数模转换(DAC)模块;⑩2 个 CAN 总线;⑪2 个 IIC 模块;⑫支持 USB 2.0 OTG;⑬单精度浮点计算单元(部分型号)。常用的模块功能与外接器件如表 6.1 所示。

表 6.1　模块功能与外接器件

模　　块	功　　能	常见功能与外部器件
ADC	数模转换	电磁传感器、陀螺仪、加速度计
UART	数据通信	蓝牙、NRL24L01、ZigBee
FTM	PWM、正交解码	电机驱动、脉冲计数（测速，可区分方向）
PIT	定时中断	定时中断触发机制
SPI	通信协议	OLED 显示屏
IIC	通信协议	MPU6050
LPTMR	脉冲计数	脉冲计数（测速，不可区分方向）
GPIO	通用 IO 口	逻辑电平、外部中断
SDHC	数据存储、程序烧录	存储数据、bootloader、文件系统

（3）无线收发模块：应用微控制器的 UART 模块和无线收发模块进行上位机与下位机之间的通信。实时将平衡车运行相关的状态信息、控制参数等发送至上位机。常用的无线收发模块有蓝牙、NRF2401、ZigBee 等。

（4）电机驱动电路：可参考本书第 4 章内容。

（5）人机交互模块：主要用于进行人机交互，是平衡车调试和运行的重要手段。主要由 OLED 显示屏、微动按键和存储卡组成。OLED 显示屏可用于显示平衡车的相关参数，配合微动按键（可使用 GPIO 外部中断或电平查询）可以实现参数调整、运行模式的改变等功能。SD 卡也是智能车竞赛中常用的调试手段，用于记录平衡车的各项数据，在一定程度上起到了黑匣子的作用。一个好的人机交互模块，无论是平时进行调试，亦或是比赛现场提高临场的适应能力，都能起到事半功倍的效果。无论是智能车制作，亦或是参与其他工程项目，最为重要的是对工程中的各个状态参数的全面掌握。对于平衡车而言，较为常用的并建议放在人机交互部分的状态参数有：①陀螺仪基准数值；②加速度计基准数值；③运行速度设定；④姿态控制调节参数；⑤速度控制调节参数；⑥方向控制调节参数；⑦阈值设定（光电组和摄像头组）；⑧电磁传感器归一化设定。其他常见的调试参数还有：①停车时间设定（试车时使用）；②起跑线检测时间设定；③最大运行速度设定；④坡道参数阈值（陀螺仪加速度计检测坡道）。

6.1.2　控制系统软件设计要点

控制系统的软件开发工具有很多种，常见的飞思卡尔单片机可以选用 IAR、CodeWarrior、Kinetis Design Studio 或 Keil 等开发工具进行开发。软件设计在时序上可以应用定时中断触发机制实现高度实时控制。在每个控制周期中完成对各传感器的数据采集获取各个状态量数值，进而完成运动状态的解算。最终根据运动状态解算后的数据进行运动控制。如图 6.4 所示，平衡车的运动控制大体上可以分为三个部分：数据采集、运动状态解算和运动控制。

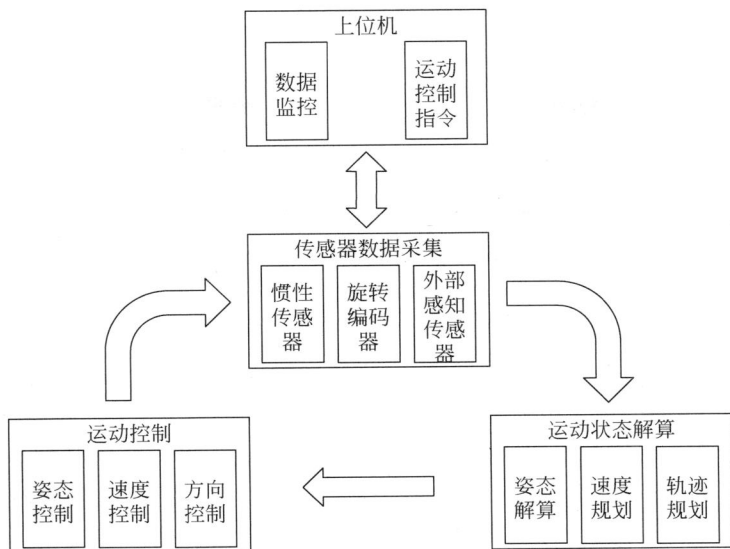

图 6.4　平衡车软件流程示意图

6.1.3　传感器系统设计

智能车常用的传感器有姿态传感器、速度传感器、循迹传感器等。姿态传感器用于检测平衡车的姿态倾角信息,通常使用陀螺仪和加速度计传感器构成的组合式传感器。常用的传感器型号有 ECN03、L3G4200D、MPU6050(陀螺仪部分)、MMA7361、MMA8451 等,具体总结如表 6.2 所示。值得注意的是,姿态传感器与平衡车固定应尽可能地刚性连接以保证测量的准确性。

表 6.2　常见的惯性姿态传感器

型　　号	信 号 类 型	传感器类型	测 量 数 据
ENC03	模拟	陀螺仪	角速度
L3G4200D	数字	陀螺仪	角速度
FXAS21002	数字	陀螺仪	角速度
MPU6050	数字	陀螺仪/加速度计	角速度/加速度
FXLN8361	模拟	加速度计	加速度
MMA7361	模拟	加速度计	加速度
MMA8451	数字	加速度计	加速度

旋转编码器是一种集光机电技术于一体的速度位移传感器,可以将旋转轴的机械转角转换为数字信号输出,常用于检测智能车的运行速度。智能车竞赛中使用较多的是增量式编码器和绝对值编码器。

（1）增量式编码器：利用光电转换原理输出两组（AB 相）或三组（ABZ）方波脉冲信号。两组方波信号的编码器，AB 两组脉冲信号之间存在 90°的相位差，可以利用相位差去判定旋转的方向，在 Kinetis 系列控制器中可以应用 FTM 模块中的正交解码功能，获取编码器输出的数值大小和方向。部分增量式编码器输出三组方波信号，AB 相之间同样存在着 90°的相位差。Z 相可以用于基准定位，编码器每旋转一圈输出一个脉冲信号。一般所说的编码器线数，例如 200 线，是指该编码器旋转一周可以输出 200 个脉冲信号（A 相 B 相各自输出）。光电编码器是智能车竞赛中最为常见的编码器之一，俗称码盘。当码盘与电机齿轮直接黏结时精度最高，避免了齿轮啮合之间的回程差。

（2）绝对值编码器：绝对值编码器内部的转盘，等分为若干份，且每一份（每个位置）都有自己唯一的编码序号，分的份数越多，精度也就越多。通过定时读取编码序号，即可获知编码器旋转的角度数值，与上次的序号对比即可获取智能车的运行速度。因此绝对值编码器在一定程度上可以当作量角器使用。由于绝对值编码器的每一个机械位置都具有唯一位置编码，不受停电影响。这里的不受停电影响主要是对比增量式编码器，增量式编码器若要实现高精度测量需要应用 Z 相进行基准校正，停电后需要找到 Z 相位置校正。智能车领域内绝对值编码器的优势主要体现在不需要特定的外设资源（例如脉冲累加器、正交解码等），使用 I/O 口直接读取编码器数值即可。

6.1.4 平衡车的姿态

刚体在三维空间内具有 6 个自由度，即 3 个平动自由度和 3 个旋转自由度。旋转自由度可以在三维空间内对刚体的姿态进行描述。如图 6.5 所示，在三维空间内建立惯性坐标系 ZYX（Roll-Pitch-Yaw），分别对平衡车的俯仰姿态、偏航姿态和横滚姿态进行描述，如图 6.6 所示。

俯仰姿态（Pitch Attitude）以俯仰角进行度量。姿态倾角及其角速度用于描述平衡车俯仰状态。获取实时的姿态倾角及其角速度是实现智能车保持自平衡状态的重要数据。

偏航姿态（Yaw Attitude）以偏航角进行度量。偏航角用于描述平衡车在水平平面内的运动方向，偏航角和偏航角速度通常用于实现对智能车的方向控制。

横滚姿态（Roll Attitude）以横滚角进行度量，用来描述智能车的侧倾状态，智能车竞赛环境是二维水平面内，因此横滚姿态始终为定值。

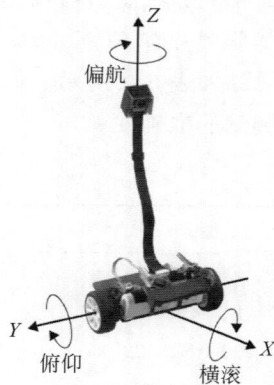

图 6.5 平衡车姿态示意图

姿态检测广泛地应用于飞机、舰船、人造卫星、宇宙飞船等系统中，在智能车竞赛中，平衡车的运行环境较为简单，所以只需要检测俯仰角的数值和偏航角速度即可。

在众多用于检测姿态的传感器中，不同的传感器内部构造与测量原理也不尽相同。应用较为广泛的是惯性姿态传感器，能够测量重力方向或者姿态倾角变化，检测转轴固定或不固定的载体角位移或角速度。常见惯性姿态传感器的对比如表 6.3 所示。

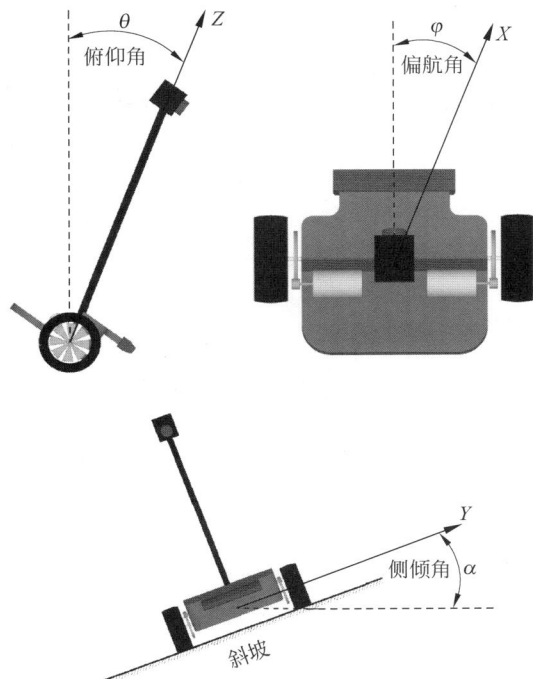

图 6.6　平衡车姿态三视图

表 6.3　常见的惯性姿态传感器

姿态传感器	测量值	优点	缺点
加速度计	加速度	静态性能好,精度高,更新频率快	动态高频噪声影响
陀螺仪	角速度	动态响应好,频带宽,更新频率快	存在温漂、零漂
倾角仪	角度	静态性能好,精度高,无累积误差	动态响应速度慢

随着科学技术的发展,MEMS(Micro Electro Mechanical System)技术也越来越多地应用到惯性传感器的制作中。MEMS 技术是在微电子技术和微机械技术的基础上发展起来的涉及多个学科技术的前沿技术。应用 MEMS 技术制作的惯性传感器具有以下几个显著特点:

(1) 具有体积小、功耗低、质量小以及响应速度快等特点;

(2) 加工材料为硅,具备良好的机械电气性能,且在工艺上具备批量生产能力;

(3) 将微传感器、微电子器件等集中在一起,实现了高度的集成化,且可靠性较高。

应用 MEMS 技术制作的陀螺仪和加速度计传感器,凭借灵敏性非常高,体积小、质量轻的特点被广泛应用于汽车电子领域、军事、航天航空、计算机和网络通信等领域。

加速度计传感器(Accelerometer)可以测量与惯性框架相关的旋转、重力和线性加速度。对测量数据数值积分即可得到运动方向上的线性速度,但是积分过程中漂移误差不断累积,误差也就越大。加速度计静止且垂直于俯仰轴安装时,作用在加速度计上的只有重力加速度。此时重力加速度与加速度计传感器敏感轴之间的夹角即姿态倾角。选取加速度计传感器的 Y 轴和 Z 轴为敏感轴,则加速度计 Y 轴输出数值、Z 轴输出数值与重力加速度之间的关系如图 6.7 所示。

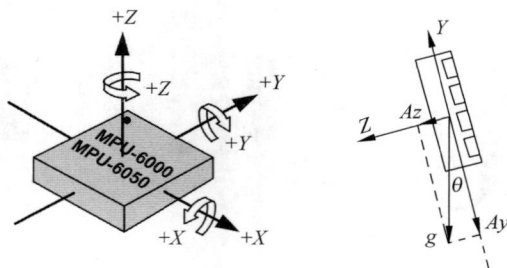

图 6.7　MPU6050 传感器

则 Y 轴、Z 轴输出与重力加速度之间的关系可表示为

$$A_y = g\cos\theta \tag{6-1}$$

$$A_z = g\sin\theta \tag{6-2}$$

通过反正切三角函数计算即可得到倾角 θ:

$$\theta = \arctan\left(\frac{A_z}{A_y}\right) \tag{6-3}$$

计算三角函数会占用微控制器较多的资源并耗费较长的时间,且智能车在保持自平衡状态时倾斜角度变化范围很小,因此可以应用式(6-4)进行近似计算:

$$\theta \approx \frac{A_z}{A_y} \tag{6-4}$$

陀螺仪传感器(Gyroscope)通常用于检测随刚体转动产生的角位移或角速度,具有动态响应快、动态性能好以及带宽范围大的特点。陀螺仪传感器的输出值是相对敏感轴的角速度,对时间积分即可得到围绕敏感轴方向上所旋转过的角度。微控制器通过式(6-5)即可计算角度信息。

$$\theta(k+1) = \theta(k) + \omega_{\text{gyro}}(k+1)\Delta t \tag{6-5}$$

6.1.5　陀螺仪传感器误差模型

通过陀螺仪对时间积分获得的姿态倾角的精度在一定程度上与微控制器的采样频率有关,简单来说,采样频率越高积分后的数值越准确。角速度对时间积分获得的姿态倾角信息具有短时间内精度高的特点,但是陀螺仪输出数据中的各项漂移会在积分过程中不断累积,进而造成与真实数据之间的差距越来越大。

陀螺仪的测量误差包括由温度、摩擦力和不稳定转矩引起的漂移误差以及刻度系数误差,这两种误差都属于随机误差。其中,由温度和噪声影响所产生的漂移误差是主要的误差源。下面对陀螺仪的误差模型进行详细的分析,陀螺仪的误差通常可以分为3种类型。

(1) 启动漂移:启动漂移取决于陀螺仪启动时的环境条件、相关的电气参数等随机因素,主要是因为陀螺仪刚刚启动时,未达到稳定的温度。启动漂移的变化过程中,陀螺仪输出的平均值随时间以指数的形式逐渐减小并最终趋向于动态的稳定数值。通常可以将该漂移误差描述为一个随机常数 ε_b,则 t 时刻的启动漂移记作 $\varepsilon_b(t)$。在第七、八届竞赛中使用的 ENC03 系列陀螺仪的启动漂移体现最为明显,解决的方法一般是提前开机上电使陀螺仪的基准数值趋向稳定的数值。

(2) 慢时变漂移:是一种长时间的时变漂移误差,主要源自外界环境温度的变化和固有特性。根据环境温度的不同,将逐渐收敛于某个正值或者负值。慢时变漂移通常以一定的速率变化,且变化的过程较为缓慢。过程中相邻的两个时刻在漂移数值上具有一定的关联,可以用一阶马尔科夫过程进行描述:

$$\dot{\varepsilon}_r = -\frac{1}{\tau_G}\varepsilon_r + \omega_r \tag{6-6}$$

如果关联时间较短,相关漂移的一阶马尔科夫过程可以近似地认为是一个白噪声过程。反之,则可以近似认为是一个随机游走过程。故将 t 时刻的慢时变漂移记作 $\varepsilon_r(t)$。由于智能车竞赛中运行时间较短,因此慢时变漂移误差的影响体现得并不明显,可以将其忽略。但是未来脱离智能车竞赛,走入工程设计领域内,也要注意陀螺仪慢时变漂移误差所带来的影响。

(3) 快时变漂移:快时变漂移误差通常为一种随机的、杂乱的高频跳变,在两个相邻的时刻,漂移数值之间的关联十分微弱或者为零,因此将快时变漂移抽象为一白噪声过程 ω_g,则 t 时刻的快时变漂移记作 $\omega_g(t)$。

综上所述,陀螺仪 t 时刻的漂移误差模型为

$$\varepsilon_g(t) = \varepsilon_b(t) + \varepsilon_r(t) + \omega_g(t) \tag{6-7}$$

则陀螺仪传感器输出数据 $\omega_{gyro}(t)$ 为

$$\omega_{gyro}(t) = \omega_{real} + \varepsilon_b(t) + \varepsilon_r(t) + \omega_g(t) \tag{6-8}$$

式中,ω_{real} 为真实的角速度。

上述各类漂移中,启动漂移和慢时变漂移在竞赛早期指定的 ENC03 型陀螺仪中现象较为明显。自从第九届竞赛组委会放开了陀螺仪使用的型号后,陀螺仪的漂移对智能车姿态检测影响降低了很多。

6.1.6　加速度计传感器误差模型

由上文可知,虽然加速度计可以直接测量倾角且更新频率快,但遗憾的是平衡车处于运动状态,加速度计会受到动态加速度等因素的影响,在敏感轴输出的数据中包含大量高频噪声。为抑制这类高频噪声,通常会牺牲传感器带宽对各敏感轴输出的数据进行低通滤波。因此,加速度计不适合跟踪动态角度运动。

加速度计的固有属性使其对震动、冲击和噪声很敏感,故在动态条件下存在着大量的高

频噪声,记作 ε_a,则 t 时刻的高频噪声为 $\varepsilon_a(t)$。则加速度计传感器的输出数据 $\theta_{acce}(t)$ 为

$$\theta_{acce}(t) = \theta_{real}(t) + \varepsilon_a(t) \tag{6-9}$$

式中,$\theta_{real}(t)$ 为 t 时刻真实姿态倾角。

加速度计传感器也会受到环境因素(例如温度)影响产生漂移误差但并不明显,属于次要矛盾,可以忽略不计。姿态检测中动态加速度使得加速度计的输出包含大量的高频噪声才是主要矛盾。这也告诉我们,在解决问题过程中要分清主要矛盾和次要矛盾,对于次要矛盾,在瑕不掩瑜的情况下可以忽略不计。

6.1.7　陀螺仪、加速度计传感器的数据处理

陀螺仪输出的角速度信号,在静止时输出的数值即角速度为 0 时的数据,记作 GyroOffset。用陀螺仪随载体(平衡车)运动时的输出的数值,与 GyroOffset 做差,即可获得陀螺仪输出的角速度数据,记作 Gyro。当运动方向不同时,所获得的角速度数据正负也会不同。

对应地,加速度计传感器也会有一个基准的数值。不过加速度计的基准数值不是任意一个位置静止时的输出数值,而是将平衡车放置于平衡位置时所输出的数值,记作 AcceOffset。此时与陀螺仪相同,将随载体(平衡车)运动时所输出的数值与基准值 AcceOffset 做差,即可获得重力加速度在敏感轴上的数值大小。再应用上文所介绍的敏感轴数值与倾角之间的关系,得到加速度计所获得的倾角数值,记作 Acce。

在获取 Gyro 和 Acce 后,需要阅读技术手册,对两个数据的单位进行统一,再进行滤波融合姿态解算。

6.2　平衡车的姿态解算

由上文可知,由于惯性传感器自身的局限性,单独应用陀螺仪或者加速度计传感器都不能提供足够可靠的平衡车实时姿态信息。因此,通常应用陀螺仪和加速度计传感器构成组合式传感器,该方法也是目前低成本惯性测量中应用较为广泛的方法。为得到足够可靠的姿态倾角信息,需要对陀螺仪传感器和加速度计传感器的数据进行融合。传感器数据融合是指对来自多个传感器的数据进行多级别、多方面、多层次的处理,从而产生新的、有意义的信息,而这种新信息是任何单一传感器所无法获得的。

惯性传感器测量过程中存在的噪声和误差,使得获取的原始数据通常不能直接使用。为获得准确的姿态倾角信息,需要对数据进行处理。常用的方法有互补滤波姿态解算和卡尔曼滤波姿态解算。值得注意的是,姿态解算运算过程中存在大量的浮点运算和三角函数运算,因此姿态解算的算法在满足解算精度的前提下应当尽可能地简洁。

6.2.1　互补滤波的姿态解算

陀螺仪的动态性能良好,不受载体的加速度变化影响,但是存在着累积的漂移误差;加

速度计的静态响应好,但是受载体的动态加速度变化影响较大,不适合单独地做动态角跟踪的检测。分析陀螺仪与加速度计的动态特点,加速度计中的动态加速度噪声主要是高频的信号,变化缓慢的则是较为接近真实倾角的数值,因此应当对加速度计输出的数据应用低通滤波器予以滤波。图 6.8 为一阶互补滤波器的原理图。

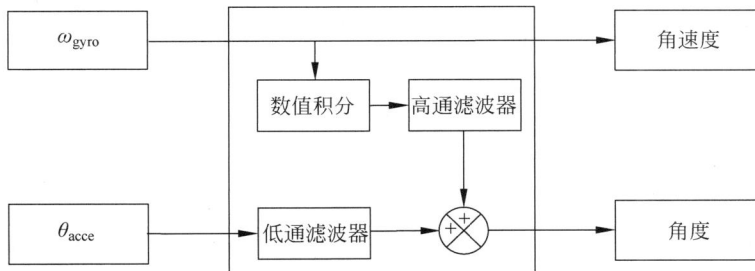

图 6.8　一阶互补滤波器原理图

一阶互补滤波器可表示为

$$\theta_{k+1} = k_{\mathrm{gyro}}(\theta_k + \omega_{\mathrm{gyro}}(k+1)\mathrm{d}t) + k_{\mathrm{acce}}\theta_{\mathrm{acce}}(k+1) \tag{6-10}$$

式中:

θ_{k+1}——$k+1$ 时刻经过滤波后获得的角度;

θ_k——k 时刻经过滤波后获得的角度;

$\omega_{\mathrm{gyro}}(k+1)$——$k+1$ 时刻陀螺仪输出的角速度;

$\theta_{\mathrm{acce}}(k+1)$——$k+1$ 时刻加速度计输出的角度;

$\mathrm{d}t$——采样时间,即积分时间;

k_{gyro}——陀螺仪高通滤波系数,$k_{\mathrm{gyro}} = \dfrac{\tau}{\tau + \mathrm{d}t}$;

k_{acce}——加速度计低通滤波系数,$k_{\mathrm{acce}} = \dfrac{\mathrm{d}t}{\tau + \mathrm{d}t}$。

陀螺仪高通滤波系数 k_{gyro} 和加速度计低通滤波系数 k_{acce} 中的 τ 为滤波器的时间常数。在滤波融合姿态解算的过程中,τ 还可以作为一个信任程度的阈值,当变化的周期比 τ 短时,陀螺仪对时间积分所获得的角度数值更值得信任,对应此时加速度计输出的噪声信号则被滤除;当变化周期比 τ 长时,加速度计测量得到的角度数值更为准确。可以看到,陀螺仪高通滤波系数 k_{gyro} 和加速度计低通滤波系数 k_{acce} 之和是 1,构成了一个互补滤波器。

互补滤波器中的两个滤波系数对互补滤波姿态解算较为重要。美国麻省理工学院的学者 Shane Colton 率先将固定互补滤波系数确定互补滤波器的转接频率的方法予以应用,并在《The Balance Filter, A Simple Solution for Integrating Accelerometer and Gyroscope Measurements for a Balancing Platform》一文中对滤波系数的整定进行了较为详细的介绍。

互补滤波的优势是简单,静态或者抖动较小时具有较好的效果。抖动较为剧烈时滤波效果并不能令人满意,而两轮自平衡平衡车的运动过程中不可避免地存在着这样的情况,因此互补滤波姿态解算的方法并不能很好地满足平衡车对姿态解算的要求。

在智能车制作中，有些同学一直将卓晴老师的《电磁组直立行车参考设计方案》（即清华方案）中的滤波融合方案称为互补滤波，我认为这是不严谨的。6.2.2 节我们将就卡尔曼滤波进行介绍。

6.2.2　卡尔曼滤波器基本方法和姿态解算

20 世纪 40 年代，《控制论》的作者维纳(Norbert Wiener)构造了一种通过与期望的无噪声预估信号进行比较进而实现削弱测量信号中的噪声的滤波器，即维纳滤波器(Wiener filter)。1960 年卡尔曼(Rudolph E. Kalman)发表了《A New Approach to Linear Filtering and Prediction Problems》（线性滤波与预测问题的新方法），指出了维纳滤波器只能用于求解统计性质的问题的局限性，影响了它的实际应用。卡尔曼针对维纳滤波器的问题提出了特定的解决方案，这就是被人们广泛应用的卡尔曼滤波。

卡尔曼滤波器(Kalman Filter)是一种最优化自回归数据处理算法(Optimal Recursive Data Processing Algorithm)。能够通过一系列的不完全的包含噪声的测量数据，预估线性动态系统的内部状态。卡尔曼滤波器可以基于历史数据预测当前数值，并计算预测数值的不确定性，进而得到预估值和测量值的加权平均值，最终得到最优估计值和关联计算数值。计算加权平均值时，将最大的权重赋予确定性最高的数值。因此，卡尔曼滤波输出的最优估计数值与原始测量数值相比，具有更好的关于不确定性的估计。与维纳滤波器相比，卡尔曼滤波器应用递归运算估计状态数值，具有占用资源少且不限于平稳的随机过程，满足了实际工程中对于实时信号处理的需要。

卡尔曼滤波器常用于融合不同的传感器数据，能够从一系列的不完全及包含噪声的测量中估计动态系统的状态而得到目标的最优估计，并且具有良好的动态性能，因此在惯性导航系统中得到了广泛应用。使用卡尔曼滤波对陀螺仪和加速度计的数据进行融合，可以得到精确的姿态倾角。

如图 6.9 所示，卡尔曼滤波器的运算过程可以分为两个阶段：预测与修正。预测(Predict)又称为时间更新，根据上一时刻的最优状态估计 $\hat{x}_{k|k}$，预测出当前时刻的状态估计 $\hat{x}_{k+1|k}$，$\hat{x}_{k+1|k}$ 由于未包含当前的观测信息，也被称为先验状态估计值。修正(Correct)又称为测量更新，将预测的当前时刻的状态估计 $\hat{x}_{k+1|k}$ 与当前状态的观测值 z_{k+1}（测量值）相结合，获得当前时刻的最优状态估计数值 $\hat{x}_{k+1|k+1}$。

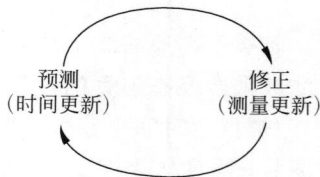

图 6.9　卡尔曼滤波器运算过程

1) 预测阶段

当前时刻状态估计：

$$\hat{x}_{k+1|k} = A\,\hat{x}_{k|k} + Bu_{k+1} \tag{6-11}$$

当前时刻状态估计协方差：

$$P_{k+1|k} = AP_{k|k}A^{\mathrm{T}} + Q \tag{6-12}$$

2) 修正阶段

卡尔曼增益(Kalman Gain):

$$Kg_{k+1} = \frac{P_{k+1|k}H^{\mathrm{T}}}{HP_{k+1|k}H^{\mathrm{T}} + R} \qquad (6\text{-}13)$$

当前时刻最优状态估计:

$$\hat{x}_{k+1|k+1} = \hat{x}_{k+1|k} + Kg_{k+1}(z_{k+1} - H\hat{x}_{k+1|k}) \qquad (6\text{-}14)$$

当前时刻最优状态估计协方差:

$$P_{k+1|k+1} = (I - Kg_{k+1}H)P_{k+1|k} \qquad (6\text{-}15)$$

式(6-11)~式(6-15)为卡尔曼滤波器最核心的运算公式,式中各变量在多模型系统中均为矩阵:

A、B——系统参数;

u_{k+1}——当前时刻控制量;

$P_{k+1|k}$——当前时刻状态估计协方差;

$P_{k|k}$——上一时刻最优状态估计协方差;

Q——过程噪声的协方差;

Kg_{k+1}——卡尔曼增益;

H——测量系统的参数;

R——测量噪声的协方差;

$P_{k+1|k+1}$——当前时刻最优状态估计协方差。

根据上述关于卡尔曼滤波器的基本原理,结合平衡车的特点,具体介绍卡尔曼滤波器在姿态解算上的应用方法,其基本解算思路如图 6.10 所示。

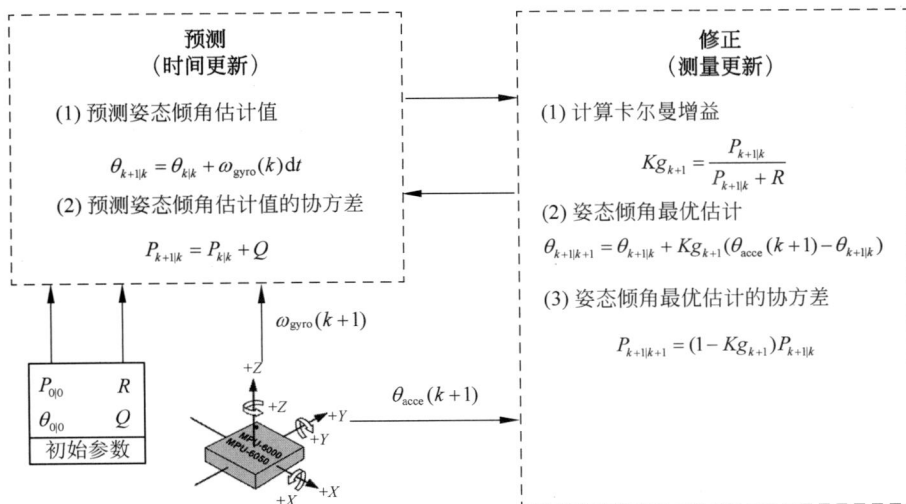

图 6.10　卡尔曼滤波姿态解算递归流程

首先对平衡车的姿态倾角进行状态空间描述，建立状态方程和输出方程。角度和角速度之间存在微分关系，选定真实姿态倾角 θ 作为状态向量。根据采样周期 dt，对状态方程和输出方程进行离散化：

$$\begin{cases} \theta(k+1) = \theta(k) + \omega_{\text{real}}(k+1)dt + \varepsilon_b(k+1)dt + \varepsilon_r(k+1)dt + \omega_g(k+1)dt \\ \theta_{\text{acce}}(k+1) = \theta_{\text{real}}(k+1) + \varepsilon_a(k+1) \end{cases} \quad (6\text{-}16)$$

实际中，陀螺仪加速度计输出中包含着各项漂移、干扰噪声，则有

$$\begin{cases} \theta(k+1) = \theta(k) + \omega_{\text{gyro}}(k+1)dt \\ \theta_{\text{acce}}(k+1) = \theta_{\text{acce}}(k+1) \end{cases} \quad (6\text{-}17)$$

由式(6-17)可知，$k+1$ 时刻预估姿态倾角可以通过 k 时刻的最优估计姿态倾角和 k 时刻角速度对时间积分进行预估。对应的 A、B 均为 1，且不存在控制量，则当前时刻姿态倾角估计为

$$\theta_{k+1|k} = \theta_{k|k} + \omega_{\text{gyro}}(k)dt \quad (6\text{-}18)$$

对应 $\theta_{k+1|k}$ 的协方差为 $P_{k+1|k}$：

$$P_{k+1|k} = P_{k|k} + Q \quad (6\text{-}19)$$

应用式(6-18)、式(6-19)便完成了卡尔曼滤波器中的预测阶段(时间更新)。在计算姿态倾角最优估计前，需要当前的卡尔曼增益 Kg_{k+1}，测量系统的参数为 1，则有

$$Kg_{k+1} = \frac{P_{k+1|k}}{P_{k+1|k} + R} \quad (6\text{-}20)$$

计算出卡尔曼增益后 Kg_{k+1}，根据当前时刻姿态倾角的观测值 $\theta_{\text{acce}}(k+1)$ 和预估姿态倾角 $\theta_{k+1|k}$ 计算当前时刻姿态倾角的最优估计 $\theta_{k+1|k+1}$：

$$\theta_{k+1|k+1} = \theta_{k+1|k} + Kg_{k+1}(\theta_{\text{acce}}(k+1) - \theta_{k+1|k}) \quad (6\text{-}21)$$

更新当前时刻姿态倾角最优估计 $\theta_{k+1|k+1}$ 的协方差 $P_{k+1|k+1}$：

$$P_{k+1|k+1} = (1 - Kg_{k+1})P_{k+1|k} \quad (6\text{-}22)$$

通过式(6-20)~式(6-22)便完成了姿态倾角的修正阶段(测量更新)。通过对姿态倾角的预测阶段(时间更新)和修正阶段(测量更新)进行递归运算，即可得到姿态倾角的最优估计。根据式(6-18)~式(6-22)进行 C 语言编程，即可获取平衡车姿态倾角的最优估计。

对于卡尔曼滤波器，噪声协方差 Q 和 R 的取值是十分重要的。噪声协方差的研究一直是卡尔曼滤波器研究中的重要内容，自协方差最小二乘的方法对噪声协方差的估计是有效的。

6.2.3 卡尔曼滤波姿态解算实验

平衡车运动过程中存在着多种运动状态，其中加速、减速以及通过路障是平衡车运动过程中具有普遍性和代表性的三个状态。这三种运动状态对姿态解算的精度和响应速度要求

最高,因此分别对上述三个运动状态进行实验。

（1）实验方法：分别进行上述三个运动状态实验,通过蓝牙串口模块将各个状态中的相关数据实时地发送至上位机。经过 MATLAB 绘制对比曲线如图 6.11 所示。

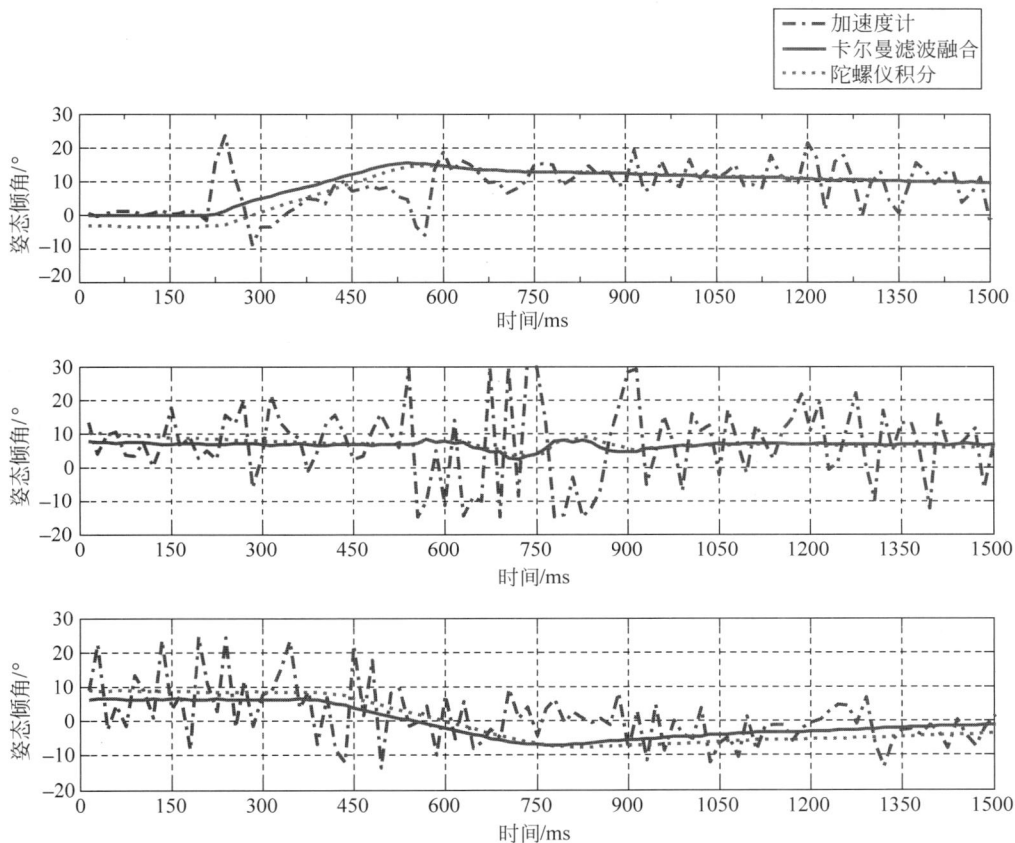

图 6.11　卡尔曼滤波姿态解算实验对比曲线

（2）启动实验：即加速实验。平衡车由自平衡静止状态加速到某一给定速度后保持自平衡状态匀速运行。

（3）通过路障实验：平衡车在匀速运行状态时通过一个路障减速带后继续运行。

（4）停止实验：即减速实验,平衡车由运动状态到静止状态后保持自平衡状态。

综合上述三组实验的对比曲线进行分析：加速度计测量得到的姿态倾角虽然响应速度较快,但存在较大的干扰噪声;陀螺仪角速度对时间积分得到的姿态倾角虽然不受动态加速度影响,但存在一定的漂移和相对较大的滞后;应用卡尔曼滤波融合进行姿态解算后得到的姿态倾角最优估计,有效地抑制了动态加速度引起的干扰噪声,克服了陀螺仪角速度对时间积分引起的滞后问题,有效地提高了平衡车姿态解算的精度和响应速度。

6.3 姿态控制的实现

姿态控制是平衡车正常运行最为核心的控制，在保持自平衡状态的基础上实现平衡车的速度控制和方向控制。由于受到各种扰动、空气阻力和摩擦力等因素的影响，平衡车的平衡状态很容易被打破，所以认为平衡车的姿态控制的目标是实现并保持平衡车的动态受力平衡状态。通过姿态解算获取了准确的姿态倾角后，应用 PD 控制器即可实现对平衡车的姿态控制。PD 控制器的有效性在此不予证明，建立简单的数学模型后，使用劳斯判据即可证明。计算公式为

$$u_{\text{Angle}}(k) = Kp_{\text{Angle}}\theta(k) + Kd_{\text{Angle}}(\theta(k) - \theta(k-1)) \tag{6-23}$$

实际中，微分环节可以直接应用陀螺仪输出的角速度代替：

$$u_{\text{Angle}}(k) = Kp_{\text{Angle}}\theta(k) + Kd_{\text{Angle}}\omega(k) \tag{6-24}$$

式中：

$\theta(k)$——k 时刻姿态倾角；

$\omega(k)$——k 时刻姿态倾角角速度；

$u_{\text{Angle}}(k)$——k 时刻姿态控制输出的控制量；

Kp_{Angle}——姿态控制的比例系数；

Kd_{Angle}——姿态控制的微分系数。

下面应用自主站立实验验证 PD 控制器的控制效果。首先将平衡车放平，然后在上位机发送指令后，使平衡车自动站立并保持自平衡状态，实验过程示意图如图 6.12 所示。

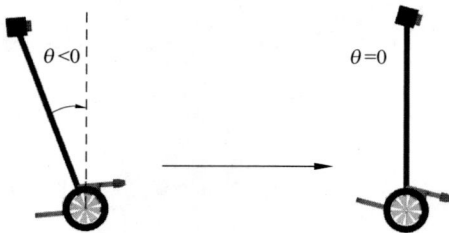

图 6.12　PD 控制作用下自主站立自平衡示意图

自主站立实验在一定程度上可以视为一个阶跃响应实验。分别测量左右电机的速度和平衡车姿态倾角并绘制测量结果曲线，如图 6.13 所示。分析姿态倾角变化，我们知道平衡车初始状态存在姿态倾角偏差，但是程序中设定的初始姿态倾角为 0（卡尔曼滤波器中设定）且角速度为 0。观察曲线变化，姿态倾角的初始值为 0，但是开始运行后姿态倾角偏差逐渐变大。如果仅仅使用一个陀螺仪传感器，且初始姿态倾角设为 0，则不能完成自主站立的过程，其原因在于自主站立实验初始状态已经是一个受力平衡的状态，但是重心（平衡点）没有处于车轮轴线垂直上方。单独使用陀螺仪传感器时，如果起始位置存在姿态倾角偏差，则该偏差会一直保持下去。这里也体现了加速度计传感器对陀螺仪积分的矫正作用。

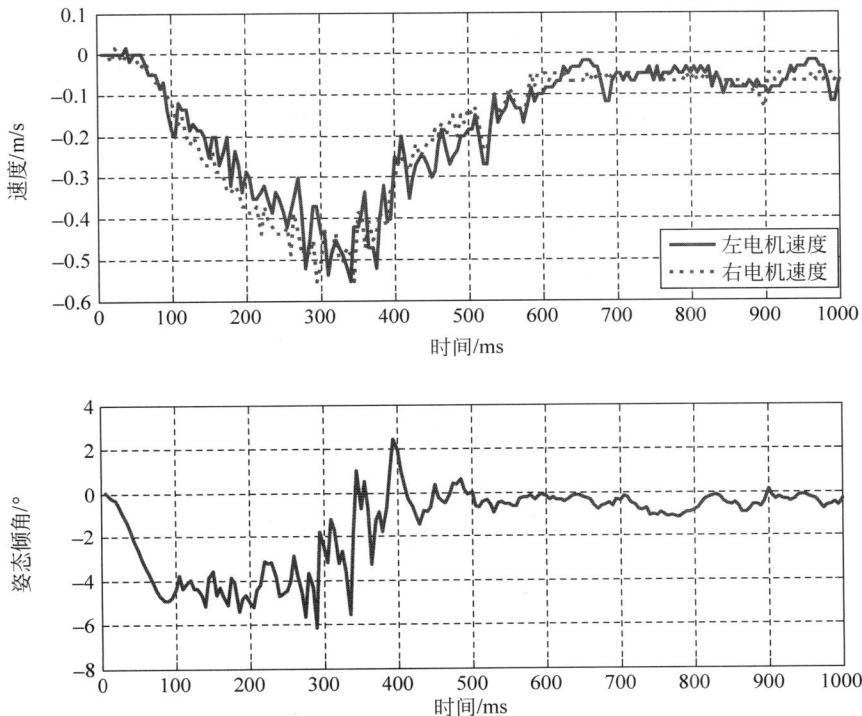

图 6.13 PD 控制作用下自主站立自平衡姿态倾角数据

6.4 平衡车速度控制

平衡车的运动控制由姿态控制、速度控制和方向控制三项控制任务构成。其中,姿态控制是平衡车运行最为核心的控制,速度控制和方向控制都是在姿态控制基础上完成的。本章主要分析平衡车三项控制任务之间的内在关系,针对各控制任务的特性和实现过程,应用PID 控制器实现平衡车的运动控制。

由于平衡车的执行机构是电机,平衡车的速度控制、姿态控制和方向控制之间存在着耦合关系。对应的三项控制任务存在三个被控变量,即

$$x_0 = [\theta, v, \varphi]^{\mathrm{T}} \tag{6-25}$$

式中:

θ——平衡车的姿态倾角;

v——两轮自平衡智能车速度,$v = \dfrac{v_{\mathrm{L}} + v_{\mathrm{R}}}{2}$,$v_{\mathrm{L}}$ 为左轮线速度,v_{R} 为右轮线速度;

φ——平衡车的偏航角。

平衡车有两个被控变量,即执行机构电机的输出转矩:

$$u_0 = [\tau_L, \tau_R]^T \qquad (6\text{-}26)$$

首先简要分析一下三项控制任务。姿态控制通过调节左右两轮转动方向和速度进行控制，当平衡姿态倾角存在偏差时，通过控制电机输出转矩的方法，消除平衡车的姿态倾角偏差并恢复自平衡状态。速度控制建立在平衡车平衡基础上，动态调节平衡车的姿态倾角实现对平衡车的速度控制。方向控制通过调节左右两个电机的速度，在车轮间形成差速进而实现运行方向的改变。当电机处于线性工作状态时，由上述三种控制任务的控制量线性叠加后作为电机的控制量，以 PWM 的形式输出给电机驱动：

$$u = u_{\text{Angle}} + u_{\text{Speed}} + u_{\text{Direction}} \qquad (6\text{-}27)$$

式中：

　　u——电机控制量；

　　u_{Angle}——姿态控制输出控制量；

　　u_{Speed}——速度控制输出控制量；

　　$u_{\text{Direction}}$——方向控制输出控制量。

分析平衡车的各项控制任务的控制环路结构，平衡车三项控制任务的执行机构都是两个直流电机。因此，客观上无法避免相互之间的耦合特性的影响，实际应用中对存在耦合的系统常采取以下三种方法进行解决：

（1）设计控制方案时，设法减少和避免系统之间的有害耦合；

（2）设计解耦控制系统，使含有耦合的控制系统相互独立；

（3）调整控制器的参数，拉开控制系统的控制频率。

平衡车中三项控制任务中以姿态控制和速度控制之间的耦合关系最为强烈。应用中常常选用上述方法中的第三种方法克服二者之间耦合关系所带来的影响，值得说明的是，拉开控制频率的方法也是工业过程控制中较为常用的方法。拉开控制频率是指通过拉开姿态控制和速度控制各自的控制频率，达到减少控制任务之间的耦合关系的目的。根据各控制任务的不同特性和需求，各控制任务的控制周期需要满足

$$T_{\text{Angle}} < T_{\text{Direction}} < T_{\text{Speed}} \qquad (6\text{-}28)$$

式中：

　　T_{Angle}——姿态控制周期；

　　$T_{\text{Direction}}$——方向控制周期；

　　T_{Speed}——速度控制周期。

我们记录了平衡车一次完整地加速和减速时姿态倾角的变化过程，如图 6.14 所示。一次完整的速度控制可以分为两个运动阶段，即速度控制主导运动状态阶段和姿态控制主导运动状态阶段。平衡车的加速和减速是在平衡车的姿态控制和速度控制共同作用下完成的。这两个运动阶段中起主导作用的控制是不同的，下面分别就对这两个状态展开讨论。

6.4.1　速度控制主导运动状态阶段

平衡车的速度取决于左右两个电机驱动车轮的线速度。当平衡车的运行速度发生变化

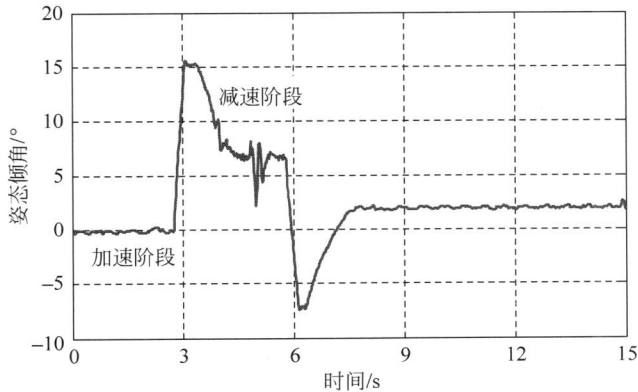

图 6.14　运动过程中姿态倾角的变化

时会引起姿态倾角的变化。平衡车的姿态控制量 $u_{\text{Angle}}(s)$ 和姿态倾角角速度 $\omega(s)$ 之间可以近似描述为

$$\frac{\omega(s)}{u_{\text{Angle}}(s)} = \frac{-s}{T_{\text{Angle}}s + 1} \qquad (6\text{-}29)$$

此时平衡车车轮的线速度 $v(s)$ 满足

$$v(s) = \frac{-Ls}{T_{\text{Angle}}s + 1}u_{\text{Angle}}(s) \qquad (6\text{-}30)$$

式中:

T_{Angle}——姿态控制惯性环节时间常数;

L——平衡车顶点与轴线之间的距离。

考虑平衡车的初始运动状态为

$$\begin{cases} v = v_0 \\ \theta = 0 \\ a = 0 \end{cases} \qquad (6\text{-}31)$$

由式(6-29)可知,在速度控制为主导作用的阶段,当平衡车需要对运行速度调节时(以平衡车加速运行进行分析,减速与之相反),速度控制的参与导致平衡车车轮线速度减小且伴随着平衡车姿态倾角的偏差。此时,平衡车的自平衡状态被打破,运动状态为

$$\begin{cases} v < v_0 \\ \theta > 0 \\ a = 0 \end{cases} \qquad (6\text{-}32)$$

由图 6.14 可以清楚地观察到,平衡车的姿态倾角产生了较大幅度的变化。此时,平衡车处于速度控制主导的运动状态。

6.4.2　姿态控制主导运动状态阶段

由上文可知,为了减小控制任务之间的耦合关系带来的影响,平衡车的姿态控制频率远高于速度控制频率,在速度控制完成主导运动状态后的若干个姿态控制周期内,姿态控制将会主导平衡车的运动状态。

当姿态控制主导运动状态时,平衡车在速度控制的作用下产生了姿态倾角偏差,平衡车重心的投影不再与车轮轴线重叠。平衡车在姿态控制作用下通过电机带动车轮加速,消除姿态倾角偏差。因此,平衡车最终运行速度的变化量由此刻姿态倾角偏差所产生的加速度决定。此时的运动状态为

$$\begin{cases} v > v_0 \\ \theta > 0 \\ a > 0 \end{cases} \tag{6-33}$$

当平衡车的姿态倾角偏差在姿态控制的作用下逐步消除后,平衡车停止加速。此时平衡车处于静止状态或匀速状态,相比于初始运行时速度有所增加,实现了提高运行速度的目的。如图 6.14 中,$t=2s$ 及 $t=5s$ 后的平衡车姿态倾角发生变化,平衡车的姿态控制占据运动状态的主导地位,通过加速或减速使得平衡车的姿态倾角偏差逐步消除。一个完整的平衡车加速运动过程如图 6.15 所示,减速运动则与之相反,在此不再赘述。

图 6.15 运动过程中姿态倾角的变化

值得注意的是,速度控制与姿态控制之间存在着较大的耦合性,频繁的速度控制会对平衡车的姿态控制产生严重的干扰,会使平衡车的姿态倾角产生偏差。因此,速度控制周期需要远大于姿态控制周期。

6.4.3 速度控制实现

测量平衡车车轮的线速度 v_L 和 v_R 后,计算平均值即可获得平衡车的运行速度 v。平衡车的速度控制同样可以采用 PID 控制器,由于速度测量反馈中往往存在噪声,对该信号进行微分运算会加大噪声信号对系统的影响。考虑速度控制的准确性,在实际控制中应用 PI 控制器实现平衡车的速度控制。为了减少测量噪声对系统的影响,需要对采集的数据进行低通滤波处理,如图 6.16 所示。

对应的速度控制 PI 控制器为

$$u_{\text{Speed}}(k) = Kp_{\text{Speed}} e_{\text{Speed}}(k) + Ki_{\text{Speed}} \sum_{t=0}^{k} e_{\text{Speed}}(t) \tag{6-34}$$

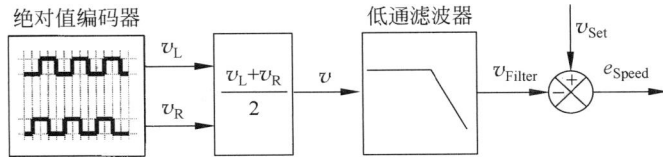

图 6.16 速度数据低通滤波器结构图

式中：

$e_{\text{Speed}}(k)$——k 时刻速度偏差；

$u_{\text{Speed}}(k)$——k 时刻速度控制输出的控制量；

Kp_{Speed}——速度控制比例系数；

Ki_{Speed}——速度控制积分系数。

为了避免速度控制中积分项饱和对平衡车造成影响，可以应用动态积分项限幅的方法。其基本的思路是：将速度与方向控制中的偏差大小挂钩，动态限制积分项的数值上限和数值下限。实现的方法如下：

$$\begin{cases} Integral_{\text{Max}} = Integral + K_{\text{Integral}} e_{\text{Direction}} \\ Integral_{\text{Min}} = - Integral - K_{\text{Integral}} e_{\text{Direction}} \end{cases} \tag{6-35}$$

式中：

$Integral_{\text{Max}}$——积分项数值上限；

$Integral_{\text{Min}}$——积分项数值下限；

$Integral$——积分项基准数值；

K_{Integral}——积分项动态权重系数；

$e_{\text{Direction}}$——方向控制偏差。

由上文分析可知，速度控制在一定程度上可以视为对姿态倾角控制的扰动。速度控制对平衡车施加了一个介于合理范围内的扰动，通过姿态控制消除了扰动带来的姿态倾角偏差，平衡车最终再次达到稳态，实现了速度控制。此时，原本矛盾的速度控制和姿态控制在不同的控制周期下达到了统一。

此时，在速度控制主导状态下的传递函数可以由式(6-29)改写为

$$\frac{v(s)}{u_{\text{Speed}}(s)} = \frac{-Ls}{T_{\text{Angle}}s + 1} \tag{6-36}$$

加入 PI 控制器后，速度控制主导状态下的闭环传递函数为

$$\frac{v(s)}{u_{\text{Speed}}(s)} = \frac{-L(Kp_{\text{Speed}}s + Ki_{\text{Speed}})}{(T_{\text{Angle}} - Kp_{\text{Speed}}L)s + 1 - Ki_{\text{Speed}}L} \tag{6-37}$$

此时系统的零极点为

$$\begin{cases} s_z = -\dfrac{Ki_{\text{Speed}}}{Kp_{\text{Speed}}} \\ s_{\text{p}} = \dfrac{Ki_{\text{Speed}}L - 1}{T_{\text{Angle}} - Kp_{\text{Speed}}L} \end{cases} \tag{6-38}$$

要保证系统稳定须满足

$$Kp_{\text{Speed}}Ki_{\text{Speed}} > 0 \tag{6-39}$$

$$T_{\text{Angle}} > (Kp_{\text{Speed}} + Ki_{\text{Speed}})L - 1 \tag{6-40}$$

由式(6-40)可知,平衡车在速度控制主导运动状态时的姿态调整时间要大,且控制参数要相对较小。在实际的控制程序中具体体现为:

(1) 减小 Kp_{Speed}、Ki_{Speed} 控制参数的数值;

(2) 速度控制周期大于姿态控制周期;

(3) 通过多次少量控制,使速度控制量输出平滑。

为了提高平衡车速度控制的精度,减少比例冲击(Proportional Kick)带来的超调,对控制器的输出进行了平滑滤波处理。将 PI 控制器的输出均匀地分配到每个姿态控制的控制周期内。此时,在不考虑平衡车方向控制的条件下,平衡车左右电机的输出控制信号均为

$$u = u_{\text{Angle}} + u_{\text{Speed}} \tag{6-41}$$

6.5 平衡车方向控制

平衡车的方向控制用于控制平衡车的运动轨迹。循迹传感器根据赛道特征值的变化,获取当前运行轨迹与期望轨迹的偏差。摄像头传感器的图像处理与识别技术是一门涉及多个学科的技术,磁导航传感器对磁场的分析也较为复杂并且前文已经作了介绍。此时,只考虑外部传感器已经经过相应的算法处理,得出当前方向偏差。

如图 6.17 所示,方向控制是根据平衡车的方向偏差,逐步调节左右电机速度差,实现运行方向的调整。消除偏差的过程是一个积分过程,应用比例控制即可完成平衡车的方向控制。但是平衡车的质量相对集中且均匀地分布在平衡车中心轴线两侧,而转向过程中存在由转动惯量所引起的转向过冲。

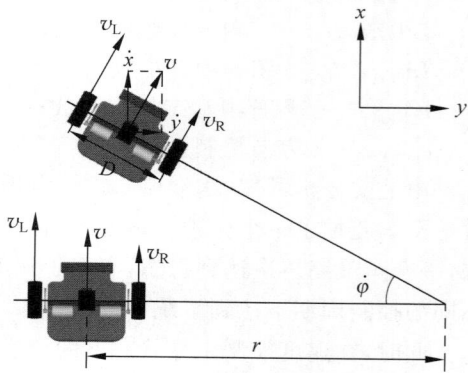

图 6.17 平衡车转向分析

为了抑制过冲对平衡车正常运行所产生的影响,需要增加转向过程中的阻尼,在控制中的具体体现就是引入微分控制环节。

方向控制的控制器为

$$u_{\text{Direction}}(k) = Kp_{\text{Direction}}e_{\text{Direction}}(k) + Kd_{\text{Direction}}(e_{\text{Direction}}(k) - e_{\text{Direction}}(k-1)) \tag{6-42}$$

微分环节可以直接采用陀螺仪输出的角速度代替:

$$u_{\text{Direction}}(k) = Kp_{\text{Direction}}e_{\text{Direction}}(k) + Kd_{\text{Direction}}\dot{\varphi}_{\text{Direction}}(k) \tag{6-43}$$

式中：

$e_{Direction}(k)$——k 时刻方向偏差；

$\dot{\varphi}_{Direction}(k)$——$k$ 时刻方向偏差变化率；

$u_{Direction}(k)$——k 时刻方向控制输出的控制量；

$Kp_{Direction}$——方向控制比例系数；

$Kd_{Direction}$——方向控制微分系数。

平衡车的运动转向角速度与平衡车的左右轮速度差有关。将式(6-43)所得的方向控制输出量分别与姿态控制、速度控制输出量线性叠加后驱动电机，即可实现平衡车的方向控制。左右电机所分配到的控制量取决于差动系数 q。差动系数 $q \in [0,1]$，并且有

$$\frac{u_{DirectionL}}{u_{DirectionR}} = \frac{q}{(1-q)} \quad (0 \leqslant q \leqslant 1) \tag{6-44}$$

通常取 $q=0.5$，差动系数的选取决定着方向控制器对左右轮速度影响程度的大小，在平衡车的整体层次上影响平衡车的运行方向。左右电机的控制信号可表示为

$$u_L = u_{Angle} + u_{Speed} + u_{DirectionL} \tag{6-45}$$

$$u_R = u_{Angle} + u_{Speed} - u_{DirectionR} \tag{6-46}$$

6.6 平衡车机械简要分析

6.6.1 机械结构分析

经历了若干年的竞赛，平衡车机械结构的发展可以分为两个阶段：站立阶段和卧立阶段。站立结构如图 6.18 所示。

最早的卧立式机械结构由太原理工大学晋豹车队首次在第八届(2013 年)华北赛应用并取得了较好的成绩。随后的全国总决赛中，北京科技大学智能汽车队应用了同样的结构获得了全国冠军，如图 6.19 所示。太原理工大学则名列第五名，如图 6.20 所示。

最初应用卧式结构的目的是更好地通过路障。该路障为第八届竞赛所特有的赛道元素。路障是由单层 KT 板裁切而成，路障的长度与赛道的宽度一样，路障的宽度为 10cm，高度小于 0.5cm，切角为 30°。平衡组路障为黑色，两路障之间最小间距为 50cm，连续不超过 3 个(最终全国总决赛中也没有出现连续三个的路障)。

制作路障的材料会选择质地坚硬的白色塑料板材(ABS、PVC、PC、PP 等)或者木板制作，通过切割或

图 6.18 南京师范大学在第八届比赛中应用的站立结构平衡车 ALPS

图 6.19　北京科技大学在第八届比赛中
应用的光电平衡车

图 6.20　太原理工大学在第八届比赛中
应用的光电平衡车

者打磨形成 45°边缘,以保证比赛过程中路障
边缘不会发生改变。光电平衡组赛道中路障
区不超过 2 个,2 个区域之间间距不小于2m;
每段区域长度不超过 1m,路障个数不超过 3
个,路障整体为黑色。在分赛区(省赛区)比
赛时,每个路障区的路障个数是 1 个。在全
国总决赛时,每个路障区的个数为 2 至 3 个,
如图 6.21 所示。

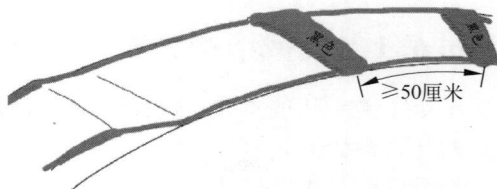

图 6.21　第八届光电平衡组赛道示意图

　　路障的出现使得平衡车稳定运行更加困难(当年咱也是死磕路障好多个夜晚),如何稳
定地通过路障一时成为参赛者的心病。卧式结构是如何被发现的呢?据说故事是这样的:
某天,太原理工大学的某位同学在调车时不慎出现意外,车辆反方向运行,恰巧还通过了路
障,还过得特顺利,比正跑还顺利。太原理工大学的同学们没有让这个意外真的变成意外,
然后他们就设计了智能车竞赛中第一辆卧式结构的平衡车,即图 6.20 所示。
　　卧式结构平衡车的主要特点在于电池前置,车底板不再与地面之间存在较大夹角。为
什么卧式结构可以更好地通过路障? 主要原因是因为以 Yaw 为旋转轴,卧式结构具有更大
的转动惯量。转动惯量(Moment of Inertia)是刚体绕轴转动时惯性(回转物体保持其匀速
圆周运动或静止的特性)的量度,用字母 I 或 J 表示。转动惯量只决定于刚体的形状、质量
分布和转轴的位置,而与刚体绕轴的转动状态(如角速度的大小)无关。一般而言,转动惯量
越大,受外界扰动的影响也就越小。下面以 Yaw 轴为旋转轴对平衡车的转动惯量进行分

析。如图 6.22 所示,将一台卧立平衡车进行简单的建模。因为平衡车的主要质量集中在下方的电机、电池和轮胎附近,因此可以将平衡车抽象成一个长方体。与此同时,定性地认为该长方体是一个质量分布均匀的刚体。

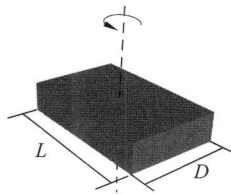

最终将平衡车抽象为一总质量为 m 且质量分布均匀的刚体,如图 6.23 所示。处于平衡状态时,以车轴为中心线,车轴两边的质量应当相等,则有 $m = m_1 + m_2$。

$$J = \frac{1}{12} m (L^2 + D^2) \tag{6-47}$$

站立式结构质量较为集中,即 LD 较小。因此在相同质量下具有更小的转动惯量。而卧式结构因为电池前置,车底板后置的原因,质量的分布较为分散,对应的转动惯量更大。因此,两种结构的特点总结如下:

图 6.22　平衡车机械结构简易建模　　　　　图 6.23　总质量为 m 且质量分布均匀的刚体

(1) 卧式结构在 Yaw 轴具有更大的转动惯量,在通过路障时具备更好地克服扰动的能力,但是牺牲了转向的灵活性;

(2) 站立式结构质量相对卧式结构更为集中,因此在 Yaw 轴方向转动惯量较小,具备更好的灵活性,抗扰动能力相对较差。

关于两种结构的对比,有一种更为直观的方法去感受。拿起手机,竖直时和放平时分别围绕 Yaw 轴旋转,可以较为明显地感受这两种结构在转动惯量上的差异。

至于从第九届竞赛开始,卧式结构在平衡组大规模的应用,我个人认为 E 车模的底板较软,轻轻按压便会产生较大的形变,因此会使得使传感器与车体之间无法保持刚性连接,进而造成传感器数据不稳定,而非人们说的重心更低。

6.6.2　传感器的安装

首先介绍姿态传感器的安装。智能车竞赛中常用的陀螺仪加速度计传感器通常都是表贴器件,往往将陀螺仪和加速度计集成在一小块 PCB 板上,后文中将这块 PCB 称为姿态检测模块。姿态检测模块的安装要注意以下几点:

(1) 刚性连接。刚性连接是指姿态检测模块与车模之间的连接需要尽可能地合二为一。尤其是 E 车这种车底盘比较软的车模,更要注意刚性连接。在连接上不推荐使用热熔胶,建议在设计姿态检测模块时设计好机械安装孔,配合结构件或者螺丝与车模固定。

(2) 水平安装。车模在转弯时存在平动和转动,其中转动会影响陀螺仪。当陀螺仪不是水平安装时,转动便会在陀螺仪的 Z 轴方向上产生一个分量,分量可能是正也可能是负,在转弯时会对车模运行产生影响。

(3) 安装位置尽量低。主要目的是为了避免噪声和车模底盘的刚度不够带来的误差。建议安装在车模车轴附近,但是这个位置安装难度比较大,在设计姿态检测模块时要充分考虑。

(4) 模拟器件尽量避开电机和电机驱动等大功率器件。

其次,再说说旋转编码器的安装,旋转编码器一般是通过齿轮啮合进行测量的。光电编码盘的一个好处就是不存在由于齿轮啮合引起的回程差问题。对于旋转编码器与齿轮之间的啮合,要做到不松不紧。对于 D 车,如果想克服回程差有一个小办法,就是适当地在减速齿轮组中加一定的润滑脂,在一定程度上把齿轮之间的啮合公差给泥住。润滑油和润滑脂都比较容易吸土,影响齿轮的转动,所以要经常注意清洁与维护。说到这里,还要注意一个问题,E 车模的减速齿轮比较软(塑料),380 电机的齿轮是金属齿,在加速减速过程中极易扫齿,所以在日常使用时也要注意。

接下来介绍循迹传感器。对于摄像头传感器和线性 CCD 传感器来说,安装在车轴中心线的位置即可,如图 6.24 所示。

图 6.24 摄像头传感器和线性 CCD 传感器安装位置示意图

电磁传感器的安装比较复杂,且方法繁多,在此就不一一介绍了。对于传感器,不建议使用塑料的结构件固定,塑料的结构件通常比较软,容易变形造成不必要的麻烦。坡道其实对于平衡车的挑战不是很大,但是电磁组平衡车例外。这里就涉及电磁车的机械结构问题。以上坡为例,电磁传感器的支架要够高,不能在匀速运行的时候就撞到坡道。再者,上坡过程中会存在一个由速度控制引起的前倾,此时电磁传感器的支架就极有可能撞到坡道,在往年的比赛中就发生了这种情况。

对于平面的结构件,例如编码器安装结构件,用 PCB 制作即可。由于涉及各种安装孔尺寸、间距等因素,建议发板打样之前按 1∶1 的尺寸比例将结构件的平面图打印出来在车上比划比划。立体的结构件可以尝试 3D 打印机制作,精度也可接受。

最后再说个小技巧。智能车通常由多块电路板构成,板间连接需要使用线材。常用的线材有杜邦线、FFC 线和电源线。对于杜邦线和 FFC 线,建议在接头的地方用热熔胶或者醋酸胶带稍微粘一下,可以较为有效地避免轻微拉扯造成的连接虚位。对于电源线也要在线头处打胶,目的是绝缘保护、防止短路等。

6.7　平衡车的制作流程

对于新人来说,比较困难的是不知道从哪里入手,仔细想想自己第一次做车时也遇到了这个问题。想到这个,便在此增加一个章节,给广大参赛者理理思路。这个章节并没有严格的区分软件和硬件,具体的思路顺序都是从笔者个人的参赛经历总结而来,给大家作个参考。

6.7.1　平衡车制作初级阶段

平衡车制作的第一步是确定硬件配置。用什么微控制器,是常用的 K60、KL26 还是性能更好的 K64、K66?对于常用的型号,网上成熟的中文的资料较多,也有不少第三方的资料支持。性能更好的产品带来更多的挑战,比如说要看英文的手册,但也可以运算更快,实现更复杂的算法。如果选择的微控制器带有 FPU(Float Point Unit,浮点运算单元),则对于存在大量浮点运算的平衡组就更好不过了。

确定微控制器之后就要学习如何应用微控制器了,学习的方法和渠道有很多。我个人建议先用各类库学习上手,实现基本功能后看着 Reference Manual 学习寄存器操作。虽然现在半导体厂商大多提供官方的 SDK 或者库文件,但是学习寄存器操作也是很重要的,这一点我想中南大学的车友尤其是朱葛峻(本书第 5 章作者)的学弟们应该更有感触。确定型号之后,就要去实现功能了,例如让线性 CCD 能采集到收据(GPIO 和 ADC),能采集到陀螺仪加速度计的数据(SPI 或 I2C 或 ADC)。然后让电机转起来(FTM 产生 PWM),让电机转起来之后为了实现闭环控制还需要对转速进行测量采集,这就需要对旋转编码器数据进行采集(FTM 或 LPTMR)。这些基本功能实现了之后,得让它们按照一个相对固定的运行时序工作,就需要使用定时中断(PIT)了。如果想查看运行过程中的一些数据,通常使用蓝牙模块,这就需要用到微控制器里的串口(UART)。另外,做摄像头的同学最好学习一下中断嵌套和中断优先级。当然,各种 IDE 工具也要学会使用,例如 CodeWarrior、IAR、MDK、KDS(Kinetis Design Studio)等,可以找个自己喜欢用的且用着顺手的。

接下来就是做硬件的同学关注重点了。硬件要学习的东西比较杂,也比较细,首先要了解器件。大家都知道电容,那么电容有哪些分类?钽电容和其他电解电容有什么区别,适用于哪些场合?为什么在电机驱动母线上加钽电容容易爆炸?这些都是需要了解的。类似的还有电感、电阻。对于器件还需要关注电气性能,需要查阅手册了解工作电压、工作电流和典型电路设计。关于这些内容,本书第 1 章有很好的介绍,资深工程师凤姐介绍得很详细,下面笔者就继续介绍顺序和思路。了解了最基本的电阻、电容、电感后,就可以看看常见的稳压芯片。稳压芯片要结合其他功能模块一起看,比如说选用的微控制器的供电电压是多少,线性 CCD 的供电电压是多少,为什么有的人会在 OLED 的信号线上串联 $20\sim50\Omega$ 的电阻,等等,这些都要结合具体的外设进行设计。与此同时,要注意功耗,即最大输出电流,因为稳压芯片的输出能力是有限的,一个稳压芯片能给多少个外部设备以及多少个功能模块供电,是需要进行计算的。还要注意的是,要对稳压芯片的电流输出留有余量,例如,一个最大输出电流 500mA 的稳压芯片,对外设供电时建议只用 400mA。对于一个硬件工程师来说,焊接是基本功。如果焊接不过关,后续就会出现很多奇奇怪怪的问题,例如虚焊,这里借用超哥(佟超,本书第 2 章作者)的一句话:"虚焊是万恶之源"。对于焊接,在焊接时最好在焊接台前放一个小的电扇,但是不要对着人吹。方向要反过来,把焊接中产生的烟气吸走,在焊接完成后要及时关闭焊台避免烙铁头氧化。对于焊台里的海绵,不要弄太多水,我自己的经验是将海绵用水湿润,用手轻轻地压一下就可以了。

对于刚入门的硬件队员来说,最好不要直接就画 PCB 板。如果能用洞洞板(也有人叫万用板)手焊一些板子出来试用,会对后续的学习比较有帮助。因为在这个过程中既练习了焊接技术,又对电路板的设计有了更感性的认识。其实,负责硬件的同学在很大程度上充当着定方案的角色,但这并不是绝对的。因此,需要做硬件的同学广泛地了解不同芯片、传感器的异同和优缺点。在了解了各个功能模块的供电并设计好电源管理后,就可以进入硬件电路中比较重要的部分了,即电机驱动的设计。电机驱动一般有两种方案:集成芯片构成 H 桥和分立器件构成 H 桥。对于 H 桥的概念以及这两种方案的具体区别,前文中都有具体介绍,这里就不再赘述了,分立器件构成的电路在其他工程领域内应用得还是挺多的,建议仔细研读。对于传感器,平衡车中常用的姿态传感器、旋转编码器以及循迹传感器(线性 CCD、摄像头、电磁传感器)的接口电路也要有所了解。电磁传感器的基本原理和放大方法也是很重要的一环,常用的放大芯片有 LMV358、NE5532、LM386 等。此外,智能车竞赛中几乎已经没有人使用三极管对信号进行放大处理了,因此还有必要学习运算放大器的知识,例如增益带宽积、轨到轨运放等。在学习上述内容时,就可以开始学习如何使用 EDA 工具进行 PCB 板的绘制了,常用的工具有 Altium Designer、Cadence。PCB 绘制中的细节,前面的章节也有介绍。如果是刚刚入门电路设计,还是建议自己在洞洞板上搭电路验证后再去画 PCB,以免打样回来的电路不能使用而浪费钱。画 PCB 时也可以了解一下 PCB 制板的工艺流程,相信这些知识也会让你受益匪浅。

硬件电路需要调试,最常用的两个助手是万用表和示波器。使用万用表时有几个点需要注意。电压挡和电流挡的接头是不一样的,用完后最好及时恢复常用状态(通常是电压挡),自己在使用时也要检查一下接头的接口位置和挡位的选择。笔者之所以强调这一点是因为见过因此造成的炸机。另外一点是蜂鸣挡的使用,蜂鸣挡可以用来简单地判断一条线路的通断,但是这不是判断问题根源的绝对依据。因为蜂鸣挡的原理是测量回路的阻抗,当阻抗低于某一数值时就会发出鸣叫,最好的判断短路的方法还是打到电阻挡看阻值大小。示波器的使用也不用多说,它是看信号和波形的助手。值得注意的是,示波器的主业是测量波形,因此测量电压并不是很准。另外,用示波器时注意看清楚用的是直流耦合还是交流耦合,经常有同学测了半天测不出来数据,结果一看测直流电压信号却用的是交流档。无论是我们自己用洞洞板焊接出来的电路,还是外出 PCB 打样的 PCB 板,在第一次上电时建议分区域分功能焊接并检测。焊接好第一个电源模块后,上电用万用表测电压看是不是我们想要的,然后一步一步地焊接测试。这样可以最大程度地减少硬件电路的损坏并发现问题。哪怕这个电路板之前已经用过好久,还是建议这样做。因为板厂的工艺并不能够保证百分之百的稳定。还记得当年我们第一次使用沉金工艺的一块电路板,回来却发现电源和地线是短路的,简直不敢相信。另外,关于车模的搭建,智能车制作论坛上有很多往届参赛车模的照片,第一次搭建时可以先仿制结构。

　　软件的同学在学会使用单片机后就可以开始学习 PID 控制器了。智能车用的是数字 PID,对应的数字 PID 分为增量式和绝对式两种,其实在智能车领域内这两个方法的最终效果是一样的,因为智能车的执行机构无论是舵机还是电机都不具有积分特性,最终接收的信号都是绝对的数值而非增量数值。学会了普通的 PID 后可以看看 PID 的各类改进型,例如积分分离 PID、微分先行 PID 等。学习好了可以在单片机上写写看,看看有没有疑问,接下来就可以尝试在车上进行实验和运行了。在小车的制作过程中,时刻要记得分清主要矛盾和次要矛盾。在绝大多数情况下,要先解决有无问题再去解决好坏问题。首次在车模实体上进行实验时,首先需要解决的是让电机转起来。先输出 PWM 让电机转起来,并记录下电机运行的正方向。下一步就要研习算法让小车站起来了。

　　平衡车想站起来得先获取姿态倾角,如何获取姿态倾角呢,前文也是有介绍的。在这里想强调一点,一定要确定一个正方向。例如以小车前进方向为正方向、倾角以向前倾斜为正方向等。正方向的方向可以不一样,但是一定要统一。获取倾角之后就可以利用倾角偏差让车站起来了,简单的 PD 控制就可以让车站起来。整定 PD 参数时建议慢慢来,不要一下子给得很大,以免电机猛转出现扫齿现象。观察到车有站起来的趋势时再慢慢地把参数调大。有时调了半天参数,平衡车还是站不起来,可以检查一下正方向的问题。当平衡车站起来了,也就完成了万里长征的第一步。这时涉及一些平衡组老前辈常说的一个内容"车调的软了,车调的硬了"。其实,这里的软硬是指平衡车抗拒外界扰动的能力,最简单的方法就是用手握住车,前后小幅度地掰,感受车模反抗的力度大小。至于 PD 参数的大小还是要自己去体会了。

　　在调试过程中要做好防撞保护工作,其实在完成了姿态解算之后就可以加一个最简单的软件保护。简单地说就是撞停保护,设定倾角阈值,阈值要设定两个,因为平衡车的倾角在运行过程中是变化的,可能向前倒或向后倒。当平衡车的姿态倾角超过这个阈值时,关掉 PWM 的输出,让电机停下来防止电机的疯转使车模受损。在这里插一句(可能与本部分内容无关),如果调好的车(四轮车也如此),进入运行状态后电机就开始疯转,也许是编码器出了问题,例如线头虚了或者是编码器坏了。不仅软件上要做保护,硬件和机械上也要做处理。例如,在车前面加一小块防撞泡沫,在发生撞击时可起到缓冲的作用。调试时也要注意,如果车撞了,电机发生堵转,一定要在第一时间关掉电源,因为发生堵转时通过电机驱动和电机的电流极大,十分容易将电机或者驱动烧坏。在第十一届比赛的赛场上,笔者就亲眼看见了两次电机堵转,一次是 B 车冲出赛道撞到防护泡沫上发生堵转,电机驱动冒烟,部分焊锡融化,及时将电源关闭后还能正常使用;另一次的结果就比较遗憾了,C 车撞击到障碍上,车手没有及时地将电源关掉(可能是期待车模能蹭过去),然后就看着 C 车小电机里面各种嘣火花、冒烟,等参赛队员再次发车时发现,电机不转,已经坏掉了。记得笔者最初对车模进行调试时甚至在小车上绑了一根绳子,还是到了分区赛的预赛时才最终放开手脚把绳子解掉。

在姿态控制调好之后,个人建议先调试一下方向控制。当然这里所说的方向控制是指实现功能。例如前面有偏差了,车子能不能作出反应,电磁车斜放在跑道上能不能摆正,光电车和摄像头车前面放个引导线,车子能不能跟引导线移动而运动。当然,这里会涉及循迹传感器的使用,所以需要同学们对循迹传感器做一些了解。

在完成了姿态控制和方向控制后,就要调试速度控制。笔者一直认为速度控制是平衡车的精髓,也是最不好调的部分。因为速度控制和姿态控制之间是有耦合关系的。二者之间的关系在前文中也有叙述,在这里也就不再赘述。

6.7.2 平衡车制作进阶

平衡车制作的初级阶段实际上是实现了基本功能,只是能让车跑起来。要想让车跑得更好,还要再多付出一些努力。关于进阶阶段笔者也只是谈一些自己的经验和想法,希望读者还是要放开思路,不要局限在此。

既然是进阶阶段,最好能做个上位机,观察数据更方便。观察数据常用的方法有两种,一种是用蓝牙把数据发出来;另一种则是用 SD 卡把数据存下来。用蓝牙的话要注意波特率设置,波特率不能太大,太大容易误码,也不能太小,太小发送速度太慢。蓝牙的发送数据量相对比较小并且比较耗时。在这里也做个小提示,平衡车里面浮点计算多,如果想要发送浮点数,要记得乘以一个大的数然后再发出来,这样就避免了可能存在的截断误差。如果在调车时发现加了蓝牙后,车的运行就不那么正常了,那很有可能是蓝牙传输耗时太长对程序运行的时序产生了影响。简单地观察数据变化,把数据从串口助手中导出来放进MATLAB 就可以了。如果想把功能做得更强大一些还是推荐用 C++ 制作。有了这些工具,数据观测就方便多了,也就可以更好地找问题、定位 bug 了。

其次,还可以尝试其他控制方法,例如模糊控制。尤其是在方向控制上,模糊控制还是可以大有作为的。后期主要工作还是把硬件电路做稳定,在保证稳定的前提下尽可能地将板子做得小一些。电路在做稳定的同时,也可以尝试一些新的东西。例如,在电机调速方面使用双闭环控制,这就需要在电机驱动上增加电流采样传感器。传感器可以是专用的芯片,也可以是采样电阻。本着学习的目的,可以将这两个电路同时放在一个板子上,用跳线或者电阻焊盘进行选择。当然,这里说的跳线和 0 欧姆电阻只是一种方法和思路,对于电机驱动这种通过电流较大的地方一定要注意器件的电流通过能力。在实际做产品时,通常也需要对方案进行对比。常用的一种方法就是在电路上设计多种方案,然后通过跳线或者 0 欧姆电阻进行选择。之所以做多个方案,是要考量多个方案的性能差异和特点,还要考量制作成本的问题。对于目前参加竞赛的同学们来说,由于购买的器件的总数相对比较小,所以还并不是特别在意器件成本的问题,然而如果是一款产品,在大规模生产之后,可以用这么一句话来说:"电路板上没有一个电阻一个电容是多余的!"

软件上可以尝试使用恩智浦官方提供的嵌入式软件电机控制和电源转换库。嵌入式软件库包含基础数学运算和高级数学变换。这些数据库经过高度的优化,提供 C 语言调用函数接口。库函数分为六组:

(1) 数学库(MLIB):基本的数学运算(加、减、乘、除、移位等);

(2) 常规函数库(GFLIB):包括基本的数学运算、三角函数、简单的查表以及常规的PID 控制器;

(3) 通用电机控制库(CMCLIB):包含矢量调制、Park 和 Clarke 变换、特定电机相关函数等,用于构建数字化控制的电机驱动;

(4) 常规数字滤波器库(GDFLIB):带通滤波器;

(5) 高级控制库(AMCLIB):可以在没有位置或速度传感器的前提下,通过磁场定向控制技术构建变速交流电机驱动系统,提供了极低成本解决方案;

(6) 电源控制库(PCLIB):包含电源转换应用所需的控制回路算法,例如 PI、PID 和带低通滤波器控制器的 PID、2P-2Z 和 3P-3Z 控制器算法。

每一个库都以单独的模块提供,这些库的接口都已合并到一个公共接口文件中,从而减少了应用程序所需的文件数量。应用汇编语言编写的最基础的数学、滤波器和电机控制的相关函数,优化了执行速度。做软件的同学不妨尝试一下,感觉这个库还是很有用的。

后期制作中在一定程度上还要注意轮胎及摩擦,提高摩擦力也是非常重要的。还要提高车模对赛场环境的适应性,换个场地能不能跑、能不能跑好都是挑战。在进阶阶段中,有时要花费更多的时间在分析数据和理论学习上面,知其然知其所以然。因为越到后面,理论的作用越强大。

6.8　最后再说点什么

到这里为止,平衡车的相关内容算是介绍完了,但是总觉得还有些东西没有讲透,没有讲清楚,那么就在最后的碎碎念里再说道说道。

速度控制和姿态控制,这二者的关系在前文中已经反复介绍了好多遍,现在想用更通俗的话说说。旋转编码器在整个速度环里充当状态观测器的角色,其实调速就是调平衡车的姿态倾角,不同的运行速度对应着不同的姿态倾角。而旋转编码器的作用就在于观测当前的这个姿态倾角是否是系统期望的。

之前说过,调速度就是调倾角,速度调节的快慢不仅与速度环控制周期有关,还与姿态环的调节速度有关。速度环控制周期决定了速度环抗扰动频率的范围,姿态环调节速度决定了平衡车姿态倾角的调节速度。当发现调整速度控制参数不能很好地调节运行速度的时候不妨尝试调节一下姿态控制的参数。速度控制的关键在于打破姿态控制所实现的平衡状态,姿态控制的调节实现变速,二者的关系是相辅相成的。记得当时一个应急的降速或者提速的方法就是改变加速度计的基准数值,强制让车在跑的时候前倾,对应的速度的变化也会比较快。但是这个基准数值不能变化太大,只是个应急的方法。对应地,调整加速度计的基准值让车相对后倾则会让车降速。理解得较为深入的读者应该能得出一个结论:匀速状态下,不同速度的姿态倾角是不一样的。

可以换个思路理解姿态控制周期和速度控制周期的关系。下面概括简易的姿态环和速度环的控制回路进行一些分析。

根据调速度就是调倾角这个思路可以绘制出姿态控制和速度控制之间的控制关系,如图 6.25 所示。从这个思路出发,姿态控制和速度控制在一定程度上达成了统一。此时,姿态控制作为内环,速度控制作为外环。对应地,速度控制器的输出作为姿态环姿态控制器的给定(姿态控制倾角的给定是 0,在图中忽略)。由于执行机构电机的特性,倾角的调节需要时间达到稳态,对应的速度调节也需要时间。如果速度控制器的工作频率与姿态控制器相同或者相近,就意味着姿态控制器的给定(即速度控制器的输出)也在频繁地发生改变。频繁地改变姿态倾角的给定很容易使得车模失去稳定,这一结论也与前文中的分析是一致的。所以前文中所说"当调速度参数效果不佳时可以尝试调节姿态控制参数"在这里也就得到了解释。

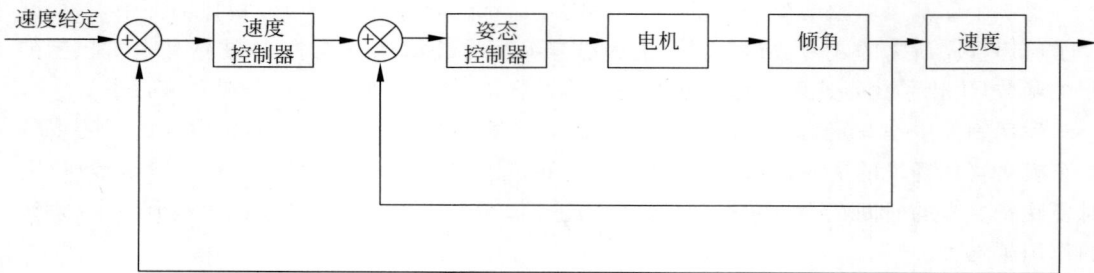

图 6.25　姿态控制和速度控制关系示意图

至此,有关平衡车的内容就介绍完了。希望读者在阅读之后能有自己新的想法并付诸行动。智能车竞赛从来就不是一个单纯有想法的比赛,而是一个需要有想法且付诸行动的竞赛,更是一个和团队其他成员一起思考、一起做的竞赛。智能车竞赛也从来就不是一项有付出就能够在赛场上得到回报的竞赛。在长期的备战过程中,总是要面对各种困难和挑战。也许你踏踏实实努力了一年,但是和国赛的征程仍然差最后一个弯道。也许你之前什么都不会,甚至遭受过多次失败,也请你相信从望尘莫及到望其项背是可以实现的,让别人望尘莫及也是有可能的。这里借用卓晴老师的一句话作为收尾:有条件就让车跑起来,有本事就让车跑得更快,有梦想就让车飞起来!

【资源导航】

下面列举智能车论坛在平衡车方面的部分资源与讨论。

(1) 号外号外,直立车福利来啦,越指导亲自编纂。

http://www.zncsz.com/thread-261826-1-1.html

说明:本资源的作者分享了自己制作直立车的经验。

（2）谈谈对陀螺仪和加速度传感器的感性认识。

http://www.znczz.com/thread-78775-1-1.html

说明：本帖楼主结合自身对四轴飞行器的学习，对陀螺仪和加速度计的知识进行了介绍。

（3）电磁直立车浅析 By 逐飞科技（含视频）

http://www.znczz.com/thread-241387-1-1.html

说明：本帖楼主对电磁平衡车制作过程中所涉及的车模选择、机械调校、轮胎处理以及电机安装以及直立车程序和调试平台进行了简明扼要的分析。楼主真·国特作为智能车界非常有经验的前辈，帖子中的一些经验之谈很值得借鉴。

（4）求卓晴老师以及各位牛人解答：直立车平衡点出现抖动或自激现象。

http://www.znczz.com/thread-119376-1-1.html

说明：本资源中，论坛会员对直立车平衡点出现抖动或自激现象的原因进行了分析和有益的探讨。帖子中的探讨不局限于平衡点，还对运行过程中的速度控制进行了分析。

（5）我的平衡车设计——软件篇。

http://www.znczz.com/thread-164630-1-1.html

说明：楼主对自己做车过程中的一些资料、经验进行了总结。对平衡车所用到的一些方案和算法进行了讨论。主要包括 FIR 滤波器、互补滤波、黑线提取和时间获取等。

（6）光电检测起跑线。

http://www.znczz.com/thread-141798-1-1.html

说明：本帖楼主提供了自己对光电平衡车检测起跑线的一些经验。

读者也可通过扫描下面的二维码获得上述资料（见图 6.26）。

图 6.26 智能车论坛上的平衡车相关资料二维码

第7章

PCB 设计实例

7.1　PCB 设计工具概述

　　Altium Designer 是一款设计 PCB 最常用的 EDA 工具,它操作简便、功能强大。本节学习软件的操作使用。

　　一个完整的 PCB 工程必须含有元件库、原理图和 PCB,它们之间的依赖关系如图 7.1 所示。

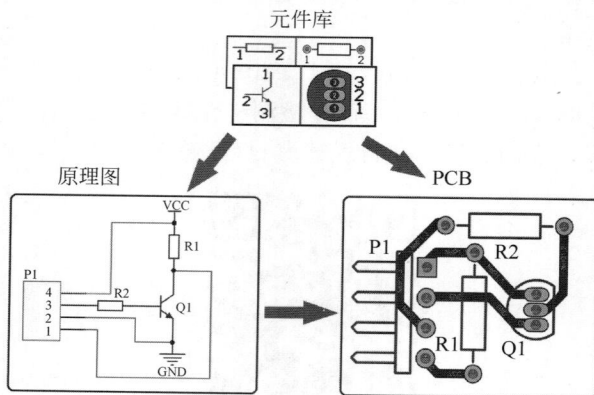

图 7.1　PCB 设计流程

　　元件库元器件是组成电路的基本元素,它包括原理图库和封装图库两部分,而且每个元件的原理图库和封装图库是一一对应的,元件的引脚也通过编号一一对应。常用的元件都包含在了软件自带的库中,用户需要的个别元件若不包含在内,需要自己设计并添加到元件库中。

　　从元件库中选择需要使用的元件,并添加到原理图中,然后将引脚按照设计连接,就完成了原理图的设计。

　　将原理图的设计导入到 PCB,工具会根据原理图中元件的连接关系,在 PCB 中生成真正有电气意义的“电路”,将元件按照合理的布局调整摆放,在需要连接的引脚之间连接导线,最终需要的 PCB 也就设计完成了。

至此,读者应该对 PCB 设计过程有了整体的认识,并清楚最终的目标是画出一个 PCB,而原理图和元件库都是为 PCB 准备的数据。

本例中使用的软件 Altium Designer 的版本为 6.9。软件启动界面如图 7.2 所示。

图 7.2 软件启动界面

开始使用软件之前,先了解与之相关的部分常用的文件类型。

(1) .DsnWrk:工作区(Workspace),一个工作区可以包含多个工程;

(2) .PrjPCB:PCB 工程文件,可包含多个原理图文件、PCB 文件等;

(3) .SchDoc:原理图文件,用于绘制原理图;

(4) .PcbDoc:PCB 文件,用于绘制 PCB;

(5) .SchLib:原理图库文件;

(6) .PcbLib:封装库文件;

(7) .IntLib:集成库文件;

(8) .PCB3DLib:3D 封装库文件。

下面通过 PCB 制作实例,详细讲解软件的基本操作,以下内容分为六部分进行,包括原理图库制作、原理图绘制、封装图库制作、线路板布局布线、线路板打样与 BOM 整理、焊接与调试。

我们以一个基本的全桥驱动电路为例,可实现利用单片机输出的 PWM 信号驱动直流电机的功能。读者可在此基础上进行扩展和优化,以实现更强大的性能,更可靠的稳定性和更丰富的功能。电路主要由两部分组成:12V 升压电路和全桥驱动电路。12V 升压电路设计参考第一章,使用 CS5171 芯片,这里所需的输出功率很小,可以使用功率更小的电感和容量更小的电容。全桥驱动部分使用 HIP4082 芯片,原理基于自举驱动上半桥,设计电路基于官方数据手册提供的典型应用。

其次考虑线路板需要哪些端口。首先需要电源接口,由电池直接供电,其次需要输出端口,连接电机。这两个都是大电流端口,选择接线端子时要考虑电流承受能力。最后需要 PWM 信号的输入端口,一共有三根,每个半桥各需要一根,地线一根,信号线无须走大电流,可以用方便插拔的小体积接插件。图 7.3 所示为本设计的基本结构。

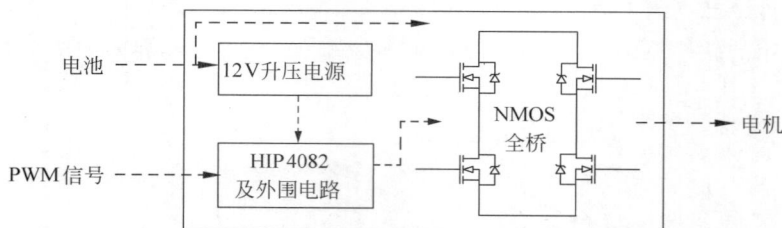

图 7.3　全桥驱动电路结构框图

7.2　原理图库绘制

软件自带大量的原理图库,如果搜索得到,可以添加相应的库,然后直接使用。如果对自带库中的模型不满意或者搜索不到,那么就需要自己绘制。搜索方法如图 7.4(该功能在绘制原理图时操作)所示。

单击 Libraries 中的 Search 按钮。

在出现的如图 7.5 所示的对话框中输入想搜索的型号,例如 LM393。注意在 Scope 和 Path 中选择合适的路径。单击左下角的 Search 按钮。

稍等片刻,出现搜索结果,如图 7.6 所示。选中需要的型号,右击,选择 Install Current Library 将库添加进来,就可以使用了。

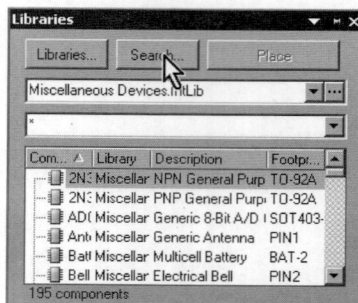

图 7.4　进入搜索功能

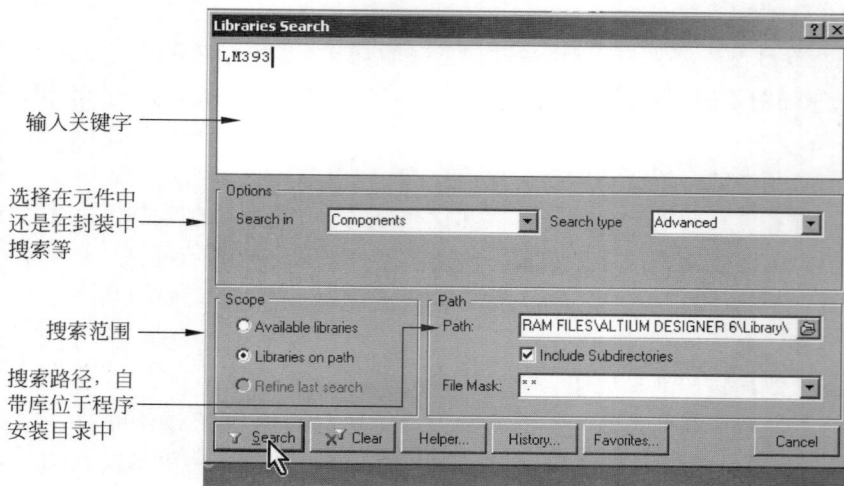

图 7.5　搜索选项

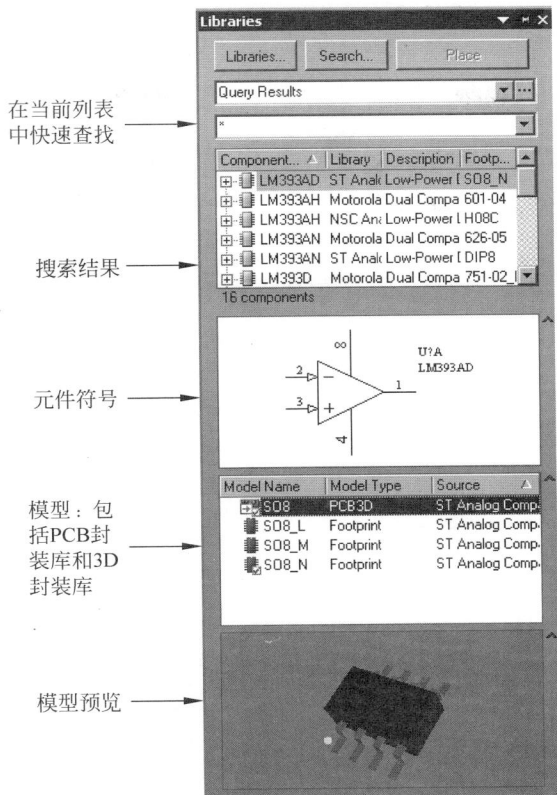

在当前列表中快速查找 →

搜索结果 →

元件符号 →

模型：包括PCB封装库和3D封装库 →

模型预览 →

图 7.6 搜索结果

按照上面的方法搜索本次设计的主角芯片——CS5171 和 HIP4028。可惜都没有，那么就需要自己建立原理图库了。

在菜单栏依次选择 File→New→Library→Schematic Library，出现一个带坐标网格的新界面。图 7.7 所示为新建流程。图 7.8 为原理图库界面，下面一栏用于添加封装等，单击右下角箭头所指的符号可隐藏该栏，增大上面窗口的面积。

将该库文件保存，与一般软件保存文件的方式相似，可以在菜单栏中依次选择 File→Save，或者单击工具栏中的磁盘图标，或者使用快捷键 Ctrl＋S 等。然后会弹出保存对话框，将文件重命名，并保存在合适的位置。以上步骤与大部分软件的操作方式类似，以后将不再复述。图 7.9 所示为保存界面。

保存完成后，将鼠标放置在界面左侧的 SCH Library 上，稍等片刻就会出现如图 7.10 所示的侧边栏，鼠标移开后会自动隐藏。可以发现，原理图库中已经默认建立了一个空白的元件。单击右上角的图钉按钮，可以禁止边栏自动隐藏。

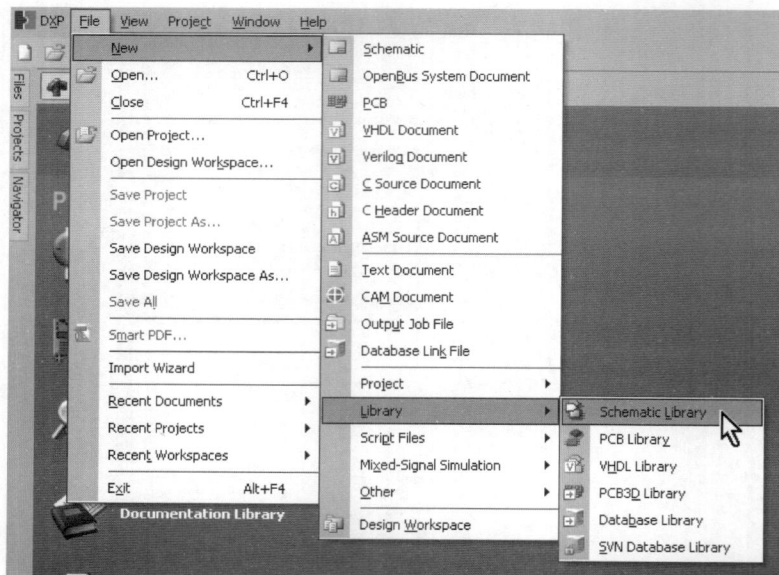

图 7.7　新建原理图库

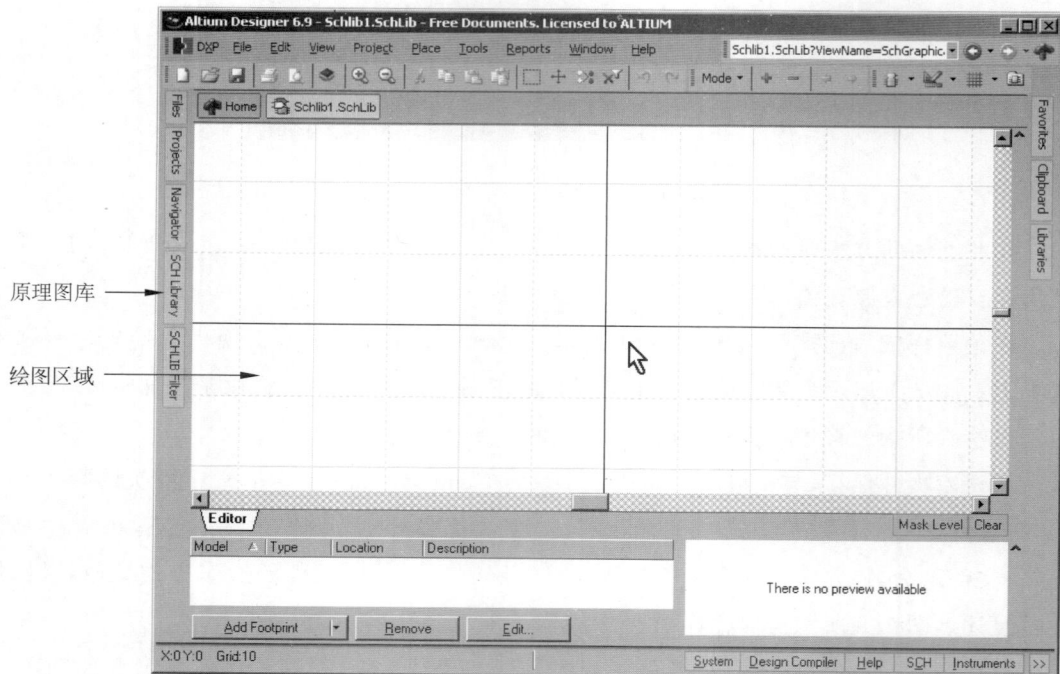

原理图库 ——

绘图区域 ——

图 7.8　原理图库界面

图 7.9　保存界面

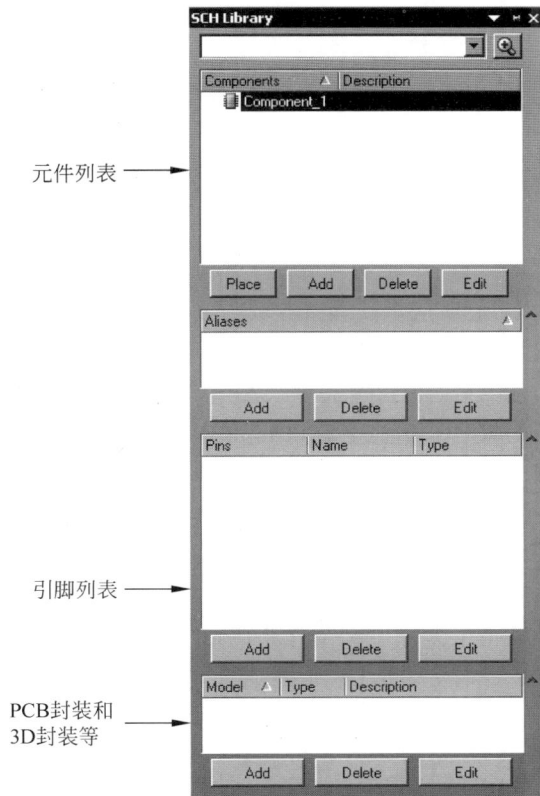

图 7.10　原理图库中相关区域的功能

　　接下来开始绘制第一个元件。先介绍两个常用功能,按住鼠标中键移动可缩放窗口区域,按住鼠标右键移动可改变坐标位置,将窗口调整在合适的位置。首先在坐标中部绘制一个矩形,方法为在菜单栏中选择 Place→Rectangle,如图 7.11 所示。在期望的左上角位置和右下角位置各单击一次,绘制如图 7.12 所示的矩形。另外,在菜单中还可以看到其他绘画功能,可以灵活运用,绘制出非常漂亮的符号。

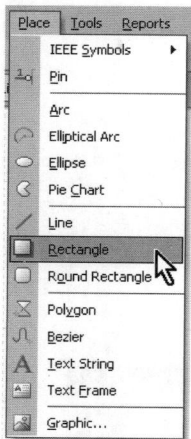

图 7.11　绘制矩形选项　　　　　　图 7.12　绘制好的矩形

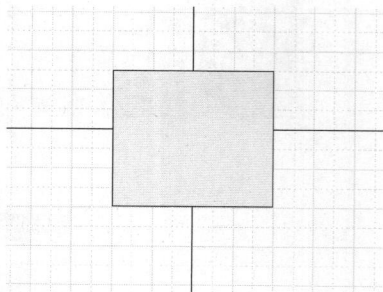

　　选中绘制好的矩形,鼠标放在四周出现的小方块上,可以重新调整矩形长宽。在矩形上右键选择 Properties,可以修改颜色、线宽等。

　　接下来放置引脚,在菜单栏中选择 Place→Pin,因为放置引脚是常用功能,并且工作量大容易出错,所以希望大家记住这个功能快捷键:P→P。选择完成后,鼠标指针上附着了一条引脚,如图 7.13 所示为正在放置引脚的状态,横线左侧的符号是引脚标志(Designator),横线上面的符号是引脚名称(Display Name),鼠标所在的位置是节点,将引脚放大会看到节点上有特殊的标记,绘图时导线(Wire)必须连在这个点上,连接在其他位置是无效的!

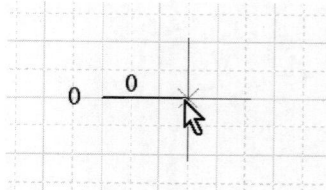

图 7.13　引脚符号

　　可以在合适的位置单击放置引脚,然后双击引脚打开选项卡,如图 7.14 所示。最好在放置引脚前按下 Tab 键,直接打开引脚选项卡,输入相关参数。重点是 Display Name 和 Designator 两个项目,前者是引脚的名字,可以简写、随便写或者不写;后者需要与 PCB 引脚严格对应,用数字最好,尽量不要乱命名。单击"确定"后,再放置引脚,如果引脚方向不对,可以按空格键调整方向。

　　剩下的重复性工作就是将全部引脚添加进去,然后调整图形大小和位置,力求整齐美观,完成后的效果如图 7.15 所示。

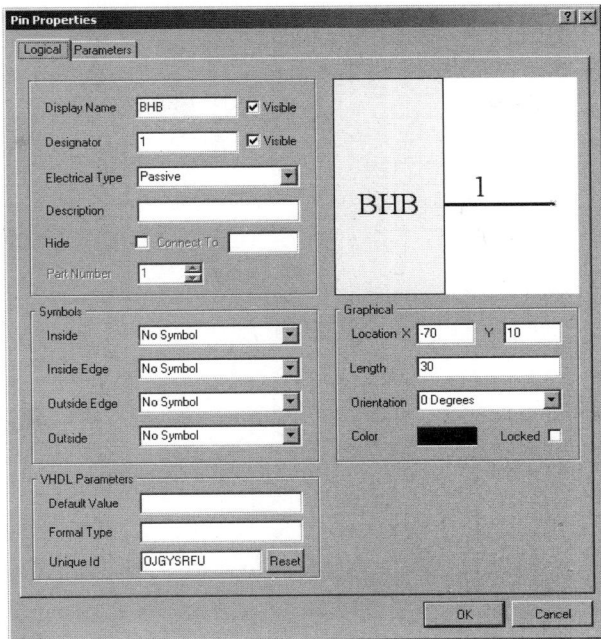

图 7.14　引脚选项

这里说明一点,引脚的位置无须与现实相对应,原理图只是表达一种连接关系。为了降低绘图难度,增强原理图的可读性,经常需要打乱引脚顺序,或者将一个芯片分成几个部分(例如运放、逻辑门、大量引脚的芯片)。如图 7.16 和图 7.17 所示,表达效果是完全相同的。

画完之后,还需要为元件设置一定的属性,在侧边栏中双击元件名称,或选中后单击下方第一个 Edit 按钮,弹出对话框。图 7.18 只截取对话框一部分内容,有几项需要填写。默认标志一般用于元件编号,不允许出现重复。一般电阻用 R,晶体管用 Q,芯片用 U 来表示。将元件拖入图中后,手动将半角问号改成数字,也可以在绘图完成后使用自动编号功能,按照设定顺序,将问号批量替换成数字,相同类型从 1 开始依次往下排列,例如 U1、U2、U3……

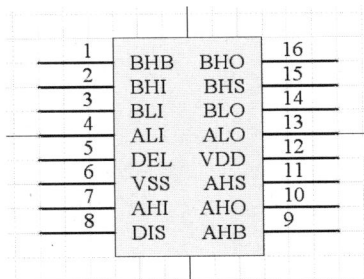

图 7.15　最终效果图

元件名称按照实际情况填写就可以。最下面的索引就是在原理图库列表中看到的名称,名称最好符合一定的规律,将来查找起来很方便。

元件属性对话框右下角如图 7.19 所示,这里可以为元件添加或删除封装等,一个元件可以有多种封装,将来进行 PCB 设计时可指定其中的某一种。PCB 封装相关的设计会在后面进行讲解。

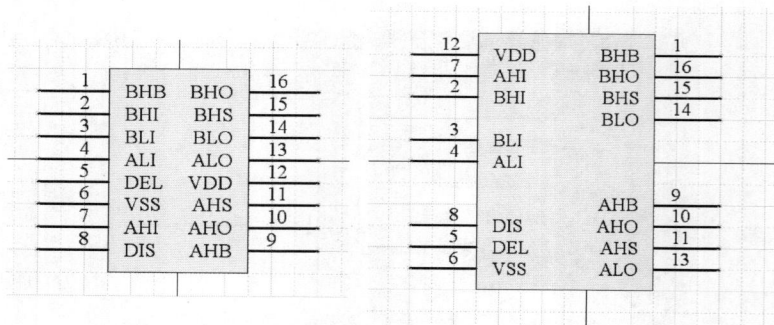

图 7.16 完全等效的两种画法,以 HIP4082 为例

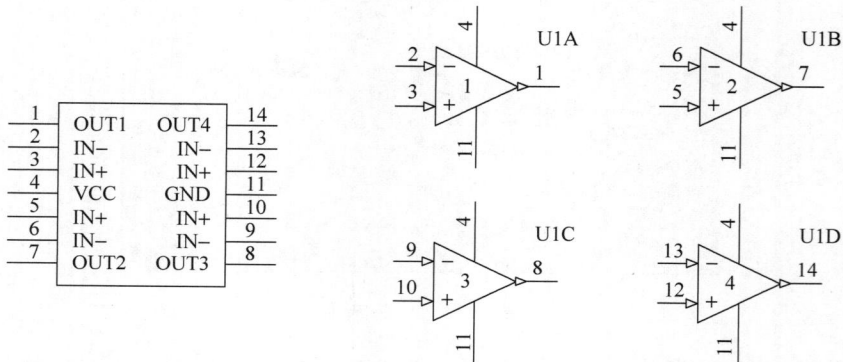

图 7.17 完全等效的两种画法,以常见四运放为例

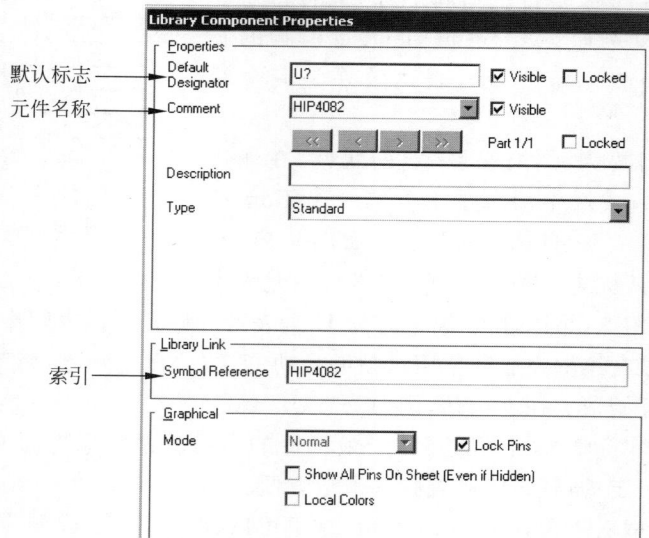

图 7.18 元件属性对话框(左侧部分)

至此，一个元件的绘制就基本完成了，单击 Add 按钮，继续添加新的元件，方法和上面相同，如图 7.20 所示。一个库可以放置多个元件，使用和管理起来都很方便。不要建立很多库然后每个库里只放一两个元件。我们以相同的方法创建 CS5171 的元件封装。

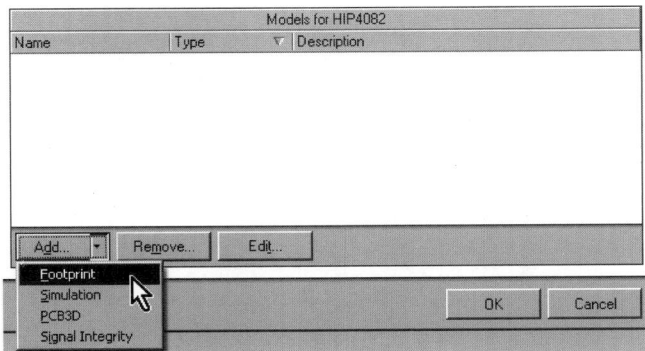

图 7.19 元件属性对话框（右下部分），可为元件添加封装等

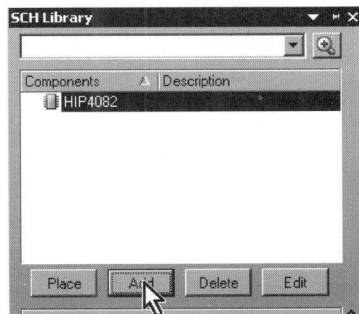

图 7.20 单击 Add 按钮添加新元件

7.3 原理图绘制

封装库建立完成后，可以根据设计需要绘制原理图。原理图只体现引脚之间的连接关系，绘图风格上相对自由，但也要形成良好的习惯，力求层次清晰、编号规范、可读性强。

需要先建立一个工程（Project），一个工程里面可以包含多个不同类型的文件。步骤是File→New→Project→PCB Project，如图 7.21 所示为新建的流程。

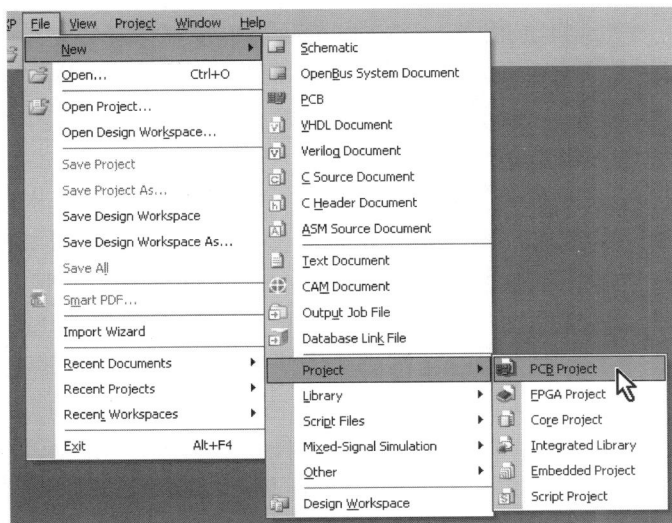

图 7.21 建立新工程

然后,Project 边栏里就出现了如图 7.22 所示的未保存的新工程,文件名默认为 PCB_Project1,并提示未添加任何文件。在工程名上右击,选择 Save Project,如图 7.23 所示。将工程保存在合适的文件夹内,修改工程名称,如图 7.24 所示。

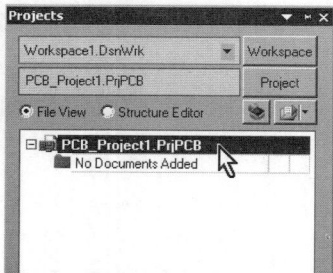

图 7.22 未保存的新工程

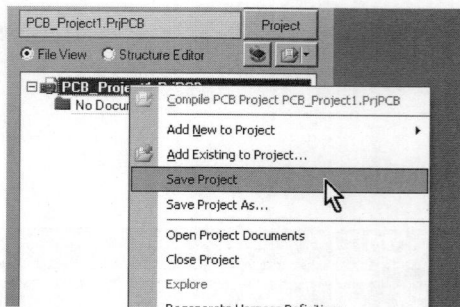

图 7.23 保存工程文件

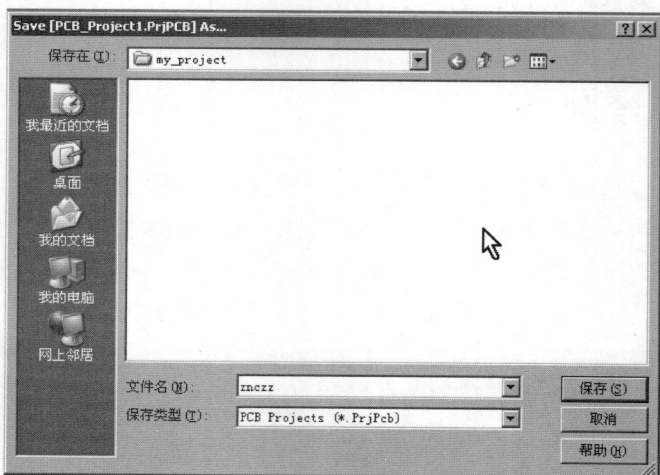

图 7.24 保存对话框

至此,一个工程就建立完了,将来需要编辑或者查看工程时,只需要打开 znczz. PrjPcb 工程文件,不需要单独打开其他类型文件。

向工程中添加原理图文件,选中工程名,右击,弹出菜单,依次选择 Add New to Project→Schematic,步骤如图 7.25 所示。向工程中添加文件的方法有很多,可自行探索。

添加完成后,工程目录下面多了一个名字默认为 Sheet1. SchDoc 的文件,是未保存状态的,用和上面相同的方法将其重命名并且保存,如图 7.26 所示。

现在我们看到一个带有网格的绘图页面,默认为 A4 大小。页面的大小可以通过在空白处右击并依次选择 Options→Document Options 进行修改,对话框右上角有修改选项。如果原理图装不下,可以使用更大的页面,例如 A3,再大就不方便操作了,可以将原理图分成多页绘制。

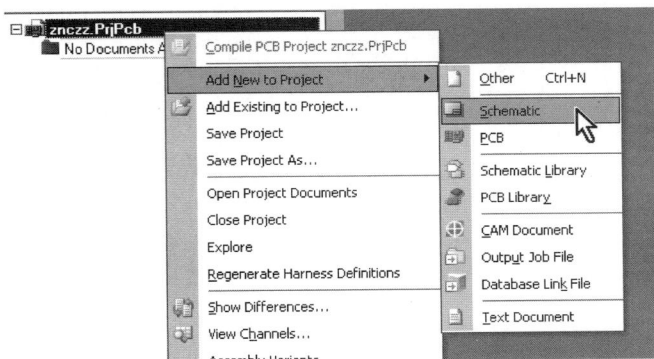

图7.25 向工程中添加原理图文件

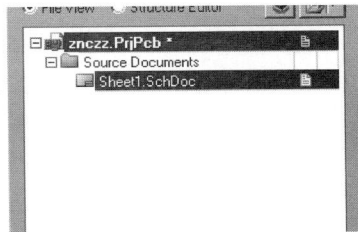

图7.26 添加完成后的效果

如果绘制的原理图库还没有添加进来,可以在工程名上右击,选择 Add Existing to Project,找到原理图库的路径,添加进来。将来绘制完PCB封装库后也可以使用相同的方法将其添加进工程。多个工程可以共用一个库文件。如图7.27所示为添加过程。

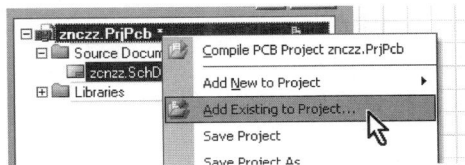

图7.27 将其他文件添加进工程

观察 Libraries 边栏,文件名右边有一个筛选按钮,符号为"…",单击它,可以选择显示原理图库还是 PCB 封装库,现在只需要显示原理图库,因此我们只选第一个选项,如图7.28所示。将来制作 PCB 时,只选第二个选项,只显示封装库文件,此功能后面不再介绍。这样,我们可使用三个原理图库,包括我们刚刚制作的原理图库,还有两个常用的系统自带的集成库,一个是 Connectors,主要是连接器、端子等,另一个是 Devices,是一些常用元器件。另外,单击左上角 Libraries…按钮可对库文件进行管理,例如添加、删除等。Search…按钮前面已经讲过,可用于搜索软件自带的库文件,如图7.29所示。

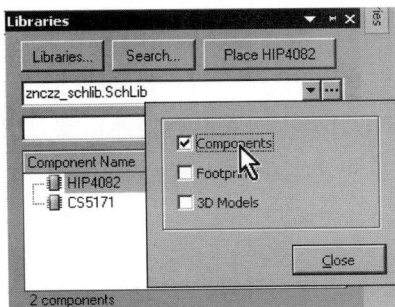

图7.28 对库文件进行筛选

图7.29 库文件列表

准备工作完成后,我们将向页面内拖入元件符号。常用的方法是,在元件列表中选中元件名称按住鼠标左键不放,拖入页面中;另一种方法是选中元件名称,单击右上角 Place 按钮(或右键菜单中的 Place 选项)。无论哪一种方法,都会出现一个跟随鼠标指针移动的元件,在合适的位置释放或者单击左键放置。以 12V 电源部分为例,依次将元件摆放到合适的位置,电阻、电容、电感、二极管等元件都可在 Devices 库里找到。相同的元件可以复制粘贴,复制元件的快速方法是按住 Shift 键不放,选中需要复制的元件并按住鼠标不放,拖动鼠标光标到其他位置释放,元件就被复制了。元件在拖动时可以按空格键旋转,按 X 键或者 Y 键镜像,不会对绘制 PCB 带来影响。最终绘制完成的效果如图 7.30 所示。位置无须太精确。

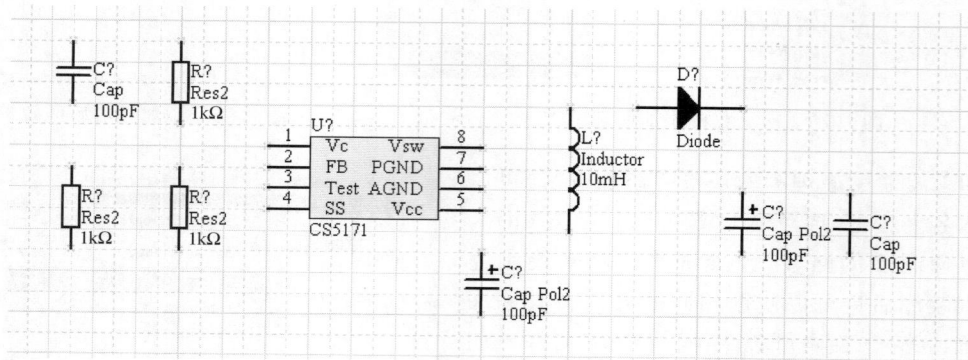

图 7.30 元件摆放完成(局部)

然后,需要依次修改元件参数,可以双击元件(也可以双击某个参数进行单独修改),在弹出的属性对话框中,一般需要修改参数的有:

(1) Designator:元件标识,例如 C1、C2、C3、U1、U2……且不能有重复,这可以手动修改。软件也提供了自动修改功能,在 Tools→Annotate Schematics 菜单中,可按照一定的顺序自动编号。

(2) Comment:用于注释,例如标识元件型号、详细规格等。

(3) Value:用于标识参数值,一般在电阻、电容、电感等元件中使用较多。

注意到以上参数旁边都有 Visible 选项,可以将不需要的参数隐藏,如图 7.31 所示。

对话框右下部分可用于选择或添加封装等,将在后面进行讲解。

最终我们将所有的元件参数修改完成,如图 7.32 所示为修改完成的效果。

元件摆放完成后,开始连线(Wire),选择连线的常用方法有:在菜单栏中依次选择 Place→Wire;在工具栏中选择 ≋ 快捷按钮;使用快捷键 P→W。在连线时要注意,必须连接在引脚对应的节点上。连接在引脚其他位置或元件身上均不可以,等同于未连接上。注意图 7.33 所示的几种情况。

连接完导线后,适当调节元件位置,使其工整,紧凑。拖动元件时,如先按住 Ctrl 键不放,则导线跟随元件一起移动,否则只有元件移动,导线与元件脱离。连接完成后的效果如图 7.34 所示。

然后,根据需要添加网络标号,前面不止一次提到过,原理图只代表一种连接关系,只要

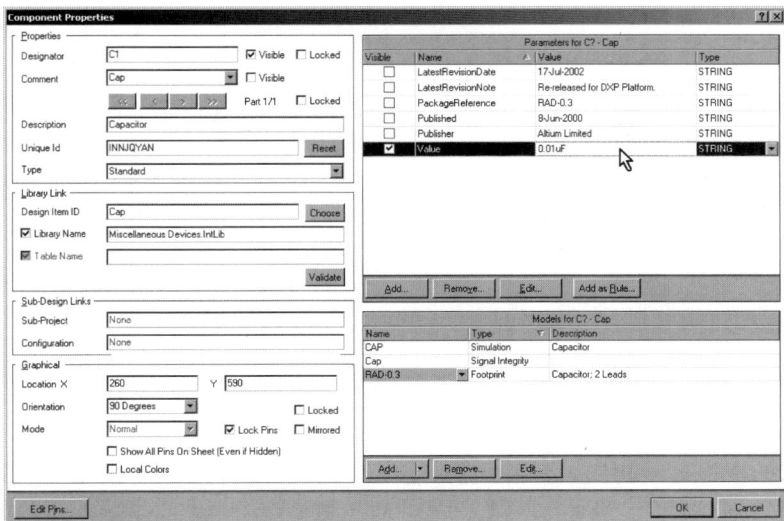

图 7.31 元件属性对话框

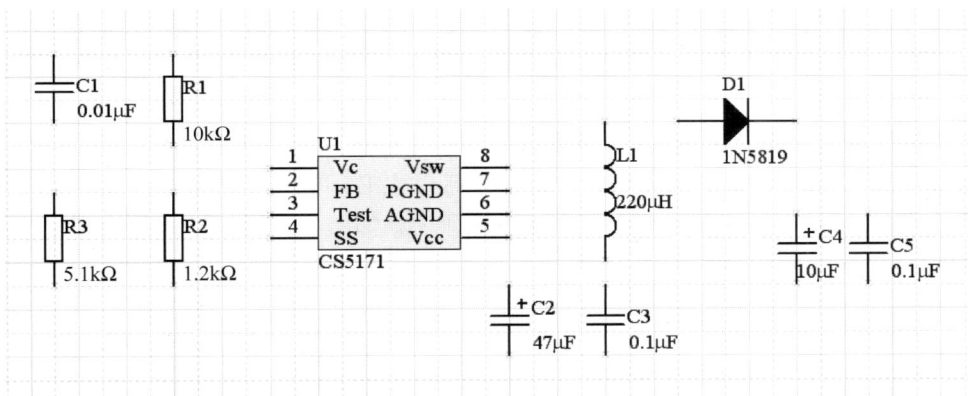

图 7.32 参数修改完成后的元件

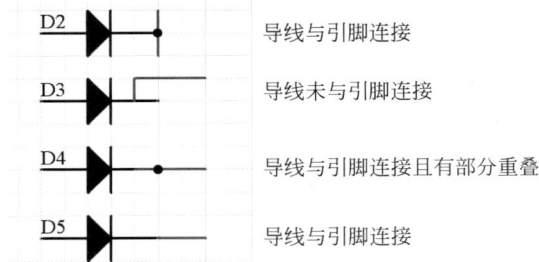

D2 导线与引脚连接

D3 导线未与引脚连接

D4 导线与引脚连接且有部分重叠

D5 导线与引脚连接

图 7.33 导线(灰色)与元件的连接状态

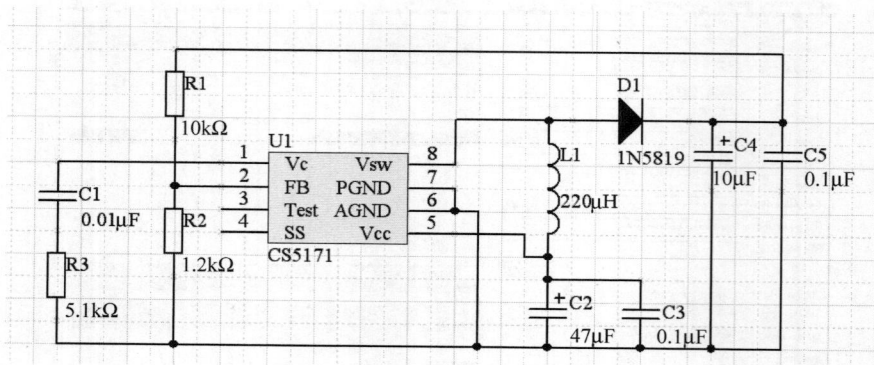

图 7.34　连线完成的原理图

两个节点之间的网络标号相同,实际上就是连在一起的,与有没有连线无关,那么我们可以人为命名相关的网络标号,省略这一段导线,使原理图更直观、简洁。一般通过放置 Net Label 来对节点或导线定义网络标号。该功能在 Place 菜单中,也可以通过快捷键 P→N 或者工具栏中的按钮进行选择。选择后,直接按 Tab 键弹出对话框进行修改。修改完成后进行放置,必须把字符的左下角放在指定的节点或者导线上,剩余部位朝哪个方向摆放都无所谓了。如图 7.35 所示,1、2、3、4 已标记到导线上,5、6、7 未成功标记,请认真理解字符的"左下角"到底在什么位置上。

常用的网络标号还有电源 VCC 和地 GND 等,它们只是符号比较特殊,实际中,和普通网络标号(Net Label)的功能完全相同,当然,连接时也必须连接到相应的节点上。也可以随意修改成其他名称,甚至不代表电源和地也无所谓。如图 7.36 所示为不同画法。

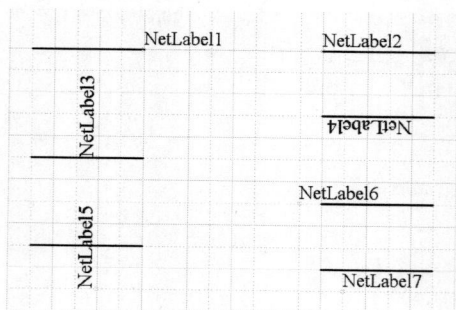

图 7.35　网络标号的连接

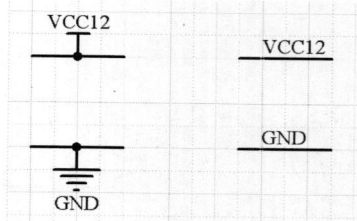

图 7.36　左右两种表示方法完全相同

为原理图中需要的位置添加网络标号,我们将电源输入命名为 VCC7,电源输出命名为 VCC12,地命名为 GND。使用工具栏中的图标 可快速添加。最终的效果如图 7.37 所示。

接下来绘制 H 桥和驱动芯片。方法和上述环节大同小异,但是 MOS 管是一个新元件。MOS 管的元件符号在自带的 Devices 库中查找,很容易就可以找到。但要注意一个问题,就是引脚和实际封装是否对应呢? 放置一个 MOS 元件,我们发现它的引脚既没有名称也

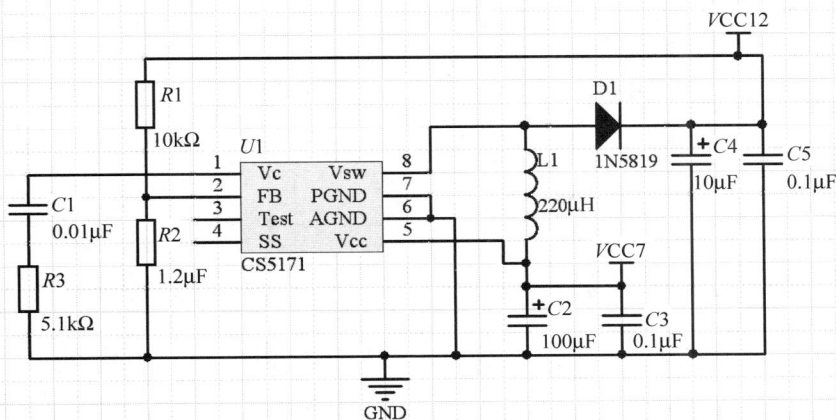

图 7.37　12V 电源部分最终原理图

没用标识。双击它进入属性,左下角有个选项 Show All Pins On Sheet(Even If Hidden),把它选中,单击 OK,再看时,引脚信息已经显示出来了,如图 7.38 右图所示。

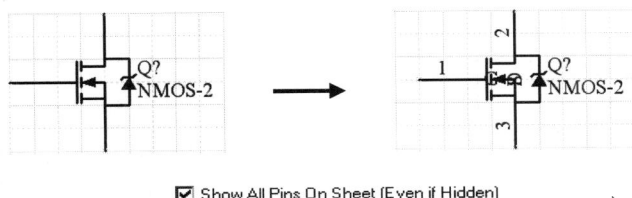

☑ Show All Pins On Sheet (Even if Hidden)

图 7.38　显示引脚信息

　　我们发现元件引脚顺序是正确的,一般功率 MOSFET 的引脚顺序为 1:G、2:D、3:S,可以直接使用(但封装不是我们需要的,后期需要修改)。

　　另外,尝试在自带库中搜索 IRLR7843,可惜并没有搜到该型号。此时可以灵活变通一下,找找符号与封装相同的同系列产品,绘图时把型号改掉就可以了,这样就省去了不少麻烦。把型号后面的数字去掉,只搜索 IRLR,稍等片刻,果然出来不少同系列产品,封装都是相同的。如图 7.39 所示为某个搜索结果。在里面随便找个 NMOS 放进原理图中,把它的型号改成自己需要的 IRLR7843,这就很方便了,并且 PCB 封装也提供了。至于被替换型号的性能参数不用关心。当然了,这个偷懒方法仅限于绘制线路板,如果涉及电路仿真,还是不要随便替换。

　　这里使用 Devices 库里的元件符号,放置四个元件符号,将其中的两个作水平镜像,方法前文已做介绍。连接成 H 桥结构,修改元件型号为 IRLR7843,连接好电源和地的网络标号。输出端(将来连接电机)依次设置网络标号为 MA 和 MB。如图 7.40 所示为连接效果。

　　然后,将 HIP4082 放置进来,并连接好外围电路,我们发现芯片与 H 桥之间的连线太多,容易混乱,因此使用网络标号来连接。最后通过手动或自动方式修改元件标识,与之前使用的标识不能有重复。如图 7.41 所示为最终部分效果。

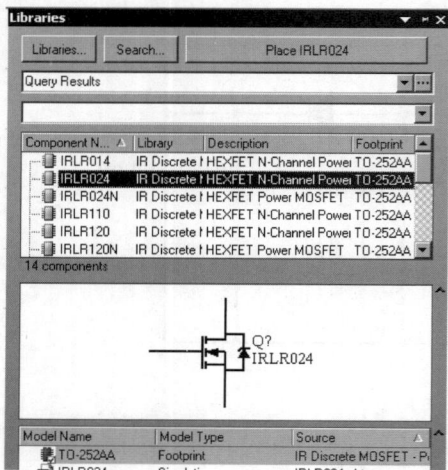

图 7.39　查找替代型号

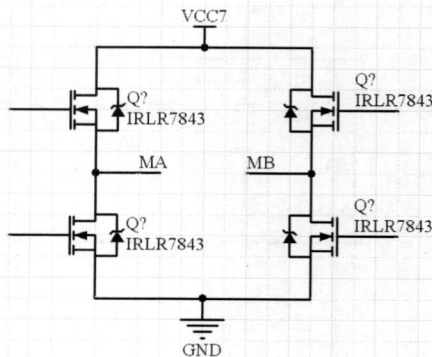

图 7.40　绘制完成的 H 桥结构

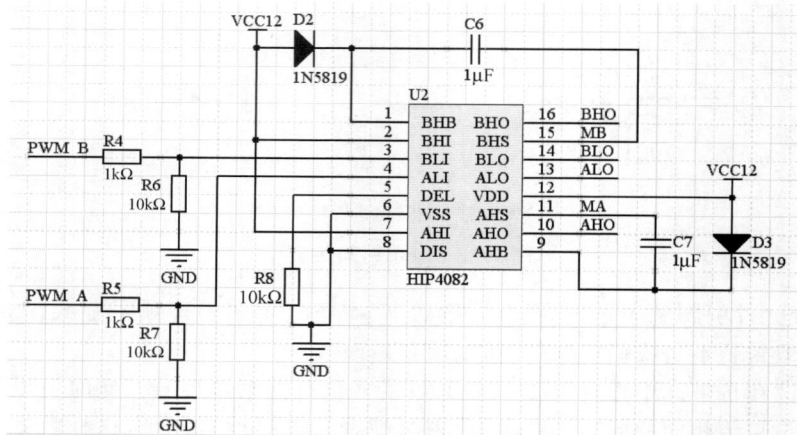

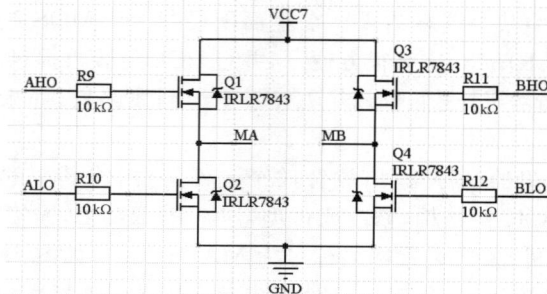

图 7.41　H 桥与驱动部分最终效果

至此,电路的关键部位都已制作完成,但是,要实现完整的模块功能,还需要添加一些东西,包括电源输入端口、驱动输出端口、信号输入端口、电源开关、电源指示灯。暂时先不考虑各类端口的实际形态,先绘制好端口的符号和网络。之前提到过,接口类型的封装在 Connectors 库中查找,一般使用 Header 类型的元件符号,有多种位数可选。如图 7.42 所示为查找结果。

开关和 LED 可在 Devices 库中查找,也可以自己绘制。最终绘制完成效果如图 7.43 所示。原理图中说明性的文字可以通过单击 Place→Text String 来添加,这些文字(同时也包括菜单中 Text String 位置以下的其他绘图工具)对元件的功能和 PCB 绘制没有任何影响。

至此,原理图部分就绘制完成。有时需要快速浏览全部原理图,检查是否有遗漏的部分,这里有个常用的操作。操作是依次单击菜单栏中的 View→Fit All Objects,或者使用快捷键 Ctrl＋PageDown,绘图页面迅速将所有绘制的部分显示出来,如图 7.44 所示为整体效果。

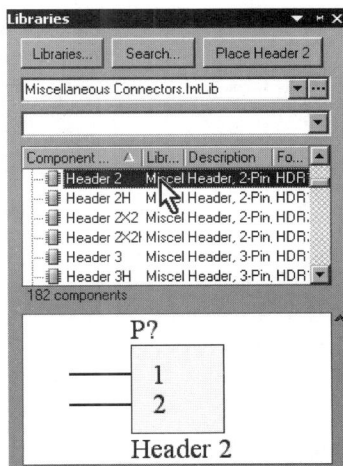

图 7.42　Header 类型的元件

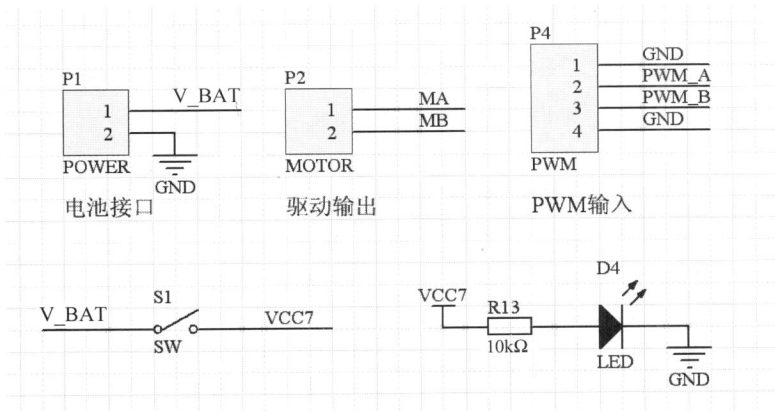

图 7.43　输入输出部分原理图

检查完毕后,依次单击菜单栏中的 Project→Compile Document znczz. SchDoc,进行编译,如果原理图有错误,会在错误位置标注红色波浪线,再根据实际情况进行修改或者忽略。

原理图可以生成 PDF 格式的文件,便于后期分享和查看。操作方法为依次单击菜单栏中的 File→Smart PDF,弹出对话框,单击下一步,如图 7.45 所示为对话框中局部内容。

我们只需要生成当前的原理图,因此选择 Current Document,意思是只输出当前文件。如果当前有多个文件以列表形式显示,可以单选,也可以按住 Ctrl 键不放进行多选,最终生成在一个 PDF 文件中。文件默认的保存位置和当前工程所在位置相同。可根据需要进行

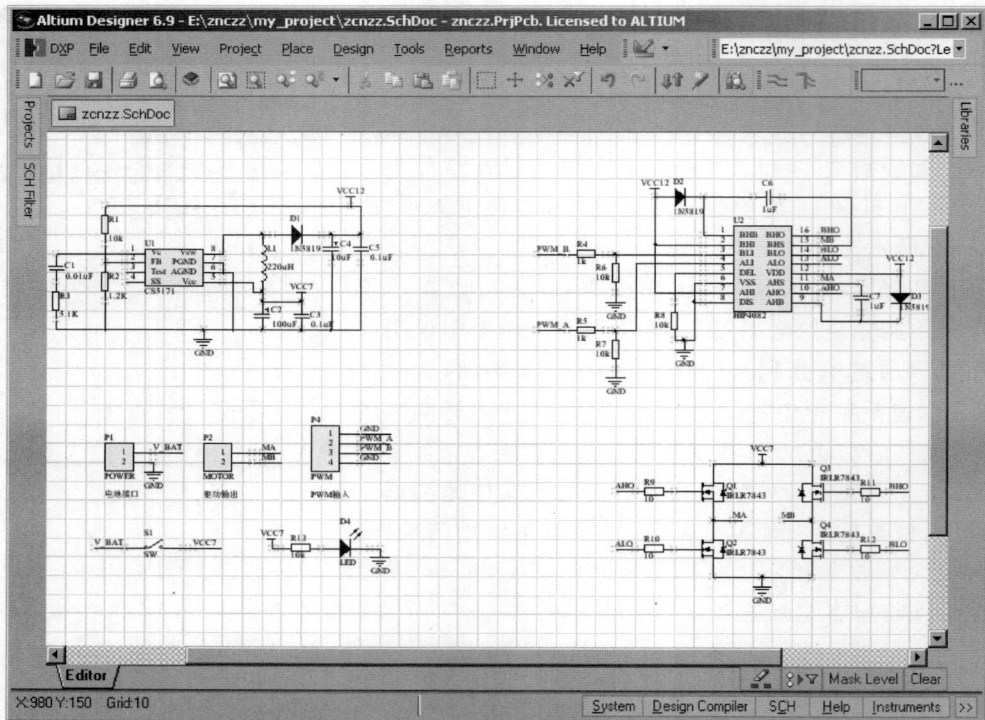

图 7.44　最终原理图显示效果

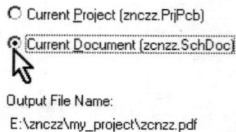

图 7.45　生成 PDF 文件的步骤之一

修改,如果文件已存在,会提醒是否覆盖。然后单击下一步。对话框如图 7.46 所示。

　　该页面中,Zoom 和 Additional Bookmarks 的设置先略过,可自行了解。右上角的 Color Mode 用于设置输出文件的颜色,从上到下依次是彩色(Color)、灰度(Greyscale)、单色(Monochrome),默认为彩色。如果生成的 PDF 需要打印出来,那么选择单色模式的打印效果是最清晰的,如果只需在电脑中查看,彩色模式比较方便。

　　连续单击两次下一步,最后我们看到一个选项,问是否打开生成的文件,默认是打开,可根据需要关闭它。最后单击 Finish。该原理图的 PDF 文件就生成了。最后记住 PDF 文件不会跟随原理图自动更新,原理图有改动后要重新生成。

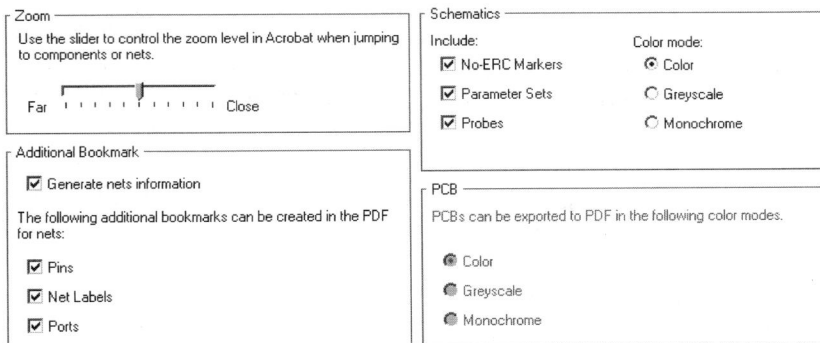

图 7.46 生成 PDF 文件的步骤之二

7.4 封装库绘制

有别于原理图库中的符号，封装就不能随便画了，因为这涉及最终线路板的制作效果，以免元件装不上去或者引脚对应错误。既然要严格遵守封装的尺寸和坐标，就需要参考封装的尺寸图来设计，尺寸图一般在数据手册中提供。没有数据手册的，要用游标卡尺实际测量，并保留误差空间。

与之前相同，新建一个封装库文件，依次选择 File→New→Library→PCB Library，如图 7.47 所示为设置步骤。

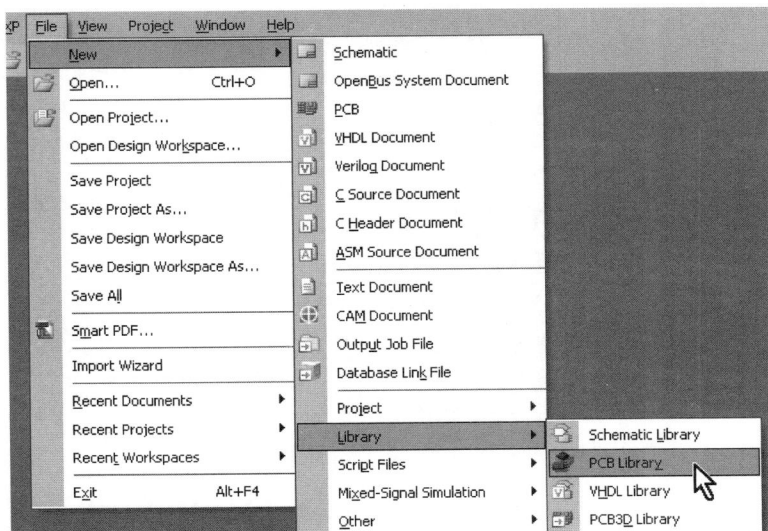

图 7.47 新建封装库文件

在 PCB Library 边栏,如图 7.48 所示,同样有一个元件列表,已经默认建立了一个空白的元件,将来会在这里不断添加新的封装。

我们按照之前提到的方法将文件保存。一个空白的 PCB 封装库就建立好了。

先进行一些准备工作,页面下面有各种层的标签。为了操作方便,可以在标签上右击,选择 Hide,将不需要的层隐藏。在本实例中,需要保留的有 Top Layer、Bottom Layer、Top Overlay、Bottom Overlay、Top Solder、Bottom Solder、Keep-Out Layer。这里我们以 Keep-Out 层为线路板边界,所以把机械层(Mechanical1)也隐藏了,反之亦然。也可以右击 Layer Colors 选项,对各层进行统一管理,最终效果如图 7.49 所示。

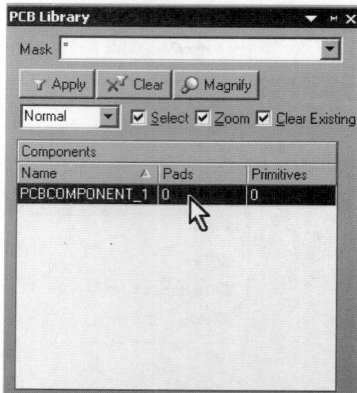

图 7.48　PCB 封装库的边栏(局部)

图 7.49　处理好的层标签

在绘图空白区域右击,选择 Library Options,弹出如图 7.50 所示的对话框。

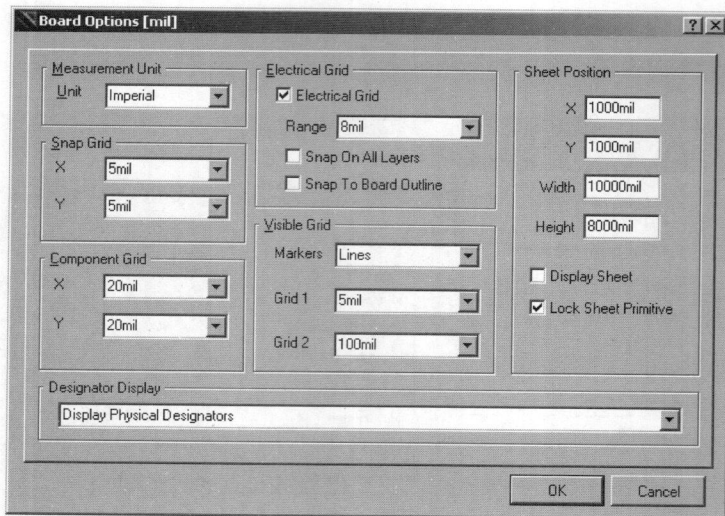

图 7.50　选项对话框

这里有几项设置需要说明:

(1) Measurement Unit:测量单位。有两种,公制和英制,前者为 mm,后者为 mil。在绘制封装和线路板时,两种单位都要经常使用,大脑中要有熟练切换二者的对应关系的能力。在描述较小的尺寸时,使用 mil 更为方便,例如描述线宽、线间距等。切换快捷键为

Ctrl+Q,既可以切换对话框中的单位,也可以切换绘图页面的单位。

（2）Snap Grid：捕获网格。很抽象的翻译,可以理解为鼠标指针最小移动的距离。如果需要拖动定位精度较高时,可将 X 和 Y 方向的值都设置成 1mil。

（3）Component Grid：元件网格。可以理解为元件最小移动的距离,但是我们现在就在画元件,所以这个选项暂时可以忽略,画 PCB 时再用到它。

（4）Electrical Grid：电气网格。当进行手动布线时,如果鼠标离导线或者焊盘中心小于该值时,会自动吸附上,是一个很方便的功能。下面附加一个选项 Snap On All Layers,意思是在所有的层都会有吸附功能,这个选项一般也可以选上。

（5）Visible Grid：视图网格。设置坐标网格的间距,一般不用改动。

修改完成后,如图 7.51 所示,这时可以尝试按 Ctrl+Q 组合键切换单位,观察数据有什么变化。最后单击 OK,回到绘图页面。

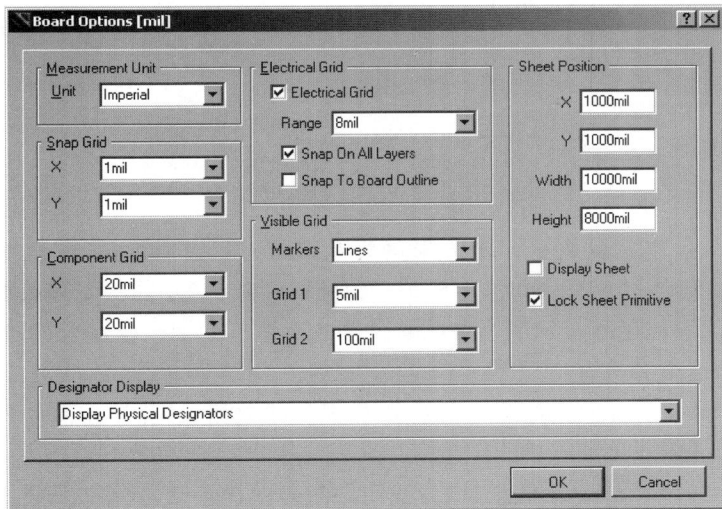

图 7.51 设置完成的属性对话框

下面开始画元件封装。首先,软件自带多种 PCB 封装库,可以去里面查找我们想要的封装。既然我们是打着学习的旗号,那就先不要用现成的,最好亲自动手做一遍。可以挑几个典型封装进行制作。制作封装有两种方法,一种是手工绘制,每一个焊盘,每一根线都要亲自绘制,设定参数,定位;另一种是使用封装生成向导,只要根据示意图的提示,输入相关数据就会自动生成封装。后者的封装风格相对固定,只要是常见的封装类型,尤其是引脚非常多的,生成起来非常快速方便。但封装向导并不是所有类型的封装都有提供,可能提供的样式非常不实用,这时就需要手动绘制了。

先用手工方法绘制 0805 封装,用于本例里面的贴片电阻和贴片多层陶瓷电容。

因为新建库里已经自带一个空白封装,双击封装名称,把它修改为 0805。如图 7.52 所示为修改对话框。

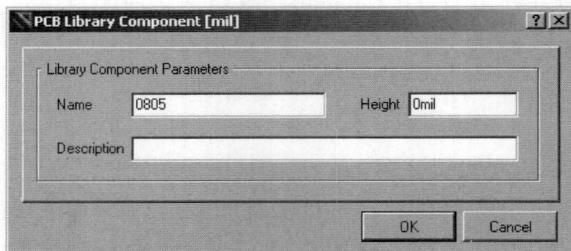

图 7.52　修改封装名称

画封装都要以坐标原点为中心。先查找元件的数据手册,找到手册提供的封装资料。图 7.53 所示是从元件资料中获得的数据,其中 $A=0.9\text{mm}$,$B=1.4\text{mm}$,$C=1.2\text{mm}$。

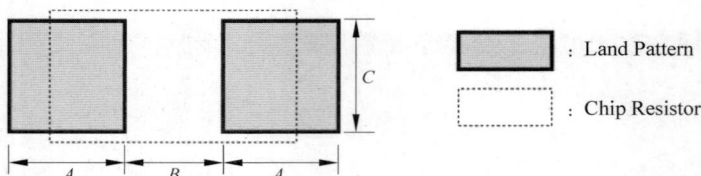

图 7.53　0805 封装规格

以原点为中心,左右各放置一个方形的焊盘,层为 Top Layer。在菜单栏中依次选择 Place→Pad,快捷键是 P→P。这时,出现一个跟随鼠标移动的焊盘,先随意放置。双击焊盘进入对话框,对话框标题栏显示了当前的单位制式。按下 Ctrl+Q 组合键切换到公制单位。这里需要注意的几个参数有:

(1) Location:焊盘的坐标,通过元件资料提供的数据,计算出左侧的焊盘坐标为 $X=-1.15\text{mm}$,$Y=0\text{mm}$。

(2) Hole Information:孔信息,因为我们做的是贴片焊盘,这个选项不用动。

(3) Properties:Designator 是焊盘标识,两个焊盘依次命名为 1 和 2,与原理图符号相对应;Layer 是焊盘所在层,这里选择顶层 Top Layer;Locked 表示锁定,如果不想被不小心移动,可以选中它;Size and Shape 用于设定大小和形状,根据上面提供的数据,$X\text{-Size}=0.9\text{mm}$,$Y\text{-Size}=1.2\text{mm}$;Shape 选择 Rectangular 矩形。

以上数据修改完成后,对话框如图 7.54 所示。

单击 OK。第一个焊盘就做好了,如图 7.55 所示。

我们可以按照上面的步骤做第二个焊盘,但是比较麻烦。因为封装是对称图形,我们可以使用复制粘贴的办法来做。选中第一个焊盘,按下 Ctrl+C 组合键复制,这时我们发现鼠标指针出现一个十字,这时需要选择复制中心,我们以坐标原点为中心,将十字对准坐标原点,按鼠标左键确定,十字消失,复制完成。这时不要移动鼠标,直接按 Ctrl+V 组合键粘贴,粘贴后的焊盘和原有焊盘重叠在一起。这时需要把焊盘翻到右边,有两种方法,一种是按 X 进行镜像,一种是按两次空格键翻转 180°。翻转完后,单击鼠标左键确定。双击右侧

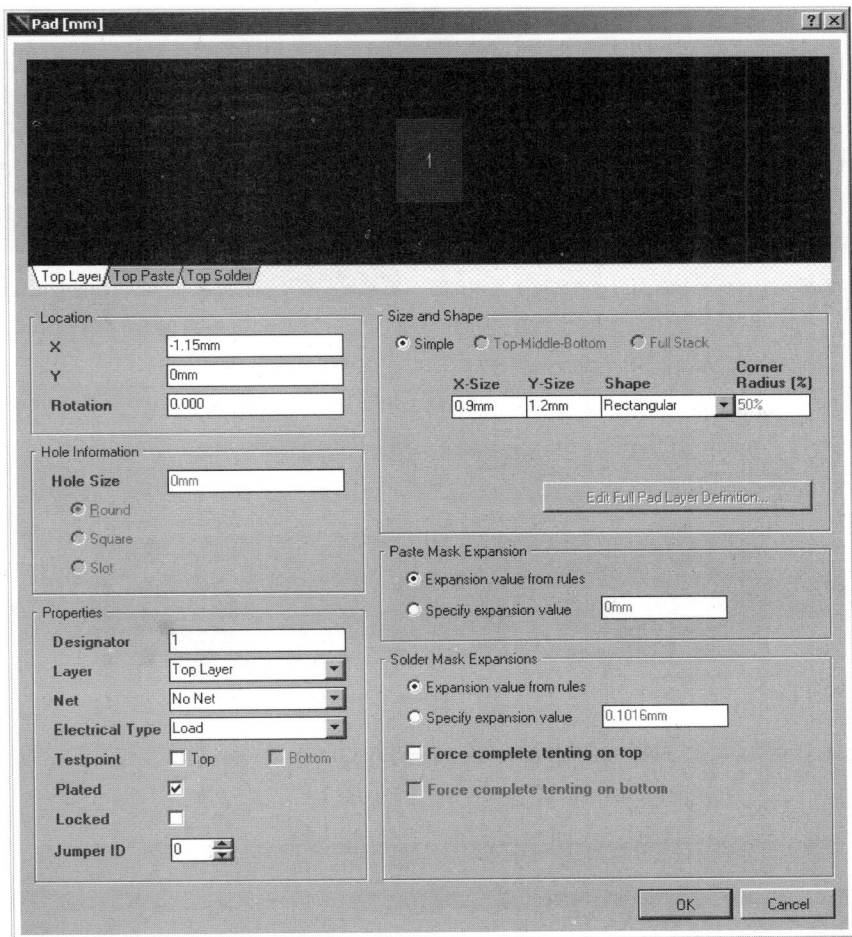

图 7.54　设置焊盘参数

的焊盘,检查一下坐标是否对称,然后把 Designator 标识改成 2。两个焊盘就做好了,如图 7.56 所示。

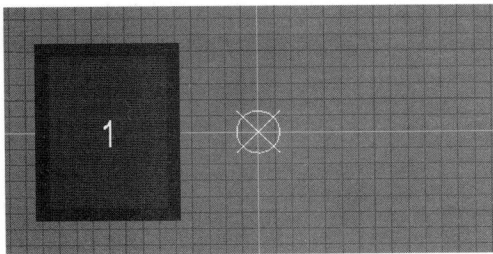

图 7.55　制作好的第一个焊盘

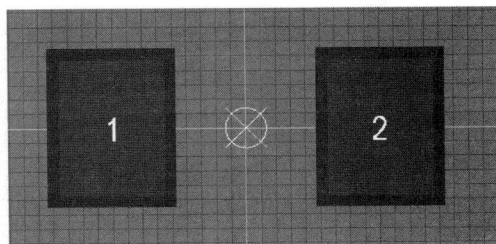

图 7.56　做好的两个焊盘

最后，我们在丝印层画一个矩形把焊盘圈起来。单击页面底部的 Top Overlay 标签切换到丝印层，菜单栏中选择 Place→Line，按 Tab 键，将线宽设置为 5mil。画一个矩形将两个焊盘圈起来。丝印用于标识，一般场合中不影响电气性能，随便怎么画都可以，但不要离焊盘太近或者画在焊盘上，离焊盘太近的丝印可能受加工精度的影响被印在焊盘上，影响焊接效果；画在焊盘上的丝印在生产时会被去掉。最终效果如图 7.57 所示。

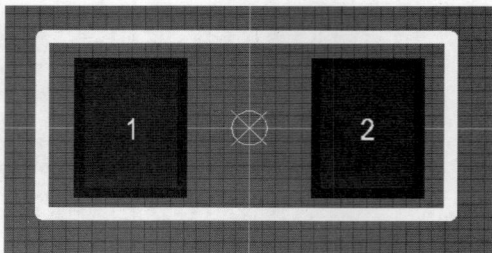

图 7.57　制作好的封装

按 Shift＋空格键可以在五种走线方式上进行切换，依次为 45°折线、45°圆弧、90°折线、90°圆弧、任意角度折线。这里画矩形可以使用 90°折线模式。这个功能在绘制复杂线路板外形时可灵活应用。如图 7.58 所示为五种走线方式，可在任意层操作。

图 7.58　五种走线方式

作为对比，我们使用封装向导绘制同样的封装。

使用封装向导无须新建一个空元件。我们在菜单栏中依次选择 Tools→IPC Footprint Wizard，IPC 是一种行业标准。如图 7.59 所示为封装向导。

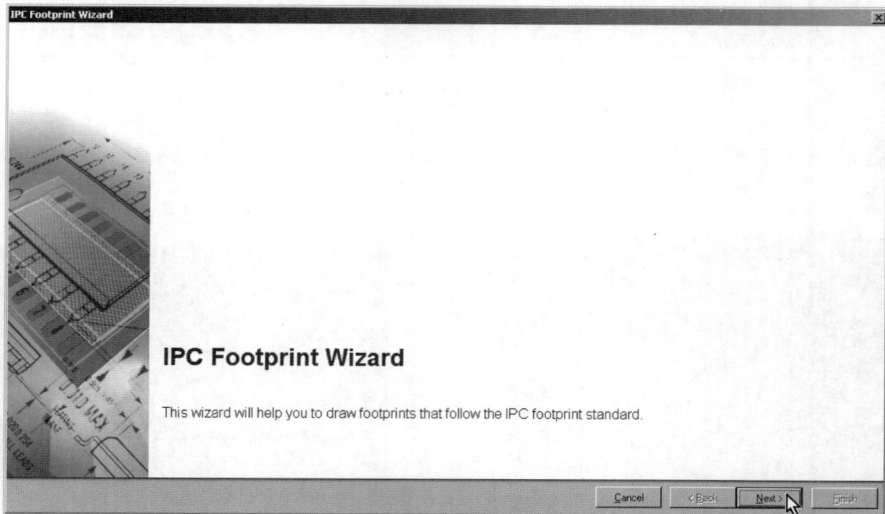

图 7.59　封装向导初始界面

单击 Next 按钮,进入选择封装样式界面,左边的名称看不懂可以看右边的图例。我们选择 CHIP,该类型描述为两个引脚的片状元件。如图 7.60 所示,单击 Next 按钮。

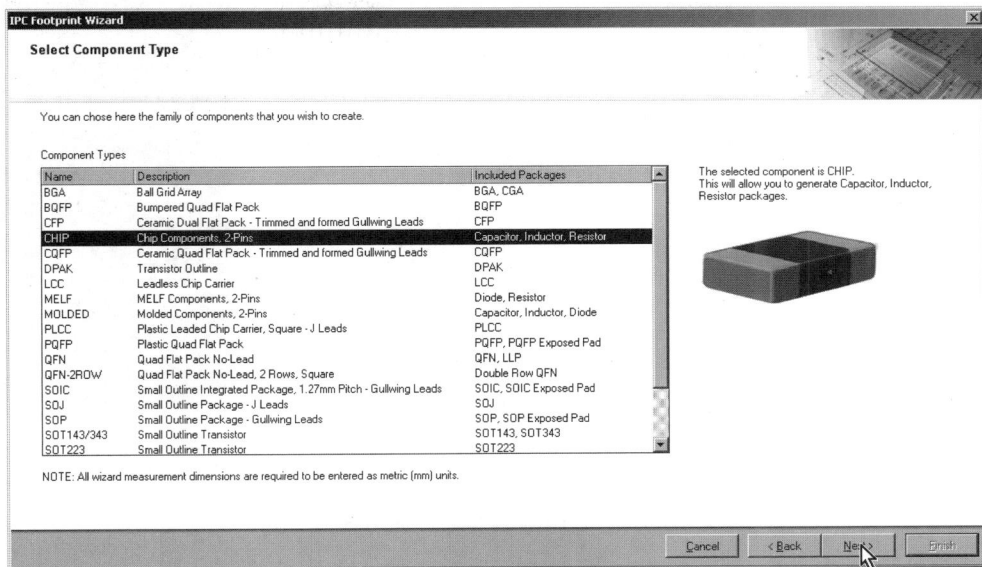

图 7.60　元件类型选择

在这个页面需要填入元件的尺寸信息,图 7.61 为元件的数据手册提供的规格。这是不同封装的汇总表格,找到我们需要的尺寸(表格中第 5 行,Type 为 RC2012,SIZE 为 0805)。填入页面中。同时要注意尺寸标注的对应关系,例如手册中的尺寸 T 对应向导中的尺寸 A。如图 7.62 所示,最后 Package Type 选择 Chip Resistor。

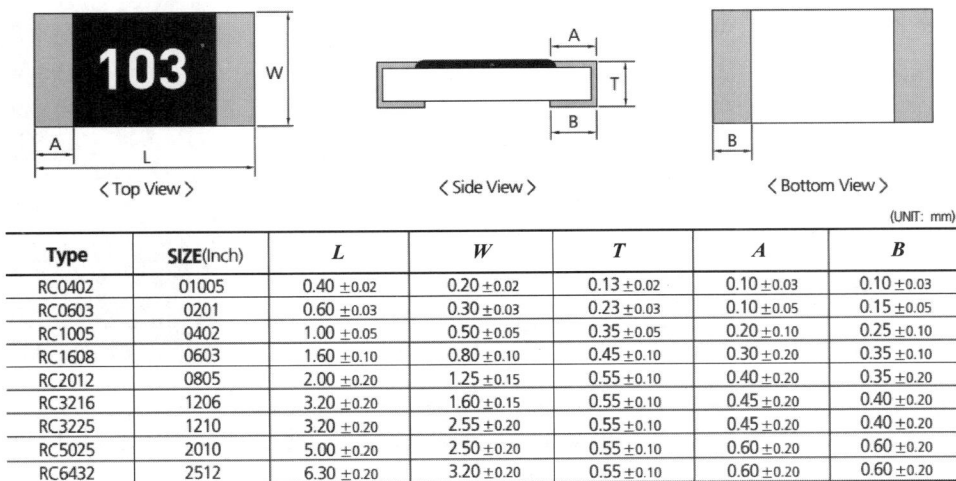

(UNIT: mm)

Type	SIZE(Inch)	L	W	T	A	B
RC0402	01005	0.40 ±0.02	0.20 ±0.02	0.13 ±0.02	0.10 ±0.03	0.10 ±0.03
RC0603	0201	0.60 ±0.03	0.30 ±0.03	0.23 ±0.03	0.10 ±0.05	0.15 ±0.05
RC1005	0402	1.00 ±0.05	0.50 ±0.05	0.35 ±0.05	0.20 ±0.10	0.25 ±0.10
RC1608	0603	1.60 ±0.10	0.80 ±0.10	0.45 ±0.10	0.30 ±0.20	0.35 ±0.20
RC2012	0805	2.00 ±0.20	1.25 ±0.15	0.55 ±0.10	0.40 ±0.20	0.35 ±0.20
RC3216	1206	3.20 ±0.20	1.60 ±0.15	0.55 ±0.10	0.45 ±0.20	0.40 ±0.20
RC3225	1210	3.20 ±0.20	2.55 ±0.20	0.55 ±0.10	0.45 ±0.20	0.40 ±0.20
RC5025	2010	5.00 ±0.20	2.50 ±0.20	0.55 ±0.10	0.60 ±0.20	0.60 ±0.20
RC6432	2512	6.30 ±0.20	3.20 ±0.20	0.55 ±0.10	0.60 ±0.20	0.60 ±0.20

图 7.61　数据手册提供的元件尺寸

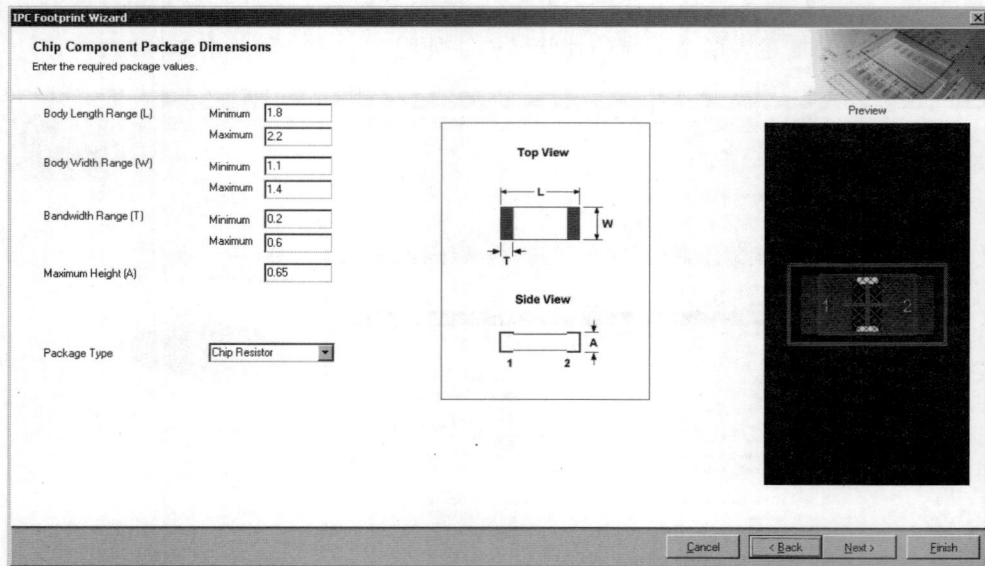

图 7.62   输入相应尺寸,单位为毫米

连续单击多次 Next 按钮,会出现一些向导自动计算的尺寸,一般保持默认即可。在如图 7.63 所示的页面上,为使封装更简洁一些,可以把三个选项都去掉,因为本例中用不到这三个功能。

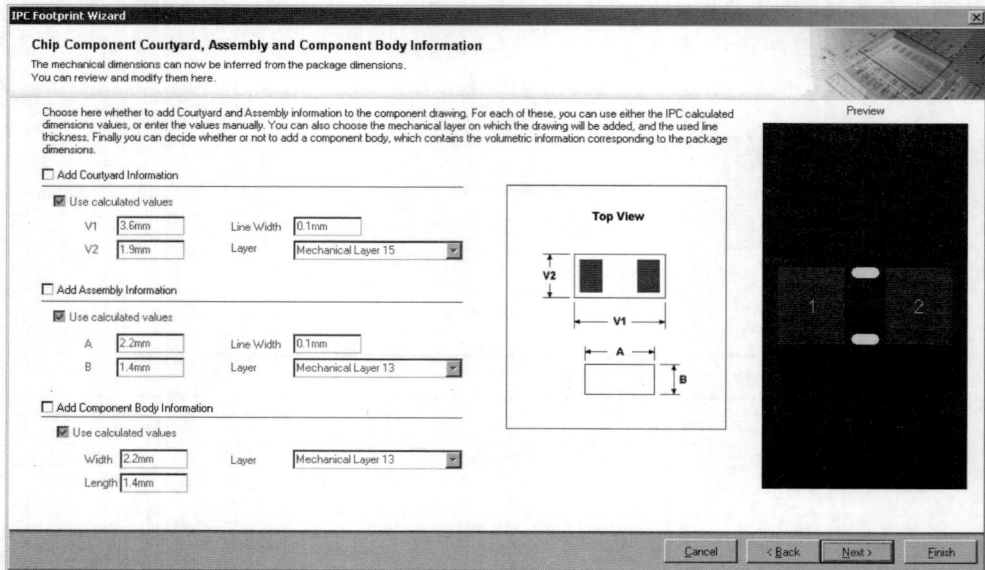

图 7.63   添加封装信息页面之一

单击 Next 按钮，向导已自动为我们提供了一个名字，我们也可以去掉 Use suggested values，修改成其他名字和描述，但是不能与之前制作的重名，我们将其命名为 0805_IPC，如图 7.64 所示。

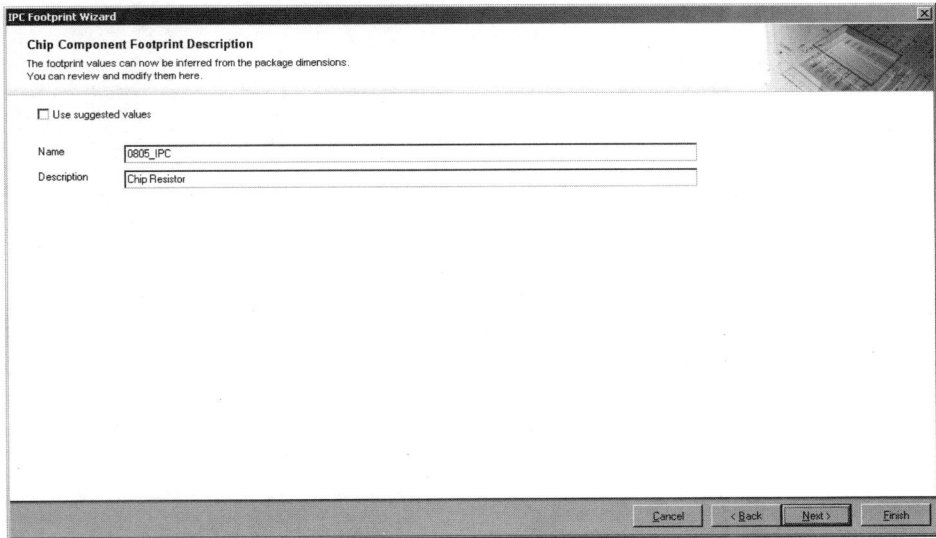

图 7.64　自定义封装名字和描述

单击 Next 按钮，选择封装生成的目标，我们保持默认，即第三个，添加到当前库文件中，如图 7.65 所示。

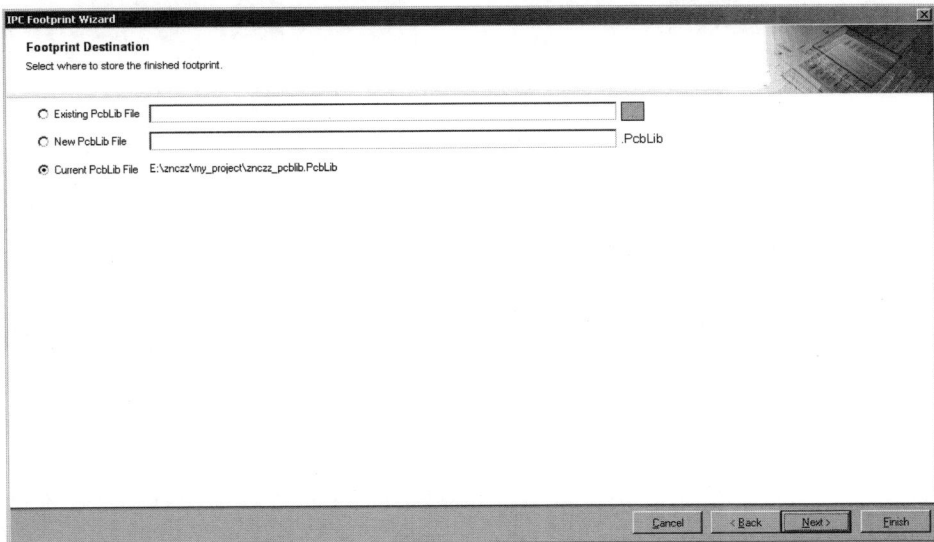

图 7.65　选择封装生成的目标

单击 Next 按钮,最后单击 Finish 按钮,封装就做完了。如图 7.66 所示,和上面手工制作的对比,焊盘偏大不少,呈现另一种风格。本教程中的贴片电阻和多层陶瓷电容都使用了 0805 封装。实际上,因为电容的材质和厚度差别较大,严格来讲要重新进行设计,但在要求不高的前提下,二者的封装是可以通用的。

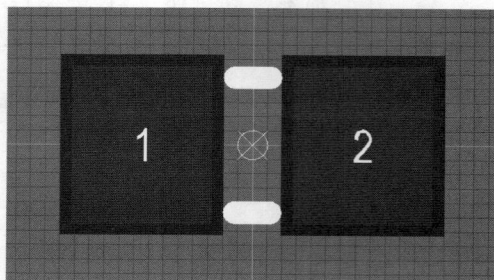

图 7.66 使用向导生成的封装

虽然封装是向导自动生成的,但我们也可以对其进行修改,以更好地适应我们的要求。在这里最好把它圈起来,以免在手工焊接时和周边焊盘弄混。最终效果如图 7.67 所示。

对于有方向性的元件,要在封装上标注元件的安装方向,例如用丝印指示元件安装方向、改变特定引脚焊盘形状等。尤其要注意的是,用于标注安装方向的符号不能全部被元件覆盖在下面,否则焊接错误不易检查。观察如图 7.68 所示的几种封装,请对比一下,哪些更合理。

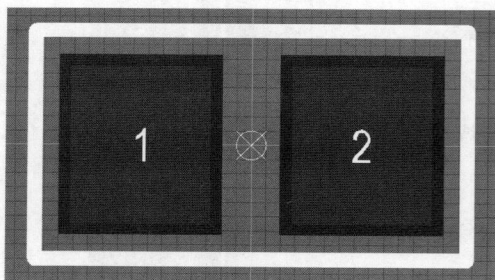

图 7.67 修改完成的效果

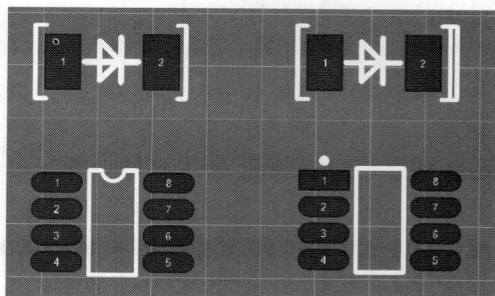

图 7.68 封装对比

另外,HIP4082 的 SOP16 封装、CS5171 的 SOP8 封装和 IRLR7843 的 TO-252AA 封装都可以根据手册中提供的尺寸,利用 IPC 封装向导自动生成,操作步骤不再重复。在选择封装类型时,前两个选择 SOIC,第三个选择 DPAK。除了 IPC 封装向导,Tool 里还有 Component Wizard,也可以用于自动生成封装。

与绘制原理图不同,在绘制封装与 PCB 的过程中,经常需要测量两点间的长度,快捷键为 Ctrl+M,鼠标出现十字,在需要测量的两个点各单击一下,就能在对话框中看到长度了。如果在 Board Options 里选择了 Snap On All Layers 功能,则鼠标指针也会自动吸附在线上或者焊盘中心上,在某些场合有利于精确定位。测量结束后,单击鼠标右键取消。

接下来,我们举例绘制直插元件。与贴片元件不同,直插元件的焊盘不是一个平面,而是孔。本例中,端子和开关是直插元件。我们以绘制连接 PWM 信号的 XH2.54-4 连接器为例。

通过查询该器件的数据手册，我们得到尺寸图如图 7.69 所示，这个尺寸图将多个位数的产品汇总在一起，只需要查找 4 位产品的尺寸。

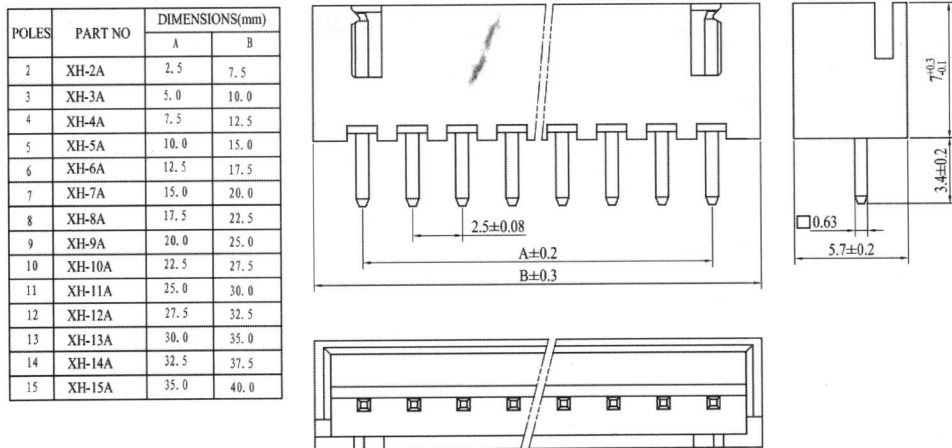

图 7.69　XH2.54 系列连接器的尺寸图

首先，我们在 PCB Library 边栏中的 Components 列表内单击鼠标右键，在弹出的菜单中选择 New Blank Component，如图 7.70 所示，建立一个空白的封装。双击默认的名称，修改为 XH2.54-4，如图 7.71 所示。

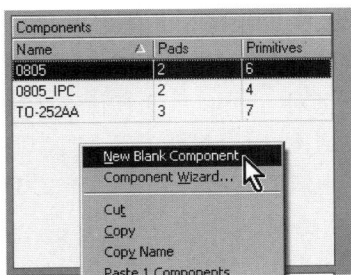

图 7.70　新建一个元件封装

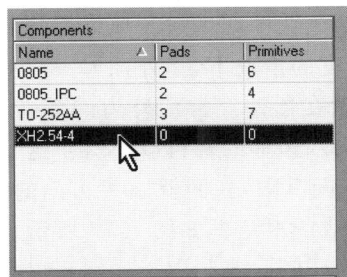

图 7.71　建立完成

接下来就是选择焊盘的孔径（这里只讨论圆孔），焊盘的孔径选择主要考虑两方面的因素，一个因素是引脚的最大宽度（对于横截面为圆形的引脚，就是直径，对于横截面是矩形的引脚，则是对角线长度），另一个因素是引脚间距的误差（某些元件引脚间距的误差相当大）。一般经验而言，对于引脚间距误差较小的元件，孔径大于引脚最大宽度 0.1mm 或 0.2mm 即可。孔径太小，引脚可能插不进去，就算硬插进去了，需要维修的时候又拔不出来，这个不难理解。但是孔径太大也不合适，首先孔径太大元件很难定位，导致焊接完歪歪扭扭的，而且孔径增大意味着引脚之间的绝缘距离减小，有短路的风险。这里仅说明手工焊接可能遇到的问题，如果涉及产品的批量自动化生产，遇到的问题只会更多。

我们根据产品的尺寸图,构思一下封装的样子,设计了如图 7.72 所示的封装(仅作示意,可能与实际不成比例)。

我们先放置焊盘,按照之前介绍的方法,可以使用快捷键 P→P,也可以使用工具栏中的图标,一定要记住是 ⊙(Place Pad),而不是 ⊙(Place Via),二者非常容易混淆。放置好焊盘后,双击弹出属性对话框。需要注意的参数有:

图 7.72 封装示意图(单位:毫米)

(1) Location:焊盘的坐标,通过上面的资料不难算出,第一个焊盘的坐标 $X=-3.75\text{mm}$,$Y=0\text{mm}$。

(2) Hole Information:孔信息,与贴片焊盘不同,这次需要用到它。通过尺寸图发现,该器件的引脚横截面是边长为 0.63mm 的正方形。通过计算,横截面的对角线长度约为 0.9mm,之前提到过,孔径要大一些,这里我们选择 1mm。孔形状默认为圆形(Round),下面的两个选项为方形(Square)和槽型(Slot)。如此小的方形孔一般是很难生产出来的,槽型孔适用于引脚扁平的元件。

(3) Properties:Designator 为焊盘标识,命名为 1;Layer 为焊盘所在层,这里选择多层(Multi-Layer);Locked 表示锁定,如果不想被不小心移动,可以选中它;Size and Shape 用于设定焊盘外径,也就是焊盘周围一圈铜皮的样式和尺寸。首先这一圈铜皮不能太窄,否则可能导致上锡不足接触不良,或者强度不足焊盘剥落,此外,线路板厂家也不允许这一圈铜皮太窄(生产工艺中叫做过孔单边焊环),否则容易导致生产缺陷。一般来讲,在不影响引脚之间绝缘强度的情况下,让外径大一些没什么错。如果空间不足,可以在空间宽裕的方向上大一些,或者在器件经常受外力的方向上大一些,这里对 Shape 并没有什么太多的工艺要求,方的圆的八边形的都可以。对于这个元件的封装结构,因为焊盘是沿着 X 轴排列的,因此 X 方向空间有限,我们就让 Y 方向的尺寸大一些,我们取 $X=1.5\text{mm}$,$Y=2.5\text{mm}$。

设置完成的对话框如图 7.73 所示。

下面焊盘复制,复制中心最好是焊盘的中心,粘贴三个同样的焊盘,然后修改坐标和标识,如图 7.74 所示。如果需要放置非常多的焊盘(或其他部件),或者需要按圆形排列的,可以使用阵列粘贴功能(Paste Array),比一个个粘贴修改快很多,该功能在 Edit→Paste Special 功能中,如有需要可自行了解,此处不再介绍。

此时,可以使用测量功能检查一下焊盘的尺寸和间距是否符合要求。

最后,计算外框的坐标,绘制丝印层的外框。我们把页面切换到丝印层,选择 Place→Line,画四条线,双击其中的一条,输入起止坐标。线径一般在 5~10mil 均可。四条线都依次修改完后,形成一个封闭的矩形。也可以修改好相邻的两条,然后复制,粘贴后旋转 180°再放置,也能形成封闭的矩形,如图 7.75 所示。

最后,做好方向的标记,这个就不需要严格的尺寸了,方式也比较自由,注意方向标记不能被全部挡在元件下面,如图 7.76 所示。

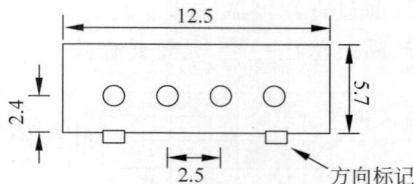

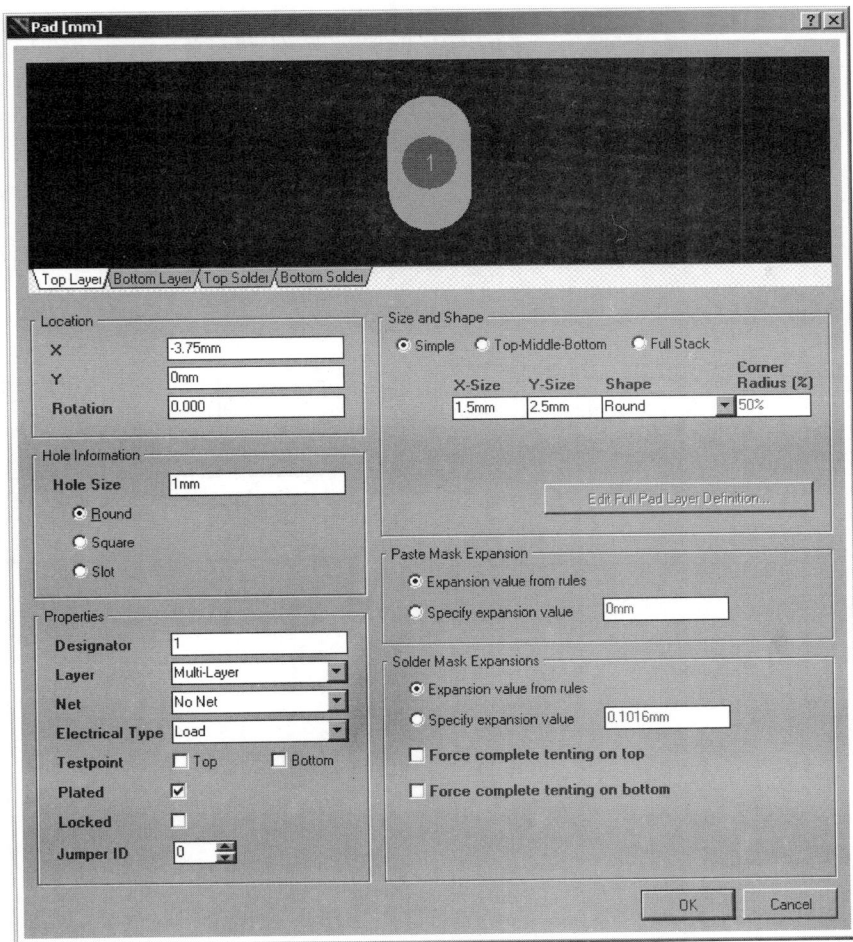

图 7.73　第一个焊盘的参数

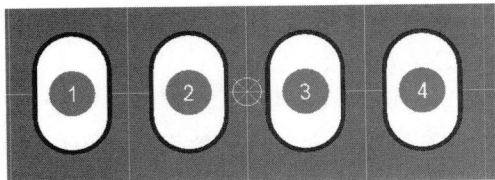

图 7.74　绘制好的四个焊盘

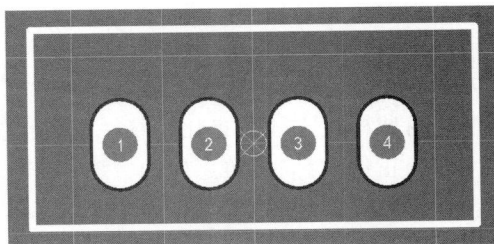

图 7.75　绘制完成的丝印层外框

　　我们使用手工绘制本例中 1N5819 的 SOD-123 封装。先查找该封装的尺寸图，如图 7.77 所示，左侧为顶视图，其余方向未列出。

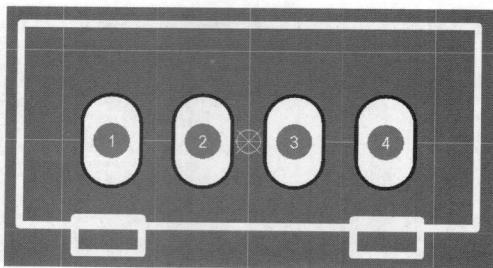

图 7.76　封装最终效果

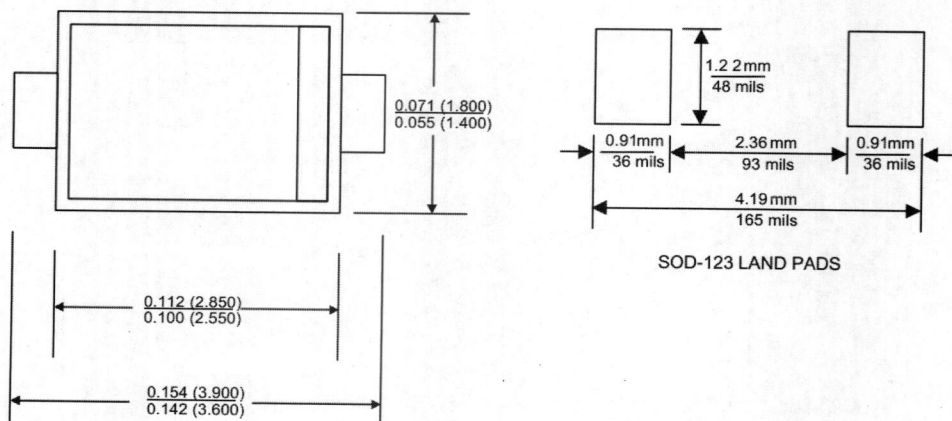

图 7.77　SOD-123 封装的顶视图与焊盘尺寸

这里要说明一下尺寸的标注方式,虽然我们常用的是国际单位(mm),但英制单位(inch和 mil)在绘制线路板时也很常用,因此,有些封装图会将两种尺寸同时列出,如图 7.77 中右图所示,箭头线上边是 mm,下边是 mil,两个数字所表示的长度是一样的。还有一种是类似左边这种不带单位的,但是它用的是什么单位会在图纸的某个角落里提到。在这里,横线上边的数值表示长度的最大值,横线下边的数值表示长度的最小值,括号外的单位为 inch,括号内的单位为 mm。这套标注方式仅仅是一个例子而已,在实际中,不同厂家封装尺寸标注的方式往往并不统一,完全可以用五花八门来形容,要根据实际情况分析。一般符合 IPC 标准的封装标注方式还是比较统一的,使用向导建立封装效率很高。

言归正传,我们按照之前的方法,新建一个名称为 SOD-123 的封装,绘制两个焊盘,尺寸和坐标从上面的图中得出,如图 7.78 所示。注意观察原理图中二极管的引脚标识(是隐藏的),1 是阳极,2 是阴极。电流从 1 流到 2。在元件表面,阴极有一条线来标识。

因此,我们要在丝印层体现出元件的轮廓和方向,从尺寸图中得知,元件最大宽度为 1.8mm,长度以焊盘左右边界为准。在丝印层画一个方框,线宽 5~8mil 均可。并用一定的方式标明元件摆放方向,如图 7.79 所示。下面两种方法都可以使用,我们保留第一种。

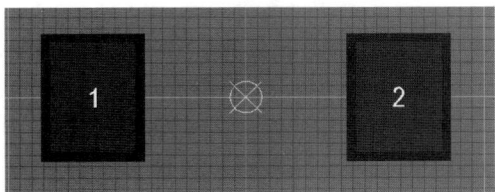

图 7.78　封装的焊盘

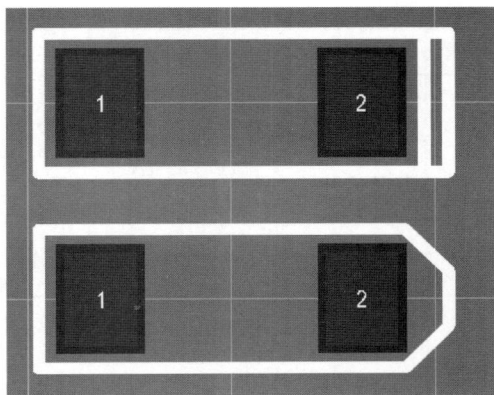

图 7.79　两种二极管封装

对于有极性的封装，极性的标注方式很多，搞错方向的事经常发生。一般来讲，贴片的圆柱形电解电容，底座缺口端为正极，顶部标有横线端为负极。对于贴片钽电容，标有横线端为正极，对于二极管，标有横线端为阴极。如果怕弄错，在空间允许的情况下，可以额外标注正负号来区分极性。有些只有一个绕组的电感也会有标注，这里的标注代表的是绕线方向，大多数情况都可以忽略它。

以上举的几个例子，不知道大家是否掌握，其他类型的封装也可以举一反三，使用手工或者向导制作出来。其余封装不再一一举例，下面我们将本次教程所需要的封装全部列在表7.1中。为保证图片清晰可辨，PCB封装截图已被缩放成合适的大小，因此截图不代表实际尺寸，相互之间也无比例关系。封装名称也不是固定的，可以根据实际情况取其他名称。

表 7.1　本次教程所需要的封装汇总

编号	元件类型	封装名称	器件照片	封装截图	备　注
1	芯片	SOP16			
2	芯片	SOP8			

编号	元件类型	封装名称	器件照片	封装截图	备注
3	场效应管	TO-252AA（DPAK）			
4	肖特基二极管	SOD-123			
5	电解电容	φ6.3×5.3			封装名称用"直径×高度"表示
6	电解电容	φ5×5.3			封装名称用"直径×高度"表示
7	发光二极管	0805_LED			封装名称根据需要自己定义
8	接线端子	KF301-2P			封装名称用器件型号代表

续表

编号	元件类型	封装名称	器件照片	封装截图	备注
9	连接器	XH2.54-4	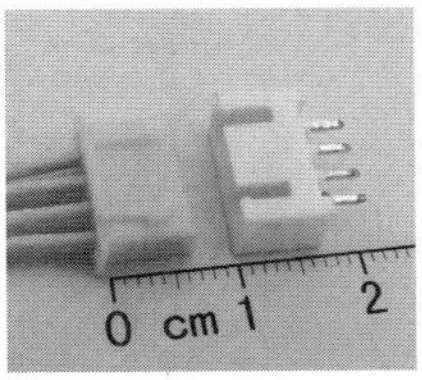	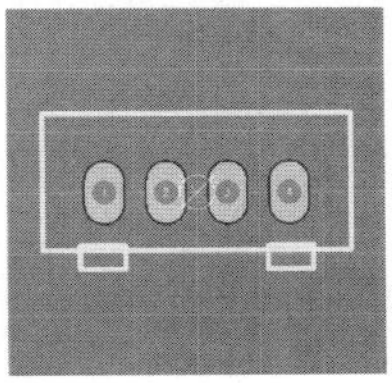	封装名称用器件型号代表
10	钮子开关	MTS-102		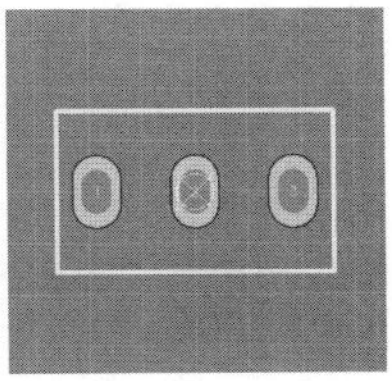	封装名称用器件型号代表
11	工字电感	CD43		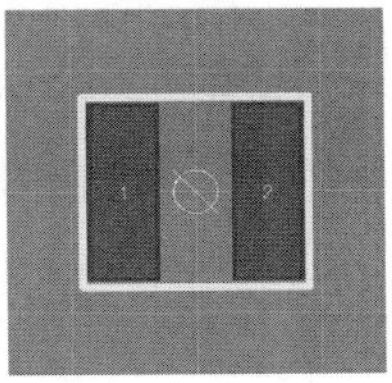	封装名称用器件型号代表
12	电阻和多层陶瓷电容	0805	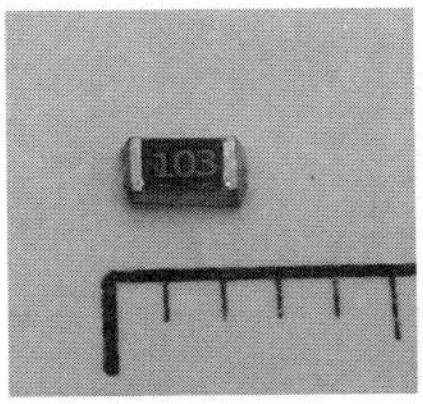		0805 是英制单位

　　PCB封装库制作完成后,我们按照前面介绍过的方法,将封装库添加到工程里。再复述一遍,在 Libraries 边栏中选择 Libraries 按钮,打开 Available Libraries 对话框,单击 Install 按钮,选择文件类型(∗.PCBLIB),再选择文件所在的路径。单击打开按钮,最后单击 Close 按钮完成添加。图 7.80 所示为设置对话框。

　　绘制完成各个元件的封装后,要把封装"添加"到元件中,这里所谓的"添加",只是设置一种连接关系,二者本质上还是相互独立的。

　　我们为之前自己绘制的原理图库添加封装。打开原理图库,在 SCH Library 中,双击需要添加封装的元件(以 CS5171 为例),打开 Library Component Properties 对话框,在对话框右下角位置,单击 Add 按钮右侧的下拉列表,选择 Footprint,如图 7.81 所示。

　　打开 PCB Model 对话框后,可以直接在 Name 右边的框中输入封装名称,软件会自动查找。中间区域用于设置 PCB 库文件的名称或者路径,一般保持默认"Any"即可。最下边

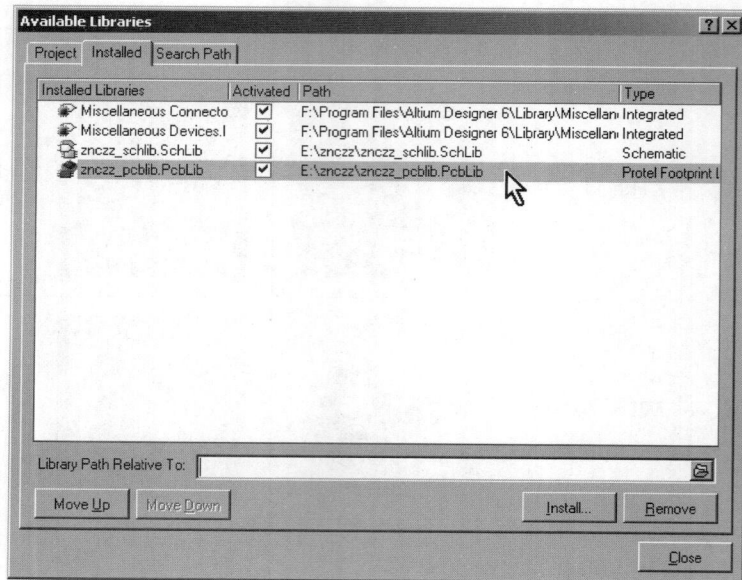

图 7.80　库文件添加完成

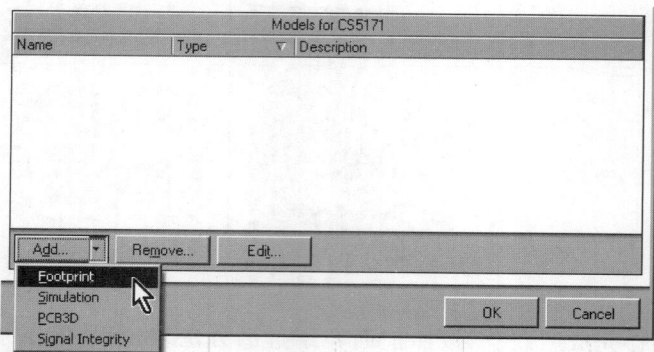

图 7.81　元件属性对话框(右下部分)

是预览窗口,显示已被选中的封装图。直接输入 SOP8,显示如图 7.82 所示的效果。

　　如果不记得封装的名称,可以单击 Browse 按钮,在弹出的对话框中,先在最上边的下拉列表中选择需要浏览的 PCB 文件,这里只有一个。然后在下面选择对应的封装,如图 7.83 所示。

　　添加完成后,回到元件属性页面,显示一个封装已添加完成,可以继续为一个元件添加多个封装,在需要时根据实际情况进行选择。如图 7.84 所示,为 HIP4082 添加了 SOP16 和 DIP16 两种封装。

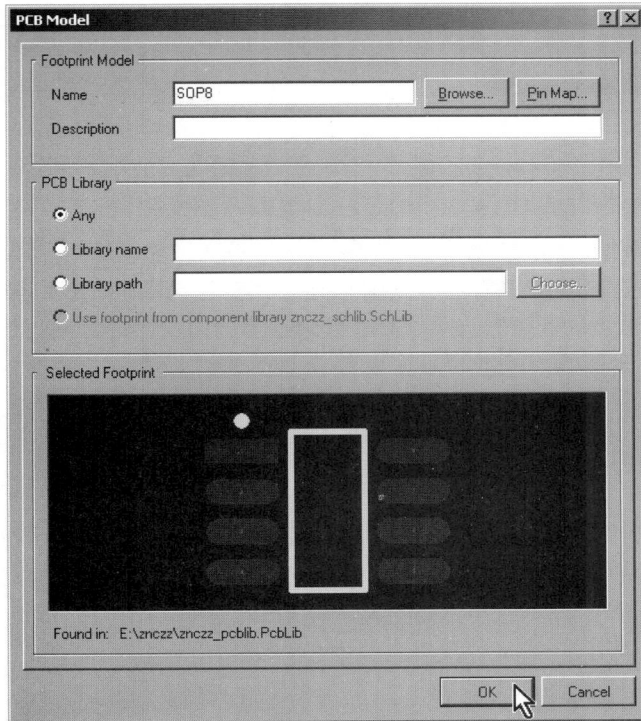

图 7.82　直接搜索封装名称

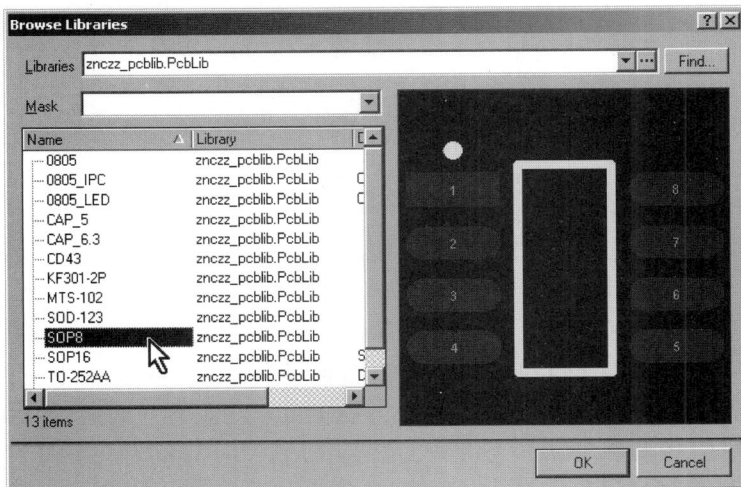

图 7.83　在指定的库中查找封装

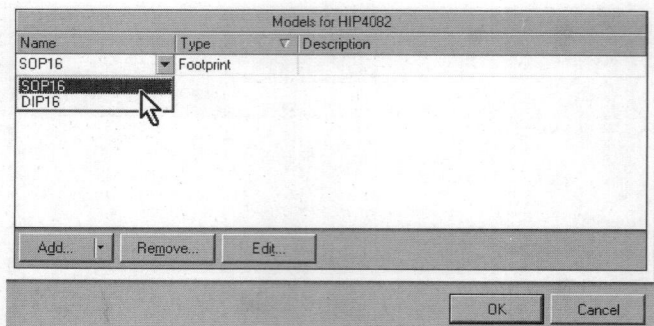

图 7.84　一个元件可以添加多个封装

7.5　线路板布局布线

接下来开始绘制线路板。绘制前,要对原理图中的元件封装进行管理。先打开原理图文件,如果需要修改的元件数量较少,可以在原理图中双击需要改动的元件,在弹出的对话框右下部位,仿照上面介绍的方法添加封装。注意,在原理图中为元件添加或删除封装只是对该原理图的改动,不会对元件所在的原理图库产生任何变化。

如果需要修改的数量很多,那么上面的方法就显得很麻烦了。我们要善用使用封装管理器,具体位置在 Tools→Footprint Manager,图 7.85 为打开步骤,图 7.86 为设置对话框。

对话框左侧为所有元件的列表,单击顶部的名称可以排序,名称右侧的下拉列表用于筛选,在工程很大时是很有用的功能。对话框右上部分为被选中元件的封装列表,右下部分为预览。

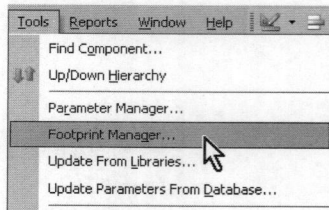

图 7.85　打开封装管理器

以 L1 为例,添加我们自己制作的封装。在左侧选择 L1,右上部位显示了元件自带的几个封装,显然都不是我们想要的。单击 Add 按钮,又出现了熟悉的添加封装的页面,按照之前介绍的方法,将 CD43 封装添加进去。

我们注意到,封装列表中有一列为 Current,意思为“当前的”。也就是说我们要选择该元件在本次工程中需要的封装,在 CD43 上右击,选择 Set As Current,意思是设置为当前,如下图所示。绿色的对号就出现在了 CD43 的右侧。新手很容易忘记这一步,结果就是明明已经添加进去了,等到画 PCB 时才发现封装是错的,如图 7.87 所示。

除此之外,封装也可以批量修改,例如,我们想把多层陶瓷电容的封装修改成 0805_IPC。可以按住 Ctrl 键不放进行多选,或者按住 Shift 键不放进行连续多选,这个操作和Windows 中的操作是相似的。选择完成后,按照上面的方法,添加 0805_IPC 封装,别忘了设置为当前,如图 7.88 所示。

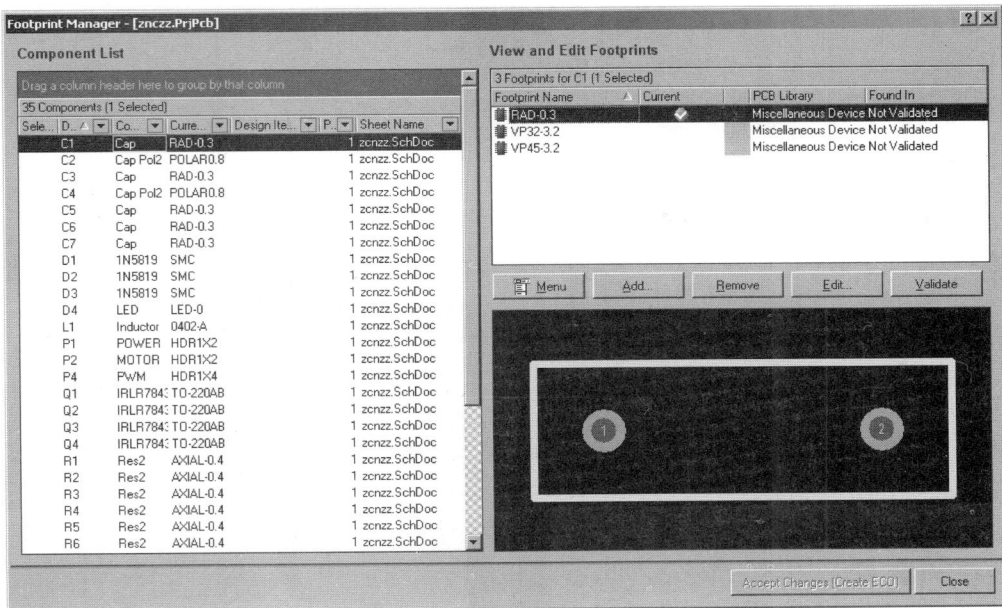

图 7.86　封装管理器

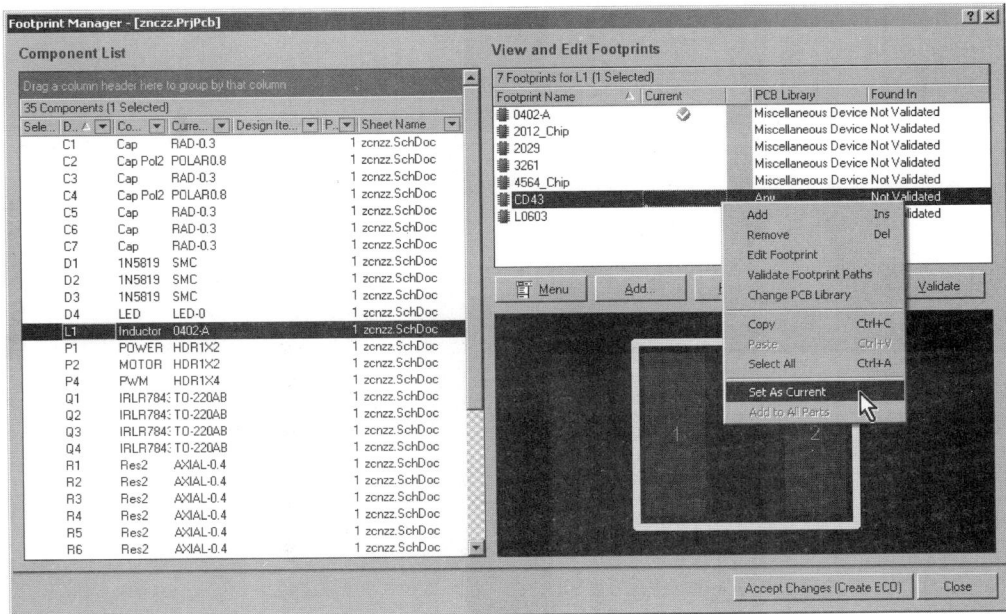

图 7.87　添加封装后,要将需要的封装设置为当前

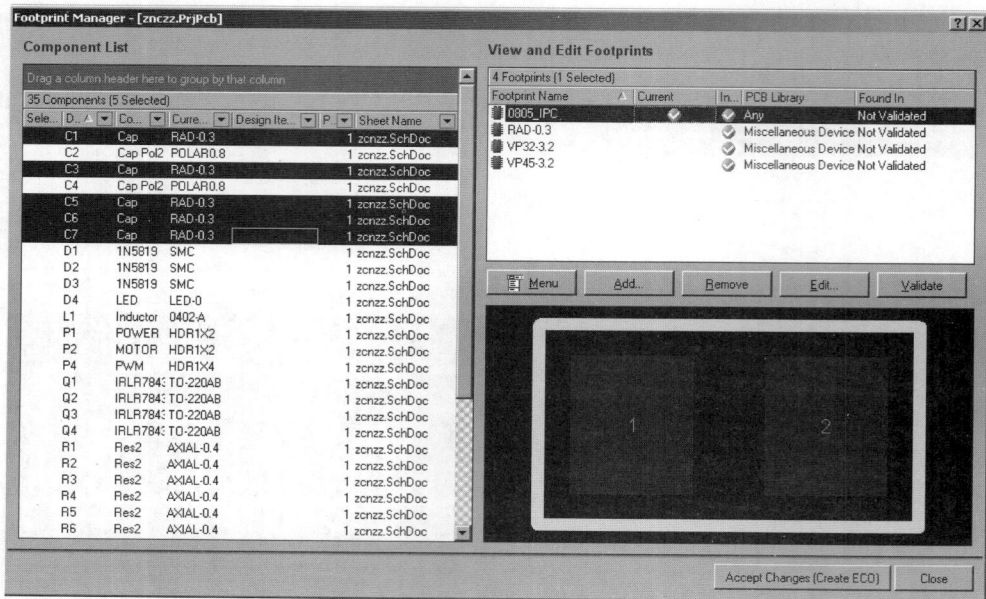

图 7.88　批量元件添加封装

　　按照上面的方法，继续为其他元件修改或添加封装。注意在未保存之前，左侧列表中显示的封装名称是不变的。修改完成后，单击 Accept Changes(Create ECO)，生成修改列表，如图 7.89 所示。

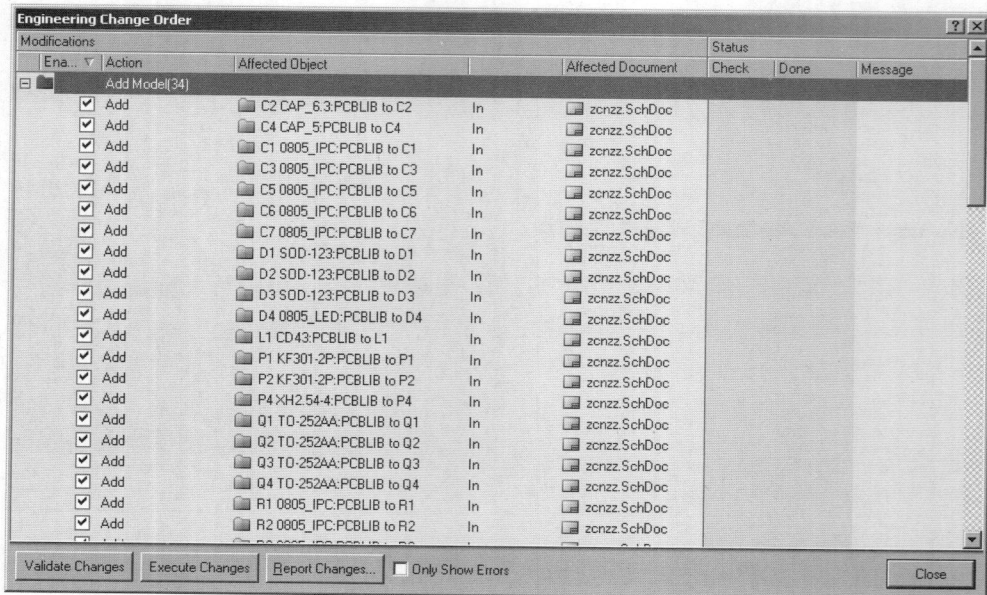

图 7.89　修改列表

列表中列出了本次改动的列表,最下面的 Validate Changes 按钮用于对每一项进行检查,符合要求的会在右侧 Check 一栏显示绿色对号,否则显示红色错号,例如引脚标识对应不上、封装被误删等。发现错误要进行排查,如果没有错误,单击 Execute Changes 按钮执行改动,改动成功的项会在右侧 Done 一栏显示绿色对号,否则显示红色错号。修改完成后,单击 Close 关闭对话框。这时,封装就全部修改完成了。我们再次打开 Footprint Manager 查看,左侧列表中的封装名称已经改变了,逐项检查一下有没有遗漏。

下面进入正题,在当前工程名上右击,依次选择 Add New to Project→PCB。新建一个 PCB 文件,然后保存,修改文件名,一般默认路径和原理图文件的路径相同,如图 7.90 所示。

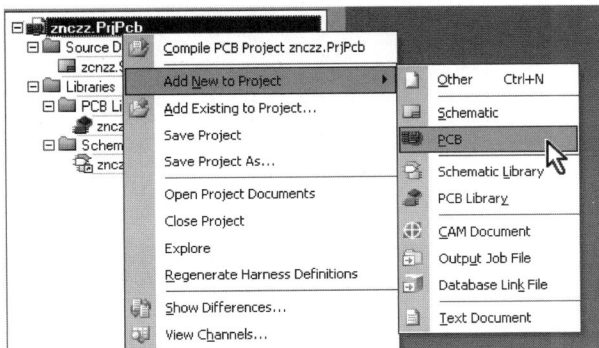

图 7.90 新建 PCB 文件

一个空白的 PCB 文件是一个带网格的黑色页面,页面外围是灰色的。灰色最左下角为坐标原点,把页面缩小就能找到。一般会将坐标原点重新定位在 PCB 边框的左下角或者 PCB 的正中心。操作方法是在菜单栏中依次选择 Edit→Origin→Set,出现一个跟随鼠标指针移动的十字,在黑色区域内单击,放置好坐标原点。

与绘制原理图不同,绘制 PCB 的目的是要做出实物,布局布线都可能影响电路的工作效果,因此不能再随意摆放和连线了。同时也要考虑线路板生产工艺要求,以免最后无法生产。

首先我们将无关的层隐藏,使用在绘制封装库部分介绍的方法。使用 Keep-Out 层作为板子的外形层,如图 7.91 图所示,从左到右依次为顶层、底层、顶层丝印、底层丝印、顶层阻焊、底层阻焊、禁止布线层。按"+""−"键可快速切换层。

图 7.91 本实例绘制 PCB 时需要用到的层

另外,最重要的是设定规则和约束。我们在页面上右击,依次选择 Design→Rules,弹出规则和约束编辑器。图 7.92 所示为编辑器。

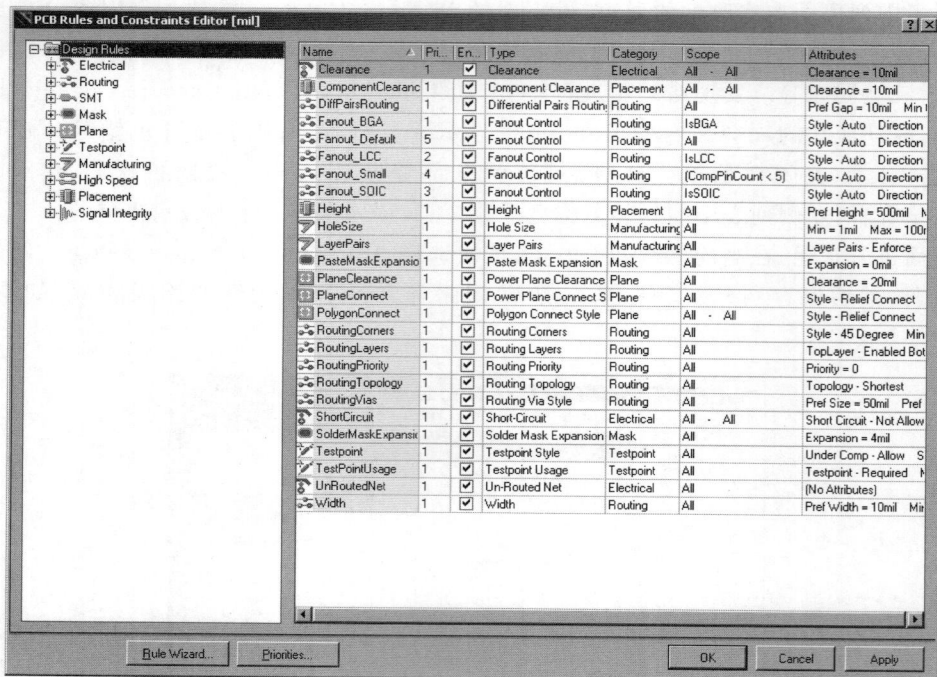

图 7.92　PCB 规则和约束编辑器

　　该编辑器是一个功能强大的工具，不但可以设置功能，还能自定义功能。使用起来较为复杂，限于篇幅，不做详细介绍。在此只介绍在工程实例中需要注意的几条规则，如图 7.93 所示。

　　Electrical→Clearance 为电气间距，用于设置导体之间的最小距离，如图 7.94 所示。这个值要根据线路板厂家的生产工艺来设定，此处设置为 7mil。看图例展示的似乎是导线与孔之间的距离，实际中，任何不同网络的导体距离都适用于该规则。当然也可以手工为不同的网络设置不同的规则，相关资料请自行查找。

　　Routing→Width→Width 为线宽，如图 7.95 所示，用于设置线宽范围，可自定义多个规则，此处只有一个。如图 7.95 所示，有三个选项：Min Width、Preferred Width、Max Width。其中最小值受限于生产工艺，最大值可根据需要进行设置。Preferred 是首选值，为布线时的默认宽度。我们依次设定为 7mil、10mil、200mil。

　　Routing→Routing Via Style→RoutingVias 为过孔，有两个参数，分别是孔径（Hole Size）和外径（Diameter），每个参数都有最小值、最大值、首选值，如图 7.96 所示。一般来讲，很多厂家对孔径的描述以毫米为单位，而这里默认的是 mil，因此要切换成 mm 单位，这里我们只使用一种过孔，将孔径设为 0.4mm，外径设为 0.8mm，一般非大电流场合下足够用了。该参数可以满足大多数厂家的工艺要求。外径要比孔径大一些，一般大 6mil 以上即可，太小容易因生产工艺误差导致过孔开路。

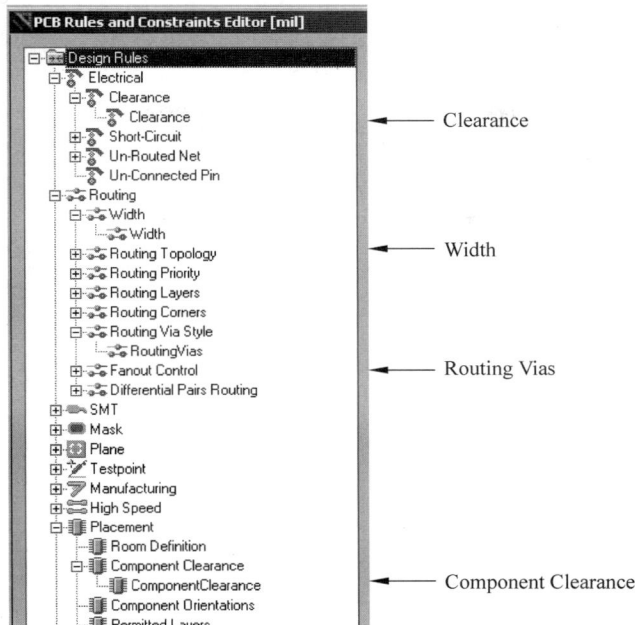

图 7.93 常用的规则

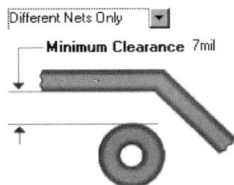

图 7.94 设置电气间距

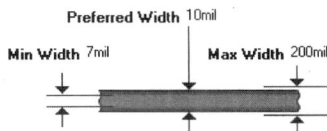

图 7.95 设置线宽范围

Placement→Component Clearance 为元件间距。用于设置元件之间的最小距离,如图 7.97 所示,可以避免发生安装元件时空间不足的情况。这里 Check Mode 检查模式有几种,默认是使用 3D 模型来检查,这里我们选用 Quick Check 进行快速检查,用围住元件的最小矩形作为依据,保持默认即可。如果确实需要元件重叠安装,那么可以将距离设置成负数,或者在图 7.92 所示的页面右侧找到 Component Clearance 一行,将 Enabled 选项的对钩取消,禁用该功能。

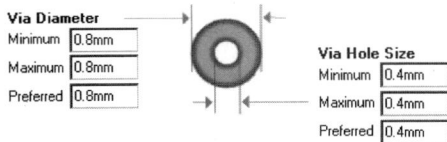

图 7.96 设置过孔参数

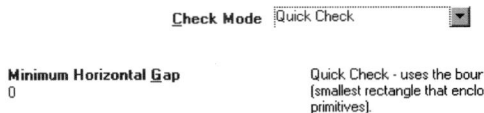

图 7.97 设置元件间距

在页面中右击,依次选择 Options→Board Options,该对话框在绘制封装库时已经介绍过。当然这里要额外设置 Component Grid 元件网络,可设置为 5mil。其余值和绘制封装库时设定的参数相同,如图 7.98 所示。

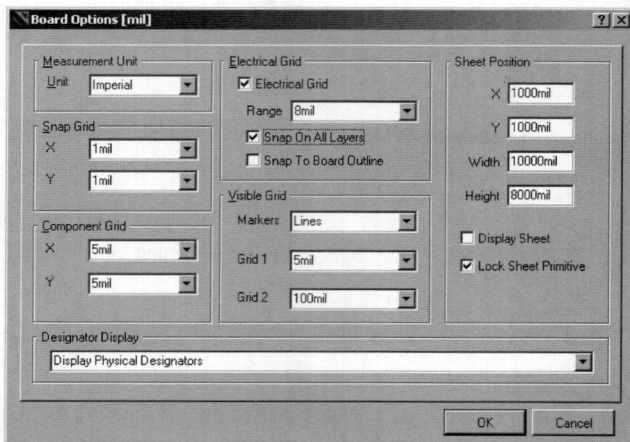

图 7.98　设置相关选项

接下来,我们将原理图导入到 PCB 中,方法是在菜单栏中依次单击 Design→Import Changes From znczz.PrjPcb。图 7.99 所示为操作步骤。

弹出修改列表,列出了需要改动的条目,如图 7.100 所示。这里一般不需要添加 room,可以在每次执行修改前去掉,其他操作方法和前面介绍的相同。执行完成后单击 Close 关闭对话框。

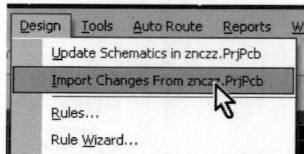

图 7.99　导入原理图

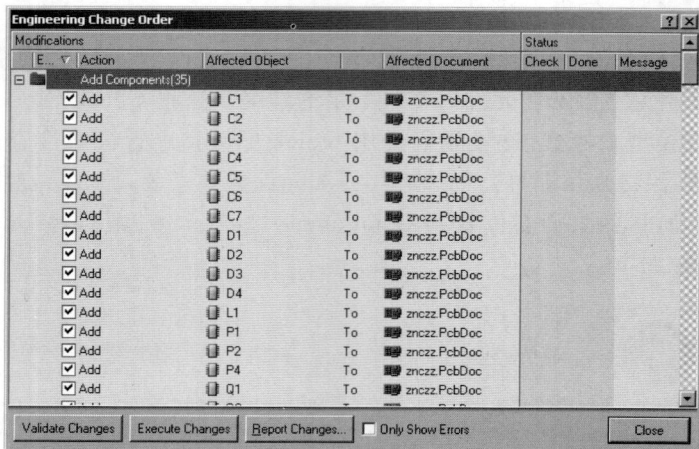

图 7.100　修改列表

如果绘制 PCB 时对原理图进行了修改,也要用相同的方法将改动更新到 PCB 文件,列表中只会包含有改动的部分。如果绘制 PCB 时对封装库进行了修改,要在封装库中的条目上右击,选择 Update PCB With 当前封装或者 Update PCB With All 对封装进行更新,如图 7.101 所示。

PCB 更新完成后,所有元件排列在黑色区域右侧,如图 7.102 所示。元件之间有密密麻麻的飞线相连接,飞线表示引脚焊盘之间的连接关系,表明处于同一网络中。飞线在布局布线时有很重要的参考作用,当引脚之间有了电气连接后,飞线消失。

接下来确定板子的外形。实际中,我们会根据产品或模型上螺丝孔的位置和空间来确定板子尺寸。在本实例

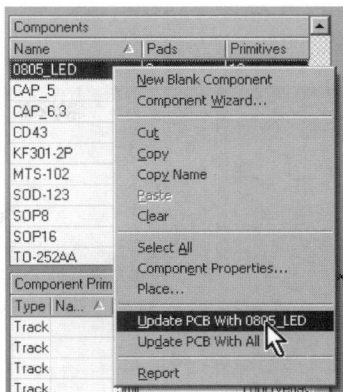

图 7.101　从封装库中更新 PCB 中的封装

中,我们只需制作一块独立的 PCB,无须考虑和其他结构配合的问题。因此,我们设定板子的宽度为 5cm,长度则根据布局布线的结果来确定。并设置两个直径为 3.2mm、间距为 4cm 的机械孔。

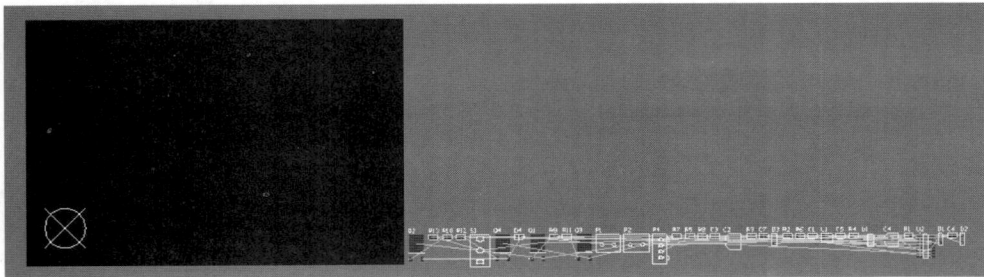

图 7.102　更新完成后,所有元件排列在黑色区域右侧

在空白处右击,选择 Board Options 将长度单位切换成 mm,在禁止布线层将板子的左下角设置在原点,绘制宽度为 5cm、顶部开口的三段直线。选择 Place→Full Circle 画两个完整的圆,双击圆弧设置半径为 1.6mm,坐标为 (5,5) 和 (45,5)。图 7.103 所示为绘制效果。

将长度单位切换回 mil,我们开始对照原理图摆放元件,使其尽量符合电路设计要求和结构布局。例如单点接地、隔离、抗干扰、大电流、散热、端口位置等,有些特征在原理图中是很少体现的,需要在设计线路板时额外考虑。原理图和线路板之间反复调整修改是很常见的事。

我们先将电源输入端子和开关放在底部,拖动过程中可以按住空格进行旋转,如图 7.104 所示。

然后,根据元件位置将 CS5171 与外围电路构成的电源放置在左侧。并调整好丝印的位置,丝印字符要有序、整齐地靠近元件,并尽量保持大小和方向一致,不要压在元件底部,

不要放在过孔、焊盘和需要镀锡的走线上。然后将 LED 指示灯电路放在开关附近便于观察,如图 7.105 所示。

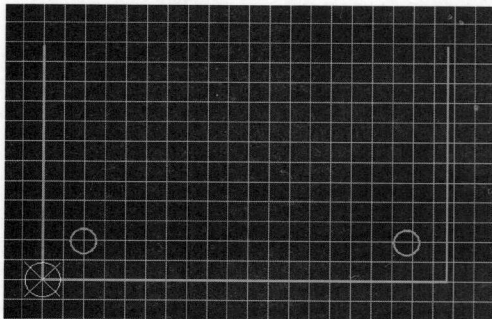

图 7.103　绘制外形层

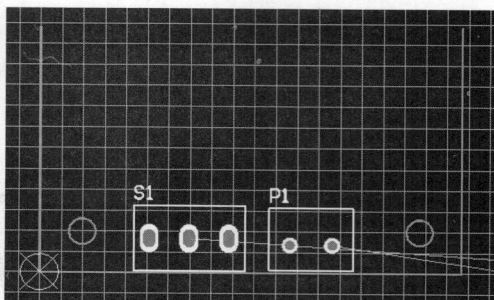

图 7.104　摆放电源端子与电源开关

然后,将 HIP4082 和周边器件放在右侧,PWM 输入端口放置在右侧边缘,如图 7.106 所示。

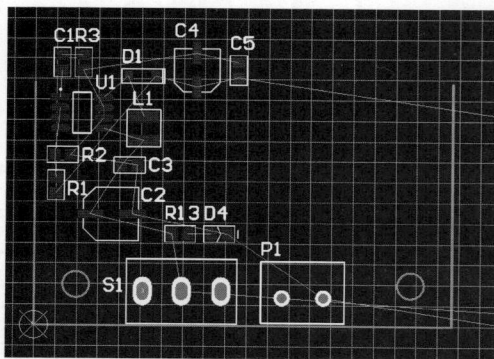

图 7.105　放置好电源部分

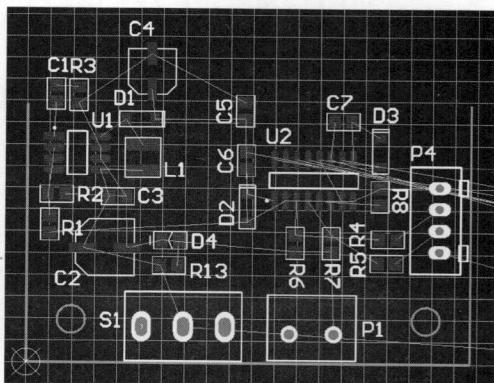

图 7.106　放置 HIP4082 和周边器件

最后,我们将四个 MOS 管放置在顶部,电机接口放置在最上边。至此,所有的元件已经摆放到位,但并不一定是最终位置,因为布线时可能根据实际情况做出调整,如图 7.107 所示。

因为电源部分和驱动芯片部分功耗很低,我们使用 20mil 的线,以顶层为主,完成这些部分的布线。切换到顶层,选择 Place→Interactive Routing 或者其他布线工具进行布线操作。

此时常用的操作有:

(1) 布线时,也就是连线呈半透明状态,可以按 Tab 键修改线宽等参数,这里用 mil 作单位比较方便,如图 7.108 所示。

(2) 布线过程中单击鼠标左键确定走线路径,最后双击鼠标左键结束布线。布线过程

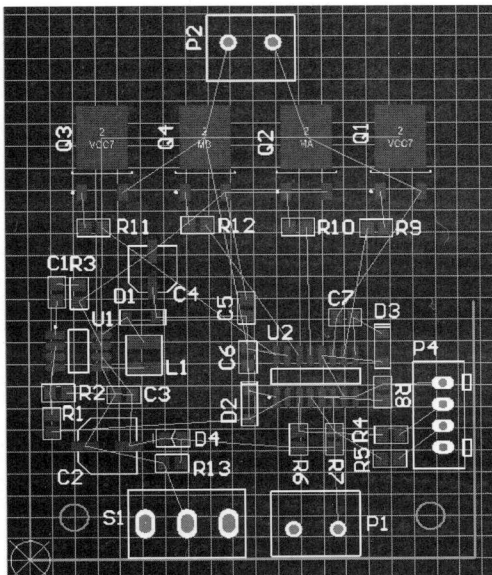

图 7.107 所有元件摆放完成

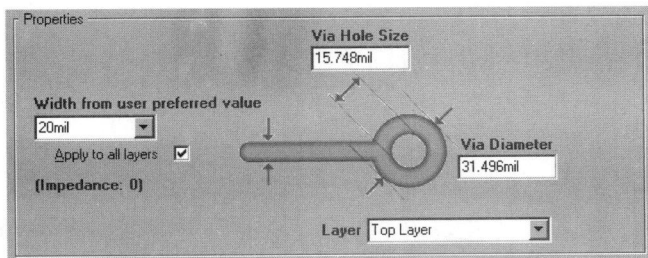

图 7.108 布线时修改线宽等参数

中也可以单击右键结束布线,单击右键结束最后一次布线不会被保留。

(3)布线完成后,可双击某一段线打开对话框,用于修改线宽、层、网络等参数。严禁随意选中 Keepout 选项,选中了就代表它最终不会被生产出来,如图 7.109 所示。

(4)按空格键可修改走线方向,按 Shift+空格键可修改走线方式。该功能在制作 PCB 封装时已经提到过。

在布线时可能需要放置一些过孔(Via)或者焊盘(Pad),二者的区别在第 1 章已经介绍过。由于焊盘不会被阻焊层覆盖,可以当作测试点,或者上锡增加导电能力。过孔则用于走线在不同层之间的连接。一般的做法是:顶层走线到达放置过孔的位置,双击左键结束布线,放置一个过孔,切换到底层,继续走线。这里介绍更简便的做法:顶层走线到达放置过孔的位置,不要动鼠标,按键盘上的+键或一键切换到底层,我们发现切换到底层的同时,光标位置自动出现一个过孔,单击左键确定过孔位置,就可以继续在底层走线了。反之亦然。

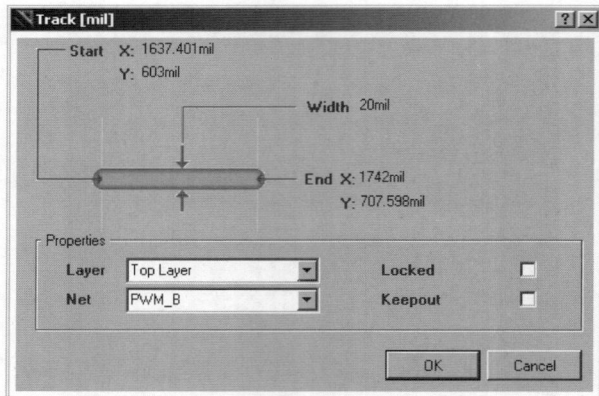

图 7.109　修改走线的参数

之后要做的是大电流走线,也就是 H 桥的电源和输出部分,要用更粗的线,或者使用填充图形(Place→Fill)。线宽不足的地方进行阻焊层开窗处理。阻焊层开窗的方法为切换到 Top Solder 或者 Bottom Solder 层,画线(Place→Line)或者画填充(Place→Fill)。注意画上的地方为去掉阻焊的地方,这个和其他层的用法相反(负片)。尽量不要在元件底部去掉阻焊层,否则被元件压住的部分无法上锡。阻焊层的图形只在该层为当前层时才会显示,或者对应走线层隐藏时也会显示,其他情况会被铜层挡住。

最后,我们将 H 桥的 4 个 MOS 管与驱动芯片连接起来。最终效果如图 7.110 和图 7.111 所示。为了让读者看得更清晰,暂时将页面背景设置为白色,并将无关层隐藏。

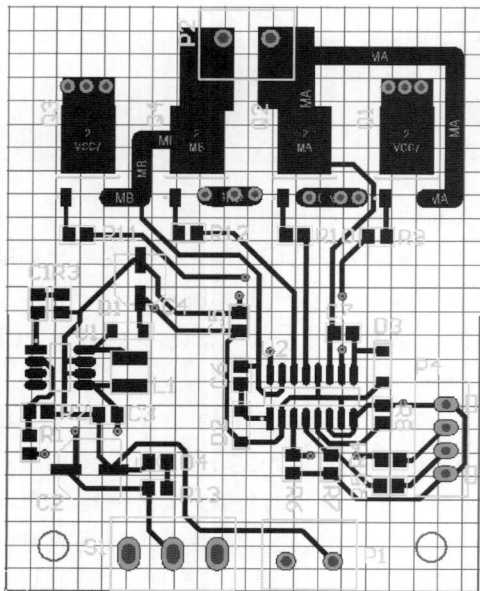

图 7.110　最终布线效果(顶层)

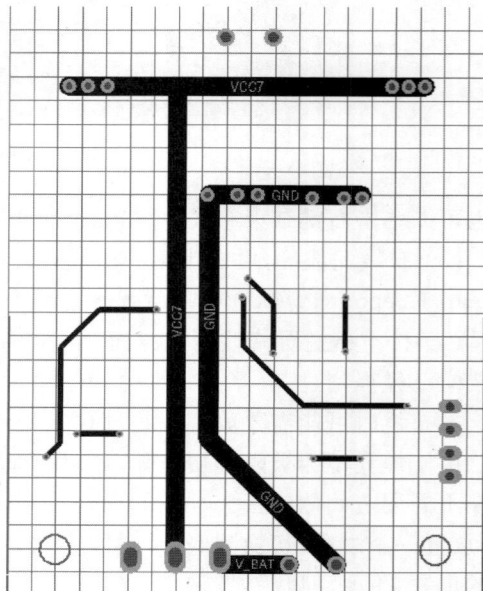

图 7.111　最终布线效果(底层)

可以按主键盘上的 3 键进入 3D 视图,可以更直观地观察制作效果,尤其是阻焊层的效果。按 V→B 快捷键翻面,按 2 键返回。如图 7.112 和图 7.113 所示,浅色部分为无阻焊露铜的部分(包括元件封装自带的阻焊层图形),其他走线都被阻焊层覆盖。

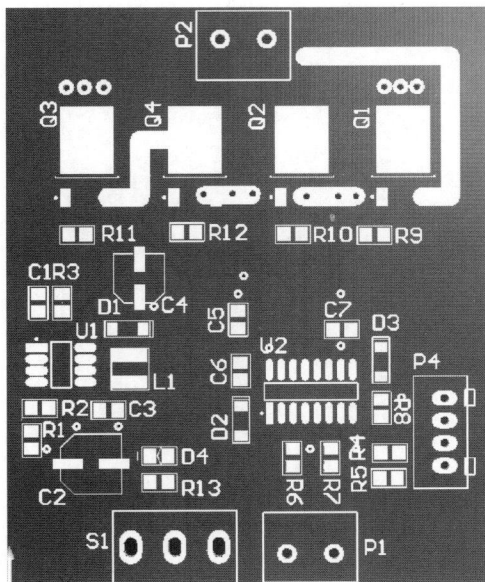

图 7.112　3D 视图下效果(顶层)

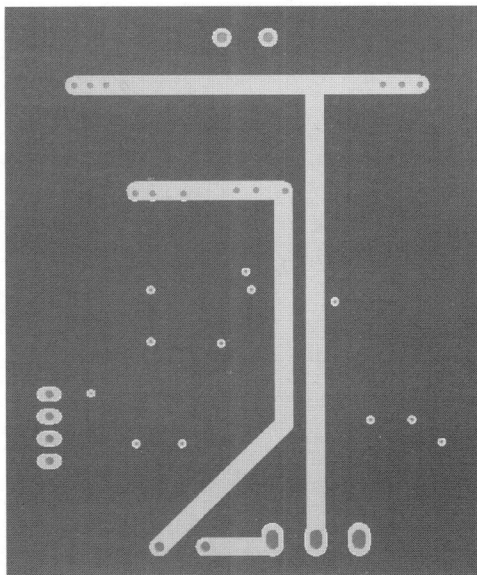

图 7.113　3D 视图下的效果(底层镜像)

然后可以确定板子的长度了,我们切换到禁止布线层,将板子的外形封闭。最好将四个角做成圆角,避免线路板锋利的边角划伤人或者其他物品。该操作确定了板子最终的外形。

为了方便观察,我们将板子外形全部选择,然后在菜单中依次选择 Design→Board Shape→Define from Selected Objects,意思是根据选择的图形定位板子边界,之后板子区域外就变成了灰色,效果如图 7.114 和图 7.115 所示。如果弹出错误,可能是选中的图形未封闭。注意,该操作只是改变了软件中的显示效果,方便用户观察,并不是必须做的步骤,更是与 PCB 生产工艺无关,例如 3D 效果中,底部两个机械孔就未显示出来,但实际上是存在的。

下面介绍一个常用的功能:Find Similar Objects。意思是查找相似对象。该功能可用于批量选中或者批量修改。

举例说明,想要选中所有的 Keepout 层图形,那么在 Keepout 层的线上右击,选择 Find Similar Objects,弹出如下图所示的对话框,有多种属性,每个属性后面有一个下拉列表,包括 Any、Same 和 Different,如图 7.116 所示。

根据需求,我们将 Object Kind 设置为 Any,也就是任意图形均可。Layer 设置为 Same,也就是与该层相同。其余保持默认。单击 OK,我们发现所有的 Keepout 层图形都被选择了,并弹出一个新的对话框,如图 7.117 所示。

可以在这个对话框中批量修改被选中的对象的属性,如果不需要修改,就把它关掉。

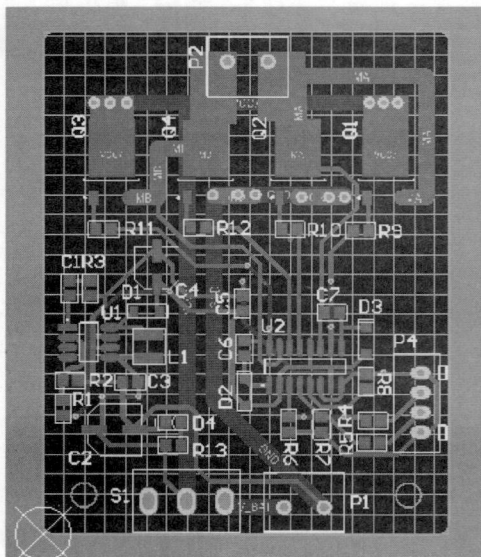

图 7.114　设定边界后的效果

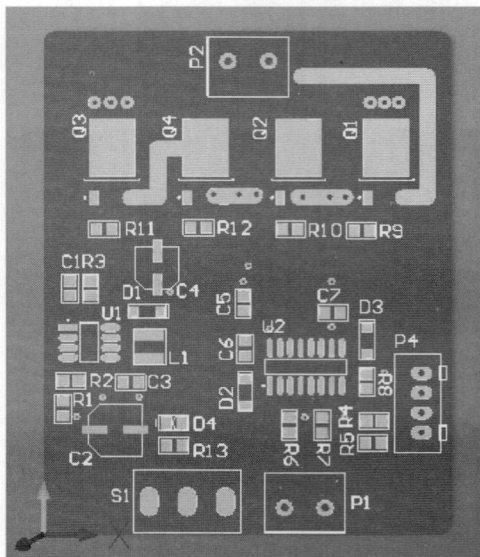

图 7.115　设定边界后的 3D 效果

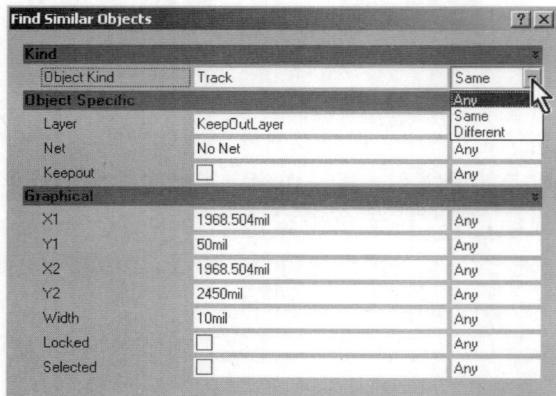

图 7.116　查找相似对象对话框

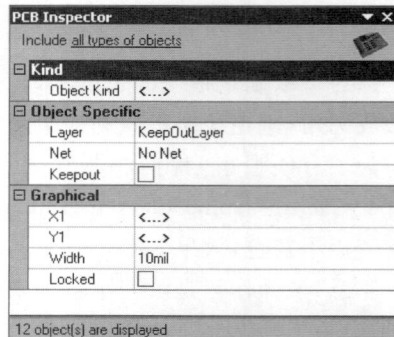

图 7.117　PCB Inspector 对话框

　　再举一个例子,我们将孔径为 30mil 的焊盘改成 40mil。按照上面的步骤,我们在焊盘上右击,选择该功能。需要修改的设置有:Layer 选择 MultiLayer(多层),筛选条件为 Same,因为贴片焊盘是没有孔的;Hole Size 填写 30mil,筛选条件同样为 Same。图 7.118 所示为筛选条件。

　　单击 OK 按钮后,我们发现相应的焊盘已经被选中,在弹出的 PCB Inspector 对话框中,找到 Hole Size 一行,修改为 40mil,被选中的焊盘就批量修改完成了。图 7.119 所示为修改页面。

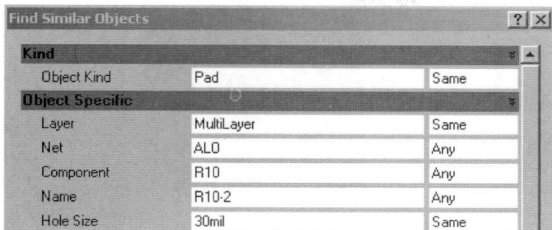

图 7.118 设置筛选条件(局部)

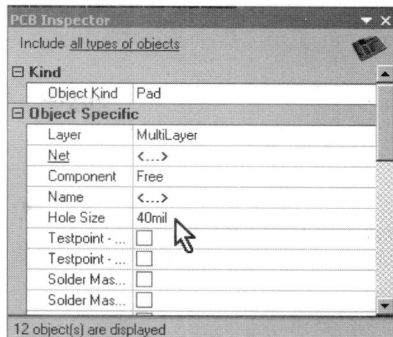

图 7.119 批量修改孔径

布局布线完成后,我们要检查有没有错误。如果板子很大很复杂,漏画或者画错是很常见的事情,而通过人工很难检查出来。我们使用软件提供的检查工具,简称 DRC。

在菜单栏中选择 Tools→Design Rule Check,弹出对话框,用于设置检查方面的参数,一般不用管它,直接单击左下角的 Run Design Rule Check 按钮,稍等片刻,就会生成一个报告。正常情况下,应该是 0 警告,0 违反规则,部分报告如图 7.120 所示。

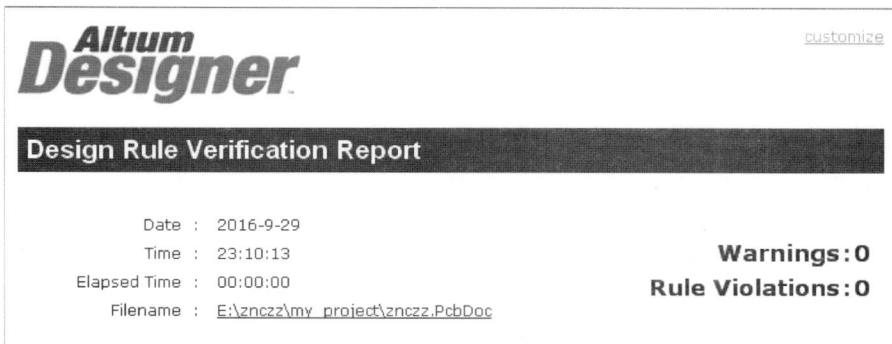

图 7.120 DRC 检查正常

如果有错误或者警告,会在页面中进行汇总。例如,少连接一根线,Rule Violations 会显示 1,往下翻报告,会在最底部显示错误的具体位置。例如图 7.121 所示的错误信息,意思为 C1 的 1 引脚和 R3 的 2 引脚未连接。

最后,完成一些细节方面的工作,例如在丝印层给电源输入端子标注正负极符号,可一定程度避免接错线的情况发生,如图 7.122 所示。如果将来有版本升级的需求,要在显眼的位置标记版本号。

在竞赛规则中,需要在铜层标注学校队伍信息等。这个规则强调了好几年,但还是经常发生错误标注在丝印层的情况,虽然一般来讲标注在丝印层更合适,但是也要遵循比赛规则。对于双面板来说,只有 Top Layer 和 Bottom Layer 可以使用,一定要切换到这两层中的一个,再放置字符,通过看字符颜色也可以区分。放在底层要选择镜像(Mirror),否则做出来是反的。

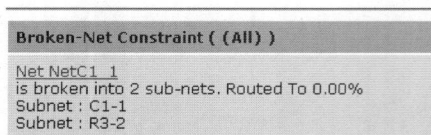

图 7.121   错误信息(局部)

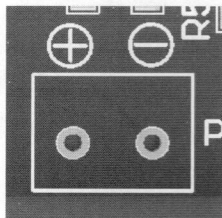

图 7.122   电源输入端子标注极性

举例说明,我们在顶层放置字符。切换到 Top Layer,在菜单中选择 Place→String,快捷键 P→S。鼠标上出现半透明的字符,与 Top 层颜色一致。我们按下 Tab 键打开属性对话框进行设置,字体类型一般选择 Stroke 即可,如图 7.123 所示。如果需要中文字符,Font就选择 TrueType,然后在下边选择合适的 Font Name。

设置完成后,单击鼠标左键将字符放置在合适的位置。一般来讲,铜层被阻焊覆盖,不容易看清楚,我们可以在阻焊层开窗(在阻焊层 Place→Fill,画一个矩形),让铜层字符露出来。图 7.124 所示为绘制效果。

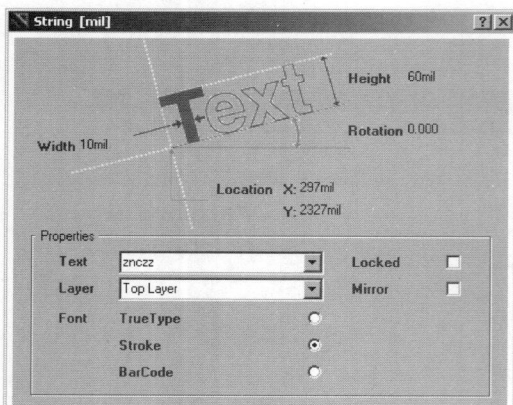

图 7.123   添加字符串对话框(局部)

图 7.124   阻焊层开窗裸露铜层字符(3D 视图局部)

画线路板最怕的是封装尺寸画错。如果是设计错误,还可以割线飞线,但是封装错了,就完全无法焊接了。因此,在将板子送到厂家打样之前,最好按照 1∶1 的尺寸打印出来进行检查,把元件摆放到打印出来的图案上检查一下是否合适。

打印的方法如下,在菜单栏中选择 File→Page Setup,在弹出的对话框中,重点观察Scaling 中的 Scale Mode,要将它设置为 Scaled Print,下面的 Scale 设置为 1.00,否则打印出来的比例是不对的。页面中其他功能可自行研究。图 7.125 所示为打印设置页面。

然后,可以选择 Preview 进行预览或者选择 Print 进行打印。图 7.126 所示为预览窗

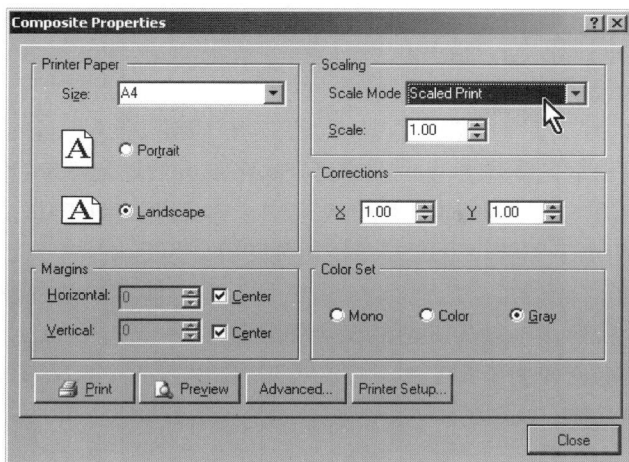

图 7.125　打印设置

口。上述的打印设置一般设置一次即可,以后再打印可以不必重复设置,直接选择 File→Print 进行打印即可。

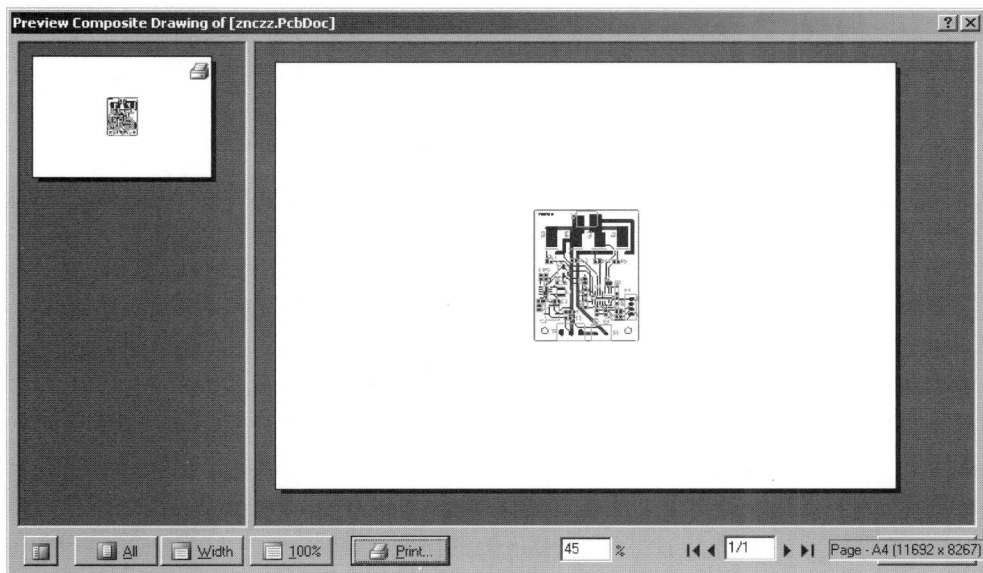

图 7.126　打印预览页面

该方法适用于结构简单、单面元件的板子。太复杂的板子打印出来会一团糟分辨不清。在 PCB 封装库中,也可以用该方法打印单个封装。

线路板一定要认真检查无误后,才可以去打样。毕竟出错损失的不只是钱,还有时间。

7.6 线路板打样与 BOM 整理

经过一段时间的埋头苦干,终于可以面对线路板打样厂家了。首先,要了解厂家的生产工艺要求,是否能生产自己设计的板子。相关资料可以去线路板厂家的网站上查找,或者亲自咨询厂家业务人员。工艺越好的厂家,价格越贵。本章中的例子,能满足大部分厂家的工艺要求。我们可以用电子邮箱等通信工具将相关资料发送给厂家,并附上工艺要求,等待厂家人员答复。现在更多用的是网站自助下单,更加方便快捷。下面以国内某线路板厂家的自助下单功能为例,讲解网站自助下单的方法。

打开该厂家的网站,找到生产工艺方面的资料,检查自己做的线路板是否有不符合工艺要求的地方。如果有,要么换一个厂家,要么自己改一下线路板。

如果是首次使用自助下单功能,一般要注册一个账号。注册账号后,登录进入自助下单页面。在边栏中选择在线下单,如图 7.127 所示。选择后,在右侧页面中,首先要求填写板子的层数、宽度、长度和数量,如图 7.128 所示。填写完成后,单击保存按钮,进入下一步。

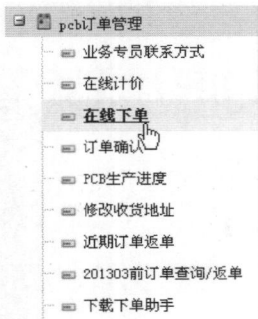

图 7.127　选择"在线下单"　　　　图 7.128　填写板子的基本信息

第二页内容较多,我们分类来看。

填写板子工艺,拼版个数为 1,因为我们没有拼版。板厚选择 1.6mm 或者 1.0mm,其他板厚不常见,可能价格贵一些,这里默认 1.6mm。阻焊覆盖,就是我们绘制的过孔是否需要覆盖阻焊层,一般选择过孔盖油即可。焊盘喷镀,如果无特殊工艺要求,选择有铅喷锡即可,其他工艺可能价格较高。飞针测试,线路板出厂检验,除去不合格品的一种方式,可根据实际需求进行选择,设想一下你有一个故障产品死活都修不好,最终把板子上所有的元件都拆掉测了一遍才发现是线路板自身的问题是一种多么无奈的体验。该部分设置好后如图 7.129 所示。

填写订单其他选项。发货时间,根据需求来选择,加急时间越短,加急费越高,加急费不包括快递邮寄的时间。发票选项,根据需求填写,如果需要发票报销就选择"需要",然后选择发票类型(需要提前设置好开票资料)。开发票需要额外交一定比例的税点。指定位置加

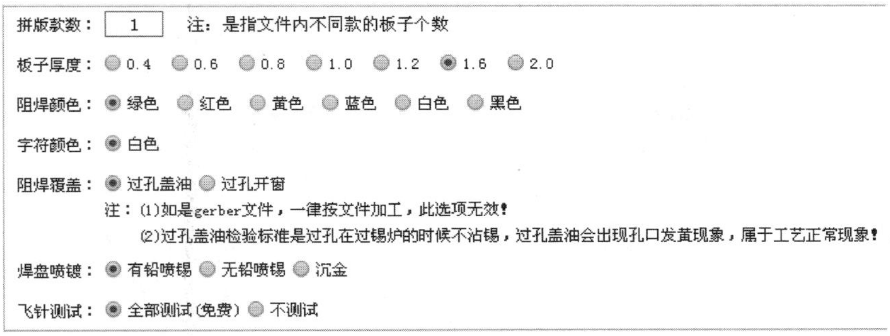

图 7.129　填写板子工艺

客编,生产厂家必须在线路板上标注客户编码,该选项可以指定标注位置,一般不用选择。是否需要等待一起发货,如果几次下单时间间隔很短而且是同一个收货地址收货人,可以使用该功能,该功能可以节省运费。最后是扣款方式,我们在网站上下的订单需要人工审核后才能确定价格,可根据需求进行选择,付款前最好认真检查一下审核结果,所以这里我们选择人工确认订单。该部分设置好后如图 7.130 所示。

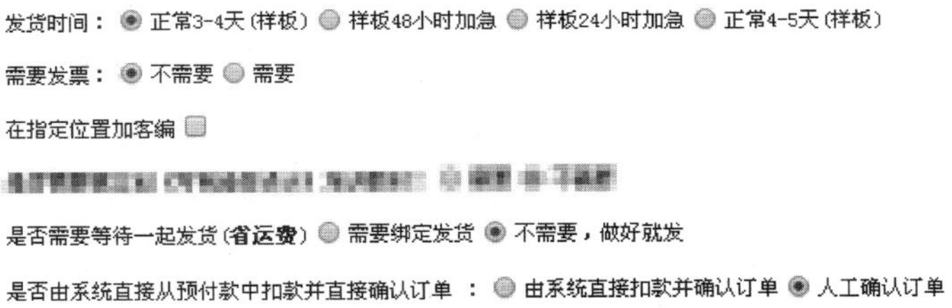

图 7.130　订单其他选项

之后的一些选项与线路板打样无关。我们看最后一部分,需要设置订单收货地址和订单联系人,收货人可以是本人也可以是其他人,但订单联系人一定写本人,因为订单提交后厂家在审核过程中有什么问题都会联系订单联系人,如果问题没有解决,生产安排就会搁置。最后,根据时效需求选择合适的快递即可,如图 7.131 所示。

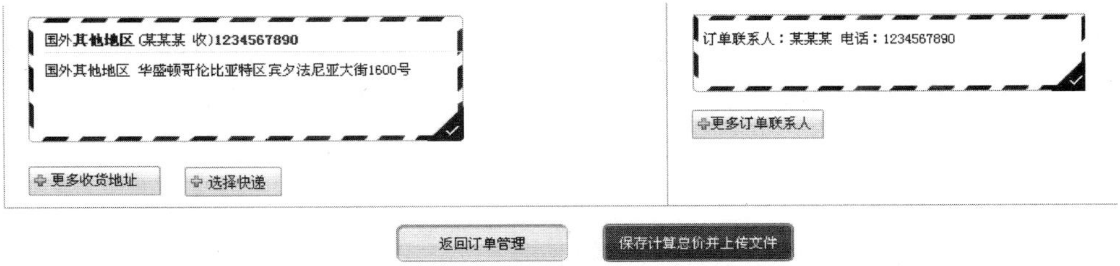

图 7.131　选择收货地址和订单联系人

单击"保存计算总价并上传文件"按钮,进入下一页。在该页面中,认真检查一下订单信息是否有误,最后就可以上传 PCB 文件了,如图 7.132 所示。

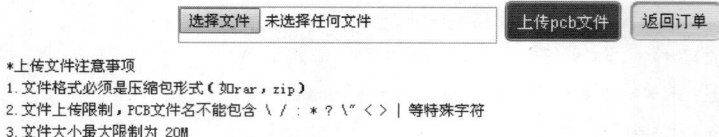

图 7.132　上传 PCB 文件

根据网站提供的注意事项,只将 znczz.PcbDoc 文件打包成 rar 或者 zip 即可。不要把其他无关文件也打包进去。诸如工程文件、原理图文件、各种库文件等,这些文件都是不需要的。

有时,我们会将 PCB 文件转换成 gerber 文件再提供给厂家,导出 gerber 文件的本质就是自己生成机械加工文件。首先,机械加工文件很难复原出 PCB 文件,有保密功能。并且,生成 gerber 文件之后就与制作 PCB 软件的类型、版本无关了,避免与厂家的 PCB 软件不兼容带来问题。生成 gerber 文件的操作比较复杂,每一步操作都要十分留意,读者可自行了解。

上传完成后,网站提示订单正在审核。如图 7.133 所示为提交成功后的页面。

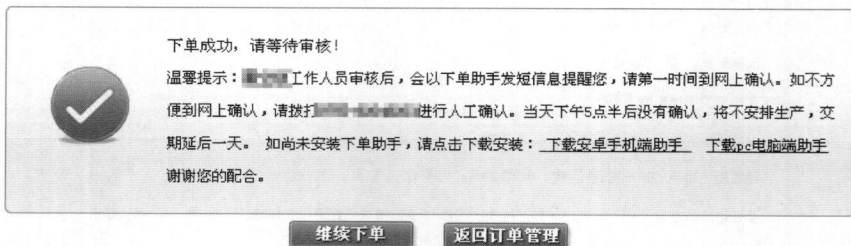

图 7.133　下单成功,等待审核

回到边栏,单击"订单确认",右侧显示了订单列表,当前订单为等待审核状态。审核完成后,订单状态变成等待客户确认。此时要先查看厂家的审核结果,为了保证万无一失,最好将 PCB 文件下载下来检查一下有没有传错文件,如果没有异议,再单击确认按钮进入付款页面。付款成功后,厂家开始生产。图 7.134 所示为等待审核页面。

PCB文件	订单状态	付款状态	客户确认订单	审核结果
znczz	等待 审核	未付款	确认　取消	查看

图 7.134　订单等待审核状态

进入生产状态后,单击边栏中的"PCB 生产进度"进行生产进度和物流进度的跟踪。

线路板送给厂家生产的同时,我们还要整理这块线路板的 BOM 表,BOM 全称为 Bill of Materials,在这里翻译成"物料清单"即可。也就是说,将线路板上的元件整理成表格,便于采购、管理、生产、报价等。为适应不同场合要求,BOM 表可以有多种不同的风格,本书所举的例子仅供参考。

打开原理图文件，在菜单中选择 Reports→Bill of Materials，如图 7.135 所示为操作步骤。

打开的页面如图 7.136 所示。

先看左上角，为 Grouped Columns，也就是说，在此栏中的项，将进行分组，Show 选项选择是否在表格中显示。

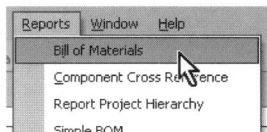

图 7.135　生成 BOM 表

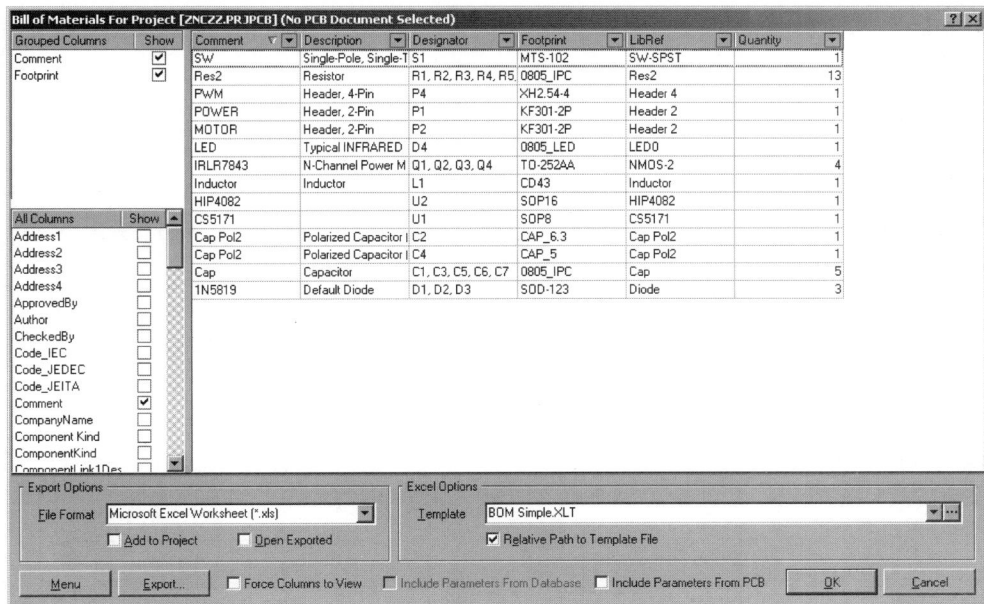

图 7.136　BOM 页面

下面是 All Columns，表示所有的列，在 Show 选项选中的，将在表格中显示，我们可以将需要的选项按住不放，拖动到上面的 Grouped Columns 中，进行分组；也可以将不需要的选项拖到下面。例如，表格中的 POWER 和 MOTOR 两个元件，除了 Comment 和 Designator 之外都相同，如果我们将 Comment 项拖到下面的 All Columns 中，两个元件就合为一行了。

这里，我们需要显示的有 Comment、Description、Designator、Value、Footprint、Quantity，并将 Value 拖入到 Grouped Columns 中，如图 7.137 所示。

左下角是输出选项 Export Options，设定输出选项格式，这里我们使用默认的 Excel 格式即可，也可以选中 Open Exported 项，可以在生成相应文件后自动打开。

右下角为 Excel 选项，用于选择输出模板 Template。软件自身提供了多种模板，当然也可以自制模板。这里我们不使用模板，将框里的内容删除。

设置完成后，单击 Export 按钮，弹出保存路径对话框，使用默认路径即可，位于工程文件内的 Project Output for znczz 文件夹中，单击保存，稍等片刻，就会生成完成。最后单击

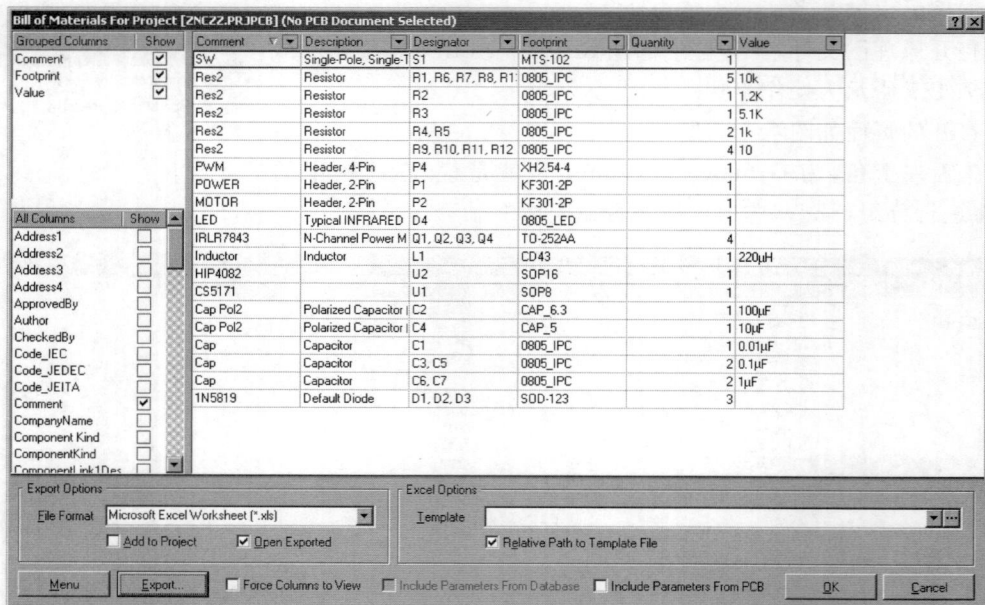

图 7.137　参数设置

OK 按钮关闭对话框。

最后，我们在 Excel 文件中得到如图 7.138 所示的内容。

	A	B	C	D	E	F	G
1	Comment	Description	Designator	Footprint	Quantity	Value	
2	SW	Single-Pole, Single-T	S1	MTS-102	1		
3	Res2	Resistor	R1, R6, R7, R8, R1	0805_IPC	5	10k	
4	Res2	Resistor	R2	0805_IPC	1	1.2K	
5	Res2	Resistor	R3	0805_IPC	1	5.1K	
6	Res2	Resistor	R4, R5	0805_IPC	2	1k	
7	Res2	Resistor	R9, R10, R11, R12	0805_IPC	4	10	
8	PWM	Header, 4-Pin	P4	XH2.54-4	1		
9	POWER	Header, 2-Pin	P1	KF301-2P	1		
10	MOTOR	Header, 2-Pin	P2	KF301-2P	1		
11	LED	Typical INFRARED	D4	0805_LED	1		
12	IRLR7843	N-Channel Power M	Q1, Q2, Q3, Q4	TO-252AA	4		
13	Inductor	Inductor	L1	CD43	1	220μH	
14	HIP4082		U2	SOP16	1		
15	CS5171		U1	SOP8	1		
16	Cap Pol2	Polarized Capacitor	C2	CAP_6.3	1	100μF	
17	Cap Pol2	Polarized Capacitor	C4	CAP_5	1	10μF	
18	Cap	Capacitor	C1	0805_IPC	1	0.01μF	
19	Cap	Capacitor	C3, C5	0805_IPC	2	0.1μF	
20	Cap	Capacitor	C6, C7	0805_IPC	2	1μF	
21	1N5819	Default Diode	D1, D2, D3	SOD-123	3		
22							

图 7.138　生成的 Excel 文件

因为我们使用了自带元件和自制的原理图库,因此,不同的元件参数的描述风格并不一致。我们可以进行手动修改,或者添加其他内容(如元件品牌、精度、供应商等),使其更加完善,不再受限于软件本身提供的内容。整理好的表格如图7.139所示(样式仅供参考,可根据需要自行发挥)。

	A	B	C	D	E	F	G
1	工程名称:		版本:	文件名称:			
2	日期:			作者:			
3	注意事项:						
4	Comment	Description	Designator	Footprint	Quantity	Value	备注
5	SW	钮子开关	S1	MTS-102	1		
6	Res2	贴片电阻	R1, R6, R7, R8, R13	0805_IPC	5	10k	精度5%
7	Res2	贴片电阻	R2	0805_IPC	1	1.2K	精度5%
8	Res2	贴片电阻	R3	0805_IPC	1	5.1K	精度5%
9	Res2	贴片电阻	R4, R5	0805_IPC	2	1k	精度5%
10	Res2	贴片电阻	R9, R10, R11, R12	0805_IPC	4	10R	精度5%
11	PWM	端子	P4	XH2.54-4	1		
12	POWER	端子	P1	KF301-2P	1		
13	MOTOR	端子	P2	KF301-2P	1		
14	LED	发光二极管	D4	0805_LED	1	红色	
15	IRLR7843	MOSFET	Q1, Q2, Q3, Q4	TO-252AA	4		
16	Inductor	电感	L1	CD43	1	220μH	
17	HIP4082	芯片	U2	SOP16	1		
18	CS5171	芯片	U1	SOP8	1		
19	Cap Pol2	贴片电解电容	C2	CAP_6.3	1	16V/100μF	
20	Cap Pol2	贴片电解电容	C4	CAP_5	1	25V/10μF	
21	Cap	MLCC	C1	0805_IPC	1	0.01μF	
22	Cap	MLCC	C3, C5	0805_IPC	2	0.1μF	
23	Cap	MLCC	C6, C7	0805_IPC	2	1μF	
24	1N5819	二极管	D1, D2, D3	SOD-123	1		
25	总计				33		
26							

图7.139　整理后的BOM表(样式仅供参考)

我们可能需要将工程进行备份,一般来讲,复制工程所在的文件夹即可。但随着操作的进行,文件夹的体积会越来越大,甚至达到数十兆字节,给备份操作带来了很多不便。实际上,文件夹里的大部分空间都被日志和历史记录占据,日志一般是大量的.LOG文件,历史记录是位于History文件夹中的大量的压缩包,一般在备份时,这些都是不需要的,去掉它们可以减小文件夹的体积。

7.7　焊接与调试

经过几天的等待,快递员就会把线路板送到你的手中。首先检查一下线路板有无明显的质量缺陷,如果目测正常,就可以开始焊接了。根据之前做好的BOM表准备原材料并做好标记,避免出错。对于没有印字的多层陶瓷电容,要测量一下容值是否正确。

关于焊接操作,可以自行搜索视频资料进行学习,但千言万语不抵请人手把手传授一遍。如果是新手,我建议先学会拆元件。找几块废板子,把上面的元件完好无损的拆掉,作为基本功之一。实际上拆元件比焊元件难很多,对温度和手感要求更高,稍有不慎就会损坏元件或线路板。然后,从大体积、引脚少的元件开始练习,逐步挑战体积更小引脚更密的元件。尽量做到准确、高效、可靠、美观。

不推荐一股脑全焊接完,然后通电测试。因此,我们先将电源部分做好,包括输入端子、电源开关、CS5171 芯片及周边电路,如图 7.140 所示。

焊完后记得检查一下,重点是有方向的元件有没有焊反。检查无误后,先用万用表检查一下正负极是否短路,然后才可以通电测试。这里推荐使用可调电源,不建议直接使用电池,因为电池可能没有过载保护,容易扩大故障。我们在电源输出端接入合适的电阻作为负载,测量输出电压等参数是否满足要求。

电源部分调试完成后,继续把其他部分焊接完成,开窗的大电流走线要涂上一定厚度的焊锡。图 7.141 所示为最终完成的线路板照片。

图 7.140　焊接好电源部分

图 7.141　最终焊接完成的线路板

接下来进行驱动电路的测试。我们使用信号发生器或者单片机的 PWM 功能输入一定频率、占空比的电平信号,使用电机或者大功率电阻作为负载。用示波器对比观察输入波形、栅极驱动波形和输出波形是否正常(测量上半桥管子时注意示波器探头的共地问题)。随时测量场效应管的发热情况。

至此,实例就介绍完毕,通过一个简单的实例并不能完全学会一款设计软件的使用,还有更多的功能需要去学习,希望本实例能起到抛砖引玉的作用。大家可以继续尝试绘制传感器线路板、最小系统线路板、多层板、高速板等。软件只是手中的工具,最重要的还是大脑中的知识与经验。

显然,本实例中的电路设计和布局布线方面可以改进的地方还有很多。例如,在信号端口加入缓冲芯片,用于保护单片机;功率回路加入大电容,用于稳定电池电压,提供瞬时能量;增加散热措施,避免管子过热损坏;改进栅极驱动电路,用于提高驱动效果;使用体积更小的元件,增加布线密度,缩小线路板面积,减轻重量,方便安装。也可以发挥想象扩展其他更丰富的功能。

7.8　绘制 PCB 时的注意事项

7.8.1　PCB 的设计流程思考

尽管现在的 EDA 工具使用起来相当方便,直接设计出一个功能模块的 PCB 并非难事。但是笔者还是建议新手从焊接洞洞板开始,一来熟悉各种元件的基本性质,比在书本上学到的元器件有更形象的认识,对电路焊接制作的难点有充分的认识;二来可以锻炼电路debug 的能力,这一点非常重要,即便是电路设计的高手,还是经常需要飞线或者使用洞洞板来调试电路。如果您已经历了以上阶段,请继续阅读下面的几小节。

1. PCB 设计的流程

上一节介绍的制作驱动板的实例,是在已确定成熟的方案下完成的。智能车竞赛的规则每年都推陈出新,要设计一个 PCB 完成新的功能任务,通常情况下是没有可以参考的整套方案的,如何从无到有设计出一块符合功能要求的 PCB 是面临的首要问题。

要解决从无到有的问题,必须对 PCB 的设计流程有系统的认识。PCB 的设计流程应该分为两个大的阶段:电路方案设计和电路的物理实现,分别对应原理图设计和 PCB 设计两个阶段。图 7.142 所示为两大阶段。

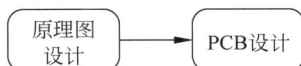

图 7.142　PCB 设计的两大阶段

原理图设计不仅仅是"画"原理图而已,包括前期的功能需求分析、电路方案选型、原理图设计、方案验证。电路的物理实现也不仅仅是"玩连连看"的游戏,还需要根据后期的使用场景、设计指标的需要来布局布线。

为了保证设计出的 PCB 的正确性,保证功能与最初始的设计一致,每次涉及对最终电路实现效果的修改时,例如连线、引脚、封装等,都要从封装库→原理图→PCB 依次更新。遵守 PCB 设计软件的规范和流程,执行 DRC 检查并解决所有 DRC 问题,这样才能保证最后的 PCB 成品不会有和原理图设计不相符的问题。板子在工厂制作完成后要对电路进行焊接和调试,不满足功能要求的地方还要更改方案选型,修改原理图。因此一个完整的流程归纳如图 7.143 所示。

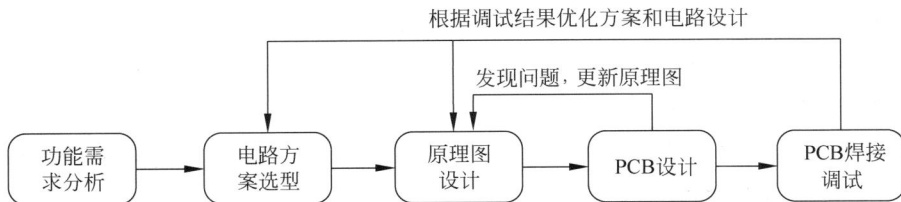

图 7.143　完整的 PCB 设计流程

2. 电路方案的制订

PCB 的最优设计不等于整个车子的方案的最优。整个车子的方案最优的目标并不是能轻易达到的,需要反复地修改迭代,有时需要对整个系统的软件硬件方案进行调整。例如,某款单片机只有一路计数器,而双电机的车子需要两个编码器进行计数。起初的设计是外部计数器的方案,但在 PCB 实现时发现外部计数占用的单片机 I/O 引脚过多,预估的 PCB 的空间也无法容纳这么多绕线和计数器芯片;若增加 PCB 面积的代价很大,则通过软件中断计数或许是一个折中的方案,这里就会涉及软件的调整。这个例子就是硬件的实现难度因素倒逼功能需求的改进,很多功能都是类似的,可以有软件硬件两种方案,虽然软件实现在精度或速度上相对硬件实现有折扣,但是这样可以简化电路设计,使得 PCB 可以进一步精简,从而有可能在机械结构或其他方面上有更大的收益。电路各个功能模块的方案是相互制约的,这些均衡取舍的问题是需要整个团队来讨论决策的。

下面提供几个在电路方案制订时要考虑的方面:

(1)易用性:键盘和屏幕的选择和排布,从使用者的角度出发,屏幕放在键盘的左边或者上面,滑动变阻器、电位器、拨码开关放在易调节的位置,插线接口最好放在板子边缘,避免插线相互缠绕。

(2)电路体积:车子的空间决定了可以使用的电路面积,是否可以层叠,是否有必要舍弃一些冗余的设计。减小 PCB 体积常用的方法是多块电路通过排针连接,实现多层电路在高度空间上的利用。例如,将单片机最小系统板插在主板上,单片机下面的空间还可放置运放、数字逻辑电路等。

(3)扩展和调试:预留各种接口,如预留 ADC、I/O、电源等接口为将来扩展传感器模块使用。不同参数的调节,不同电路通路的选择,可以通过跳线或者调整器件参数来实现。关键信号容易测量,要求正面走线,加入测试点。使用浅色阻焊油,尽量不要使用黑色板色,方便看清电路走线。

(4)从电路的性能出发,各个参数要满足需求。例如,电源需要尽量稳定,电机驱动的带载能力尽量大,散热良好。

(5)要考虑可实现性以及实现难度,之前是否使用过此类电路,是否已有参考方案。

3. 增量和迭代

繁杂的 PCB 设计中,设计者不可能一次性考虑到所有的问题,电路设计过程中通过增量和迭代两个方法来分解设计的难度:

(1)增量:整个 PCB 是一个复杂的电路系统,各个模块之间存在着各种联系和制约,第一次制作 PCB 时不知道该选择哪些功能加入进去。其实可遵循增量的原则,对于基本的模块,肯定有验证过的方案,或者之前使用洞洞板搭过,又或有队友的设计可以参考,这些方案可以保证 PCB 的基本功能可用。在此基础上逐渐增加所需的定制功能,或者将这些定制功能分多个模块分别验证后,整合到最终的电路板上。

(2)迭代:一个功能强大、性能优异稳定的 PCB 肯定不是一朝一夕能设计出来的,肯定需要在实际中的使用中发现问题、改进问题。电路的稳定性也要经过时间来考验。要实现一个功能,刚开始设计 PCB 时肯定是摸石头过河,对于其中的问题一无所知,设计中需要注意的事项也只能在实际的操作中才会经历。目标很宏伟,然而进度很紧张,很多功能只能先加入,对其性能指标不做过多的要求,在实际使用中再对电路的参数进行调整摸索。因此第一次做的 PCB 必然是妥协的结果,经过试用发现问题找到解决方法后,再制作下一个版本的 PCB。当然后面迭代的版本就会轻车熟路了,设计的效率也会高很多。早期版本的 PCB 的试用也是硬件功能需求从模糊逐渐明晰的过程,同时也能为软件的开发争取时间。允许电路的一部分功能无法做到最优,通过后面的版本改进,是迭代的主要思想。

通过增量和迭代两种方法,优化 PCB 布局布线,最终达到电路性能、体积,易用性三者的平衡,最大化地利用 PCB 的布线资源,让电路集成度达到最高。

4. 如何分工协调

在一个全能且有效率的团队,大家可以一起完成流程的一个阶段后,再进入到下一个阶段,在分工时相互重叠但互有侧重。例如电路方案的选择,大家可以分别搜集资料,最后汇总方案并选择最优的;在 PCB 的设计阶段也可以分工,一个队员画板,另一个队员通过面包板对设计的电路进行验证,若发现问题则可以及时反馈设计改进。但偏执的技术宅们往往会忠于自己的方案最终产生分歧,最终便会出现“两辆风格完全不同的车子”。因此,团队队员之间相互信任,目标一致很重要。

有些团队的硬件设计和软件设计完全断绝,软件的同学不懂硬件,电路设计的同学也完全不懂软件,这就需要负责电路设计的同学在整个设计过程中积极地与负责软件的同学沟通,了解软件的痛点和难点,一起讨论,对所有功能的重要程度和实现难度列一个表格,对需求做汇总分析。软件或者片内资源可以轻松实现的就用软件,软件迫切需要而硬件容易实现的就加入到电路设计中,让软件硬件都能轻装上阵。若沟通困难,将很难做出出色的硬件电路。

还有的队伍是一个老队员挑大梁,软件硬件都一个人完成,那以上的流程或许都不太适用,因为设计流程上的冗长容易导致想得多做得少,进度停滞不前,这样的团队比较适合“拿起键盘就干”的风格,直接绘制原理图,在绘制的过程中改进设计。同时也要注意对新队员的培养引导,或许很快队伍里就有多个“大神”了。

7.8.2　大功率电路 PCB 设计

本小节主要介绍大功率电路设计时需要注意的知识点,如何减少电路的干扰,以及增加电路可靠性的防呆设计。

1. 什么是大功率电路

所谓的大功率是相对的,在智能车电路中是指的区别于单片机、传感器以及普通数字电路的电流较大、电压较高的电路应用;电机的 H 桥驱动电路、舵机的电源就属于这样的电路。

这类电路工作电流大,会对周围的电路产生干扰。具体表现在小车上的传感器读数在这些电路工作时波动增大,本来图像采集稳定的摄像头丢行丢帧或图像异常,显示屏花屏,严重的可能出现单片机复位甚至烧毁单片机和传感器。

2. 干扰的产生

电机属于感性负载,有刷直流电机在转子换向时,线圈的电流环路被切断再连接,自感效应会在线圈两端产生高压,高压脉冲通过驱动电路传导到主系统中;直流电机的 H 桥驱动电路以 PWM 的模式工作,在开关管开关瞬间电流和电压发生瞬变。比赛使用电池作为能量来源,由化学反应来产生电流,但化学反应的速度不能发生突变,对于电动机这类非连续工作的负载,若负载瞬间增大,化学反应不能同时提供负载所需的电流,电池的输出电压就会下降;由于电池内阻的存在,电流增大也会使内部分压增大,使电池输出电压减小;舵机本质上也是电动机和驱动电路,在未动作时工作电流很小,舵机在动作时,由于直流电机的启动,工作电流会迅速增大,也是干扰的来源。

3. 传导干扰传播和抑制

传导干扰,就是干扰源电压波动沿着导线传递到被干扰的器件。在小车的电路系统中,所有的电能都由同一块电池供应,电源线和地线都存在不同程度的共用,电压波动就会随着电源线和地线传递到敏感的器件上,图 7.144 所示为干扰的传播路径示意。

电路的各个模块功能不同,通常使用不同的稳压模块,但是都来自电池的同一个供电源头,功率模块在电池两端制造出电压的波动,这些波动如果不能有效滤除,其他模块的工作就会受到影响。

要抑制电动机以及驱动产生的电压脉冲在电源网络中产生的干扰,可以采用以下两种措施:

(1) 在干扰源模块的两端并联去耦电容,吸收不连续工作的负载产生的电压波动,减小这些模块对其他模块的影响。电容的引脚与被供电器件之间的间距越小,电容的 ESR 越低,就越能吸收掉器件产生的干扰。

(2) 在敏感模块前并联稳压电容,阻挡干扰的传入,如在主板的电源输入加入容量较大的电解电容,这些电解电容起到储能的作用,尽量将电机驱动产生的干扰在传入主板之前减弱,如果使用 LC 滤波,则可以获得更好的电源滤波效果,如图 7.145 所示。

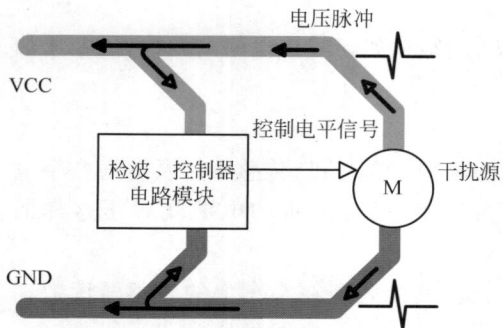

图 7.144 电动机的干扰和传导

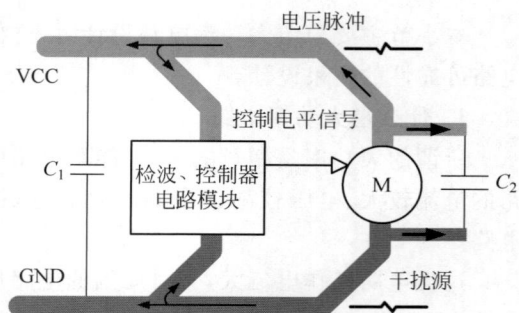

图 7.145 电容对干扰的消除

一般的器件对电源噪声都有一定的容限,电源电压在一定范围内波动,器件都可以维持正常工作,但这只是单个器件的理想工作状况。实际上,一个电路板上多个功能模块是协同工作的,模块之间有电平信号传输。这时候,地线上的噪声往往会产生范围较大的影响,导致电路出现各种异常现象,比较明显的是数字电路的电平识别出错、模拟信号的数值跳变、ADC采集的数值不稳定。原因是地线作为绝大多数电路的电平参考,假若参考值出现波动,相对于参考地其他信号都会发生波动。

所以我们还可以对以上电路做进一步优化,解决地平面零点的问题。首先要将地线缩短加粗,尽可能减小地线的电阻,其次要将控制器、传感器检波等电路的地线连接到电动机驱动电路的地线上,作为参考电平的零点,这样电动机的大电流不会在控制器和驱动之间的地线上产生电势差。优化后的布局如图7.146所示。

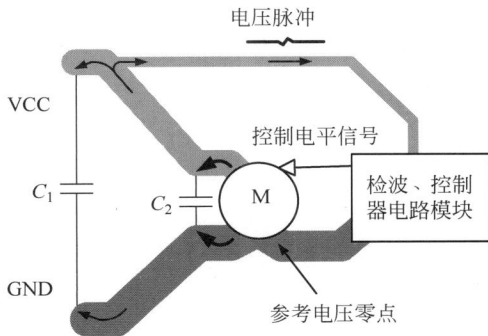

图 7.146　优化后的布局

4. 互容耦合与互感耦合及其抑制方法

互容耦合的原理比较简单,干扰也最容易发生,在导线和导线之间,存在着寄生电容,当一根线的电压发生波动时,电荷会随着电容传导到另一根线上,两根导线的距离越近,它们之间的耦合电容就会越大,干扰信号也就越容易传递到另一根导线。电压变化快的线路易发生互容耦合干扰,即 dU/dt 高的电路易通过耦合电容干扰相邻电路。减弱电容耦合造成的干扰,要增大两根线之间的距离,或调转两根导线的方向为垂直方向,如果空间实在有限,可以在两个导线之间加入屏蔽线,图7.147所示为互容耦合。

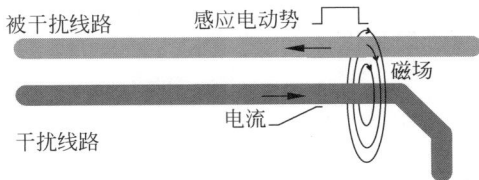

互感耦合的原理是通过导线或者电感的电流感应产生的磁场,又在其他地方闭合的回路上产生了感应电动势,也称为电磁干扰。电流变化快的线路易发生互感耦合干扰,即 dI/dt 高的电路易通过耦合电感干扰相邻电路。被干扰信号在距离干扰源较近时,两根线并联的长度关系到干扰的强弱;距离较远时,两个不同方向的电流产生的磁场可以互相抵消,电磁干扰的强弱与其电流形成的环路面积成正相关。图7.148所示为互感耦合。

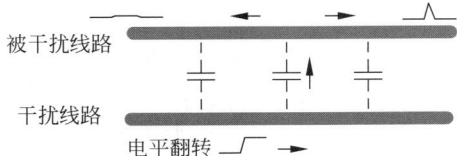

图 7.147　互容耦合

图 7.148　互感耦合

下面我们就一个典型的 BUCK 电路,分析其干扰的产生、传导以及如何减弱对周围电路的干扰。

从 BUCK 电路的两种开关状态分析：开关管、二极管。电感左侧的交汇处具有高 dU/dt 的特点，在主板布局布线时，信号线要远离这个节点以及与之相连的网络。

对比两图中电路不重合的路径，即为高 dI/dt 的线路。为了减少感应磁场干扰的发射功率，在电路布局布线时应当尽量减小图 7.149 左图中 S 的面积，而图 7.149 右图中所示的 S1 部分环路在电路的两种状态下是有无电流的不同状态，电磁干扰辐射更强，所以将 S1 的面积最小化具有最高优先级。

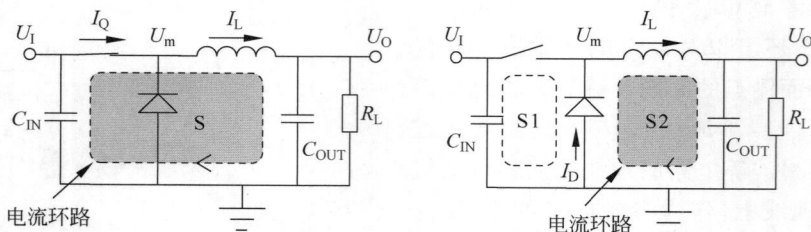

图 7.149　BUCK 开关电源模型的两种状态

BUCK 电路的电感也是电磁辐射的主要发射源，使用漏磁小的电感（如图 7.150 所示），也可以减小电磁辐射。

5. 大电流电路的布线

驱动电路的布线，需要在允许的空间范围内调整元件的位置和方向。尽可能使大电流的线路距离最短，以减少对外的干扰。同时尽可能使用更宽的布线来获得更低的阻抗。但通过调整，元件之间的连线不可能都同时达到最短，有的线变短，另一根或几根就会变长，很多时候是互斥的。因此需要对不同类型的信号做优先级排序，首先满足

图 7.150　漏磁较小的功率电感

一部分线路的布线要求，优先级顺序一般为：地线→电源线→普通信号线。

对于接口的处理，端子在 PCB 板的焊接要牢固，容易拔插，承载电流大。要做到牢固需要 PCB 焊盘大，附着力强。因为端子比较大，焊接时间长，PCB 铜箔易受热脱落。针对这个问题可以在焊盘大孔的周围打小孔（俗称"梅花孔"），利用穿透 PCB 的通孔来增加附着力。使用田宫或者 T 型插头作为电源插头来提高连接的稳定性。

6. 防呆设计

PCB 设计不只是电路功能的设计，很多时候也要考虑各个电路模块之间的配合以及可靠性，需要增加一些"保障电路"，这些可能是功能设计时用不到也想不到的，例如：

（1）驱动：在驱动模块连接时如果出现驱动的地线接触不良的情况，那电池的电路就会通过驱动模块的器件灌入到单片机的 PWM 口。一般的防范措施是使用光耦对每个通道进行隔离；这里提供一个简单的办法，使用二极管来防倒灌，可以有效避免悲剧。

（2）排针：例如编码器、摄像头之类的传感器需要经常拔插，使用排针和排母的接口，如果事先不仔细看，很容易插反、插错位，为了避免这种情况发生，可以在一边预留一个空

针,将这根针拔掉,同时将对应排母一端堵住,这样假若插反,就无法插进去。插接件排针的信号排列也对稳定性至关重要,很多情况下要使用万用表和示波器测量排针的输入输出,万用表表笔探头很长,不小心就插到两根针之间,将其短路,在设计排针功能时,要尽量避免短路风险。

（3）测试点：有时要同时连接并测量多个信号,恨不得自己有第三只、第四只手,手忙脚乱中可能连错或者误触导致电路烧毁。考虑到这种情况,在 PCB 板子上为关键信号预留测试点,测试点可以是一个焊盘、一根针,或者是两个排针空,最后将折弯的排针跨接在两个孔上,就成为一个探针环,示波器钩子、鳄鱼夹都可以稳定地连接在上面,当然也可以单独购买专用的测试环,这样就可以安心地调试电路了。

（4）芯片座：有些同学为了更换零件方便,电源芯片使用芯片座与主板连接,包括 7805 这样的"瘦瘦高高"的芯片,芯片插在排母上,有些不稳定,车子跑起来的震动会导致这些芯片的引脚接触不良；假若 7805 的 GND 的引脚因为震动松动了,那么会发生什么呢？若地线接触不良,这时的 7805 失去了参考地,没有了电压控制的能力,输入的电池电压会直通到输出,如果带载是一些脆弱的传感器,那它已经被烧毁了。为了避免这种情况发生,不稳固的芯片不能使用排母,需要焊接在主板上,尤其是电源芯片。

（5）电源插口：电源插口尽量使用带有正负极的端子,例如 T 型头、汽车连接器。而香蕉头之类可能连错的端子应该避免使用；和同学校参赛的小伙伴们协商使用相同的正负极接法,这样借用电池或者其他模块时可以直接使用,避免误用导致电路烧毁。

（6）关于电容的位置,由于陶瓷电容受到应力容易碎裂,因此不能将陶瓷电容放置在板子容易变形的位置,如螺丝固定孔的周围。对于长方形的板子,电容的方向应该与板子长边的方向垂直。

7.8.3 信号检测电路设计

信号检测电路一般属于模拟电路的范围,模拟电路在 PCB 中占的比重比较小,通常只有一组或几组传感器放大电路或采集电路；模拟电路不同于数字电路,信号变化是连续的量,信号采集或者转换时总会受到外界因素的干扰,出现测量值与实际值或理论值的偏差,在 PCB 设计时要尽量减小干扰因素的影响,即提高信噪比。

智能小车上的模拟电路存在两个设计难点,一是小车想要跑得快就必须看得远,而传感器对于远处的被测物体变化通常反应很微弱,采集的信号幅度很小,这对于 ADC 精度有限的单片机采集以及数字化处理是不利的,所以一般都要放大后才能用于单片机采集；二是智能小车的电路通常需要有多种功能,高频数字电路、电机驱动电路、ADC 的数字部分等都会对模拟信号产生干扰。本节讨论传感器信号放大和 ADC 电路设计时的注意事项。

1. 放大电路在 PCB 的布局

传感器的模拟输出一般都比较微弱,一方面是传感器的输出电流小（输出电阻大）,受到互容耦合的干扰而产生波动较大；另一方面传感器的输出电压幅值较小,在接收到干扰之后,有效信号连同干扰信号一起被放大,信噪比低,易受干扰位置如图 7.151 所示。

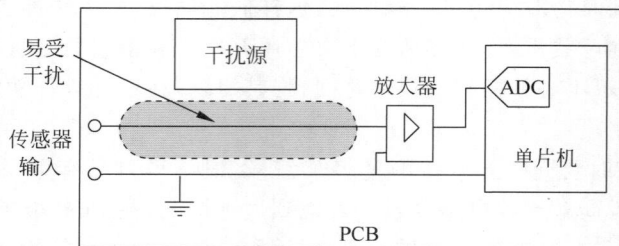

图 7.151 易受干扰的放大器 PCB 布局

因此需要将放大电路排布尽可能地靠近传感器,减小在信号放大之前受到的干扰,提高信噪比。并且要尽量使传感器信号在送入放大器之前与地线或者差分信号之间的闭合面积最小,减少来自电磁辐射的干扰。而放大后的传感器信号输出带载能力强,幅值大,在受到干扰的时候产生的影响也相对较小,如图 7.152 所示。

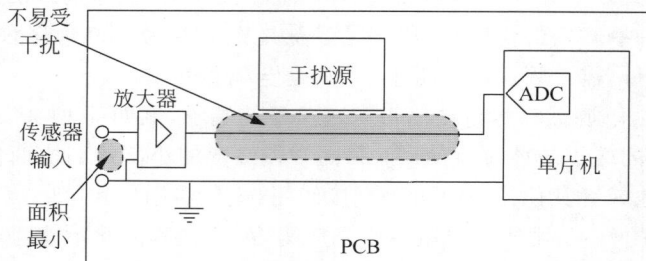

图 7.152 抗干扰的放大器 PCB 布局

2. 如何选择放大方案

输出信号电压幅值小的传感器,使用运放进行幅值放大,通常采用反比例放大的方式。在反比例放大电路中,运放的正输入端接地或参考电压,负输入端在负反馈电路的作用下接近 0V 或参考电压,因此运放工作在线性的电压区间,同时可以避免运放的共模输出给信号的输出带来偏差。

驱动电流小的传感器,或者负载的电流会影响其工作状态的传感器,如感应电磁波的谐振电感,要求放大器网络输入阻抗比较高。运放的正比例放大方式才能达到高输入阻抗的效果。但是要注意,部分运放的共模抑制比不高,共模信号也会放大叠加在输出上。在PCB 的布线上,运放的输出要与正输入端保持距离,否则由于信号线之间存在寄生电容,运放输出耦合到正输入信号上,容易形成正反馈,导致输出失真,严重的还会导致震荡。

3. ADC 模数转换电路

ADC 是把模拟信号转变为数字信号的转换器,其中包含数字电路和模拟电路,在供电和接地的设计上,相对于单纯的数字电路或模拟电路都较为复杂。数字电路的信号数量较多,大量的数字信号同时翻转瞬间会产生较大的瞬态电流,而且数字电路电平在 0 和 1 跳转的工作方式,导致其产生的噪声中包含高次谐波,对模拟电路的精度影响比较大,需要采取特殊的设计来减弱干扰。

无论是专用的 ADC 芯片还是包含片内 ADC 的单片机,都有单独的模拟供电和数字供电,通过之前的学习,我们知道最容易传导干扰的途径是电源网络的直接传导,所以 ADC 电路的数字部分和模拟部分需要分开供电,使用电感隔离电源噪声,如图 7.153 所示。

接地方面也需要特殊处理,传感器运放等模拟电路模块的地线都要与 ADC 电路的 AGND 连

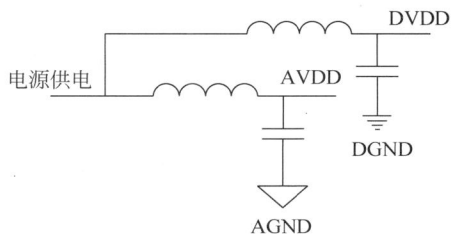

图 7.153　ADC 数模转换的电源

接,单片机的数字部分、液晶屏等其他数字逻辑电路的地线都要与 DGND 相连。

为了便于学习接地方法,引入一个名词"信号回流路径",某个器件产生数字信号后,在信号传输过程中的电流是从器件驱动输出沿 PCB 传输线到负载,再沿着电源网络通过最短路径返回驱动器端。对于我们要讨论的 ADC 电路,其数字信号的回流路径是 ADC 芯片的数字输出→负载→ADC 芯片的 DGND,这里的负载不仅是单片机等接收数字信号的实体器件,也包括信号线在 PCB 上与其他网络之间的寄生电容。

接地不当就会使得数字信号的回流路径穿过模拟电路,对模拟电路的电源精度产生影响。例如,图 7.154 中模拟电路与数字电路完全不分割,模拟地与数字地完全合在一起(灰色部分表示地线),数字信号翻转时候回流路径上的电流就会在模拟电路上产生干扰,同时图中的布局也会有数字信号通过寄生电容直接干扰模拟信号的问题。

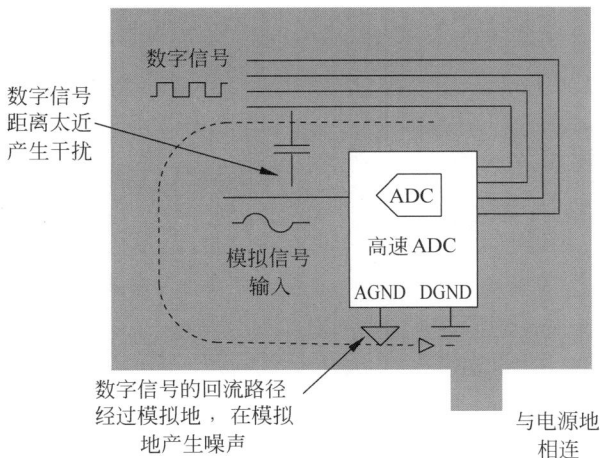

图 7.154　模拟地受数字信号回流路径干扰

正确的地线分割方法应该是让数字信号的回流路径只发生在数字电路内部,独自循环;数字信号与模拟信号要以数字地和模拟地之间的边界作为分界;数字电路和模拟电路要尽量有完整的地平面。智能车最常用的双面板,受限于空间需要双面走线,可能无法做到完整

的地平面,但可以通过正反面的覆铜,并以通孔连接,做出近似完整的平面的效果。图 7.155 所示为隔离方案。

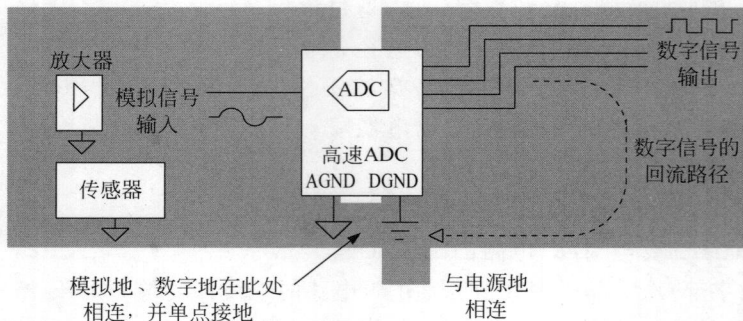

图 7.155　模拟地与数字地隔离方案

对于使用排针或连接器与主板相连的单片机最小系统板,单片机的数字部分和 ADC、DAC 的模拟部分采用相同的方法隔离处理,不同的是其数字地和模拟地不直接短接,而是在排针或连接器分别引出,与主板的模拟地和数字地分别相连。有些应用场景中,主板上没有模拟地,这时可以做简化处理,将单片机的数字地和模拟地在排针的连接点附近相连。针对这两种情况,在设计系统板时可以在模拟地和数字地之间连接 0 欧电阻,针对不同的应用场景选择焊接或者去掉这个 0 欧电阻。

第8章　智能车机械调校与设计

8.1　智能车车模简介

提到智能车的机械部分，早些年曾经有人说：机械占一半，其他工作占一半。现在，智能车竞赛的组别越来越多，传感器种类也各式各样，各支队伍也有了各自的控制方案，机械部分的比重看起来似乎没有以前那样大。

那么，机械在智能车制作中到底有多重要？打个比方更容易解释：如果把智能车比作一个运动员，那么机械就是这个运动员的身体素质，其他部分就是这个运动员的后天训练和器材装备。身体素质决定了运动员成绩的上限，后天训练和装备影响运动员达到这个上限的程度，一样地，智能车的机械部分决定了这个车模的极限速度到底有多快，而其他设计是为了充分发挥到这个极限。

在很多人眼里，机械是摆在明面上的，设计越来越趋同，变化也越来越少，然而，就算机械的细节能看到，甚至照猫画虎学着做出来，也不一定能有同样的表现，在一个车队里，如果负责机械的队员不是"老司机"，也许同一个人搭出来的两辆车都会有完全不同的表现。说起照猫画虎，不由得想到了一个小故事，曾经有两位世界上最优秀的跳远运动员，他们来自不同的国家，赛场内外鲜有交流。直到多年后的一天，这对都已退出体坛的宿敌有机会对话，一个向另一个提出了疑惑多年的问题："我看到你在比赛中有一个动作，一定是你的秘密武器，但我模仿了很久仍然无法提高成绩……"听到这，另外一个露出了微笑："那个动作是我从小就想改掉的坏毛病，但是直到退役都没改掉，否则我不会给你任何机会的。"在智能车圈子里，这样的猜测和模仿也经常出现，例如那个被怀疑为防止车模甩尾的第五轮，其实只不过是一个测速轮；而那个被传说成增加摩擦力的小翅膀，其实只是队员为了好看闲来无事添加的装饰；更有一些被神化的东西，可能只是制作时或仓促或大意带来的一个失误而已，并没有道理。

智能车竞赛经历了从单一车模到现在各组别不同车模的演变，甚至在接下来的比赛中还会有三轮车、自行车、独轮车等各式各样的车模加入到智能车大家庭中来。俗话说，老革命也会遇到新问题，即便在赛场上已经是老面孔的车模类型，在不同年份、不同批次也会有不同的表现。同时,机械方面的掌握和学习,显得周期更长,机械测试本身比较烦琐,影响性能的因素很多,而锁定问题的源头变得非常困难,加上车模及配件的成本和大多数不可逆的改造,使得机械问题很难进行大量测试数据的收集和对比,往往在一个比赛周期之后,感觉还没完全摸清车模的机械性能。更让人烦恼的是,随着车模调试和使用,有些机械问题是慢慢发生的,很小的变化经过积累就会带来很大的影响,就像医学上的慢性病,不易察觉又容易造成严重后果,而这样的变化在编写程序时一般是不会发生的,螺丝可能会在不知情的情况下逐渐松或紧,而变量不会今天一个样,明天另一个样。这一点,调过差速的同学可能深有体会。

自从有了自平衡组后,机械调校就分为两大分支:四轮车模和两轮车模的设计和调校。但其实都是为了符合力学和运动规律进行调校。本章第一节先介绍智能车竞赛中用到的车模,第二节介绍四轮车模的调校,第三节介绍直立车模的调校,第四节根据近两届智能车竞赛新出现的赛题,介绍一些特殊车模的设计思路。

本章提到的车模主要围绕竞速赛进行讨论,创意赛对车模的要求比较宽松,一般来说允许各参赛队根据规则自行设计制作,因此没有统一和固定的调校、设计原则。

8.1.1　车模类型

本小节对智能车竞赛竞速组别中出现的车模进行介绍,由于并非所有车模都是主流选择,所以不进行参数、性能细节的介绍,而在后面的具体机械调校内容中,对主要车模的性能和参数进行具体介绍。

1. A 型车模——为智能车赛而生的经典

A 型车模是目前为止历史最悠久、使用最广泛的车模,很多老队员都非常怀念 A 型车模,由于其在各方面良好的表现,A 型车模也受到很多参赛队员的偏爱。图 8.1 所示为 A 型车模。

从第一届智能车竞赛开始,A 型车模几乎经历了各届所有组别的比赛。尽管现在各组别已不明确规定 A 型车模作为必选车型,但现在仍有参赛队选择 A 型车模参赛并取得非凡的成绩。例如第十一届的信标越野组和摄像头双车组赛场上,都出现了 A 型车模的身影。

2. B 型车模——让人期待让人愁的家伙

B 型车模最早出现在第六届比赛的电磁组赛场,最初的目的是引入更多元的车模及供应商,让参赛队伍有更多的选择,让比赛更有意思。图 8.2 是配备了 380 电机的 B 型车模。

图 8.1　A 型车模

图 8.2　B 型车模

但是,B 型车模自出现伊始就让人又爱又恨,与其强大的动力输出和与动力形成鲜明反差的软舵机、软底盘让很多参赛队员头疼。甚至 B 型车模的轮胎,从泡沫胎,再到发泡橡胶胎,从光头橡胶胎到现在的有胎纹的橡胶胎,似乎始终没有定型,曾经一度,还出现了专门配置给 B 型车轮胎的橡胶套。最让人印象深刻的是,B 车的底盘材质是与覆铜板基板一样的板材,早期使用中经常有底盘撞断的事情发生。虽然 B 型车的各个方面都让人纠结,但也让面对 B 型车模的队员足够玩一整年。

源于对 B 型车 380 电机强劲动力输出的信任,一直有队员期待它能刷新智能车赛速度的记录,但 B 型车从第六届开始就没有达到预期,当时人们把原因归结于电磁传感器的特点限制了 B 型车的潜力。经历第七届与光电传感器的结合后,大家终于在第八届比赛中如愿盼到 B 型车与最能发挥车模速度潜力的摄像头的结合,然而竞赛规则跟大家开了一个不大不小的玩笑,在那一年的比赛中,要求小车倒着跑(事后,从成绩来看,倒着跑并不一定比正向跑慢太多)。这样一个轮回就是三年,终于在第十一届比赛中,摄像头和 B 型车模再次握手,人们期待着最好的传感器配 B 型车模能够变成一头速度怪兽,能够跑出超过 4m/s 的平均速度,但是结果并非如此。原因恐怕仍然要归结于 B 型车是一个矛盾体。

这几年,已经有很多参赛队员开始研究 B 型车模的机械问题,严重的不对称和不统一问题、前轮转向机构的问题、底盘的问题、轮胎的问题等逐渐呈现出来,大家在期待 B 型车模刷新速度纪录方面的热情已经逐渐冷静下来,关注点也逐渐转移到 B 型车模的机械调校中,可以说,B 型车是最考验一个队伍的机械能力的车模。

3. C 型车模——双电机车模亮相赛场

C 型车模同样是从第六届竞赛开始出现的,因为和 A 型车出自同一生产商,因此有良好的口碑,也继承了 A 车的特点,只是在驱动部分从 A 型车模的单电机变成了双电机。C 型车出现的第一年,参加了摄像头组别的比赛,由于当时技术和电机能力的限制,速度和 A 型车还有一点差距,但已经非常接近。此后,C 型车经历过电机的小改进,目前的 C 型车已经比较成熟,表现也很优秀。尤其在双电机的差速控制方面,给编程带来了新内容,这也是 C 型车模在智能车制作过程中吸引人的一个方面。图 8.3 为第一款双电机 C 型车模。

图 8.3　C 型车模

C 型车出现的第二年,就被赋予了新的使命,于是又出现了 D 型车。

4. D 型车模——站起来的 C 型车模

其实,D 型车就是去掉前轮的 C 型车。2012 年第七届比赛出现了新的赛题——自平衡组,C 车模被去掉前轮,迈出了智能车史上的一大步:从四轮行走到两轮直立行走,当时看过组委会发布的调试视频的同学,都多少有点小激动。从那一年起,直立车模为智能汽车竞赛带来了新亮点。图 8.4 是由 C 型车模改造而成的 D 型车模。

直到今天,D 型车仍作为直立车模被部分队伍选择,不过在第十届比赛时又出现了 E

型车模。

5. E型车模——为直立而生

不像 D 型车源自四轮车模,E 型车模应该是专门为直立组别设计的一款车模,如图 8.5 所示,它的底盘不再是两部分,而是一整块。有趣的是,制造商还在底盘上设计了人脸,这个人脸部分被大多数队员认为是没有用的部分,于是曾有人尝试将这部分截去,直到第十一届比赛规则禁止这样做。E 型车与 B 型车模源自同一制造商,因此,继承了 380 电机作为输出动力的特点。动力仍然是 E 型车值得称赞的一点,尤其作为直立车,强大的电机功率让控制有了新空间。

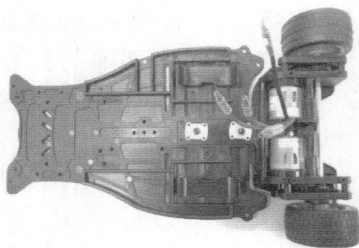

图 8.4 D 型车模

图 8.5 E 型车模

与面对 B 型车模时的情况一样,如何驾驭这样的动力输出也成为主要的课题,强大的动力输出与不太匹配的其他部分,尤其是脆弱的减速齿轮,让很多队员一筹莫展。即便如此,E 型车模很快就取代了 D 型车模,成为自平衡组别各支参赛队首选的车模,哪怕在赛题中有障碍出现,身材略显宽大的 E 型车模仍然是主流。第十届比赛也很快证实了 E 车强大的动力输出所带来的速度上的快感,当届直立车模冠军的表现也让人们开始对直立车挑战四轮车的速度有了新的期待。

6. C1 型车模——新的期待

2017 年,出现了新的车模成员,C1 型车模作为 C 型车模的进化版本被列在比赛可选车模中,从参数来看,C1 型车模选择了双 RS-380 电机,身材也比 C 型车模宽,轮径也比前辈更大。C1 型车模继承了 C 型车模的优点,也在底盘上进行了改进,用整体底盘取代了具有悬挂结构的 C 型车模前后分立底盘,如图 8.6 所示。

所有 C1 型车模的特征,都让人们期待一款各方面性能俱佳的车模出现,但从目前来看,新车模仍然有些地方需要探索,比如全新金属齿舵机 BDS-1000M 在使用上,还是与 Futuba 的经典款 3010 舵机有较大区别,

图 8.6 C1 型车模

全新 C1 可以让制作机械的队员把玩很长一段时间。从初期的使用来看,C1 车模在机械性能表现上有很多方面与 B 型车模类似。

7．D1 型车模——自平衡组新成员

D1 型车模与 A、C、D 型车模来自同一生产商,与 C1 车模一样,都是该生产商对旧车模的升级。D1 车根据多年来直立组别车模使用情况的反馈,进行了更符合直立组别需要的设计。令人眼前一亮的是它配备的 RS380 电机,对老款的 D 型车模来说是一个很大的提升,同时,与 D 型车模不同的是,D1 车模采用了整体底盘,结构更加稳定,如图 8.7 所示。

D1 车模从体型上看,比 D 型车模略宽,轮径也略大。D1 型车模在今后的比赛中将对 E 型车模在直立组中的主流地位发起冲击,两款车模的较量也将成为接下来比赛中的一个亮点。

图 8.7　D1 型车模

8．其他车模

第五届比赛中,曾出现一款被称为新 A 型车模的模型,该车模采用四驱方式,也是到目前为止唯一在赛场上出现过的四驱车模。但是,这款车模仅仅在第五届比赛中使用过一次。

第十一届比赛中,山东赛区允许使用一款新型的双电机车模,这款车并没有在全国各赛区广泛使用,因此性能并没有得到广泛反馈,而该类型车模也仅使用了一届。

另外,新型的车模也在不断出现,可以设想,在不久的将来,也许赛场上会出现独轮车、自行车、三轮车等车模。

8.1.2　智能车竞赛对车模的规定

作为竞速赛的机械平台,为了保证竞赛的公平性,确保不会因为机械性能的差异带来明显的比赛成绩差异,每年的竞赛规则对竞速组所使用的车模及其改装等都进行了严格的规定。而创意组的车模限制就比较宽松,只要能够在规定范围内完成赛题,各参赛队可以自行选择或设计制作车模。

竞速赛规则中,主要对车模尺寸、轮距、轴距、底盘、轮胎等方面进行了规定,每年会有微调,但总体上对车模机械部分的规定有以下内容:

(1) 禁止不同型号车模之间互换电机、舵机和轮胎;

(2) 禁止改动车底盘结构、轮距、轮径及轮胎;如有必要可以对车模中的零部件进行适当删减;

(3) 禁止采用其他型号的驱动电机,禁止改动驱动电机的传动比;

(4) 禁止改造车模运动传动结构;

(5) 禁止改动舵机模块本身,但对于舵机的安装方式、输出轴的连接件没有任何限制;

(6) 禁止改动驱动电机以及电池,车模前进动力必须来源于车模本身直流电机及电池;

（7）禁止增加车模地面支撑装置。在车模静止、动态运行过程中，只允许车模原有四个车轮对车模起到支撑作用。对于光电平衡组，车模直立行走，在比赛过程中，只允许原有车模两个后轮对车模起到支撑作用。

（8）为了安装电路、传感器等，允许在底盘上打孔或安装辅助支架等。

（9）作为车模的重要部分，规则中对轮胎的限制也是严格的，并且在比赛中的检查也是最严格的。参赛车模的车轮需要是原车模配置的车轮和轮胎，不允许更改使用其他种类的车轮和轮胎，不允许增加车轮防滑胶套。如果车轮损坏，则需要购买原车模供应商出售的车轮轮胎。允许对原车轮轮胎做适当打磨，但要求原车轮轮胎花纹痕迹依然能够分辨。不允许对原车轮胎进行雕刻花纹。对于车轮数量，安装没有支撑作用的测速轮则是允许的。参赛队伍的轮胎表面不允许有黏性物质，检测标准如下：车模在进入赛场之前，车模平放在地面 A4 打印纸上，端起车模后，A4 打印纸不被粘连离开地面。

有时，规则还会对直立车模电池的安装位置进行限制。

从历年规则中看，对车模的改装总的来说被限制在车模配件允许的范围内，也就是说，车模套装内，提供的改装配件，通常都是允许使用的。对底盘的改装一般遵循"只能做减法，不能做加法"的原则，对于底盘打孔的规定一般要求不能打明显无意义的孔，底盘上的打孔要求是可以为了机械安装而打，不能为了减轻重量或者阻力而打孔。

底盘的加固和两部分底盘的连接在规则里也有相关要求，通常，不允许使用其他材料对整个底盘进行加固，底盘前后两部分的连接允许用覆铜板（或相同材质的板材）进行固定，允许去掉原有的避震结构，但不允许使用更为坚硬的金属板材进行连接和固定。

舵机及电机的易碎标签必须完整，这也是为了在动力和转向输出方面基本保证各参赛队平台一致。

在了解规则之后，就可以在规则允许的范围内对车模进行改装和调校了。

8.2　四轮车机械调校

上一节简单介绍了历届智能车竞赛出现过的车模，这些车模在不同的组别或不同的改装下，会有不同的调校。同时，根据不同的控制风格、传感器选择等，也会根据实际情况进行不同的调校。作者在介绍这方面内容的时候，也经过了反复思考和讨论，如何能够把机械调校讲得通俗易懂，又能解决实际问题，是一个难题。因为在机械调校的过程中，并不存在一把万能钥匙，机械问题往往是各种问题的组合，轮胎、底盘、重心、四轮定位甚至驱动电路、算法，都影响整个车模的状态，而机械调校的目的是适应车模状态，让各方面的综合性能发挥到极致。

最终，这里回避了形式化地介绍那些在教科书和网络上很容易查到的笼统的机械概念，而通过分享由参赛队员多年来总结出来的经验来解决一些常见的具体问题，旨在抛砖引玉，希望把方法拿出来让更多的同学讨论和实践，最终掌握其中的规律。

8.2.1 虚位处理

讲虚位之前要引入两个机械概念：过盈与间隙。通常，在机械设计和制造过程中，为了让两个零件之间紧密连接，会使用过盈配合，例如一个圆柱形零件要插入一个孔中，为了让它们配合紧密，设计圆柱的直径略大于孔径，这就是过盈配合；反之，在设计中，为了两个配合的零件之间可以有相对位移，则会采用间隙配合。

但是，因为零件的磨损，过盈配合在长期使用或拆装后，也会产生间隙，间隙配合经过磨损后，间隙会进一步变大，不期望的间隙就会造成虚位。而像这样在车模生产以及后期的组装过程中在零件结合的地方产生的非设计范围内的间隙，就带来了"过度虚位"。虚位的存在提高了零件之间结合的灵活性，但是会使车模行驶过程中产生很大的不确定因素，使其稳定性下降。

在实际制作中，我们既希望提高小车的稳定性，但同时又希望不降低其灵活性，因此我们首先要确定什么地方应该有间隙，什么地方应当是过盈配合。在有间隙的结合部位，我们应当根据其灵活程度的需求，确定虚位的大小。

通常，我们会对零件之间的虚位做一些特殊的处理，以确保获得合适的间隙。首先，我们可以在轴、球头等部位加入润滑脂，润滑脂的作用是为了实现双向调节，让两个零件的结合部分的虚位被润滑脂填充，使虚位有一定的阻尼，同时，润滑脂也能保证良好的活动能力。但是，润滑脂的缺点是容易脏，需要经常清洁和更换润滑脂。

另外一种方法是在零件结合处加装垫片，通过对垫片的调整来调整虚位。而通过垫片材质的选择，也能达到对零件活动能力的改变。

还有一种不太常用但在某些地方十分有用的方法就是使用胶水，这种方法通常在对球头虚位的改善中经常用到。将502胶滴入球头后，不停旋转球头和连杆，直到胶水凝固，这样可以得到较好的球头配合。

8.2.2 轮胎处理

在竞速车模行驶的过程中，轮胎的抓地力对车模的稳定性、转向灵活性、制动能力等起着至关重要的作用。但是原装车模的新轮胎往往不能满足高速车模的需求，因此我们需要对轮胎进行一些人为处理。

在观看一级方程式赛车比赛时我们会发现，方程式赛车的轮胎有许多不同的种类，分别适应不同的赛道情况，如干胎、雨胎。干胎又分为硬胎、中性胎、软胎、超软胎。仔细观察会发现所有的干胎表面均没有胎纹，这是因为一级方程式赛车赛道比较平坦，不需考虑轮胎对不同路面的适应能力，且在干燥路面行驶时不需考虑轮胎的排水性能，而又需要尽可能加大轮胎与地面的接触面积以加大摩擦力。越软的轮胎越能与地面更好地贴合，增大之间的接触面积，所以一般情况下安装了超软胎的赛车速度较快。图8.8所示为F1赛车不同类型的轮胎。

图8.8中从左到右分别为湿地胎、全雨胎、超软胎、软胎、中性胎、硬胎。

图 8.8　F1 赛车轮胎

　　智能车大赛原装车模的轮胎大多带有花纹,这是为了使其适应不同的路面情况,车模原配轮胎如图 8.9 所示。在智能车大赛中,赛道相对比较平坦、干燥,其赛道情况近似于方程式赛车中的干燥路面,所以对轮胎的选择也应近似方程式赛车的超软胎。为了提高轮胎的抓地性能,我们希望轮胎上的花纹更浅,胎质更软。但在处理过程中一定要注意遵守规则,轮胎不能有黏性,不能改变性质,车模在赛道上运行之后,不能够留下可辨析的痕迹。

图 8.9　车模原配的轮胎

　　直接对轮胎进行打磨比较困难,且容易使轮胎厚度不均匀,所以处理轮胎最好的方法就是多跑。可以铺设一条难度较简单、专门用来打磨轮胎的赛道,将需处理的轮胎装到车上,在赛道上长时间地行驶。一段时间后就会发现轮胎上的胎纹变浅,且胎质已经变软,而且这个时候的轮胎,是符合接触地面的几何形状的,相比起来,人工打磨的轮胎会导致整个轮胎在运行过程中接触地面不均匀,带来车模的抖动、跳轮等现象。

8.2.3　差速处理

　　对于车模来说,其两个驱动轮在转向时由于转弯半径不同,所以其转速也不相同。只有一个驱动电机的车模(如 A、B 型车模),靠驱动轮的机械差速机构来实现同一轴上的两个车轮差速运动,这就需要我们对差速结构进行调整以达到良好的差速效果。而双电机车模的两个驱动轮是独立控制的,因此,双电机车模的差速是靠程序对两个车轮的速度控制实现的。

　　现代汽车上的差速器一般为行星齿轮差速器。为简化结构,智能车竞赛车模上采用了功能相似的滚珠差速器。一个滚珠滚动时,其垂面两侧的位移方向不同,这就是滚珠差速器的原理。图 8.10 所示是 A 型车模的差速盘。

在转弯时,如果差速过紧,使得两个驱动轮不能达到其最合适的转速,则会使两个驱动轮互相角力,从而使整体抓地力下降;如果差速过松,则会导致两个轮子过度空转,使电机驱动力下降,降低其加减速性能。在实际调整过程中,需要对机械差速机构进行仔细校正,过松或过紧都会对小车性能产生负面影响,其调节方法如图 8.11 所示。检验差速机构性能是否良好时可以采用以下方式:固定住两驱动轮,再用手推动差速齿盘,能感受到一定的阻力;固定住差速齿盘,转动一个驱动轮,另一个驱动轮能够反相转动,如图 8.12 所示。注意,在差速调节时,螺丝旋转 1/8 圈都会产生明显的变化,因此要十分细致。

图 8.10　车模原配的轮胎

图 8.11　车模调整差速

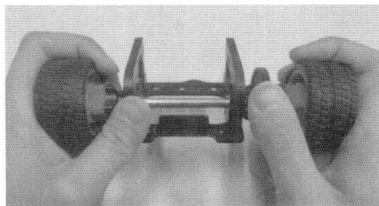

图 8.12　检验差速性能

8.2.4　底盘处理

对于 A、B、C 型车模来说,原装的底盘固定方式是通过悬架将前后底盘连接(如图 8.13 所示),这样的连接方式是为了让车模在颠簸路面及弯道上行驶时四个轮都可以可靠接触路面,提高车辆行驶的稳定性,同时也可以避免因车辆姿态快速变化而引起失控,相当于越野车上的悬挂机构。而这样的悬挂结构缺点是能量损失,在有些情况下,还会产生共振导致车模不停颠簸。

在智能车比赛中,赛道基本上是平坦的,而采用上述悬挂连接方式时,车辆在行驶过程中会因底盘的形变而损失动能,进而降低了车模的加减速性能。因此有时我们需要改造车模底盘的连接结构,可用一块硬质板材(根据规则要求,通常选用覆铜板)对前后底盘进行固定。但是采取这种方式,同时也会降低车模在复杂路况上行驶的稳定性。所以在实际改装过程中,我们需要根据实际情况进行调整。图 8.14 所示是经过硬化连接的 B 型车模底盘。

另外,底盘有时还需要进行平整处理和部分加固处理,由于底盘是整个车模的主体结构,因此在处理的过程中要十分注意对称性,在加工的过程中注意尽量不要破坏底盘原有结构,以免使底盘变得脆弱,从而导致断裂。

图 8.13　车模原配的轮胎

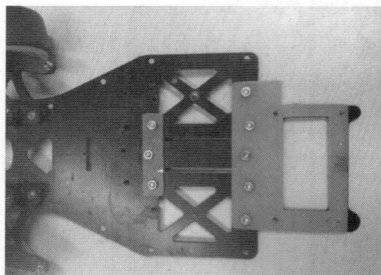

图 8.14　用覆铜板代替悬挂结构连接底盘

8.2.5　防撞结构

车模在高速行驶的过程中,难免会发生失控的情况,所以给车模加装防撞机构是非常必要的,可以减少车模因失控而冲出赛道甚至猛烈撞击而产生的损坏。常见的防撞机构有以下几种:碳杆、海绵、金属支架等。

8.2.6　关于新 C 车模

C 型车模的生产厂商在 2017 年推出了新的 C1 型车模,这款车模在旧款 C 型车模的基础上做出了较大的改进,如图 8.15 所示。

(a) 正面

(b) 反面

图 8.15　新的 C1 型车模

C1 型车模底盘长度为 260mm,总长度为 280mm,总宽度 180mm,采用了双 RS380 电机提供动力,BDS-1000M 金属齿舵机提供转向。表 8.1 是官方给出的新款舵机与老款 Futuba 舵机的性能参数对比。

表8.1　Futuba 3010 与 BDS 1000M 参数对比

名　　称	响应速度	电源范围	齿轮材料	扭力	重量	尺　　寸
Futuba 3010	0.20sec/60°	4.8～6V	塑料	6.5kg/cm	41g	40mm×20mm×38.1mm
BDS 1000M	0.15sec/60°	4.8～6V	金属	15kg/cm	58g	40mm×20mm×37.5mm

从表中给出的数据来看,新款舵机在性能上优于传统的 Futuba 3010 舵机。但是,在使用过程中,仍然需要一定时间的磨合,这款舵机依然存在工作不稳定的情况。经过一段时间的使用,发现该款舵机的中心值不固定,经常出现飘移或跳动,使得车模在调试过程中出现很多不方便的地方。

另外,由于该款舵机扭力增加,在使用过程中可以适当考虑调整舵机输出轴连杆长度。C1 型车模在出厂时配置了舵机输出轴连接件,同时也给出了舵机安装结构(见图 8.16 和图 8.17),其舵机安装方式由原来的不对称卧式安装改为立式对称安装,总体来看,安装更加方便,左右对称,但是提高了整体重心。

图 8.16　随车模配置的舵机轴输出连片

图 8.17　车模默认配置的舵机安装架

另外,C1 车模配件包中还附送了光电组传感器的固定支架,可以方便安装。这也大幅减少了车模制作安装的工作量,也降低了购买和加工配件的成本。从车模底盘腹部的刻度标线也不难看出,这款车模在设计过程中的细节,如图 8.18 所示。

C1 型车模最大的改变还包括底盘,该车模放弃了悬挂连接,直接将底盘制作成完整的一块,因此,选择这款车模将不用再加工前后底盘连接件。但是,这也带来了底盘柔韧度无法调节的问题,降低了车模可调空间,在机械调校过程中的自由度降低。

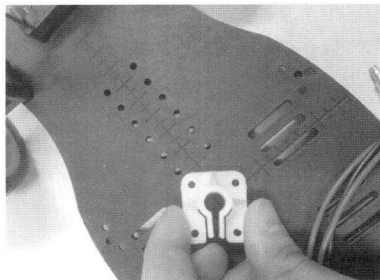

图 8.18　C1 型车模配置的传感器安装底座和底盘刻度标线

此外,这款车模的前轮转向结构绝大部分依然采用了原有 C 车模的机件,明显可以看出与新车模的整体设计不太协调。

8.3 自平衡车模的机械调校

从 2012 年第七届全国智能汽车竞赛开始,智能车家族添加了新的成员——两轮直立车
(又叫自平衡车)。当年并没有专门的自平衡车车模,
而是选用去掉前轮及转向机构的 C 型车模,如图 8.19
所示。第七届比赛中自平衡车配合电磁传感器设置的
是自平衡电磁组比赛。

直到 2015 年全国总决赛创意组比赛时,自平衡车
模又增加了新的成员:球车和自行车,这两种车模只在
创意组中出现,并没有变成竞速赛赛题,会在本节最后
简单介绍一下。而目前通常所说的自平衡车或直立
车,一般都是指竞速赛中的自平衡车。

图 8.19 参加 2012 年第七届比赛
的电磁自平衡车

自从自平衡组出现后,一直都吸引着很多参赛队
员的关注,自平衡组也经历了与电磁传感器、线阵 CCD 传感器、摄像头传感器的不同组合。
车模速度也越来越快,对机械结构的要求也越来越高,不但要拼控制,更要拼结构。

与此同时,适用于自平衡组别的车模也不断出新,从一开始“临时代班”的无前轮 C 型
车模,到转正为 D 型车模(其实仍然是无前轮 C 车模,后期对电机进行过更新),到 E 型车
模,再到今年的 D1 型车模,每次更新,都给机械方面带来了新的课题。自平衡车模完成比
赛需要实现三个基本控制任务:

(1) 控制车模平衡:通过控制两个电机正反向运转保持车模平衡。

(2) 控制车模速度:通过控制车模倾角实现速度控制,本质还是对电机转速的控制。

(3) 控制车模转向:通过控制两个电机的差速实现方向控制。

相比于四轮车,直立车的控制更加复杂。良好、科学的机械设计是车模正常调试的保
障。本节讲解两轮直立车的机械设计。

8.3.1 车模简介

目前智能车竞赛规定可以参加自平衡组比赛的车模有 D 型车模、E 型车模和新出的 D1
型车模。

1. E 型车模

在 2017 年比赛以前,自平衡赛题组比较主流的选择是 E 型车模,该车模从出现的那一
刻起,就因较宽的轮距和较强的动力,逐渐取代了 D 型车模。如图 8.20 所示,E 型车模由北
京科宇通博有限公司生产提供,尺寸为 25.5cm×21.5cm×7.5cm,全车滚珠轴承。

E 型车模配置两个 RS-380 直流有刷电机(四轮车模 A 型车的同款驱动电机),该型号
电机运行电压为 7.2V,转速 15000r/min,如图 8.21(a)所示。

车模配置直径 65mm、宽 25mm 的橡胶轮胎,内部填充物为海绵。相比起动力,轮胎略

显逊色,轮胎材料比 D 型车模的略硬,如图 8.21(b)所示。

(a) RS380直流电机   (b) 轮胎   (c) 轮毂

图 8.20 E 型车模   图 8.21 E 型车模配置的 RS380 电机、橡胶轮胎及轮毂

这里特别需要介绍的是 E 型车模的传动齿轮,如图 8.22 所示,其电机配套的齿轮是可以更换的铜质齿轮,减速齿轮则用的是塑料材质。由于该车模电机动力强,直立车模在控制时如果没有保护,会出现电机频繁正反转或者突然提速的情况,这样就很容易导致减速齿轮扫齿,即便算法有处理,经常调车时也会发现塑料齿轮盘齿部磨损严重,需要定时更换。

2. D 型车模

D 型车模其实就是从 C 型车模演变过来的,基本上是直接去掉前轮转向机构的 C 型车模,由于 C 型车模本身是四轮车模型,底盘分为前后两部分,配置有避震装置,因此在 C 型车模改造成 D 型车模的过程中,还要进行前后底盘连接装置的制作。

D 型车模由东莞博思威龙公司提供,如图 8.23 所示,该车模继承了智能车竞赛中传统车模的外观和材料质感。比 E 型车模轮距窄(约 16cm 宽),电机使用的是 RN-260 电机,相比起 RS380(标称功率可达到 26.5W)略显动力不足,在最近几届比赛中逐渐被 E 型车模取代,但其灵活性仍然是一些参赛队选择其参赛的原因之一。

图 8.22 E 型车模配套齿轮   图 8.23 D 型车模

最早的 D 型车模的动力来自于两个 7.2V 供电的 RN-260 直流有刷电机,功率为 4.17W。后来,车模供应商对电机参数进行过调整,提升了功率输出,但是仍然无法与 RS380 相比。

3. D1 型车模

如前文所述,第十二届大赛开始,自平衡车模引入了 D1 型车模,全车尺寸 18cm×20cm× 6.5cm,较 E 型车轮距窄了 15mm,比 D 型车模轮距宽了约 2cm。D1 型车模设计成了整体底盘,底盘材质更硬。另外,在第十届比赛时,很多队伍为了让车模结构更紧凑,切掉了 E 型车模特别设计的人脸部分,让那个设计变得有点鸡肋,此后规则规定不允许做"如此残忍"切割,新的 D1 型车模在这方面进行了改进,因此这也许是将来参赛队伍选择 D1 型车模的重要原因之一。D1 型车模如图 8.24 所示,其所配置的电机如图 8.25 所示。

图 8.24　D1 型车模　　　　　　　图 8.25　D1 型车模配置的 RS380 电机

如图 8.25 所示,新的 D1 车模也选择了 RS380 直流电机作为动力输出,因此参赛队伍再也不用为动力而纠结该选哪款车模。同时,D1 型车模的轮胎继承了供应商一直为 A、C 型车模提供的轮胎材质,轮胎直径 65mm,宽 25mm,内部选用海绵填充,如图 8.26 所示。

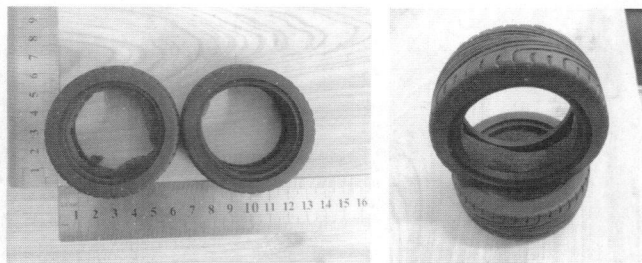

图 8.26　D1 型车模的轮胎

D1 型车模轮毂(如图 8.27 所示)依然继承了同系列车模的红色外观,材质细腻光滑,结实。同时,作为新设计生产的车模,包括轮毂在内的其他各部分机械配合都显得非常紧密。

值得一提的是,车模底盘上设计了标尺刻度,将会给机械制作和调整带来很大方便。

D1 型车模的传动齿轮部分也给人结实可靠的感觉,但实际效果还需要进一步调试验证。如图 8.28 所示的齿轮结构图,减速齿轮盘由 4 颗螺丝固定,轴与轮之间是通过六棱柱连接,新款 D1 型车模目前在试用过程中,初步体会是齿轮啮合基本不用调节,不易扫齿,法兰盘、车轴、车轮的固定方式不易打滑,同时虚位较小。总体看来,D1 型车模的设计可大大减轻机械调校负担,表现值得期待,当然,还需要大量的试验和探索。

图 8.27　D1 型车模的轮胎　　　　　　　图 8.28　D1 型车模的轮胎

8.3.2　自平衡车模的机械调校

相比于四轮车模的底盘调校,自平衡车模的调校有很大不同。自平衡车模更多的是传动和平衡位置的调校,包括对轮胎的处理也有很大区别。

本节主要介绍自平衡车模特有的调校方法,至于传感器架设方式和机械参数的选择,因为与四轮车模基本相同,不作特别介绍。

1. 底盘预处理

因为生产批次、厂家加工模具的不同会导致车模质量区别很大。拿到车模后,首先看底盘是否平整,不平整的底盘会影响齿轮啮合,不利于车模控制。如果不平整,可以将底盘上零部件全部卸下后放在热水中浸泡,然后压上重物,时间可以根据底盘变形情况而定。

E 型车模底盘出厂时预留了电池卡槽,因为电池的安装位置一般都不在这里,所以可以把其从底盘上去除,也可以保留下来起到加固底盘的作用。

对于车模头部笑脸部分(新 D 车模无笑脸部分),在竞赛规则允许去除的情况下,建议去除,这样可以减轻底盘质量,使重量更加集中在车轴两侧,减小转动惯量。

2. 齿轮啮合调校

由于自平衡车模为了保持稳定平衡状态,并且加减速、转向等动作的完成都是靠驱动电机通过减速齿轮向车轮提供动力来完成的,因此,齿轮的啮合显得非常重要,如果齿轮啮合过松,会导致姿态调整的滞后和冲击,带来不稳定的问题。而齿轮啮合过紧,会带来能量损耗和灵活性不够的问题,所以适当的齿轮啮合对自平衡车模来说非常重要。自平衡车的齿轮调节是一个难点,一方面是因为车模本身设计的传动系统导致使用者在安装电机过程中必须把差速机构完全卸下来,安装时只能凭手感进行啮合,松紧不好拿捏。另一方面由于厂家生产的差速齿轮质量良莠不齐,有些齿轮不同心,导致啮合的调节过程非常困难。

这里说的适当的齿轮啮合除了啮合松紧以外,还包括同轴性和动态平衡。但是很遗憾的是,不论 D、E 还是新的 D1,给齿轮啮合调整的空间并不大。通常用以下方法来进行调整:

(1) 首先固定好电机和齿轮,减速齿轮盘螺丝调至半松(拧紧后,向反方向适当拧松),然后用手转动车轮,转动过程中,调整齿轮的位置和电机固定螺丝的松紧;

(2) 然后,高速旋转车轮,听齿轮声音是否匀称;

(3) 给电机通电,一段时间后,发现声音基本匀称,可以把螺丝拧紧,但不要一次到位,转一转,紧一紧,避免螺丝拧紧过程中导致齿轮或电机发生位移而产生偏心;

(4) 对于自平衡车模的齿轮,调整空间不大,就需要从材料本身进行调整,选择配合最好的齿轮进行安装,是最有效的办法。

(5) 对于不同心的齿轮就需要人为修正,首先,用钻头对齿盘固定孔进行扩孔处理,使得齿盘和法兰盘安装在一起时可以各个方向摇晃。然后用螺丝将齿盘和法兰盘用力拧在一起,固定在车轴上。之后,用适当的电机转速反复不断地推挤齿盘,直至声音变得低沉均匀,保持此位置不变。最后用强力胶水把法兰盘和齿盘固定死,到此,齿轮修正就算结束了。

3. 平衡状态调整

平衡状态的调整主要包括车模重心高低和重量分布的调整,和四轮车的原理相同,重心高低以及重量分布集中还是分散对车模的状态影响是不一样的,根据不同的需求进行调整最重要。

目前,总的趋势是希望重心降低以便克服车模高速运行时的侧倾现象,重量分布也趋向于集中在车中心,以保证转向的灵活,而这样的趋势,对直立的稳定性是有消极影响的,则需要在控制方面做更高的处理。

而车模重心和重量分布的主要调整手段是以下几个方面:①底盘方向;②电池固定位置;③电路板分布位置;④传感器布置方式;⑤额外配重。下面通过往届比赛的例子对这些方法进行介绍,具体选择什么样的调整,还需要根据车模自身的情况进行修正。

最早的自平衡车模设计方案源于官方提供的参考方案,这个时候的车模可以称为真正意义上的"直立",车身整体竖直向上,电感架子与底盘垂直并向前延伸,如图 8.29 所示。

这样的结构控制相对简单,重量分布相对集中,但是重心较高。通过对控制的调整,这种结构的车模比较容易实现直立和前进,不过由于重心高,很难达到较高的速度,同时,在架设传感器时,希望有更远一点的前瞻,这样的结构就需要使用更长的架设杆,因此带来了冗余的重量。

在第七届比赛全国赛场上,有很多队伍对这样的结构进行了改造,通过将底盘前倾的方式将直立车模的重心降低,用底盘自身的长度代替了一部分传感器支架,由于采用这样结构车模的参赛队取得了很好的成绩,因此这样的结构成为自平衡车模第一次风靡赛场的主流结构,如图 8.30 所示。

图 8.29　最早的自平衡电磁车模

图 8.30　前倾式的自平衡车模结构

从图中可以看到,由于前倾,整个车模重心降低,而电池放在车模底后部,用来平衡前倾的车模,这样的设计可以使车模速度得到提升。

在第八届智能车全国大赛中,绝大多数车模都使用了前倾式的结构。不过,第八届智能车赛的自平衡组是结合线阵 CCD 传感器,并不需要通过传感器支架对传感器前瞻进行延长,因此在这届比赛中,太原理工大学的自平衡车模率先选择了新颖的后仰式结构,如图 8.31 所示。

这样的结构设计也是出于一次偶然,并不是理论推演的结果。在第八届比赛的赛题中,为了进一步考验车模的平衡稳定性能,增加了路障,也就是人为设置了赛道上的不平坦部分,当时的队员为此很头疼。利用前倾式设计,每次在过障碍时都很不稳定,突然有一天,一个意外发生了,车模在越过障碍后失去控制,开始倒行,这时,太原理工大学的队员发现,车模倒行过障碍的时候,没有严重的失衡现象,于是对车模进行改造,打破主流的前倾式结构,而设计了如图 8.31 所示的后仰式。同时,对电池支架、电路板的布局进行了改动和调整,让整个车模的重心更靠下,重量分布更集中,很好地解决了车模跨越障碍时的稳定性问题。在那年的全国总决赛中,只有北京科技大学和太原理工大学两支队伍采用了这种结构,最终两支队伍分别获得第一名和第五名,从此后仰式的结构又引领了自平衡车模的主流趋势。

图 8.31　太原理工大学的后仰结构自平衡车模结构

4．电池和电路板的布置

电池是影响整车重量和重心的关键部件,选择恰当的位置固定电池,对车模最终的机械性能起到至关重要的作用。无论前倾还是后仰的结构,一般都选择在车轴前方或后方靠近轮胎的地方安装电池,同时,电池距离车模的远近、高低都可以用来调节车模的重心和重量分布,因此电池的安装是可选自由度较大的部分。

整车从侧面看,电池面和底盘面构成 V 型,使得全车重量均匀分布在车轴两侧,有利于实现小车平衡。那么这个 V 型的张角多大才合适呢?综合车模平衡和运行原理,我们希望重心低一点,但不是越低越好。为了让车模重量分布更集中,我们希望电池更近一点,如图 8.32 所示,E 型车模的电池能刚好卡在齿盘内 3~5mm,因此要格外细致地安装,避免电池及其附件与传动齿轮发生干涉,影响车模稳定。

从图 8.33 所示的后仰车侧面图可以看到,平衡时电池平面与地面夹角为 35° 左右,底盘平面与地面夹角为 30° 到 45° 是较推荐的设计方案,这样的方案基本综合考量了转动惯量和重心等因素的平衡,不论前倾还是后仰基本都可以稳定快速行驶,同时安心过坡。

图 8.32　电池与齿盘之间的间隙

图 8.33　后仰式自平衡车侧面

电路板安装在电池表面,推荐将电路集成在一张电路板上,这样集成度高,稳定性好,而且可以减轻重量、方便安装。

5. 架设传感器

传感器架设包括循迹传感器和角度姿态传感器,循迹传感器又包括电磁传感器和光学传感器。

首先看电磁传感器,电磁传感器依靠电感来感知赛道信息,它不同于光学传感器,获取前瞻需要通过加长电感支架来实现,所以要想提速势必需要加长支架的长度,继而带来转动惯量增大的问题。因此在架设传感器时,需要折中考虑前瞻长度。图 8.34 所示为第十一届比赛中电磁直立组别全国总冠军中南大学的车模。

图 8.34　电磁自平衡车模传感器的架设

前瞻支架尽量选择质量轻、强度高、韧性好的材料,碳钎杆可以满足上述需求。同样地,尽量选择质量轻、品质因数高的电感。合理的电感架设高度应该使得车模能安全上坡,且信号稳定。架得太高虽然过坡没问题,但是信号不稳定,太低则可能导致撞坡。所以要结合前瞻将电感调节到合理的高度区间。另外,前瞻和平衡位置是一一对应的,要想增加前瞻,在不改变机械结构的情况下,只能靠增加配重来实现。

光学传感器包括线阵 CCD 和摄像头。此类传感器的前瞻调节无须改变支架的位置和长度,只需要调整高度来改变视野。所以在车模搭建过程中即可调整到适合的重心位置,该平衡位置基本不会受到前瞻调节的影响。

角度姿态传感器包括陀螺仪和加速度计。角度传感器的架设不宜太高也不宜太低。太高噪声大、易被干扰、不稳定,太低则不灵敏。高和低的标准以电机位置为界限,并且尽量远离电机,防止干扰。

对于传感器的安装角度,只要保证直立状态下沿车模前进和后退的方向都有足够空间,可提供角度输出即可。另外需要特别注意的是,安装时要保证传感器在车模转向轴上没有角度分量,否则会导致车模行驶在不同方向弯道时角度输出有误,影响车模的精准控制。

6.轮胎处理

一副好的轮胎是车模高速行驶、过弯的保障,自平衡车模的轮胎处理和四轮车模有相同也有不同,从表面处理来看,基本相同,但是自平衡车模没有四轮定位,无法调整主销倾角等角度,同时,为了稳定,不能过分具有弹性,因此内部填充物的筛选也不一样,厂家提供的轮胎内部填充物是海绵,但胎质本身较硬,经常发生不圆的现象,如果未经处理直接上赛道运行,可能会出现颠簸、弯道打滑等问题。

为了提高小车整体速度,在小车达到一定速度后需要对轮胎进行优化处理,增大摩擦力。新轮胎并不是一开始就要处理,最好上车跑过一段时间后再针对性地进行处理。有的轮胎不处理就是最佳状态,越跑摩擦力越大,因此平时经常擦拭做好维护就行,无须处理。而有的轮胎则是跑一段时间后才适合处理。

处理方法是使用专用的轮胎软化剂,软化剂可以增大橡胶分子链之间的距离,减小分子间的作用力并产生润滑作用,使分子链间容易滑动,从而增加轮胎塑性。图 8.35 所示为常见的轮胎表面软化剂。

市面上可以购买到轮胎软化剂,每次使用时均匀喷涂在轮胎表面。使用频率大概是两天一次,平时多跑多用。持续使用才能有明显的效果。由于软化剂味道比较刺鼻,使用时尽量在干燥通风的地方,并且避免直接接触皮肤。

另外,巨大的摩擦力势必导致车模转向时轮胎产生侧向形变,所以需要将轮胎与轮毂紧紧粘在一起,确保转向时抓地力不流失。通常使用硅胶进行密封处理,也可以使用 502 之类的胶水沿着缝隙注入。图 8.36 所示是用硅胶粘好的轮胎。

自平衡车模,从进入比赛伊始,就让人耳目一新,从机械调校到控制算法,一直吸引着参赛队员无数昼夜为之着迷、为之神伤。随着比赛的不断进行,自平衡车模的技术也日臻成熟,同时也期待更大的突破。

图 8.35 某品牌轮胎表面软化剂

图 8.36 电磁自平衡车模传感器的架设

8.3.3 球车和自行车

第十届智能汽车竞赛总决赛的创意赛赛场上,出现了吸引人的赛题:球车和自行车。球车的自平衡方式主要是依靠在球上的万向轮驱动,使球运动来保持平衡,自行车的平衡方式则有两种,一种比较主流的方式是使用惯性飞轮,通过调整飞轮的转速(向)来调整车模的平衡,另一种则是与现实中自行车类似,通过调整摆把来调整车模的平衡。图 8.37 所示是太原理工大学参加第十届智能汽车竞赛创意赛的自行车,车模全部由参赛队员制作,并且采用摆把方式控制平衡。

图 8.37 第十届总决赛创意组
比赛中的自行车作品

因为球车和自行车的车模没有规定供应商,因此出现了各种设计。本节只作一个展示,为今后智能车赛类似的赛题抛砖引玉,在此不做过多的技术讨论和分析。

同时,除了球车和自行车,在第九届全国总决赛的创意赛赛场上,还出现了独轮车,都是值得学习和研究的。

8.4 节能车的机械设计和调校

2016 年第十一届全国大学生智能汽车竞赛创意赛的赛题中出现了节能组,赛题一公布便引起了广泛关注,不仅仅因为赛题本身,还因为在新能源动力和节能方面已经成为汽车工业的一个热点。在第十一届比赛中,来自不同学校的约 20 支队伍,选择了各式各样的方案在赛场上角逐。紧接着,在 2017 年,节能组已经出现在竞速赛的赛题中。节能组的赛题,与其他竞速赛不同,它不仅仅要求速度,同时车模运行一圈所消耗的电能也作为考评指标之一,两部分成绩决定最终名次。从 2016 年的比赛来看,节能和速度的取舍成为各支队伍制定方案过程中不能回避的矛盾,有一部分队伍选择了速度优先,有一部分队伍选择了能耗优先。从最终的比赛结果发现在能耗这一指标上,各支队伍相差很多,有些队伍耗能 200 焦耳左右,有些队伍耗能上千焦耳,速度方面,也相差数倍。相信在今后的比赛中,各支队伍在能耗和速度上依然要做一番决策。但是由于节能组车模的选择是开放的,没有限制车模类型,甚至可以自行设计和制作,因此在机械方案选择上,就有了更宽广的空间。本节将给大家介绍一些节能组可能会遇到的问题,并尝试给出一些建议,为广大参赛队员做一个抛砖引玉的介绍。

8.4.1 车模方案的选择

节能车在车模结构上由于不受限制,所以可以自由发挥,根据目前市面上的材料,方便制作的车模种类主要有 3 种。

1. 普通四轮车模

和其他竞速组别中使用的 A、B、C 型车模一样,甚至可以直接使用。这类模型大多由前轮转向系统、底盘骨架连接系统、后轮驱动系统、控制系统等组成。

使用普通四轮车模的优点是市面上有很多成熟的四轮车模,改装容易,配件购买容易,在调教车模本身时有很多经验可以参考,轮胎前束、倾角、底盘高低,完全可以参考其他竞速组的车模调试方法。一般认为,单电机驱动的方案比较合理,利用机械的差速可更好地根据实际需要分配电机的动能,还可以减少由于差速带来的加减速,这样电机工作更加平稳,减少了电能的消耗。

2. 三轮车模方案

这里所说的三轮车模和四轮车模相比,最大的区别是前轮或后轮使用万向轮而不是使用舵机,转向依靠后轮双电机的差速来实现。这样前轮结构简单,且没有舵机,可以减少电量消耗。但是同时使用双电机在弯道利用差速减速时内侧轮需要减速,如果控制算法不好,反而会带来多余的能量损耗。三轮车模的设计制作中可以选择万向轮作为从动轮,图 8.38 所示是万向轮的一种——牛眼轮。

图 8.38 用作三轮车前轮充当万向轮的牛眼轮

同时由于市面上这一类的现成车模比较少,需要自己设计机械结构,不过后轮驱动部分可以参考现成车模。在转向控制上,由于完全依靠后轮差速来实现,所以控制上和普通四轮有很大差距,而与两轮直立车的控制也有很大区别,在调试时需要特殊应对。

3. 两轮直立车方案

这个方案类似于全国大学生智能汽车竞赛中使用的直立车模,直立车模相对常规车模的优势是转向灵敏、不用舵机,但是在竞速性能上和常规的车模有差距,由于在直立控制和速度控制上有特殊性,如果控制方案不完善,将会带来更多的能量损耗。

8.4.2 电机方案的选择

目前市面上的直流电机包括有刷电机、无刷电机、步进电机等,它们的原理基本相同,都是利用电和磁的相互作用来实现机械能与电能的相互转换。下面对我们可能使用到的电机类型进行分类说明。

1. 直流有刷电机

直流电机由定子和转子两大部分组成,定子上有磁极(绕组式或永磁式),转子有绕组,通电后,转子上也形成磁场(磁极),定子和转子的磁极之间有一个夹角,在定转子磁场(N极和S极之间)的相互吸引下,电机旋转。原理简单,制造的成本也较低,对于工艺的要求器材要求也不高,所以目前广泛使用。

直流有刷电机的最大弱点就是存在电流换向问题,会产生电火花,效率不够高。因此,电机制造业中正在努力改善交流电动机、无刷电机的性能,并且大量代替直流有刷电机。但是在移动机器人等场合,直流有刷电机由于其功率密度大、尺寸小、控制相对简单、不需要交流电等优点,仍然被大量使用。

在节能组的比赛中,低速扭力性能优异、转矩大是其最重要的特点,相比于其他电机,在驱动智能车这个功率需求和规格的电机中,直流有刷电机比较适合。而且该类电机型号齐全,我们可很方便地选择满足转速、功率需求的电机,同时直流电机的控制和驱动电路设计相对简单。但是在能量的转换效率上和其他种类的电机有一定差距,而且为保持一定的效率必须将负载控制在一定的范围内。

2. 普通无刷电机

结构上,无刷电机和有刷电机有相似之处,也有转子和定子,只不过和有刷电机的结构相反,有刷电机的转子是线圈绕组,和动力输出轴相连,定子是永磁磁钢;无刷电机的转子是永磁磁钢,连同外壳一起和输出轴相连,定子是绕组线圈,去掉了有刷电机用来交替变换电磁场的换向电刷,故称之为无刷电机。

无刷电机大多是交流电机,只不过这种交流电不是50Hz的市电正弦波,而是从无刷电机控制器(俗称无刷电调)调制出来的三相交变矩形波,频率比50Hz高很多,且随电机转速变化而变化,利用交流电实现了磁场的变化从而驱动转子的转动。目前市面上也有直流无刷电机利用电子换向器代替了机械电刷和机械换向器,因此,使这种电动机不仅保留了直流电动机的优点,而且又具有了交流电动机的结构简单、运行可靠、维护方便等优点,但是电子换向器较为复杂,通常尺寸也较机械式换向器大,加上控制较为复杂(通常无法做到一通电就工作),因此在功率大、体积小、结构简单的场合中,无刷直流电机还是无法取代传统有刷电机,而这对于节能车来说是致命的,所以该类电机我们不建议使用。

而普通的无刷电机相对直流有刷电机有很多优点,由于没有了电刷,在工作时没有运转所产生的电火花,运转时摩擦力大大减小,运行顺畅,非常有利于车模的平稳运行,而且效率相对较高。

　　在选择无刷电机时,首先必须了解 KV 值的概念,电机转速＝输入电压×KV 值,我们希望 KV 值较低,这样在同等的电压下我们可以获得较大的扭矩,同时无须多级的减速齿轮组,但是目前市面上的航模用无刷电机线圈一般来说 KV 越低,电机线圈越大,低于1000KV 的电机线圈直径大多在 22mm 以上,和我们的需求相矛盾。一般来说,对于外转子无刷电机 1806 甚至 1504 规格,内转子 1230 规格就已经完全符合我们对功率的需求,而且重量很小,但是由于其转速过高对减速又提出了一定的要求。

　　在使用无刷电机时,必须配无刷电调使用,无刷电机有 3 根线,接收电调转换后的PWM 三相信号。对应使用的电机选择合适的电调,一般来说电调有比较宽的电压输入范围,很方便我们的使用,和其他竞速组上的驱动电路功能相近。

　　在节能组的比赛中,无刷电机效率、功率密度优势很大,但是由于转速较高,需要对应添加机械上的减速结构才能发挥其性能,如果机械设计好,可以让无刷电机工作在合适的条件下,无刷电机无疑是一个非常适合节能组比赛的电机类型,缺点是低速和加速性能不佳。

3．空心杯电机

　　不论是有刷还是无刷直流电机,都因为转子设计而导致自身重量较重,这对于节能本身也是一个负面因素。空心杯直流电机属于直流永磁电机,与普通有刷、无刷直流电机的主要区别采用了无铁芯转子,也叫空心杯型转子。该转子是直接采用导线绕制成的,没有任何其他的结构支撑这些绕线,绕线本身做成杯状,就构成了转子的结构,这样的结构更轻。常见的空心杯电机如图 8.39 所示。

　　空心杯电动机相比于其他电机有很多优势,由于没有铁芯,极大地降低了铁损(电涡流效应造成的铁心内感应电流和发热产生的损耗),最大的能量转换效率基本上都在 70%以上,个别产品可达到 90% 以上;同时空心杯电机对于控制的反应很灵敏,响应极快:机械时间常数一般小于 28ms,部分产品可以达到 10ms 以内;而且由于其特殊的结构,具有

图 8.39　空心杯电机

较好的稳定性:自适应能力强,自身转速波动能控制在 2% 以内;对于电机自身性能来说,转速-电压、转速-转矩、转矩-电流等对应参数都呈现标准的线性关系。

　　航模中使用的空心杯电机大多最高转速在 30000 转以上,一般来说直径大小在 8.5mm到 20mm,功率在 1.5W 以内,因此,广泛应用在小型四轴无人机上。但是这样的数据明显不能满足智能车对电机的要求,大于 8.5mm 直径的空心杯电机价格普遍较高,如瑞士MAXON 和 Portescap、德国 Faulhaber,直径从 5mm 到 40mm 都有完善的产品线,同时也有配套的减速箱和编码器,性能十分优异,部分 22mm 直径左右的型号转速在 8000 转以内,有较大扭矩以及很高的工作效率,应该说如果不考虑价格,是节能组中理想的电机。然而,进口的无刷电机每只价格一般都在 2000 元以上。国内也有一些公司生产空心杯电机及其配套减速箱和编码器,但是电机效率以及产品线的完整程度都和国外有较大差距。

8.4.3　轮胎方案选择

在轮胎方面,如果使用较大的轮毂,可以在同胎宽的条件下增加轮胎赛道的接触面积,轮胎的形变小,滚动的损耗小。轮胎的宽度越宽,接地面积就越大,在相同花纹、相同材质的前提下,更大宽度的轮胎在行驶状态下的抓地力和牵引力会更好,但是耗能水平会相应有所增长。对于轮胎填充物,充入较高压强的空气有利于节能,但在行驶的过程中可能会出现跳轮。

8.4.4　传动部分方案选择

一般来说,电机的转速、扭矩往往无法直接达到我们的需求,如果无法直接驱动轮胎,那么就需要减速装置来减慢转速同时提高扭矩。如果可以直接驱动轮胎,由于没有减速机构,可极大减少传动中的能量损失,但是低速、高扭矩的电机一般较少,所以很少使用。

对于智能车来说,一般使用的减速机构都是齿轮减速机构,齿轮比较容易定制而且结实耐用,适合智能车的使用,而减速器的结构一般分为行星轮减速和直齿减速。一般行星轮减速以减速箱的形式安装在电机上面,行星轮减速箱的优势在于体积小、重量轻、载荷均布,运转平稳,输入轴与输出轴同心,而且与轮系中各齿轮的齿数有关。主要缺点是结构复杂、制造精度要求高。从实用角度来看,普通的直齿减速比较适合智能车比赛的使用,可以参考 C 型车模的后轮驱动部分的结构。行星轮减速机构的切面图如图 8.40 所示。

图 8.40　行星轮减速机构

节能车模的设计有很多细节,节能本身是需要从整体设计来考虑的,能量的损耗可能来自不同原因,控制、重量、动力效率、传动效率、阻力等都可能带来能量的损耗。机械设计部分需要做的是尽可能选用轻质的材料,减少自身的能量损耗,提高传动结构的效率,从而降低必要的能量损耗上限。而在控制、电路设计方面也需要考虑使用节能的方式,例如频繁的加减速和方向控制,无疑也会带来能量损耗。机械设计方案决定了节能车的节能极限,而控制方案决定了消耗的能量能多大程度上逼近这个极限,机械的目标是降低必要能量消耗,而控制的目标是减少多余能量的损耗。

8.5　小结

机械部分涉及的知识和内容是广泛的,每个队伍中,最难得的可能是拥有一个具有很强能力的机械员,在机械调试过程中需要控制的配合,要根据车模在行驶过程中具体的状态进行调校。车模的维护、保养,车模部件在制作和改造过程中的一次性与重复性利用问题,都是值得思考和研究的。

总有些时候,调车的队员发现自己的车放了一晚上,参数都变了,或者撞过之后,并没有看到明显损坏,却再也找不到原来的状态,这些往往都与机械有关。有时候一个螺丝松了半圈就会导致车模左右转向能力上的差别,底盘的轻微变形,也会导致车模状态的变化,在观察与调校的过程中,往往需要采用过调、不对称调校等方法来观察调校效果。所以,做机械调校可以比喻成抢着大锤做针线活,大到整体,小到细节,全面考虑,局部调整。

对于机械制作来说,永远没有最好,只有是否合适。根据不同的情况进行制作,根据控制的需求进行调校,也许在 2m/s 的速度下调出来的机械,在车模速度提高到 3m/s 的时候,就发生了截然相反的变化,这就需要机械制作队员时刻保持与控制算法队员的交流和讨论,要对车模赛道调试进行细致观察和思考,并通过大量测试总结出规律来。

谈起机械,永远有说不完的话题,从最基本的零件加工,到改装,再到从网上选购合适的配件;从对底盘的吐槽,到对轮胎的各种处理,每个环节都可以作为一个专题来说,再加上近年来被广泛应用的 3D 打印技术,也给智能车机械带来了新的研究领域和问题解决方案,鉴于篇幅所限,本章主要从基础和常见的问题上介绍了一些多年参加智能车赛的队员总结的经验,又介绍了一些新车模的使用感受,希望能有一些和其他书籍与众不同的东西,也希望对刚入门的同学有所帮助,更希望有经验的队员提出不同的意见进行探讨。

智能车车模总结

　　一届又一届的队员为机械烦恼又为机械痴狂,此处摘取一个在智能车圈闯荡多年的老队员写的感受,从他的文字里不但能看到对车模深入的了解体会以及独到的见解,更能看到一个老队员对智能车的情怀,希望与大家分享,感受他对车模的感情,也从中学习一些经验。

　　在这里跟大伙儿说说智能车里常见的几种车模的优劣,跟大伙儿念叨念叨这几年积累的一些小经验吧。如果能为大伙儿在智能车学习制作中做出一点贡献,那自然是最好不过了。想到哪儿就说到哪儿,我也就不那么按照写论文的套路了,权当是作为一个长者,给新来的同学们讲讲参赛经验。

　　先说说 A 车,A 车模一般认为是智能车中综合性能最好的。380 电机动力刚好够用又不会把电池电压拉得太低,3010 舵机也足够结实,一般的撞击基本上不会损坏。但是 A 车模的机械差速会在一定程度上造成转向的不对称。关于机械差速的调整,我的检查方法分为两步。第一步是推,看看传动上面会不会太软,加不上速度。具体的做法就是把车模放在桌子上始终保持静止,然后用手去推齿轮,推的过程中要感受力的大小。不能一点儿都推不动,这样差速基本就为 0,也不能一推齿轮就转,这样加速性不好,电机加速的时候无法有效地将动力传送到轮胎。之所以说综合性能好的原因还有一个,就是 A 车的轮胎摩擦力比较大,而且每年的工艺都比较稳定。在电机驱动上,应用常见的集成解决方案即可满足要求。

　　B 车,不得不说 B 车的两套执行机构真是极端啊。SD5 凭借易碎的齿轮和 5.5V 的电压解锁号称"傻蛋 5 号"。另一套执行机构是 540 电机,这个电机的动力可是相当的足啊。记得曾经在第六届还是第五届的时候,有小伙伴被 B 车撞了一下脚,然后指甲盖给掀起来了,B 车模电机动力强劲可见一斑。动力强劲就会使得电池电压会被拉得比较低。第八届时,上海交通大学摄像头组的同学就因为电池电压被拉得太低导致图像采集出现问题,进而没能完成比赛。记得当时他在帖子里说,后来补赛的时候他把电机的最大输出限幅减小了一些,放在跑道上面便顺利地完成了补赛。遗憾的是,那年的比赛,在交车之后不能改程序。再说 B 车模的前轮转向系统,简直心碎,仍记得当时小伙伴面对 B 车滑丝的塑料件的叹息声。B 车的前轮的塑料件比较软,因此在安装和调试的时候也要温柔一些。不过现在可以应用 3D 打印技术解决。不就是有问题么? 自己打印一个。另外,B 车舵机太脆,在调车的时候一定要小心。前轮撞一下就容易扫齿碎齿,同学们可以在轮子前面加一根碳素杆保护一下,撞车的时候先撞碳素杆,毕竟舵机也值不少钱呢(致那些年我们扫过齿的舵机)。用 B 车的时候还要注意一点,那就是常换电池。在四川省赛比赛的时候,就有同学的 B 车在跑的过程中加速,进而导致电池电压过低,最后导致车模复位、比赛失败的事情(他的车上有电压显示装置,加速的时候看到了电压瞬间被拉低)。至于 B 车轮胎,就不多说了,大伙儿都懂得。B 车电机大,建议最好使用低导通内阻的 MOSFET 搭一个分立器件的电机驱动,如果使用集成方案,也要用两个并联的方法,否则我保证电机驱动会很酸爽,而且动不动就进热保护停车。

　　C 车,壮哉我双电机车模! 当年我参赛用的第一款车模就是 C 车,不过是拆了前轮的 C 车。平衡组第一年搞比赛的时候就是用拆掉前轮的 C 车模进行的。那么我简单说说 C 车,C 车的转向机构和舵机与 A 车模相同,甚至前半个车身都是可以互换的。但是 C 车模应用的是双电机,这个结构就注定了小伙伴们要在电子差速上下一番功夫。C 车的 260 电机总体来说出力性能较为一般,且较为容易磨损。将使用一段时间的电机与新电机串联,可以明显看到输出速度的不同。C 车的电机驱动方案和 A 车一样,应用集成的方案就可以解决问题。C 车其实除了电子差速这一点,其他基本与 A 车一样,在此也就不再多说些什么了。

　　D 车! 壮哉我 D 车! 作为第一款专门为平衡组设计的车模(本人第二年参赛用的车模),D 车彻底去除了 C 车的转向系统和后悬挂系统,最大的不同是更换了功率更大的 260 电机。其实 D 车应该与 E 车进行对比,下面就跟大伙儿说说 E 车,并进行一下 D 车和 E 车的对比。

　　E 车是第二款专门为平衡组设计的车模,双 380 电机,那动力简直澎湃啊。但是当我第一次拿到 E 车的时候却总感觉哪里不对的样子。大概就是这里,迷之小尾巴。如果用一个字来形容 E 车的话,我想应该是"软"字。车底板软,车传动齿轮软,支撑加强筋软。车底板软,不容易固定传感器,尤其是惯性传感器。为保证测量准确,惯性传感器最好与车模刚性连接,但是这个底板软,就有点无解了。传动齿轮软,主要体现在当电机较为剧烈地改变输出转矩时,金属齿轮与传动齿轮之间容易产生扫齿。加强筋软,两个车轮的轴线方向容易变形。但是俗话说得好啊,一白遮百丑啊,放在 E 车上也如是。于是在 D 车和 E 车之间可以有以下这样的对话:

　　D 车:我传动齿轮结实,不扫齿!

　　E 车:我双 380 电机。

　　D 车:我底板结实不变形!

　　E 车:我双 380 电机。

　　D 车:我车模对称轮子不变形!

　　E 车:我双 380 电机。

　　D 车:我车轮工艺稳定,摩擦力大!

　　E 车:我双 380 电机。

　　D 车:卒……

其实现在的平衡组竞赛,绝大多数应用的是 E 车模。在国赛竞赛中只有第九届曾经看到过一辆 D 车模的平衡车,在后续的比赛中,几乎是没有遇到过的。就如同上面的对话一般,E 车的双 380 电机确实强劲,在竞速性质的比赛中还是比较有优势的。对于 E 车的电机驱动,还想多说一句,380 电机其实用集成的驱动方案也是够用的,但是集成的芯片会比较大,两路 H 桥的电机驱动制作出来无论是体积还是质量都会比较大,因此建议同学们在条件允许的情况下,还是应用分立元件搭 MOSFET 的驱动吧。

对于智能车中常见的几种车模在这里给大伙儿做了一个简单的介绍,当然,要时刻记住智能车比赛是一个团队的项目,智能车的制作也是多个部分共同组成的。无论是车模机械,还是硬件电路直到最终的控制算法,对于一辆好车,一台神车,哪个也不能少。

智能车设计中的常见问题

问：我是一个新人，以前没接触过智能车及其相关的东西，我该怎样入手呢？

答：首先建议看下技术报告，最好是第七届及第七届往前的技术报告。虽然那时的规则和现在规则有较大的不同，但是仍然是很好的入门资料，可以让你对智能车有一个整体的认识。之所以不推荐第七届以后的技术报告，你懂的。建议多看几份技术报告，这样你会有更加全面的认识。

问：那我看完技术报告有问题怎么办？

答：有问题来论坛啊，智能车制作论坛 www.znczz.com，也很好记，智能车制作的汉语拼音首字母哈。当然问题要描述清楚才会有人帮你解答呢。也要注意，不要多次重复发帖哟。

问：学长，我的车怎么跑不动了？

答：先去查一下电池电压，然后检查 PWM 信号输出是否正常，最后检查电机驱动电路。

问：学长，我的转向轮打角太小怎么办？

答：增大舵机打角范围，并适当地对车模底板进行修改以提高车轮的打角范围。

问：线性 CCD 总有一个固定的黑点是什么情况？是不是坏了？

答：首先看镜头盖上有没有污点，其次再看看你的 CCD 上面有没有污点，如果还不行，那估计就是有坏点了。一个两个不要紧，跳过去就行。

问：为什么电磁组的放大电路放大到一定数值就上不去了？

答：一是注意运放的增益带宽积，二是注意运放的输入输出范围。相关概念在前面的章节里讲过。

问：为什么我在电机驱动电源母线上并联的钽（读做"坦"）电容总会炸？

答：首先看一下电容的耐压值，钽电容的耐压值一般都不高，一般标称 16V 的耐压值到了 12V 左右就要小心了（按照 70％算）。其次，电机驱动电路会让母线上产生一定的纹波电流，钽电容的耐纹波电流能力较差。可以考虑用普通的电解电容或者是固态聚合物电容。

问：为什么我的车跑不快？

答：想让它跑快的方法很简单，把编码器齿轮和传动齿轮分开，我保证这速度酸爽到不可相信。

问：我因为做车和女朋友分手了，怎么办？

答：别骗自己了，我之前也是这么想的。后来想想还是因为自己情商低，和做车没关系。我见过很多大神车做得好，妹子也一直聊得好好儿的，比如说我超哥，毕业的时候结婚证也有了。嗯，我是超哥小粉丝。

问：如何用小车表白，求创意。

答：屌丝想法，抓紧放弃。除非被表白的对象也是做车的。

问：我的单片机发热得厉害，甚至有点儿烫手是什么节奏？

答：动次打次，动次打次。苍茫的天涯是我的爱，绵绵的装甲集群正展开。什么样的炮火是最呀最变态，什么样的穿插才是最精彩。钢铁的战鹰从天上来，脚下是朦胧成行一片海。哎呀，跑偏了。单片机在跑高频的时候确实会有一定的温升，但是这个温升还不至于到烫手的地步。您要是觉得烫手，首先检查是否有引脚短路的情况。另一种情况就是单片机坏了，建议您趁早赶紧再备一块新的单片机，这是要烧的节奏。

问：怎么看单片机烧没烧，坏没坏？

答：简单的方法就是用万用表开到蜂鸣档，点着单片机的电源和地看看响不响，响的话一般就是挂了。不响的话也别高兴太早，转到电阻挡，看看阻抗是多少，一般小于 1kΩ 也就是说就要坏或者已经坏的节奏了。

问：为什么我在论坛里发帖没人理我？

答：据我多年在论坛里潜水、抖机灵、吹牛、装 X 的经验来看，十有八九是你的问题问得让人没法回答。打个比方说，为什么我的摄像头图像显示不对？就这么一句话，好歹您说一句用的是什么型号的摄像头，用的什么型号的 MCU 吧，不然大伙儿就是神仙也帮不上你啊。论坛上无头无尾、莫名其妙的提问简直太多了。

问：那怎样提问才会有人理我，才是一个好的提问方式呢？

答：如果想获得实质的帮助,需要你将现在你采用的方案是什么、出现了什么现象、做了哪些实验、你的猜想和疑惑是什么等叙述清楚了。别让给你解答的人去猜你究竟会是什么问题。这一点也提醒在论坛交流的同学,既然要想得到别人的帮助,就首先需要作出认真提问的姿态。这样任何同学如果遇到了和你一样的问题,给了你解答,他们也会同样获得进步。否则,只会让看到你的问题的人一头雾水。一个好的提问也可以给别人带来思考、启迪和知识。By 吉他手

问：B 车轮胎太滑怎么办?
答：我拒绝回答。

问：K60 锁住了怎么办?
答：Jlink Commander 中解锁,输入 unlock kinetis。

问：电磁车检测起跑线用什么传感器合适?
答：传统上不少队伍用的是干簧管,但是我个人并不推荐使用干簧管。主要原因在于玻璃外壳的干簧管容易损坏,如果非得要用,也要换个塑料外壳的。我比较推荐使用全极霍尔传感器,体积小,质量轻,检测准确。什么? 我用过的型号? HAL145。

问：电磁车能跑多快?
答：我没亲眼见到,据说当年杭州电子科技大学的钱江一号用 B 车能跑到三米八。记得一位前辈当时慨叹,不是别人太强,是我们太菜。当然,两轮的电磁车还说不好,因为写稿子的时候用 E 车跑的电磁车巅峰速度还没有展示,倒是当年用 C 车做的电磁平衡车最快大概 2.3 左右吧。

问：为什么不让用激光了? 激光才是真男人! 不受灯光影响! 还不用信号源!
答：同学,别激动。要论想用激光传感器的话,估计我超哥是第一个想用的,那个模拟接收电路啊,亦可赛艇! 激光主要是贵了些,而且撞一下撞到了传感器上没准儿就十几块钱没啦,大伙儿做个车不容易,就别那么多开销了,您说是不? 另外,激光管也累人的,就是跑车的时候撞歪了也得修一会儿。

问：卓晴老师什么时候来弹一段吉他?
答：这个可是个历史遗留问题了,大概是第七届的时候我就听说卓老师要来一段,可惜当时没找到吉他。直到现在好像卓老师也没来那么一段,要不大伙儿下次见到卓老师的时候自带吉他让他来一段?

问：我的车模轮胎花纹(A 车)已经跑得部分磨平,能参加比赛并通过车检吗?

答：严格地按照规则来说，应当保持车模轮胎花纹清晰可见。但是按照往年来说，只要不是太严重，都能通过车模检查。

问：那 C 车呢？
答：同 A 车。

问：B 车呢？
答：讲真，B 车轮胎每年都换，感觉不是一句两句话能说得清的。一般只要保证将车模放在 A4 纸上静置后拿起不沾纸就可以通过检查。

问：增量式 PID 和位置式 PID 哪个更好用？
答：其实我觉得在智能车领域内增量式和位置式两种 PID 的结果是一样的。因为智能车的执行机构不具备积分特性，并且输出的数据都是绝对值而非增量值。因此我认为是一样的。关于 PID 的写法，倒不如试试 NXP 官方的 PID 库，汇编写的库，算得快占内存小。亲测有效哟～

问：每年的新规则什么时候发布？
答：一般是 10 月底 11 月初的样子。不过一般在 10 月中旬的时候会有一些征求意见稿出来让大伙儿看看。最终版本一般在 11 月初也就出来了。

问：FFC 排线用起来有什么小建议吗？
答：虽然轻，但是漂。如果不是很长，建议把线用胶布粘一下，然后把接口用热熔胶打一下。另外说一句，不要用热熔胶固定摄像头，不要用热熔胶固定摄像头，不要用热熔胶固定摄像头！

问：OLED 有时候会花屏怎么办？
答：我遇到过的情况是，OLED 放在了电机上面或者 OLED 的线路离电机比较近。电机工作产生的噪音干扰到了 OLED 的数据线。因此可以尝试远离电机看看能不能解决。

问：舵机和电机贴纸碎了怎么办？
答：理论上是不能参加比赛的，但是只要是原装货禁得起检查，一般来说不会有什么问题。友情提示，最好刚买回来的时候就用透明的不干胶（我们叫胶条）粘起来，这样就不用担心容易损坏了。

问：冬天跑车经常复位是什么情况？
答：如果是空调房，就在空调下面放盆水，屋里太干，静电复位。

问：一个人在实验室里跑车寂寞怎么办？

答：熬得住寂寞才能有成果，虽然这个成果不一定是比赛中拿个大奖回来。

问：3010 舵机可以直接电池供电吗？

答：可以。

问：3010 舵机额定电压是多少？

答：6.5V。

问：SD5 舵机额定电压是多少？

答：5.5V。

问：3010 舵机和 SD5 的驱动频率是多少？

答：3010 是 50Hz，SD5 是 300Hz。

问：补光灯有用么？

答：我觉得没用，倒不如好好地做一下阈值算法。

问：电机驱动板有什么要注意的吗？

答：电机驱动前面的电容，最好不要用钽电容，容易炸，这是因为钽电容耐纹波电流能力较差。还有一个就是注意电源线和地线要加粗以增加电流通过能力。还有一种增加电流通过能力的方式是阻焊开窗然后镀锡或者贴铜条上去。

问：轮胎用什么样的胎胶处理比较好？

答：下一个问题。

问：通宵调车半夜饿了怎么办？

答：首先，我自己不鼓励通宵调车，虽说我当年就是这么干的，白天效率高一点，什么问题也都解决啦。其次，饿了的话，煮点儿面吃吧，泡面还是少吃。最后，晚上少吃东西，我们几个一起做车的同学就是那时候胖起来的。

问：线性 CCD 的曝光时间多长由什么决定？

答：严格意义上说，曝光时间是从第十九个 CLK 到 SI 信号之间的时间。当然，如果你用的是 PIT 中断，又跑得足够快，那么就可以简单地认为两个 SI 信号之间的时间是曝光时间。

问：线性 CCD 的二值化阈值怎么计算？

答：建议使用浮动阈值法。最简单的浮动阈值法是这样的：用每一帧数据中的最大值乘以一个系数即可获得阈值。这种方法只是一个思路，其他方法还有很多。对了，除非场地的光线非常均匀，否则固定阈值的方法是很容易出问题的。

问：如何处理障碍？

答：光电和摄像头看图像可以看出来，电磁组可以加装超声波传感器或者线性 CCD 传感器进行判断。判断后给个固定的偏差让车不在中心跑就行了。

问：电源模块的电解电容如何选择？

答：严格来讲，需要通过复杂的计算来确定。一般情况下，容量数十到数百微法均可。我见过最离谱的是用十多个电容摆一排并联的，蔚为壮观，使用容量非常大的电容是完全没必要的。同时耐压保留一定的余量。

问：芯片的闲置引脚如何处理？

答：如果是输入端就接入固定电平，如果是输出端悬空即可，单片机的闲置 IO 口也要设置成固定电平。

问：需要用光耦隔离信号吗？

答：没必要。

问：flash 里存储的参数在下载程序时会被擦除吗？

答：在下载程序时可以设置擦除方式，一种是擦除全部，一种是擦除扇区。后者不会擦除新程序未覆盖到的区域。

问：全桥驱动的上半桥发热是怎么回事？

答：如果上半桥是自举电容驱动。测量一下上半桥的 Vgs 的波形，注意是 g 和 s 之间的电压，不是 g 和 GND。是否有栅极驱动电压不足，或者给满占空比的现象。

问：电机的电源是否需要稳压？

答：不需要，小车运行过程中经历的外界因素千变万化。稳定的电压（或占空比）不代表稳定的速度。要靠传感器和算法来调节占空比。

问：四层板的中间层可以走大电流吗？

答：四层板的中间层比较薄，散热条件差。想走大电流要保证足够的线宽。

问：5V 的稳压芯片输出电压怎么是 7 点几伏？

答：输出没加电容。这种情形一般是直接用万用表测输出的情况。某些电源负载太轻也会导致输出电压偏高。

问：连接板子两面铜箔的孔是不是越多越好？

答：一般出于以下几个方面考虑：①高频寄生参数，例如在地平面上排布的大量过孔；②大电流走线，孔内的铜一般比较薄，过大电流能力差；③可靠性，如果 PCB 生产工艺有缺陷，可能导致孔内镀铜有问题，导致接触不良或者完全不通；④过孔就像铆钉一样，可增加铜箔的抗剥离强度。

问：串口和 USB 鼠标冲突，鼠标指针到处乱飞。

答：不要在开机或重启前插入不断发送数据的串口设备，尤其是台式机自带的串口。因为数据中的某些字符串可能恰巧被系统误认为串口鼠标，从而自动安装驱动，继而无规律的字符串导致鼠标指针乱飞。可进入设备管理器中卸载相关驱动程序。

问：制作出来的 PCB 文件体积超级大。

答：尽量不要使用 TrueType 字体。

问：在智能车竞赛中，超级电容和电池有哪些不同？

答：①容量不同，电池的容量大得多；②电池的电压比较稳定，超级电容的电压会随着使用快速下降。

问：超级电容组分压不均匀是什么原因？

答：电容之间的差异过大导致的，比如漏电流不同、容量不同等。虽然说电容模组都带有均压电路，但是均压能力也是有限的。如果出现这种情况，可以尝试把每个电容单独放干净电，再进行使用。如果仍然出现分压不均的情况，那就换电容吧。同时，尽量使用同一型号、批次的电容，一致性会好一些。注意市面上有很多二手翻新的超级电容，性能可能较差。

问：超级电容安全吗？

答：很安全。除非出现数倍于额定的严重过压导致的过热爆炸危险。这种情况在调试智能车时不可能出现。如果不慎把正负极短路，放电的火花和声响确实会把人吓一跳，但并不会有什么危险。

问：如何给超级电容充电？

答：要使用专用的充电器，或者使用带有恒流功能的可调电源来充。一般的恒压开关电源和电池充电器可能无法给超级电容充电。

问：如何提高电容中的能量利用率？

答：需要设计宽输入范围开关电源，但是输入范围越宽，设计难度越大，可能开关电源自身损耗和重量要增大不少，反而得不偿失。我们知道电容的能量与电压的平方成正比，因此最后无法利用的能量其实并不多。

问：使用超级电容供电的系统，如何选择稳压方案？

答：只有电流很小的场合可以使用 LDO，其他场合建议使用效率较高的开关电源，例如 TPS60370 的方案。

问：拿万用表测了一下电机的内阻，一个内阻是 0.9 欧，然而另一个却是 2.0 欧，为什么同一型号电机之间的差距会有这么大？

答：你轻轻扭六分之一圈电机轴试试。智能车比赛用的电机是三转子线圈的，有的角度是三个线圈都能通电，有的角度只有两个线圈通电。

问：ftm_pwm_init(FTM2，FTM_CH0,100,1500)是什么意思？

答：灵巧定时器_脉宽调制波_初始化(灵巧定时器二号_通道零_输出高电平时间一百个时间单位_总时间一千五百个时间单位)。

参 考 文 献

[1] 林渭勋.现代电力电子技术[M].北京：机械工业出版社,2005.

[2] 夏德岑,翁贻方.自动控制理论[M].3版.北京：机械工业出版社,2010.

[3] 晶体管技术编辑部.小型直流电机控制电路设计[M].北京：科学出版社,2012.

[4] F. Grasser, A. D. Arrigo, S. Colombi, A. Rufer. Joe：a mobile, inverted, pendulum. IEEE Trans on Industrial Electronic, 2002, 49(1)：107-114.

[5] 秦勇,臧希,王晓宇.基于 MEMS 惯性传感器的机器人姿态检测系统的研究[J].传感技术学报, 2007, 20(2)：298-301.

[6] 王晓宇.两轮自平衡机器人的研究[D].哈尔滨工业大学,2007.

[7] 阮晓钢.两轮自平衡机器人的研究与设计[M].北京：科学出版社,2012.